Paul Lawrence Rose

Richard Wagner
und der
Antisemitismus

Aus dem Englischen
von Angelika Beck

Pendo
Zürich München

Inhalt

INHALT

»… ich lese eine sehr gute Rede des Pfarrers Stoecker über das Judentum. R. ist für völlige Ausweisung. Wir lachen darüber, daß wirklich, wie es scheint, sein Aufsatz über die Juden den Anfang dieses Kampfes gemacht hat.«

Cosima Wagner, Tagebücher,
Eintrag vom 11. Oktober 1879

Dank des Autors

Dank sagen möchte ich vor allem zwei Wissenschaftlern, die mir während meiner Arbeit an diesem Buch stets Mut machten: Es sind dies Professor Brian Dalton von der James Cook University, Australien, und Professor Sir Geoffrey Elton vom Clare College, Cambridge. Brian Dalton war es, der als erster grünes Licht dafür gab, daß ich mich auf das Thema Wagner konzentrieren konnte, während Geoffrey Eltons reges Interesse an den Ergebnissen die Arbeit vorantrieb.

Dank schulde ich auch Professor Myriam Yardeni, die mir nicht nur eine Stelle an der Abteilung für allgemeine Geschichte der Universität Haifa verschaffte, sondern mich auch darauf hinwies, daß Wagner und viele andere Themen, vor allem jene, die mit der Geschichte des Antisemitismus zu tun haben, in einen angemessenen historischen Bezugsrahmen gestellt werden müssen. Moralische Unterstützung und Anregung verdanke ich außerdem drei weiteren Freunden aus der Zeit in Haifa: Professor Dan Segre, Dr. Uzi Elyada und Dr. Reuben Hecht.

Es ist mir eine Freude, hier endlich jenen Freunden danken zu können, die auf verschiedene Weise zum Entstehen dieses Buches und seines Begleitbandes, *Revolutionary Antisemitism in Germany from Kant to Wagner*, beigetragen haben, darunter vor allem den Professoren David Frost, Anthony Gutman und Don Parker, deren Freundschaft mir meine Dozentur am Lehrstuhl für Geschichte an der Universität von Newcastle, Neusüdwales, erleichtert hat. Zwei Kollegen aus meiner Zeit an der James Cook University brachten mich auch auf den Gedanken, Wagners künstlerisches Werk mit heranzuziehen: Philip Stedman legte mir ans Herz, mich im Rahmen der Arbeit auch mit Wagners Opern ernsthaft auseinanderzusetzen, während mich Dr. John Maguire mit seinem Gespür für die dunklere Seite dieser Musik darauf hinwies, daß in Wagners Opern etwas verborgen sei, das der Erklärung bedürfe.

Die Gastfreundschaft, die mir das Institute for Advanced Study, Princeton, das Humanities Research Centre, Canberra, das Institute of Advanced Studies, Jerusalem, sowie das Oxford Centre for Postgraduate Hebrew Studies erwiesen, erleichterte meine Forschungen in den verschiedenen Phasen der Arbeit. Zu besonderem Dank verpflichtet bin ich Professor R. B. Rose für die freundliche Aufnahme, die ich bei ihm fand, als ich die Henry Handel Richardson Collection von Wagneriana an der University of Tasmania im Rahmen meiner Recherchen nutzte.

Für finanzielle Unterstützung habe ich dem ehemaligen Australian Research Grants Committee, dem israelischen Erziehungsministerium sowie den Forschungsausschüssen der James Cook University und der Universität von Haifa zu danken.

Die Korrektheit des endgültigen Textes ist zum großen Teil dem freundlichen Entgegenkommen Barry Millingtons zu verdanken, der das Manuskript einer kritischen Durchsicht unterzog und einige schwierige Sachverhalte mit mir klärte. Wie alle Autoren habe ich jedoch von dem Privileg Gebrauch gemacht, so manchen guten Rat in den Wind zu schlagen, und in einigen Punkten stur auf meiner Meinung beharrt.

Beim Redaktionsteam von Faber and Faber, besonders bei Jane Feaver, möchte ich mich für die erwiesene Hilfe bedanken. Es ist mir ein besonderes Bedürfnis, mich bei Dr. Ernst Piper für sein wissenschaftliches wie verlegerisches Interesse an diesem Buch zu bedanken. Es geschieht nicht oft, daß man einen Verleger mit einem solchen Verständnis für die Sache findet. Gewidmet ist das Buch, wie immer, Susan.

Einleitung

Das Problem: die zwei Wagner

Seit 1945 hat die ausufernde Wagner-Literatur in zunehmendem Maße auf einen rätselhaften Widerspruch aufmerksam gemacht, der das Leben und Denken dieses außergewöhnlichen Komponisten durchzogen haben soll. Ein Historiker hat den Sachverhalt einmal so formuliert: »Wagner ist das erste Beispiel dafür, wie der atheistische Radikalismus eines Barrikadenkämpfers von 1848 in einen extrem rassistischen Antisemitismus und die Poesie des heidnisch-germanischen Mythos umschlug.«[1] In der Tat scheint es zwei Wagner gegeben zu haben: einen revolutionären, freiheitsliebenden Wagner und einen reaktionären, rassistischen Wagner. Welcher, so wurde oft gefragt, ist nun der wahre Wagner? Die Frage scheint durchaus berechtigt, doch wenn man sie auf diese Weise stellt, kann es darauf keine Antwort geben. Im Grunde ist es eine sinnlose Frage, denn sie geht von falschen historischen Voraussetzungen aus, insofern als Wagner selbst sie nicht hätte verstehen, geschweige denn beantworten können. Für ihn gab es nur einen Wagner, und wofür auch immer ihn seine Lästerer, Freunde oder Kritiker gehalten haben mögen, er sah sich als ein Muster an Konsequenz und Geradlinigkeit. Aus diesem Blickwinkel betrachtet, entpuppt sich das ganze Paradox als ein intellektuelles Trugbild.

Probleme dieser Art sind zumeist Scheinprobleme, die auf einem grundlegenden Mißverständnis sowohl der jeweiligen historischen Gestalt als auch ihres historischen Hintergrunds beruhen. Im Falle Wagners geht der vermeintliche Widerspruch darauf zurück, daß die Grundstruktur seiner Revolutionsauffassung verkannt wurde – und nicht nur der seinen, sondern der gesamten deutschen revolutionären Tradition, von Fichtes Schriften aus dem Jahre 1793 und seinem Predigen für eine deutsche nationale Befreiung 1807 bis hin zu Hitlers revolutionärem Dritten Reich. Wagner wurde nicht plötzlich vom Revolutionär zum Rassisten – für ihn enthielt die Idee einer deutschen Revolution immer schon einen rassistischen und antisemitischen Kern[2]. Und Wagners scheinbare Wende von revolutionärem zu rassistischem Denken war auch kein Einzelfall. Bei vielen revolutionär gesinnten deutschen Schriftstellern der vierziger Jahre des 19. Jahrhunderts, wie etwa Bruno Bauer und Wilhelm Marr, die dann in den sechziger Jahren zu radikalen Antisemiten wurden, ist eine ähnliche Entwicklung zu beobachten[3].

Daß all dies bei den jüngsten Diskussionen um Wagner weitgehend unbeachtet blieb, hat mit einem modernen Vorurteil zu tun, dem »Revolution« immer als ein fortschrittliches Phänomen der Liberalen oder Linken gilt. Dagegen wird die Kategorie »Rasse« in der Regel als eine irrationale Verirrung rechtsgerichteten Denkens betrachtet, dem revolutionäre Inhalte per definitionem fremd sind. Dieser vermeintliche Gegensatz von Rasse und Revolution war für die Rehabilitation Wagners nach 1945 von größter Bedeutung. Besonders in Deutschland hat er die theoretische Basis für eine Kampagne geliefert, die das Ansehen des Komponisten retten wollte, das durch die Verbindung der Bayreuther Festspiele zu Hitler Schaden genommen hatte. Dankbar folgten die meisten Regisseure Wieland Wagners Beispiel und entschieden sich für einen über alle Zweifel erhabenen, revolutionären Wagner, einen, der eine revolutionäre Menschheitserlösung im Sinne der C. G. Jungschen Psychologie predigte, oder, noch etwas aufsehenerregender, einen, der den marxistischen Glauben an die revolutionäre Befreiung vom bürgerlichen Kapitalismus proklamierte.

Das vorliegende Buch begründet, warum diese Entlastungsstrategie nicht verfängt. Es zeigt, wie sich die scheinbare Paradoxie zwischen Wagners Revolutionsbegeisterung und seinem Rassismus in Luft auflöst, sobald man sich klarmacht, was er unter »deutscher Revolution« verstand. Einer Revolution nach französischem, britischem oder amerikanischem Vorbild nämlich konnte Wagner nie etwas abgewinnen. Er glaubte vielmehr an eine spezifisch deutsche Form von Revolution, in der die geheiligte deutsche Rasse der Freiheit einen Weg bahnen sollte. Dies, so hoffte er, würde die ganze Menschheit von einer lieblosen und vernunftwidrigen Lebensweise befreien, deren symbolischer und konkreter Ausdruck in seinen Augen die Juden waren. Die französischen Revolutionen von 1789 und 1848 tat Wagner als bloß oberflächliche Manifestationen des revolutionären Geistes reiner »Menschlichkeit« ab. In Deutschland jedoch würde dieser revolutionäre Geist seine wahre Erfüllung finden. Die metapolitische Bedeutung des revolutionären Prozesses offenbarte sich für ihn in der großen philosophischen Revolution Kants und seiner Erben, die dem, was andere, wie Kinder, nur undeutlich durch einen Spiegel sahen, geistigen Ausdruck verlieh. In ihrer gleichsam religiösen Tiefgründigkeit bewegte sich der deutsche Revolutionismus jenseits von »rechts« und »links« und all den schalen Kategorien herkömmlicher Politik; die deutsche Revolution war über Gruppeninteressen und Parteipolitik erhaben. Wie Hitlers ähnlich paradoxe »nationalsozialistische« Revolution entsprach der Wagnerschen Revolutionsauffassung eher die Organisationsform der »Bewegung« als die einer politischen Partei westlicher Prägung[4].

Eines der grundlegenden Mißverständnisse, die über Wagner und den deutschen Antisemitismus im Westen kursieren und die Gegenstand dieses Buches sind, hat mit dem Problem von »Wirklichkeit und Metapher« zu tun. Von Luther bis Hitler geht es dabei immer aufs neue um die Frage, ob die Verherrlichung der deutschen Nation und die mit ihr einhergehende Verdammung der Juden »geistig« und metaphorisch oder ganz konkret und wörtlich zu verstehen sind. Ist »Deutschland über

11

alles« ein frommer Wunsch oder ein Aufruf, die Welt zu erobern? Selbst Hitlers Drohungen, »der jüdischen Rasse in Europa« den Garaus zu machen, sind noch von dieser Zweideutigkeit geprägt. Meinte er damit, daß die Juden tatsächlich umgebracht werden oder anderweitig verschwinden sollten, oder wollte er nur darauf hinweisen, daß sie im europäischen Leben als Volk bald keine Rolle mehr spielen würden? Zieht man den gesamten Kontext deutscher Mentalität und Kulturtradition in Betracht, so wird klar, daß das Problem, wie beim Widerspruch zwischen Rasse und Revolution, seinen Ursprung in einer nur scheinbaren Paradoxie hat. Der eigentliche Kern des Problems ist die Doppeldeutigkeit, die Begriffen wie Untergang, Vernichtung, Ausrottung innewohnt: Die deutsche Sprache und die von ihr geprägte Kultur geben keine eindeutige Auskunft darüber, ob es um physische oder bloß moralische Lösungen geht. Das führt uns zu der Frage, was der Begriff Judentum im Deutschen bedeutet. Oft einfach als »judaism« übersetzt, wird das Wort Judentum in mehrfacher Bedeutung verwendet, um zumindest drei verschiedene Sachverhalte zu benennen, für die es im Englischen jeweils einen ganz bestimmten Begriff gibt: »judaism« für die jüdische Religion, »jewry« für die Gemeinschaft und Nationalität der Juden und »jewishness« für die ethnischen Merkmale und Charaktereigenschaften der Juden.

Diese Polyvalenz offenbart eine tief im Unterbewußtsein verankerte Doppelzüngigkeit, die in fast allen deutschen Schriften über die Judenfrage zutage tritt. Wie wir sehen werden, konnte der von revolutionärem Geist beseelte Philosophieprofessor Jakob Friedrich Fries 1816 »die Ausrottung dieser jüdischen Handelskaste« fordern und drei Jahre später, als ihn die Polizei nach seiner Rolle bei den antisemitischen Hepp-Hepp-Krawallen befragte, seelenruhig behaupten, er habe das alles nicht wörtlich gemeint. Dennoch ist klar, daß Fries nicht nur im übertragenen, sondern auch im ganz wörtlichen Sinn über die Vernichtung jüdischer Handelstätigkeit geschrieben hatte. Wenn deshalb einige jüdische Kaufleute brutal zusammengeschlagen wurden, na schön! Fries' Leser folgten ihm mühelos, wenn er die Tonart wechselte und dabei aalglatt – und oft ganz unbewußt – zwischen Ausrottung »der jüdischen Wesensart« und Vernichtung des »Judentums« hin und her schwankte. Am auffälligsten zeigt sich dieses dauernde Hin und Her in Karl Marx' berüchtigtem Essay *Zur Judenfrage* (1844), der seine antisemitische Sprengkraft daraus bezieht, daß, oft innerhalb ein und desselben Satzes, der Jude als Metapher für den Kapitalismus steht und dann wieder beschuldigt wird, sein Urheber zu sein. Dieser Aufsatz ist typisch für unzählige revolutionäre Erörterungen über das Judentum, die sich einen kritischen, intellektuellen Anschein geben, im Grunde aber beim Leser emotionale Vorurteile wecken wollen. Diese Polyvalenz und Doppeldeutigkeit, diese fahrlässige Indienstnahme niedriger Instinkte, sind für die besondere Aggressivität und unselige Vitalität verantwortlich, die im antisemitischen Schrifttum der Deutschen steckt. Und nur in diesem Zusammenhang kann man Wagners revolutionäres und rassistisches Denken deuten und verstehen, ohne jene Scheinparadoxien und Mißverständnisse heraufzubeschwören, die so viele Darstellungen beeinträchtigen.

Um ein möglichst authentisches Bild von Wagner zu gewinnen, habe ich mich in diesem Buch verschiedener Ansätze bedient: des ideengeschichtlichen, indem ich die damals in Deutschland gängigen revolutionären Denkmuster und Leitbilder heranzog; des werkimmanenten, indem ich seine theoretischen Schriften und musikalischen Werke analysierte; des biographischen, indem ich seinen künstlerischen und gedanklichen Werdegang nachzeichnete; und schließlich des psychologischen, indem ich seine Persönlichkeit und seine privaten Beziehungen, inbesondere die zu seiner ersten Frau und zu Meyerbeer, unter die Lupe nahm. Ich habe versucht, an verschiedenen Fronten Neuland zu erschließen, obwohl schon sehr weite Teile des Terrains von früheren Biographen und Historikern abgesteckt worden sind – in deren Schuld ich stehe, auch wenn ich ihnen in vielen Punkten zu widersprechen scheine.

Vor allem in zwei Bereichen werden die Ergebnisse des Buches Diskussionen und vielleicht Ablehnung hervorrufen. Der erste ist die detaillierte Rekonstruktion von Wagners revolutionärer und antisemitischer Entwicklung in den entscheidenden Jahren 1847–50, wo ich neue Bezüge zwischen verschiedenen Ereignissen in Wagners künstlerischem und ideologischem Werdegang hergestellt und auch versucht habe, verschiedene Ideen miteinander in Beziehung zu setzen, die nach landläufiger Meinung wenig miteinander zu tun haben. Dabei stellte sich heraus, daß Wagners Wende zu einem systematischen Antisemitismus auf die Jahre 1847/48 datiert werden muß und nicht, wie bisher in der Forschung angenommen, auf das Jahr 1850, in dem sein berüchtigtstes antisemitisches Pamphlet *Das Judentum in der Musik* – der wohl folgenreichste Text des modernen deutschen Antisemitismus – veröffentlicht wurde. Diese Datierung mag etwas pedantisch anmuten, hat aber tatsächlich tiefgreifende Konsequenzen für das Verständnis von Wagners gesamtem Werdegang sowie seiner Weltanschauung (und man darf wohl behaupten: seiner Kunst).

Was wahrscheinlich Kontroversen auslösen wird, ist der Versuch, in die verschiedenen Entwicklungsphasen, die Wagner als Revolutionär wie auch als Antisemit durchlief, eine Analyse seiner Opern zu integrieren. Sie steht notwendigerweise unter Vorbehalt, da ein Werk schöpferischer Phantasie wie eine Wagner-Oper nie ad acta gelegt werden kann, indem man es einer verkürzenden Interpretation unterwirft. Es ist daher durchaus verständlich, daß sich viele skeptische Kritiker weder mit einer revolutionären noch mit einer antisemitischen Lesart der Opern anfreunden können. Dennoch spricht meines Erachtens viel mehr dafür, sich diesen Opern von ihrem historischen Kontext her anzunähern, als jene Kritiker angenommen haben mögen. Ich habe versucht, einige neue Zugänge zu den Opern selbst anzuregen, vor allem durch die mythologische Analyse der von Wagner mehrfach umgestalteten Legende vom Ewigen Juden. Für Wagner war dieser Mythos besonders bedeutsam, da ihn die deutsche Kultur des 19. Jahrhunderts mit einer doppelten Symbolik ausstattete, die zugleich das spezifisch Jüdische und das allgemein Menschliche beinhaltete. Ahasver, der Ewige Jude, war nicht mehr einfach nur das traditionelle Sinnbild des jüdischen Volkes, sondern sollte nun den prometheisch-revolutionären Geist europäischer Humanität symbolisieren, den romantischen Helden, der Gesetz, Moral, ja sogar den Tod herausforderte. Für Wagner war der Ahasver-Mythos der ideale, formbare Ausdruck seiner rassistischen wie auch seiner revolutionären Grundstimmung.

1

Die deutsche Revolution und die Geburt eines neuen Antisemitismus

Fichtes Vermächtnis

Johann Gottlieb Fichte (1762–1814) gilt als der Wegbereiter des modernen deutschen Nationalismus revolutionärer Prägung. Wie bei Wagner hat die Frage, inwieweit er für die Entwicklung jener deutschen politischen Kultur verantwortlich ist, die schließlich mit Hitler ihren desaströsen Höhepunkt erlebte, eine heftige Kontroverse ausgelöst[1]. So beschuldigte ihn etwa Sir Karl Popper in seinem berühmten Buch *Die offene Gesellschaft und ihre Feinde* schroff, sowohl den autoritären deutschen Beamtenstaat als auch den aggressiven Nationalismus propagiert zu haben, der Deutschland in zwei Weltkriege treiben sollte[2]. Aber Fichte hat auch seine Verteidiger gefunden, die den Standpunkt vertraten, daß es ihm in seinen epochemachenden *Reden an die deutsche Nation* von 1807/08 weniger um die militärische oder politische Macht Deutschlands als um dessen kulturellen Neubeginn gegangen sei. Dieser sanftere Fichte strebte eher eine geistig-moralische denn eine militaristische Wiedergeburt der deutschen Nation an. Jeder der beiden Ansätze erfaßt jedoch nur eine Seite der Medaille. Fichte sah seine Mission darin, zuerst eine moralische Erneuerung herbeizuführen, die, wie er glaubte, Deutschland dann die militärische Befreiung von der durch Napoleon zugefügten Schmach bringen werde. Militärische Macht und die kulturelle Größe Deutschlands bildeten für ihn eine Einheit, aus der die deutsche Revolution hervorgehen würde.

Einer ähnlichen Analyse wie im Falle Wagners bedarf es, damit eine andere Scheinparadoxie über Fichte verständlich wird, die viele Wissenschaftler auf eine falsche Fährte geführt hat. Welches, so wurde oft gefragt, ist der wahre Fichte? Ist es der revolutionäre Jakobiner, der 1793 mit dem *Beitrag zur Berichtigung der Urtheile des Publicums über die französische Revolution* seinen Landsleuten die Vorgänge in Frankreich nahezubringen suchte, oder der autoritäre Reaktionär, der 1800 den *Geschloßnen Handelsstaat* veröffentlichte? Und auch in diesem Falle lautet die Antwort: Fichte war beides. Eine liberale Deutung der Französischen Revolution ließ Fichte niemals gelten[3]. Vielmehr betrachtete er jene aufs Politische verengte Revolution als eine seichte Version der viel tiefgreifenderen Menschheitsrevolution, die den Vertretern des deutschen Idealismus vorschwebte. Die große deutsche Revolution würde aus seiner Freiheitsidee und der Kantschen Philosophie hervorgehen und die Menschheit mit einem gewaltigen Befreiungsschlag in ein neues Zeitalter reiner Humanität entlassen.

In diesem Glauben an die Revolution wie schon im alten christlichen, den er ablöste, spielten die Juden eine entscheidende Rolle. Sie verkörperten, nicht nur in der Theorie, sondern auch im wirklichen Leben, genau jene Versklavung des menschlichen Geistes, von der die deutsche Revolution Rettung versprach. Die Juden waren der Inbegriff unfreier Menschheit, verurteilt zu angsterfülltem, eigennützigem, vernunftwidrigem Gehorsam gegenüber einem Gott, den sie nicht verstehen konnten. Erst Luther hatte klargemacht, daß das Wesen dieses Gottes die Barmherzigkeit ist, und die Philosophen der Aufklärung, namentlich Fichtes Lehrer Immanuel Kant (1724–1804), waren ihm darin gefolgt. Kant tat das Judentum ab als »eigentlich gar keine Religion, sondern bloß Vereinigung einer Menge Menschen«, ein rein politischer Bund, bar jedes ethischen und spirituellen Entwurfs. Dieser kritische Philosoph scheute sich, als es um das Thema Juden ging, nicht im geringsten, das zu schreiben, was als die antisemitischste Passage in der Weltliteratur bezeichnet worden ist: »Eine Nation von Kaufleuten ... deren bei weitem größter Teil durch einen alten, von dem Staat, darin sie leben, anerkannten Aberglauben verbunden, keine bürgerliche Ehre sucht, sondern diesen ihren Verlust durch die Vorteile der Überlistung des Volkes, unter dem sie Schutz finden und selbst ihrer untereinander, ersetzen wollen. Nun kann dieses bei einer ganzen Nation von lauter Kaufleuten, als nichtproduzierenden Gliedern der Gesellschaft ... auch nicht anders sein; mithin kann ihre durch alte Satzungen sanktionierte ... von uns selbst anerkannte Verfassung, ob sie zwar den Spruch: ›Käufer, tue die Augen auf!‹ zum obersten Grundsatze ihrer Moral im Verkehr mit uns machen, ohne Inkonsequenz nicht aufgehoben werden«[4].

Diesen schachernden Juden gebrach es an den grundlegenden Eigenschaften wahrer Humanität: Liebe, Vernunft und Freiheit. Spätere Philosophen, so demonstrativ sie auch in einzelnen Punkten oder im Grundsätzlichen von Kant abweichen mochten, distanzierten sich nicht von seiner Antipathie gegenüber den Juden. Vielmehr wurden Kants Grundideen zu einer historischen und philosophischen Kritik des Judentums weiterentwickelt, die bis weit ins 20. Jahrhundert hinein in der deutschen Kultur praktisch bedingungslosen Rückhalt fand. Es schien vollkommen selbstverständlich: Juden, so hieß es, würden von Eigennutz geleitet, was sich in ihrer Geldgier im höchsten Grade konkretisiere; die jüdische Religion sei eine des unerbittlichen Gesetzes, das ehrfurchtsvollen Gehorsam anstatt Gehorsam aus Liebe erheische, die doch das Wesen wahrer Religion und Sittlichkeit ausmache. Der Beweis jüdischer Rückständigkeit mußte jedermann klar werden, wenn er bedachte, wie die Juden die höchste Manifestation menschlicher und göttlicher Vernunft verworfen hatten, das heißt die Geschichte selbst war dieser Beweis. In seiner geradezu archetypischen »Verstocktheit« hatte sich das jüdische Volk, im Unterschied zu anderen Völkern des Altertums, geweigert auszusterben, nachdem es seinen historischen Zweck erfüllt hatte, der darin bestand, Christus der Welt zu schenken. Sich der Erkenntnis der Richtigkeit des Geistes, der den Fortschritt in der Geschichte belebte, zu verschließen galt als Gipfel unfreier Irrationalität.

Welch ernste Bedrohung von dieser neuen, raffinierten und fortschrittlichen Form des Antisemitismus ausging, erkannte der jüdische Liberale Saul Ascher, der in Fichte den wahren Nachfolger des christlichen Judenhassers Johannes Eisenmenger sah. In Kant allerdings sah er den geistigen Urheber dieses moralischen Antisemitismus und prangerte Fichte an, ihn zu einer revolutionären Philosophie ausgeklügelt zu haben.

»Man sieht aber hieraus, wie selbst die kritische Philosophie, nach dem [sic] eine Kritik aller Offenbarung das Prinzip zu einem Kriterium aller Offenbarung aufgestellt, und eine Religionslehre, die Antinomie des Judenthums in Rücksicht dieses Prinzips entwickelt, dazu beiträgt; die Rechtmäßigkeit des Begriffs *Judenhaß* a priori deduciren zu können. In dieser Rücksicht müssen wir uns wieder zu dem Verfasser des Beitrags zur Berichtigung etc. [Fichte; Anm. d. Ü.] wenden und zeigen, inwiefern durch seine Deduktion des Begriffs *Judenhaß* der ewige Streit, ob der Jude geduldet oder verfolgt werden müsse, beigelegt werden dürfte.

Ob sich der Judenhaß auf die politische Verfassung dieser Nation gründen darf? Das hat unser Verfasser ekstatisch behauptet, aber nicht philosophisch bewiesen – … Die Schriftsteller seines Gelichters, welche den *Judenhaß* aus Prinzipien erweisen wollen, müssen eben so inkonsequent ihre Laufbahn beschließen, wie alle diejenigen, die ihn bisher aus Erfahrung erhärten wollten. Und *Eisenmenger der Zweite* [Fichte; Anm. d. Ü.] hat nur das unsterbliche Verdienst, diese Laufbahn als erster eröffnet zu haben, wie es Eisenmenger der Erste, sein Ahnherr, der bloß aus zusammengerafften Beschuldigungen den Judenhaß allgemeingeltend zu machen suchte, zu seiner Zeit hatte. Wenn er solche Nachfolger wie dieser haben sollte, dann Heil meiner Nation und der ganzen Menschheit!«[5]

Die einzigen Ausführungen, die Fichte über die Juden machte, finden sich in seinem revolutionären *Beitrag* von 1793, wo die Angehörigen des mosaischen Glaubens als die schlimmsten reaktionären Kräfte behandelt werden, die dem Entstehen eines sittlichen, freien Europäertums im Wege stehen: »Fast durch alle Länder Europas verbreitet sich ein mächtiger, feindselig gesinnter Staat, der mit allen übrigen im beständigen Kriege *steht*, und der in manchem fürchterlich schwer auf die Bürger drückt; es ist das Judenthum.« Dieser »Staat« des Judentums sei auf dem »Haß des ganzen menschlichen Geschlechts aufgebaut«, einem Haß, der sowohl durch religiöse als auch gesellschaftliche und ökonomische Faktoren verstärkt worden sei. Die Juden sind für Fichte ein Volk, »das sich zu dem den Körper erschlaffenden und den Geist für jedes edle Gefühl tötenden Kleinhandel verdammt hat und verdammt wird; das durch das Bindendste, was die Menschheit hat, durch seine Religion, von unseren Mahlen, von unserem Freundschaftsbecher und von dem süßen Tausche des Frohsinns mit uns von Herz zu Herzen ausgeschlossen ist«. So gefährlich sei dieses egoistische »jüdische Element« seinen europäischen Gastgebern geworden, daß es ausgelöscht werden müsse, wenn die Freiheit den Sieg davontragen solle. Möglicherweise könnten die Juden dies von sich aus erreichen, indem sie sich aus ihrer lieblosen Isolation befreiten und ihren Haß auf die Menschheit aufgäben – doch Fichte hält dies für eine törichte Hoffnung: »Derjenige Jude, der über die festen, man möchte sagen, unübersteiglichen Verschanzungen, die vor ihm liegen, zur allgemeinen Gerechtigkeits-, Menschen- und Wahrheitsliebe durchdringt, ist ein Held, ein Heiliger. Ich weiß nicht, ob es deren gab oder gibt. Ich will es glauben, so bald ich sie sehe.« Die andere Lösung ist eine ihnen auferlegte – und Fichte schlägt dazu folgendes vor: »Aber ihnen Bürgerrechte zu geben, dazu sehe ich wenigstens kein Mittel, als das, in der Nacht ihnen allen die Köpfe abzuschneiden, und andere aufzusetzen, in denen auch nicht eine jüdische Idee sei. Um uns vor ihnen zu schützen, dazu sehe ich wieder kein anderes Mittel, als ihnen ihr gelobtes Land zu erobern, und sie alle dahin zu schicken.«[6]

Zwar tut Fichte so, als scherze er nur, wenn er von Ver-

treibung und Enthauptung spricht, doch man muß sich vergegenwärtigen, daß er im Jahre 1793 schrieb, dem Jahr, in dem
in Frankreich die »terreur« und die Guillotine wüteten. Über-
dies liegt Scherzen über Mord und Totschlag in der Regel ein
emotionaler Zwiespalt zugrunde, der einem »wishful thinking«
nahekommt. Der Vorschlag, »ihnen die Köpfe abzuschneiden«,
mag nur als eine schelmische Übertreibung erscheinen, aber er
sollte in späteren Zeiten ein unheimliches Echo finden. Gern
sprach Wagner in vagen Andeutungen von der »Vernichtung«
des Judentums und scherzte damit, ein Theater voller Juden in
Brand zu stecken – bald darauf begrüßte er dann die tatsächlichen Judenmorde, zu denen es bei den Pogromen in Rußland
kam. Und Hitler sollte in *Mein Kampf* tönen, der Erste Welt-
krieg hätte sich gelohnt, wenn man Zigtausende Vertreter des
auserwählten Volks mit dem Kopf unter Giftgas gehalten hätte.

Fichtes Judenhaß, der im Gewand der Revolution daher-
kam, wurde zum Vorbild für die antisemitische Einstellung des
modernen Deutschlands. Die Juden galten als die Feinde der
Vernunft und Moral, sie waren fremdartige Parasiten in
Deutschland, die man mit Restriktionen belegen oder vertreiben mußte. Auch wenn Fichte die Juden noch nicht als eine
aufgrund genetischer Faktoren zu moralischer Erlösung un-
fähige biologische Rasse zu begreifen vermochte, gehörte er
jener Strömung des deutschen Geisteslebens an, die sie als eine
ethnische Gemeinschaft betrachtete, deren perverse Verhal-
tensweisen und Wertvorstellungen durch jahrhundertelange
Tradition und Erziehung geprägt worden waren. Die Prägung
war so nachhaltig, daß der jüdische Nationalcharakter ebenso-
gut hätte genetisch geformt sein können. Wegen seiner »ethnischen« Auffassung erschien Fichte liberaler als spätere rassistische Antisemiten, räumte er doch ein, daß sich der individuelle Jude womöglich als erlösungsfähig erweisen könnte.
Auch Wagner hing zwar eine Zeitlang dieser ethnisch orientierten Denkweise an, doch in seinen letzten Lebensjahren konnte
er auf die damals neuen Erkenntnisse der Rassenlehre zurück-

greifen, die die darwinistische Biologie bereitstellte, und somit jenes Schlupfloch schließen, das einzelnen Juden noch offenstand.

Der tiefere Beweggrund für die obsessive Beschäftigung der Deutschen mit den Juden könnte darin gesehen werden, daß sie, um zu einer eigenen nationalen Identität zu finden, die Juden als Widerpart brauchten. In Wirklichkeit war nämlich die Judenfrage die auf den Kopf gestellte deutsche Frage. Daher umfaßte für Fichte der revolutionäre Antisemitismus naturgemäß die beiden untrennbaren Prinzipien des deutschen Nationalismus. Das erste besagte, daß Deutschland eine besondere Nation und mit einer Menschheitsmission beauftragt sei, die sie über die westromanischen Völker wie auch die östlichen Slawen stelle. Der zweite Grundsatz bestand in der felsenfesten Überzeugung, daß Deutschland – das neue auserwählte Volk – von anderen Nationen gekreuzigt und zum Opfer gemacht wurde, vor allem von den Juden. Der deutsche Nationalismus und der deutsche Antisemitismus waren in Fichtes Augen die beiden Garanten für eine umfassende Revolution der Menschheit.

Jener Antisemitismus war also unweigerlich der integrale Bestandteil des deutschen Nationalismus und der deutschen Revolutionsideologie. Dessen eingedenk distanzierte sich Fichte auch in späteren Jahren nicht vom Antisemitismus des *Beitrags*. Dennoch versuchten seine Apologeten, Beweise für einen Wandel Fichtes zum Philosemitismus zu finden. Dabei stützten sie sich auf zwei Vorfälle: Als Rektor der Berliner Universität verteidigte er 1810 einen Studenten, der das Opfer von Judenhassern geworden war, und zwei Jahre später verurteilte er eine antisemitische Rede Clemens Brentanos, *Der Philister*. Bei der erstgenannten Begebenheit freilich bestrafte Fichte den unglücklichen Studenten, der in ein Duell verwickelt worden war, härter als dessen Hauptpeiniger, denn es ging ihm hier in der Hauptsache darum, das Duellieren als solches zu unterbinden. Im zweiten Fall nahm Fichte Anstoß an der seichten

Vulgarität der Brentanoschen Rede vor einer vermeintlich gebildeten Gesellschaft von christlichen Deutschen, die sich
ernsthaft mit der Judenfrage auseinandersetzen wollte. Keiner
der beiden Fälle enthält einen konkreten Hinweis darauf, daß
Fichte seine antisemitische Haltung revidiert hätte[7].

Auffällig ist, daß Fichte sich genötigt fühlte, seine antisemitischen Vorstellungen in einem Werk zu erläutern, in dem er das
Thema »Juden« durchaus hätte aussparen können, ohne dem
Argumentationsgang zu schaden. Er scheint von einer plötzlichen Erkenntnis überkommen worden zu sein, wie »deutsche« Gefühle das älteste aller antisemitischen Vorurteile mit
neuem Leben erfüllen konnten – das Ressentiment gegen die
Juden als das auserwählte Volk. Fichte redete sich ein, daß die
Deutschen das neue auserwählte Volk geworden seien, betraut
mit einer Mission der Vorsehung, die da lautete, durch eine
Revolution das ganze Menschengeschlecht zu befreien. Aber er
spürte, daß die neue Religion der Revolution, die allen Völkern
durch Deutschlands Vorbild die universelle Befreiung bringen
sollte, von der Existenz einer rivalisierenden jüdischen »Internationale« gefährlich unterminiert wurde, deren Prinzipien den
Idealen der Revolution, Freiheit, Vernunft und Humanität,
unsagbar zuwiderliefen. Die Judenfrage war somit kein Neben-
kriegsschauplatz, sondern vielmehr die Hauptarena des Revo-
lutionszirkus.

Fichte proklamierte eine Vision der deutschen Revolution,
die bis in die Gegenwart fortbestand. Ihre Auswirkungen und
ihre nachhaltigen Folgen auf alle Aspekte des deutschen Gei-
stes- und Seelenlebens sind vergleichbar nur der kulturellen
Prägung, die Luther drei Jahrhunderte vorher bewirkt hatte.
Und wie vor ihm Luther – und nach ihm Wagner – entwarf
Fichte eine von gefährlicher Ambivalenz geprägte Vision von
kultureller Überlegenheit und politischer Macht, Theorie und
Praxis, Revolution und Zerstörung und, vor allen Dingen, von
Juden und Judentum.

Fichtes Erben

Nach Fichtes Tod im Jahre 1814 und der endgültigen Niederwerfung Napoleons im Jahr darauf verzweigte sich das revolutionäre Denken in Deutschland nach allen Seiten. Der Haupt-
strang erwuchs aus der nationalistischen Saat, die Fichte gelegt
hatte. Die Revolutionsbegeisterung der Epoche des Vormärz,
die mit den Revolutionen des Jahres 1848 endete, erlebte
außerdem ihre Blütezeit im radikalen Literatenzirkel »Junges
Deutschland« und im philosophischen Milieu der Junghegelianer, zu denen auch die Sozialisten Karl Marx und Moses Hess
gehörten. In allen diesen revolutionären Strömungen war eine
antisemitische Dimension verankert, die in neuen mythologischen Motiven, besonders dem Mythos vom Ewigen Juden,
ihren Ausdruck fand.

Nationalistischer und romantischer Judenhaß

In seinen *Reden an die deutsche Nation* hatte Fichte erklärt,
daß der nationalen Befreiung der Deutschen von der Franzo-
senherrschaft die Wiederentdeckung des »Deutschtums« vor-
ausgehen müsse, die durch das Streben nach allem, was in
Kultur und Politik wesenhaft »deutsch« sei, erreicht werde.
Verbreitet wurde die Botschaft von Ernst Moritz Arndt und
Friedrich Ludwig Jahn, die zahlreiche deutsche Studenten an-
feuerten, sich für die deutsche Freiheit am Krieg gegen Napoleon zu beteiligen. Nach der Niederwerfung des ausländischen
Unterdrückers im Jahre 1815 war es nur natürlich, daß der
Enthusiasmus der deutschen Studenten auf den Kampf um die
Freiheit im Inneren umgelenkt wurde. Rasch entstanden revolutionäre Studentenverbindungen – die Burschenschaften –,
die sich der inneren Einigung Deutschlands weihten und den
als unpatriotisch geltenden sterilen Konservatismus der Met-
ternich-Ära ablehnten. Ganz im Sinne Fichtes und Arndts traten sie für die Verschmelzung von Politik und Kultur ein und

organisierten in diesem Geist die großen nationalen Studenten-
feste für »deutsche Freiheit« 1817 auf der Wartburg und 1832
in Hambach, wo sich 30 000 Teilnehmer einfanden[8].

Freiheit von Fremdherrschaft und äußeren Einflüssen bedeutete jedoch auch Freiheit vom Judentum. Die romantisch-
nationale Revolutionsbegeisterung der deutschen Studenten
hatte eine durchweg antisemitische Komponente. Um deutlich
zu machen, wie sie das französische Ideal der Freiheit pervertiert hatten, ließ Saul Ascher seinen Knallfrosch »Germano-
manie« zum Klang von »Wehe den Juden!« abbrennen[9]. Ein
jüdischer Student erinnerte sich später, welch wichtige Rolle
auf dem Wartburgfest die Judenfrage gespielt hatte:

»Noch nie in meinem Leben bin ich ... so unerbittlich nach meinem
Judesein gefragt worden wie während der Woche ... auf der Wartburg ... Einige bemitleideten mich ... andere klagten mich an;
einige beschimpften mich, andere hoben mich in den Himmel ...
Wie hoffnungslos ich bin ... Glaubten wir nicht alle, daß diese Tage,
als das Licht solch großer Männer wie Fichte, Jahn oder Arndt unser Leben erstrahlen ließ, Tage einer universellen Erneuerung des
Menschen, des teutschen Mannes seien, Tage moralischer Wiedergeburt, nationaler Einheit, eine vollkommene und endgültige Erlösung ... des Menschengeschlechts?«[10]

Es dauerte nicht lange, bis der latente Antisemitismus der re-
volutionär nationalistischen Gesinnung der Studenten in offene
Gewalt ausbrach. Im März 1819 verübte der Student Karl Sand,
der sich als Revolutionär verstand, ein Attentat auf den Schriftsteller August von Kotzebue, in dem man einen Agenten der
Reaktion und Polizeispitzel des Auslands vermutete. Auf den
Mord folgten im Sommer desselben Jahres die sogenannten
Hepp-Hepp-Krawalle, ein wüstes Pogrom gegen die Juden, die
man als Inbegriff alles »Undeutschen« betrachtete. Etliche
Burschenschaften scheinen sich daran beteiligt zu haben, hatte
doch ihr Mentor Jakob Friedrich Fries, seines Zeichens Professor für Philosophie in Jena und früherer Schüler Fichtes, in
einem Traktat die »Ausrottung dieser jüdischen Krämerkaste«

gefordert. Von der Polizei über seine Rolle bei der Anstachelung zu den Hepp-Hepp-Krawallen befragt, konterte Fries aalglatt, er habe nur eine metaphorische, keine praktische Ausrottung gefordert[11]. Allerdings wurde Fries 1820, im Gefolge der Karlsbader Beschlüsse – Metternichs Reaktion auf die Ermordung Kotzebues und die genannten Ausschreitungen –, der Lehrstuhl entzogen.

Die nationalistische Variante des revolutionären Antisemitismus schöpfte ihre Eingebung aus Fichtes Axiom, wonach die Juden Parasiten und Fremdkörper in Deutschland seien, unfähig, sich ihrem Gastgebervolk anzupassen. Die Juden konnten mithin nicht Teil der deutschen Revolution sein. Als der revolutionäre Sozialist Moses Hess 1840 im patriotischen Überschwang einem deutschnationalen Revolutionär seine Vertonung der *Wacht am Rhein* vorlegte, mußte er betroffen feststellen, daß dieser »nicht nur meine von Patriotismus glühende Zuschrift in einem eiskalten Tone beantwortete, sondern auch noch zum Überfluß auf der Rückseite seines Briefes mit verstellter Handschrift die Worte hinzufügte: ›Du bist ein Jud‹«[12].

Um der Idee vom fremdartigen jüdischen Volkscharakter eine konkrete Gestalt zu verleihen, ließ das revolutionäre Zeitalter die aus dem Mittelalter stammende christliche Legende von »Ahasver, dem Ewigen Juden«, wieder aufleben. Seit der Goethezeit waren in Deutschland solche Adaptionen wie wild aus dem Boden geschossen: Einige Autoren sahen in Ahasverus einen prometheischen Revolutionär, der Europa die Freiheit bringen würde, aber die vorherrschende Lesart war für die Juden nicht schmeichelhaft. Ahasverus verkörperte das gesamte jüdische Volk umherziehender Parasiten, eine dem Tod geweihte Geisterrasse, die weder »sterben« noch durch Verschmelzung mit den jungen, energiegeladenen europäischen Nationen – vor allem der aufstrebenden Nation der Deutschen –, von denen es schmarotzte, »erlöst« werden konnte[13].

Das Junge Deutschland und die Judenemanzipation

Während der dreißiger Jahre des 19. Jahrhunderts löste die als Junges Deutschland bekannt gewordene literarische Bewegung in den Augen der Öffentlichkeit die Burschenschaften als revolutionäre Triebkraft ab. Das hatte nicht zuletzt das Parlament des Deutschen Bundes bewirkt, der die jungdeutsche Bewegung 1835 öffentlich verurteilte. Für Metternichs Geschmack waren das jungdeutsche Evangelium von der »Befreiung des Fleisches« und die Forderung nach allgemeiner Emanzipation etwas zu subversiv gewesen. Gleichzeitig machte sich das Junge Deutschland wegen seiner angeblich jüdischen Ursprünge viele deutschnationale Revolutionäre zu Gegnern. Die jüdischen Revolutionsanhänger Heinrich Heine und Ludwig Börne – beide sowohl Vertreter des engagierten politischen Journalismus als auch literarische Neuerer – waren vom deutschen Parlament offiziell als Wortführer der Bewegung ausgemacht worden. In der schrillen öffentlichen Debatte, die sich daraus entspann, erklärte der prominente Kritiker Wolfgang Menzel, daß »das ganze Unheil von Heine ausgegangen ist, der zuerst die jüdischen Antipathien mit den französischen Ideen verband, um Christentum und deutschen Nationalismus und Tugend lächerlich zu machen, und der Emanzipation des Fleisches zum Durchbruch zu verhelfen … und zur großen Republik der Zukunft aufrief«. »Man hört überall, daß das Junge Deutschland in Wirklichkeit ein Junges Palästina ist.«[14] Ende des 19. Jahrhunderts sollte dann der preußische Historiker Heinrich von Treitschke Heine und Börne als die Hauptvertreter des undeutschen »kosmopolitischen« französisch-jüdischen Revolutionsstils verurteilen, den die Juden im Vaterland eingeführt hätten. Wilhelm Marr allerdings – damals selbst ein Verfechter der Revolution, später dann einer der wichtigsten antisemitischen Denker – war so ehrlich zuzugeben, daß Börne und Heine seine eigene Generation echter deutscher Kommunisten inspiriert hatten. »Heine und Börne waren unsere Pro-

pheten. Es ist die unleugbare Wahrheit, daß diese beiden Juden
die Wegbereiter der Idee der Freiheit waren ... Israel stachelte
uns auf, um sein eigenes Süppchen zu kochen. Dies ist in letz-
ter Analyse das ganze Geheimnis des liberalen und revolutionären Judentums ... Wir lasen insgeheim Heine und Börne
und wurden von ihnen aufgerüttelt.«[15]

Von seinem angeblichen jüdischen Einfluß einmal abgesehen, ging es im Programm des Jungen Deutschland zu allgemeiner Befreiung tatsächlich um die Unterstützung der staatsbürgerlichen Emanzipation der Juden, und diese Forderung
führte später zu der irrigen Annahme, daß das Junge Deutschland eine »projüdische« Bewegung gewesen sei. Die Wahrheit
ist jedoch komplizierter. Die meisten Wortführer des Jungen
Deutschland traten zwar für die staatsbürgerliche Gleichstellung der Juden als Teil einer allgemeinen Befreiung des
Menschen ein; aber sie hegten auch eine tiefsitzende Aversion
gegenüber dem »Jüdischen«. Die Jungdeutschen betrachteten
die bürgerliche Emanzipation als bloßes Vorspiel zur wahren
Menschheitsbefreiung, die die Juden erreichen mußten, indem
sie zu »rein menschlichen Wesen« wurden, das heißt, indem sie
die als typisch jüdisch geltenden Merkmale der Lieblosigkeit
und des Egoismus ablegten – mit einem Wort, indem sie als
Juden »starben«. In seiner Forderung nach »Vernichtung des
Judentums« hielt das Junge Deutschland an den grundlegenden Prämissen des revolutionären Antisemitismus fest, auch
wenn die Maßnahmen, die es zum Erreichen der politischen
Emanzipation und moralischen Umkehr der Juden vorschlug,
»sanft« und »projüdisch« waren.

Dieser Zwiespalt wird auf fast pathologische Weise bei dem
Romanautor Karl Gutzkow (1811–1878) deutlich, der neben
Heinrich Laube als Führer des Jungen Deutschland galt. Gutzkows *Plan eines neuen Ahasverus* (1838) war ein sensatio-
neller Versuch, den Mythos vom Ewigen Juden auf die neuen
Umstände jüdischer Emanzipation in der modernen, revolutionären deutschen Welt zu übertragen. In seinen Augen be-

stand Ahasverus' Sünde nicht in jener Verstocktheit, mit denen die Christen die Juden gebrandmarkt hatten, weil sie sich weigerten zu konvertieren. Statt dessen modernisierte er die Sünde, Christus zu verachten, derart, daß sie zu einem Symbol für die »Lieblosigkeit« und den »Egoismus« wurde, die den Menschen der Neuzeit peinigten. Nur durch »Liebe« und »Emanzipation des Fleisches« würde vielleicht die europäische und insbesondere die deutsche Gesellschaft gereinigt und die Menschheit zur Menschlichkeit erlöst werden. Und nur wenn sie Liebe annähmen, könnten die Juden, jene Muster der Lieblosigkeit und Selbstsucht, zur Menschlichkeit erlöst werden:

»Ich frage aber, ist *Ahasvers Verbrechen nur eines gegen das Christenthum?* Ahasvers Verbrechen war die niedrigste Lieblosigkeit. Was er verbrach, verbrach er nicht als Jude, sondern als Egoist und Eventualitätsmensch, der die Dinge nach dem Erfolge taxirt und Christus mit höhnischem Witze nachrief: Willst Gottes Sohn sein und kannst nicht einmal tragen Dein Kreuz! O und nicht darum wurden die Juden verdammt, zu irren auf der Erde, weil sie nicht Christen waren, sondern weil ihnen die moralische, edle, schöne, menschliche Regung des Gefühls, weil ihnen die Liebe abging und sie im schnöden, witzelnden Partikularismus sich über das Unglück moquierten und ein Verbrechen (nicht am Christenthum, sondern an der Menschheit) begingen! ...

Er ist derjenige, der die Emanzipation ertrotzen will und auf seine Briefe und Siegel, auf seine Millionen ... zeigt. Gerade dies ist der moderne Ahasverus, wie er noch immer unter uns schachert und trödelt, wie er in der Literatur witzelt.«[16]

Gutzkow war überzeugt, daß die rechtliche Gleichstellung der Juden erstrebenswert, nicht aber der Kern der Sache sei. Die eigentliche Emanzipation der Juden bedeutete, daß sie durch die Liebe zu echten Menschen würden. Es ging um die innere Freiheit, nicht eine oberflächliche, äußere, politische Freiheit.

Diese Denkweise ist der Schlüssel zum Verständnis der Frage, wie es kam, daß Gutzkow und andere für die staatsbürgerliche Emanzipation sein und gleichzeitig das Judentum und oft genug die Juden selbst verabscheuen konnten. Wie Wagner täuschte auch Gutzkow eine eher moralische und literarische denn plump politische Einstellung zur Judenfrage vor:

>»Mit einem Worte: Ich bin mit der heiligsten Entschiedenheit für die Gleichstellung der Juden mit den Christen; allein die Art, wie diese Gleichstellung motiviert ist, hat etwas Widerwärtiges und Zudringliches; da ich auch noch nicht *einen* Advokaten derselben gefunden habe, der das Judenthum mit uns moralisch hätte vermitteln wollen und der eingestanden hätte, daß diese Frage weit weniger eine Frage des Rechts, als eine des Gemüthes und der tiefsten Empfindungen ist.«[17]

Gerade weil die Judenfrage ein so diffuses moralisches Problem darstellte, das sich rechtlich nicht fassen ließ, brachte die »wohlwollende« Haltung der Jungdeutschen neue Gefahren für die Juden mit sich. Sie wußten nun überhaupt nicht mehr, wie weit sie sich ändern mußten, um ihre deutschen Moralkritiker zufriedenzustellen. Wie sehr sie sich auch bemühten, die Hürden, die sie am vollen Eintritt ins deutsche Leben hinderten, wurden immer noch ein Stückchen höher. Es war die typische Reaktion einer herrschenden Kultur auf eine Minderheit, die sich ihr zu assimilieren strebte. Wie Gutzkow entwaffnend zugab: »Kurz, die Abneigung des Christen gegen den Juden ist eine physisch-moralische Idiosynkrasie, gegen die sich ebenso schwer ankämpfen läßt, wie gegen den Widerwillen, den Manche gegen Blut oder Insekten haben.«[18] Er hoffte, sie werde sich vielleicht verringern, wenn die Juden »emanzipiert« seien, verwies aber mit Bedauern auf »die heillose Unsitte des Egoismus, die ich bei den edelsten, den besten Israeliten angetroffen habe«[19]. Somit bestand eigentlich wenig Aussicht, daß sich die Christen von ihrer Aversion gegen den jüdischen Charakter freimachen würden.

Um die radikale Veränderung zu verdeutlichen, der sich die Juden zu unterziehen hatten, prägte Gutzkow den düsteren, emotional aufgeladenen Begriff der »Selbstvernichtung«. Mit Hilfe des Ahasverus-Mythos demonstrierte er diese Idee auf der individuellen und kollektiven Ebene gleichermaßen. Ahasverus mußte die Lieblosigkeit in sich »vernichten«, wenn er Erlösung finden wollte. Aber Ahasverus versinnbildlichte auch die dringende Notwendigkeit, der die Juden unterlagen, ihre Nationalität aufzugeben, wenn ihr Volk erlöst werden sollte. Als Volk waren die Juden, wie Ahasverus, nichts anderes als ein Gespenst, die wandernde fossile Mumie eines Volkes, das sich der fruchtbaren Dynamik der Geschichte widersetzt hatte, weil es die Vermischung und Assimilation mit den anderen Völkern Europas scheute und sich weigerte, seine Außenseiterrolle aufzugeben und zu »sterben«. Dies aber mußten sie tun, um von ewiger Wanderschaft erlöst zu werden:

>»Ahasverus ist die tragische Konsequenz der jüdischen Hoffnungen ... Wo liegt im Judenthum die Verzweiflung, daß es gern sterben möchte und nicht kann? ... Ans trübe Dasein fesselt sie die messianische Hoffnung, welche selbst die geistreichsten und gefühlvollsten Juden nicht aufgeben können ... denn das Judenthum hat nie diesen Trieb der Selbstvernichtung gehabt, es hat immer gegiert, sich zu erhalten und aufzusparen für eine triumphierende Zukunft.
>
> Ahasverus' tragisches Loos ist ... das *Sichselbstüberleben*, das *Veralten*. Die Zeit wird immer wieder jung, neue Völker kommen, neue Helden, neue Reiche – nur Ahasverus bleibt, wer er war, eine lebendige Leiche, ein Todter, der noch nicht gestorben ist.«[20]

Gutzkows gewundener Antisemitismus war typisch für die revolutionäre Weltsicht des Jungen Deutschland. Die zwiespältige Haltung, die diese Bewegung gegenüber den Juden einnahm, erscheint weniger überraschend, wenn man bedenkt, daß ihre beiden Mentoren, Börne und Heine, obzwar Juden von Geburt, in den dreißiger Jahren selbst von einem tiefen Ressentiment gegen Judentum und Juden erfaßt wurden. Börne war es, der das Judentum zur zentralen Metapher für die bürgerlich-kapitalistische Geldgesellschaft machte, die sich in Europa entwickelt hatte. Und auch hier mußte wieder der Ahasverus-Mythos herhalten. In seinem Aufsatz *Der Wandernde Jude* (1821) äußerte Börne:

»Ich habe die Handelswelt nicht zu verteidigen, deren Judentümlichkeit – diese Sichtbarwerdung des Gelddämons, diese heraufgestiegene Furie der Habsucht, dieser leibliche Goldteufel – mir in der tiefsten Seele verhaßt ist, sie mag in der Gestalt eines Hebräers, eines Muselmannes oder eines Christen mir entgegentreten. Aber ist diese Judentümlichkeit nur allein der Juden Schimpf und Schuld? Ist sie nicht die Stickluft, welche die ganze Handelswelt umdünstet, *erhaltend* zwar das Leben, weil sie das Leben *zurückhält*, aber tödlich, wo sie abgesondert erscheint?«[21]

Obgleich Börne die Juden zu entschuldigen schien, indem er den Geldegoismus als ein Wesensmerkmal der modernen christlichen Gesellschaft generell hinstellte, übernahm er doch sehr wohl das von Kant und Fichte geprägte Stereotyp des Juden als des Inbegriffs von Geldgier und Lieblosigkeit. Börne glaubte jedoch, diese Metapher dadurch entschärft zu haben, daß sich seine ganze Kritik am Judentum nicht auf den brutalen Haß der deutschnationalen Antisemiten, sondern vielmehr auf die menschliche »Liebe« zu den Juden gründete. Wie Gutzkow hoffte auch Börne, daß sich die Juden in der Glut allgemeiner Revolution schmerzlos auflösten und die »Vernichtung des Judentums« mit sanften, liebevollen Mitteln erreicht werden könne statt mit groben. Sie würden zum Christentum übertreten, wie er selbst es getan hatte.

Heines Ressentiment gegenüber dem Judentum war, ebenso wie seine positive Haltung zur Revolution, weitaus vielschichtiger. Obwohl auch er als junger Mann konvertiert war, glaubte Heine im Unterschied zu Börne nie wirklich an die christliche Lehre, sondern hielt stets dem die Treue, was er als die im Judentum verankerten allgemeinmenschlichen Werte betrachtete. Nichtsdestoweniger entrüstete er sich, wie Börne, über den Geldegoismus der jüdischen Gesellschaft, die für ihn das Sinnbild der gesamten kapitalistischen Gesellschaft darstellte. Hierin stimmte er auch mit Karl Marx überein, den er in den vierziger Jahren näher kennengelernt hatte. Nach der Revolution von 1848 aber sagte sich Heine offen von seiner alten Revolutionsideologie los, in der er nun eine krasse Vereinfachung sah, die Unheil bringen würde. Gleichzeitig wurde er sich seines Judeseins mehr und mehr bewußt, was in den jüdischen Themen zutage tritt, die seinen großen Gedichtzyklus *Romanzero* durchdringen. Doch schon früher hatte er mit Börnes marktschreierischem Revoluzzertum nichts zu tun haben wollen und eine komplexere literarisch-revolutionäre Gesinnung vertreten. In einer Furore machenden Denkschrift auf Börne von 1840 (der drei Jahre vorher gestorben war) nahm Heine die Persönlichkeit und das politische Kredo seines Gegenspielers gnadenlos auseinander, woraufhin Heine in den scheinheiligen revolutionären Zirkeln Deutschlands und Frankreichs geächtet wurde. Außerdem löste die Schrift einen Skandal aus, der, wie wir sehen werden, Richard Wagner zu einer höchst merkwürdigen Intervention veranlaßte[22].

Die junghegelianischen Kritiker des Judentums

Die von Kant in Gang gesetzte philosophische Revolution zielte auf die Entdeckung einer menschlichen Freiheit ab, die bisher darnieder und in Ketten gelegen hatte. Der Königsberger Philosoph und seine Nachfolger hofften auf einen neuen, »aufgeklärten« Menschen, der frei und moralisch gut sein würde, kurzum auf den wahren Menschen in des Wortes emphatischer Bedeutung. Für sie hatte sich das Freiheitsstreben der Französischen Revolution in seiner seichtesten politischen Form erschöpft. Nun aber mußte sich die reine Humanität selbst offenbaren, und dies, so versicherten ihre Verfechter, könne nur der Genius einer deutschen Revolution leisten[23]. In der von Kant und Fichte ausgelösten und von Hegel und seinen Schülern vollendeten philosophischen Revolution spielte die Judenfrage eine zentrale Rolle. Das Judentum nämlich verkörperte aufs anschaulichste jene bösen Mächte, von denen die Revolution die Menschheit erlösen würde: Statt sich von Liebe und Freiheit leiten zu lassen, unterwarf sich der Jude einem Gesetz des

Zwanges; anstatt die Nächstenliebe zur Maxime seines gesellschaftlichen Verhaltens zu machen, strebte er danach, seine
Mitmenschen zu beherrschen; die sklavische Abhängigkeit vom
Eigennutz und dessen augenfälligste Ausdrucksform in der Gegenwart, dem Geld, als Gegenpol zu Nächstenliebe und Aufopferung für die Gemeinschaft, das Volk und die ganze Menschheit[24].

Man gebrauchte die Geschichte des Judentum als eine Parabel der Unfreiheit und bediente sich dabei der Terminologie
einer auf die jüdische »Obsoletheit« zielenden Religionskritik,
deren Einfluß in nichtchristlichen wie auch christlichen Zirkeln
noch heute spürbar ist. Das Judentum wurde als eine Religion
des Gesetzes gekennzeichnet, die durch die Liebe Christi obso-
let geworden sei: Freiheit soll nicht in ängstlichem Gehorsam
vor einem äußeren Gesetz bestehen, sondern muß vielmehr der
freiwillige Ausdruck eines dem Menschen innewohnenden Mo-
ralgefühls sein. Als Religion war daher das Judentum durch das
Christentum vollkommen überflüssig geworden, das nun seinerseits mit den Begriffen der modernen humanistischen Philosophie neu definiert wurde. Das Judentum hatte somit in der
modernen Moralordnung keine Funktion und mußte sterben.
Und auch als Nationalität hatte es keine Berechtigung mehr. In
seiner Geschichtsphilosophie legte Hegel dar, wie die Juden
zum Fortschritt der Menschheit beigetragen, schließlich aber
im Christentum ihre eigene Antithese hervorgebracht hätten.
Doch so wie die Juden ihren Zweck erfüllt hätten, indem sie
eine neue Religion gebaren, so habe auch ihre Existenz als Nation mit der Zerstörung des jüdischen Staates durch die Römer
ihren Sinn verloren. Der Weltgeist, der in der Geschichte walte,
habe sich Europa zugewandt, und das jüdische Volk, obgleich es
dem ökonomischen Aufbau der neuen Nationalstaaten nützlich
gewesen sei, solle nun gefälligst seine Außenseiterrolle aufgeben und sich in die moderne Welt integrieren. Die Generation
Gutzkows machte sich diese einleuchtende ahasverische Mythologie, die die Obsoletheit der Juden implizierte, schnell zu

eigen und betrachtete die Judenfrage instinktiv aus dem damit vorgegebenen Blickwinkel. Diese unausgesprochenen Annahmen anzuzweifeln, die das Verhalten selbst jener bestimmten, die den Juden freundlich gesinnt waren, hätte eine Vertrautheit mit subtilen und schwierigen jüdischen Denkkategorien erfordert, die den meisten der in der christlich-abendländischen Kultur aufgewachsenen – jüdischen sowie christlichen – Beobachtern nicht ohne weiteres zugänglich waren[25].

In gewisser Weise war Hegel ein Opfer seines eigenen Scharfsinns. Seine frühen Schriften über Jesus zeigen, wie er von Kant das wesentliche Vorurteil gegen das Judentum, es mangele ihm an echter moralischer Freiheit, aufgegriffen hatte. Aber er sah von der Veröffentlichung dieser Ansichten ab und entwickelte statt dessen von da an seine eigene Philosophie von der historischen Sinnlosigkeit der jüdischen Nation. Es gibt allerdings Anzeichen dafür, daß Hegel vor seinem frühen Tod im Jahre 1831 ahnte, daß seine systematische Philosophie das Geheimnis des Überlebens des jüdischen Volkes entgegen dem Lauf der Geschichte nicht eigentlich zu erklären vermochte. Er verwarf am Ende die Kantsche Idee, daß das Alte Testament ein tyrannisches Gesetz darstelle, und deutete es vielmehr als bahnbrechend für »wahre Moralität und Integrität«. Was ihm zuvor jüdischer »Fanatismus und Starrsinn« geschienen hatte, betrachtete er nun als »bewundernswerte Standfestigkeit«, zu einem überaus tiefen Verständnis göttlicher Transzendenz bestimmt. Politisch verurteilte Hegel, daß seine Landsleute die Juden als ein »fremdartiges« Volk von Parasiten brandmarkten, und betonte öffentlich mit allem Nachdruck, daß die Juden Anspruch auf die vollen staatsbürgerlichen Rechte hätten. In seinen Vorlesungen über Rechtsphilosophie von 1818 machte er Jakob Friedrich Fries' antijüdische Theorien als »oberflächlichen Brei« lächerlich, der die Bezeichnung Philosophie nicht verdiene; und im Jahr darauf bewog er seine Anhänger in der Heidelberger Burschenschaft, die Juden während der Hepp-Hepp-Krawalle vor etwaigen Ausschreitungen zu schützen (wenn auch nicht zu lieben). Nach Hegels Überzeugung hatte das Prinzip des Vernunftstaats zur Folge, daß den Juden die vollen Bürgerrechte gewährt wurden, ohne daß man von ihnen die Aufgabe ihrer eigenen Identität verlangte – das Quidproquo, das so viele der Emanzipationsverfechter wie etwa Gutzkow forderten[26].

Leider waren es nicht diese subtileren Betrachtungen Hegels, auf die sich die meisten seiner Schüler beriefen. Die enthusiastischen Junghegelianer hielten sich lieber an seine ahasverischen Urteile über die Abartigkeiten des Judentums und der Juden, die sich viel leichter in ein revolutionäres System einpassen ließen, egal ob es sich dabei um die philosophische oder um die sozialistische Richtung handelte, in welche sich der Hegelianismus verzweigte. Ein Teil der Junghegelianer erklärte die philosophische Religionskritik zum Schlüssel der Menschheitsrevolution. So deutete Ludwig Feuerbach in *Das Wesen des Christentums* (1841) Religion als die Projektion menschlicher Kräfte auf äußere Götter, die der Mensch abwechselnd fürchte und anbete. Der allmächtige Gott des Judentums war der Inbegriff dieses unfreien, inhumanen Fetischismus. So verwarf Feuerbach die jüdische Schöpfungslehre, »die Fundamentallehre der jüdischen Religion«, als ein bloß egoistisches Verlangen nach unmittelbarer Befriedigung, übertragen auf einen Schöpfergott. Der jüdische Monotheismus sei nichts anderes als die Verehrung des reinen Egoismus, die Apotheose des Verlangens, alles zu beherrschen. »Der Utilismus, der Nutzen, ist das oberste Prinzip des Judenthums ... Ihr [der Juden; A.d.Ü.] Prinzip, ihr Gott, ist das *praktischste* Prinzip von der Welt – der Egoismus und zwar der *Egoismus in der Form der Religion* ... Den Juden war die Natur ein bloßes Mittel zum Zwecke des Egoismus, ein bloßes Willensobjekt ... Jehova ist das Ich Israels, das sich als der Endzweck und Herr der Natur Gegenstand ist.« In der zweiten Ausgabe von 1843 trieb Feuerbach diese Analyse noch ein absurdes Stück weiter, indem er die alten Anschuldigungen, die Juden frönten dem

Menschenopfer, philosophisch zu legitimieren suchte: »*Der Glaube opfert Gott den Menschen auf.* Das Menschenopfer gehört selbst zum Begriffe der Religion. Die blutigen Menschenopfer dramatisieren nur diesen Begriff ... zu den Menschenopfern in der jüdischen Religion siehe die Werke von Daumer.«[27]

Systematisch wurden diese antijüdischen Einsichten in der »kritischen« Debatte herausgearbeitet, die Bruno Bauer in den Jahren 1843/44 in der deutschen Presse über die »Judenfrage« (diesen Begriff prägte er selbst) entfachte. Die Juden verkörperten darin eine gegenüber den Christen primitivere Stufe der menschlichen Entwicklung. Zwar seien auch die Christen noch immer von abergläubischem Wahn umnachtet, hätten aber zumindest schon einen Blick auf die Natur der Freiheit und Liebe erhascht, die nur der Vernunft des reinen philosophischen Humanismus zugänglich sei. Um »frei« zu werden, mußten die Juden zuerst das Stadium des Christentums durchlaufen. Politisch gesehen, konnten die Juden nicht einmal Bürger eines reaktionären »christlichen« Staates sein und erst recht nicht eines »freien Vernunftstaates«, wie Bauer ihn predigte[28].

Bauers Attacken richteten sich gegen den preußischen Staat, den er als dogmatisch und unfrei kritisierte, was ihn seinen Lehrstuhl an der Universität kostete. Es wäre jedoch falsch, ihn als Linken zu betrachten. Seine »Revolution« war weder liberal noch sozialistisch, wie sein späterer Werdegang zeigt. In den sechziger Jahren schloß er sich den preußischen Konservativen an, die seiner antijüdischen Stoßrichtung mit Wohlwollen gegenüberstanden, und in den siebziger Jahren bekannte er sich zu einer offen rassistischen, antisemitischen »Weltpolitik«, die den englischen Juden Disraeli angriff, weil er die revolutionären Kräfte eines expandierenden Deutschland kritisiert hatte. Bauers scheinbar so rätselhaften Werdegang könnte man mit dem seines Zeitgenossen Wilhelm Marr vergleichen, der eine ähnliche Entwicklung vom Revolutionär zum Rassisten durchlief und sich trotzdem innerlich treu blieb. Marr allerdings vertrat in den vierziger Jahren des 19. Jahrhunderts zunächst einen kommunistischen Standpunkt und wurde dann dreißig Jahre später, wie Bauer, zu einem der einflußreichsten antisemitischen Wortführer[29]. Weder der Antisemitismus des einen noch der des anderen läßt sich als »rechts« oder »links« klassifizieren, denn ihr Haß entsprang ihrer revolutionärer Begeisterung.

Erkennbarer linksgerichtet indessen war die sozialistische Kritik des Judentums, die in den vierziger Jahren von Bauers Schüler Karl Marx und dessen Kreis entwickelt wurde. Marx' Essay *Zur Judenfrage* von 1843/44 war in Wirklichkeit ein Kommentar zu Bauers Analyse, die ihm zu abstrakt erschienen war. Er hingegen wollte die Judenfrage nicht als einen philosophischen oder religiösen Vorwand benutzen, sondern als Schlüssel zu einer tiefgreifenderen Analyse der Krise des bürgerlichen Kapitalismus. Der jüdische Geist des Egoismus und des Mammonskults galt ihm als der Geist der modernen kapitalistischen Gesellschaft schlechthin. Wenn die Juden emanzipiert werden sollten, war eine staatsbürgerliche Emanzipation im herkömmlichen Sinn nur eine Scheinlösung, denn sie würde den Zustand innerer Unfreiheit, in dem die Juden verharrten, festschreiben, indem sie sie, zusammen mit ihren christlichen Mitbürgern, gewissermaßen in einem goldenen Käfig hielt. Wahre Emanzipation bestand für Marx in der Befreiung des Menschen – ganz gleich, ob Jude oder Christ – von der Macht des Mammons. Sich in dieser Parabel von revolutionärer Erlösung des Judentums als Demonstrationsobjekt zu bedienen schien Marx deshalb so zwingend, weil die Juden nicht nur eine Metapher für den Kapitalismus waren; an ihnen ließ sich aufzeigen, wie das kapitalistische System funktionierte, denn sie fungierten als seine Urheber. Es ist nur selten erkannt worden, wie wegweisend dieser Aufsatz für Marx' weitere intellektuelle Entwicklung war. Er entstand in ebenjenen Monaten des Jahres 1843, in denen Marx die Wende vom Hegelschen Idealismus zu einer materialistischen Weltanschauung vollzog. Es ist also nicht unwahrscheinlich, daß er sich beim Schreiben des Essays über seinen weiteren Weg klar wurde, ähnlich wie Wagner, als ihm in den Jahren 1847/48 die Bedeutung des Judentums aufging, erkannte, daß seine Zukunft im Zeichen der Revolution stehen würde [30].

Und Marx war nicht der einzige, der anhand der Judenfrage seine Gesellschaftstheorie entwickelte. Auch sein Genosse Moses Hess beschäftigte sich eingehend mit der Rolle des Judentums im Kapitalismus und verfaßte 1843/44 unter dem Titel *Über das Geldwesen* einen Essay, den er Marx zukommen ließ. Der Geist des Judentums war auch für ihn der Geist »des Geldes«. »Das Geld«, heißt es in dem Aufsatz, »ist das soziale Blut, aber das entäußerte, vergossene Blut.« Die Juden hätten das Geld erfunden und agierten nun als die Leitwölfe der Raubtiergesellschaft Europas, die die Menschheit immer wieder diesem Fetisch opfere. Wie Feuerbach entdeckte Hess im Judentum ein Element von menschlichem Blutopfer. Aber er kam zu dem Schluß, daß es zur kapitalistischen Ausbeutung sublimiert worden sei: Der Kult des Molochs habe sich in einen Kult des Mammons verwandelt. Die Sprache, der er sich in seinem Aufsatz bediente und die nach der berüchtigten Damaskus-Affäre 1840, als man die Juden des Ritualmords beschuldigte, in Mode kam, war, gelinde gesagt, unbedacht. Tatsächlich förderte sie eine in den vierziger Jahren augenfällige Tendenz, die christliche Blutbeschuldigung durch eine raffiniertere moderne, allegorische Variante zu ersetzen. Natürlich lag es nicht in Hess' Absicht, Judenhaß zu schüren; auf merkwürdige Weise hoffte er sogar, diesen zu zerstreuen, indem er, wie Marx und Heine, zeigte, wie ungerecht es war, die Juden als Geldegoisten anzugreifen, wo sie doch lediglich die Geldgier symbolisierten, die allenthalben im christlichen Europa herrsche [31]. Trotzdem ließen die Schriften von Hess, Marx und anderen Junghegelianern die abstoßenden Bilder vom Judentum wieder aufleben, die dank der deutschen philosophischen Revolution spätestens in den vierziger Jahren die älteren christlichen Stereotype ersetzten.

Später dann sollte Hess einsehen, welche Gefahren in seinem Denkansatz steckten, und in seiner brillanten Schrift *Rom und Jerusalem* (1862) – dem ersten zionistischen Manifest – die Grundlagen seines revolutionären Antisemitismus zu zerstören versuchen.

2

Wagners Revolutionsauffassung der
frühen Jahre 1813–47

Junges Deutschland

Wagners erste intensive Beschäftigung mit revolutionärem Gedankengut fällt in die Jahre 1834–40, als er unter den Einfluß
des Jungen Deutschland und dessen Formel von der »Emanzipation des Fleisches« geriet. Sein Freund Heinrich Laube
(1806–1884), der mit dem Roman *Das junge Europa*
(1833–37) dem Jungen Deutschland als einer politischen und
moralischen Befreiungsbewegung die Bühne bereitet hatte,
führte ihn in die literarische und politische Vorstellungswelt der
Jungdeutschen ein. Die beiden verbrachten viel Zeit miteinander, zuerst, während der dreißiger Jahre, in Leipzig, dann in
Paris, wo Laube 1839 seinen Freund dem dort im Exil lebenden
Heine vorstellte, und dann erneut in Leipzig und Dresden
während der vierziger Jahre. Zweimal gab Laube die einflußreiche *Zeitung für die elegante Welt* heraus, deren Kolumnen
er modernen radikalen Meinungen öffnete und in der Wagner
1843 seine erste autobiographische Skizze veröffentlichte[1].

Eine Zeitlang lehnten Laube und Wagner, die seit 1832 befreundet waren, das engstirnige Deutschtum ab und begeister-
ten sich statt dessen für eine von nationalen Schranken freie
»Politik der Zukunft«, eine allgemeine Republik der Freiheit,
die, wie sie glaubten, durch die neue Kunst und Literatur in die
Wege geleitet würde. Für letztere standen die Romane der
Jungdeutschen und die von Laube 1838 veranstaltete Ausgabe
von *Ardinghello*, des erstmals 1787 erschienenen utopischen

43

Romans von Wilhelm Heinse, der darin die Herrschaft der Liebe und die Abschaffung des Privateigentums angekündigt hatte[2]. Unmittelbarer indes war die politische Vision von Laubes *Jungem Europa* durch die emanzipatorischen Schriften seines Freundes Heine geprägt, die, aus dem utopischen Sozialismus Saint-Simons schöpfend, die sinnliche »Rehabilitation des Fleisches« verfochten. Bürgerliche Ehe und Moral galten Laube und Wagner als Symptome einer kranken »kritischen« Epoche, die nun in Auflösung begriffen war und aus der ein neues, »organisches« Zeitalter hervorgehen würde, dessen moralische Grundsätze im Kult des Lebens wurzelten. Dieses neue Zeitalter würde den gesetzlichen Zwang der Ehe abschaffen, der jedes echte, lebendige Gefühl zunichte mache. Kunst, Moral und Revolution waren aufs engste miteinander verbunden. Eheliche Treue wurde so als eine Art von »Philistertum« verworfen, das revolutionäre, »weltgeschichtliche Geister« überwinden müßten. Ein Künstler sollte sich nicht nur durch seine Kunst auszeichnen, sondern sich durch sein Verhalten über bürgerliche Zwänge bewußt hinwegsetzen[3].

Diese Auffassungen kamen Wagner sehr gelegen. »Ich liebe Laube ganz unendlich, er ist ein Mensch, wie man ihn jetzt selten findet«, schwärmte er und vertonte im August 1834 den Ausruf »Es lebe das Junge Deutschland!«[4]. Gemeinsam planten sie Revolutionsmusik und Stücke, darunter Ouvertüren zu *Kosziusko* und *Polonia* (1833 und 1836) zu Ehren der polnischen Revolution[5]. In seinem ersten eigenen Artikel *Die deutsche Oper*, der im Juni 1834 in der *Zeitung für die elegante Welt* erschien, versuchte Wagner, Laubes revolutionäre Literaturauffassung auf das Feld der Oper zu übertragen, und attackierte den veralteten Stil der zeitgenössischen deutschen Komponisten[6]. *Das Liebesverbot* (1834–36), Wagners erster Versuch, eine revolutionäre Oper zu schreiben, die »freie Sinnlichkeit« verherrlichte, spiegelte Laubes Aversion gegenüber klerikalen Verboten der Fleischeslust wider. *Das Liebesverbot* erwies sich als kläglicher Mißerfolg[7]. Aber Laubes Rezension über ein neues Stück, *Die hohe Braut*, ermutigte ihn, sich aufs neue an einer »großen Oper« zu versuchen, die den Kampf des Fleisches gegen die gesetzlichen Fesseln feudalen Brauchtums darstellen sollte[8]. Die Arbeit daran gab er jedoch zugunsten von *Rienzi* auf, seiner ersten erfolgreichen Oper, die sich der Idee einer Revolution von einem offenkundig politischen Ansatz her näherte, obgleich sie noch immer saint-simonistische Vorstellungen über die individuelle Befreiung durch Liebe enthielt.

Rienzi, der letzte der Tribunen, entstanden 1838–40, war durch den Roman Edward Bulwer-Lyttons inspiriert, den Laube und Gutzkow wegen seiner revolutionären ultraliberalen Ansichten sehr schätzten. Die Jungdeutschen vertraten damals eine eher kosmopolitische, internationale und nicht so sehr auf Deutschland bezogene Revolutionsauffassung und waren daher offen für einen englischen Roman, der auf der Geschichte des durch den Tribunen Rienzi ausgelösten revolutionären Umsturzes im mittelalterlichen Rom basierte. Wie Laube war Wagner fasziniert vom Streben des Romanhelden nach dem revolutionären »guten Staat« – einem freien Staat gleichberechtigter Bürger, der, ähnlich wie die »glückseligen Inseln« in *Ardinghello*, auf freier Liebe gründen sollte. Rienzi war der Erlöser, der das römische Volk von der korrupten Adelsherrschaft befreien und einen Staat errichten wollte, der im Einklang mit dem wahren Geist des Volkes stand. (Friedrich Engels, ein glühender Unterstützer des Jungen Deutschland, plante damals ebenfalls eine Oper über diesen Volkstribunen[9].) Das Verhältnis zwischen dem Revolutionsführer und dem Volk steht denn auch im Mittelpunkt von Wagners gleichnamiger Oper. Er sah Rienzi als einen messianischen Retter des um einen »guten Staat« ringenden Volkes. Rienzi war kein König der herkömmlichen Art, sondern der charismatische Führer einer Republik, der »Tribun«, der über der gewöhnlichen Klassenpolitik stand. Auch war die Republik in Wagners Oper keine liberale Form parlamentarischer Regierung, sondern eher Ausdruck einer mystischen Einheit zwischen Herrscher und Volk[10]. Diese neue

45

Politik erklingt in den berühmtesten Takten der Oper, dem großen Trompetensignal, das Rienzis Pfingstrevolution ankündigt. Die Neuartigkeit dieser politischen Revolution kommt in Wagners Entwurf sowohl musikalisch als auch szenisch zur Geltung. Er plante die Oper als eine Verbindung aus »massenwirksamem musikalischem Pathos« und überwältigendem »szenischen Pomp«. Revolutionäre Politik sollte durch emotionale und künstlerische Manipulation der Massen erreicht werden[11].

In *Rienzi* nahm Wagner Aspekte der späteren Geschichte – Massenmanipulation, Propaganda, Führerprinzip – in einer Weise vorweg, daß man dies Bühnenwerk sogar als »faschistische Oper« bezeichnet hat[12]. Aber wie stets bei Wagner kompliziert eine für ihn typische Doppeldeutigkeit das Bild. Denn Wagner baute in die Oper eine Kritik an dem von ihm scheinbar so hochgelobten Phänomen Revolution ein. Rienzi selbst ist keine unproblematische Heldenfigur, sondern vielmehr ein gewalttätiger Idealist, der den Terror einsetzt, um seine Gegner abzuschlachten, wie er überhaupt das grundlegend Zerstörerische aller Politik zu versinnbildlichen scheint. Tatsächlich zehrt sich die Revolution selbst auf. Tiefer noch ist das Thema individueller Erlösung durch Liebe und Tod in der Oper verankert und entlarvt deren Revolutionsgeist als illusionär. Die Liebesbeziehung zwischen Adriano und Irene führt das Wagnersche Motiv der Erlösung durch weibliche Liebe ein. Und was noch auffälliger ist: in *Rienzi* kündigt sich bereits die später von Wagner vertretene These an, daß Erlösung und Liebe letztlich nur in der Bewußtlosigkeit von Tod und Selbstzerstörung zu erlangen seien[13]. Diese Zweifel am Wert politischer Revolutionen, die selbst während Wagners politischem Engagement in Dresden 1848/49 nicht gewichen zu sein scheinen, sind überaus typisch für ihn, da er stets der inneren menschlichen Revolution von Liebe und Tod den Vorrang gab. Doch konnte er weder sein ungestümes, zu Gewalttätigkeit neigendes Temperament jemals verleugnen noch sich dem Faszinosum entziehen, das von einer gewaltsamen Revolution ausging. Die Oper *Rienzi* mag zwar die

Abkehr von der Idee einer politischen Revolution sein, doch sie kostet gleichwohl das, was sie verurteilt, voll aus, so wie Wagner in seinen häufig wechselnden Stimmungen immer zwischen Wut und Wohlwollen, Liebe und Haß hin und her schwankte. Rienzi ist somit im Grunde ein politischer Deckname für Wagner selbst.

Kein aufmerksamer Zuhörer wird bestreiten, daß das latent Gewalttätige der Wagnerschen Persönlichkeit in den Opern auf dämonische Weise zutage tritt, und *Rienzi* bildet da keine Ausnahme. So erfaßte denn auch Hitler bereits als junger Mann intuitiv die mitreißende revolutionäre Energie, die sich in dieser Oper Bahn bricht. Im Rückblick behauptete er später, daß mit einer Linzer *Rienzi*-Aufführung im Jahre 1906 alles begonnen habe. Hitler sah sich als den klassenlosen messianischen Retter des deutschen Volkes, lange bevor sich 1918 die Notwendigkeit eines solchen Retters erhob. Bei den Nürnberger Parteitagen sorgte er persönlich dafür, daß die *Rienzi*-Ouvertüre stets wie ein Fanfarenstoß seiner nationalsozialistischen Revolution erklang. Die (inzwischen verschollene) Originalpartitur der Oper gehörte zu den Dingen, die Hitler besonders in Ehren hielt [14]. Es mag ungerecht erscheinen, ein Kunstwerk für die Verwendung verantwortlich zu machen, der es spätere Generationen zuführten. Aber es wäre intellektuell naiv, a priori auszuschließen, daß sich bestimmte Werke für einen solchen Mißbrauch geradezu anbieten. Im Fall von *Rienzi* ist es Wagners ungestümes, zu Gewalt neigendes Naturell, das er seiner Oper eingeschrieben hat. (Umgekehrt könnte man argumentieren, daß eine so vergleichbar machtvolle dramatische Musik wie die Beethovens sich nicht für ähnlichen Mißbrauch hergibt, da Beethovens Charakter nicht von rachsüchtigem Haß durchdrungen war.)

Rienzi markiert den Höhepunkt der jungdeutschen Phase Wagners, als seine Gedanken noch um eine allgemeine, jedenfalls nicht auf Deutschland bezogene Revolution kreisten. Von der sentimentalen Revolutionsbegeisterung, die im *Liebes-*

verbot waltet, hatte er zu einem politisch-messianischen Revolutionsverständnis gefunden, dessen kosmopolitischer Geist sich dem Jungen Deutschland verdankte. Aber Wagner brauchte nicht lange, bis er erkannte, daß diese Auffassung ein sehr unvollständiges Verständnis von Revolution darstellte. Wie er später bemerkte, war *Rienzi* voll »revolutionärem Feuer« gewesen, aber ihm fehlte ein ganz wesentliches Merkmal, nämlich das »Deutschtum«[15]. Das Volk in der Oper hatte einfach das Volk von Rom oder ein abstraktes politisches »Volk« bedeutet. Aber in den vierziger Jahren wurde Wagner allmählich klar, daß die Revolution, die ihm vorschwebte, ihrem Wesen nach ein deutsches Phänomen war und daß hinfort das »deutsche Volk« – das Volk als Rasse – das Subjekt seiner revolutionären Opern sein sollte. Und zur selben Zeit, als er sich auf der Suche nach dramatischen Themen deutschen Volkssagen zuwandte, um sein neues nationales Verständnis zu illustrieren, entdeckte Wagner neue, sozialistische Theorien, die den für *Rienzi* typischen vagen Ideen einer gesellschaftlichen Revolution systematische Strenge verleihen konnten. Fortan verfolgte Wagner den Gedanken einer deutschen Revolution, die sowohl nationalistisch als auch sozialistisch sein sollte.

Der romantische Nationalist

»... nun und nimmermehr werde ich wieder unsrem Deutschthum huldigen«[16], tönte Wagner 1834, also während seiner jungdeutschen Phase, aber das war schlechterdings undenkbar für einen, der das Deutschtum gewissermaßen mit der Muttermilch eingesogen hatte. Er war aufgewachsen in einer kulturellen Atmosphäre, die vom nationalrevolutionären Geist des deutschen »Befreiungskriegs« gegen Napoleon gesättigt war. Als junger Mann hätte er sich dem Bann der Heroen Fichte und Arndt unmöglich entziehen können, deren Ideen den Sauerstoff für jenes politische und geistige Klima erzeugten, das in den

Jahren nach 1815 den Nährboden für die Burschenschaften bereitete. Mehr als einmal bekannte Wagner, daß er die Burschenschaften bewundere, weil sie das wahre Vorbild für eine deutsche Revolution geliefert hätten, die mit den französisch-jüdischen Varianten nichts gemein haben sollte [17]. Denn die Studentenverbindungen riefen einen Revolutionsgeist wach, der sich ein älteres deutsches Bewußtsein in Form einer Neigung zu romantischem Nationalismus zu eigen machte. Im romantischen Treiben der Wartburg-Feier und des Hambacher Festes und der Hinwendung zur deutschen Sagenwelt war deutlich geworden, daß die deutschen Studenten politische Freiheit durch die Wiederentdeckung ihres Deutschtums erreichen zu können glaubten. Die revolutionären Burschenschaftler waren somit doppelt berauscht von germanischen Mythen und von christlichen Legenden: aus romantischer Begeisterung für mittelalterliche Mysterien und Gepränge und mehr noch, weil sie aus den Mythen einen tieferen revolutionären Sinn herauslasen.

Auf der Rückreise von Paris im Jahre 1842 war Wagner tief bewegt vom Anblick der Wartburg, die, wie er sich in *Mein Leben* (möglicherweise erst im nachhinein) erinnerte, ihn »gegen Wind und Wetter, Juden und Leipziger Messe ... innig erwärmt« habe, außerdem inspirierte sie ihn damals zum Schauplatz des dritten Akts von *Tannhäuser*.

Obwohl Wagner seine Kenntnisse der deutschen Mythologie während seines Parisaufenthalts 1839–42 (wie wir sehen werden, mit Hilfe zweier konvertierter deutscher Juden, nämlich Lehrs und Heine) erweitert hatte, drang er erst eigentlich Mitte der vierziger Jahre in Dresden zu einem tieferen Verständnis der deutschen Sagenwelt vor, deren revolutionäres Potential er sich im weiteren zunutze machen sollte. *Tannhäuser* (1843–45) zeigt, wie man solche Legenden benutzen konnte, um die Konzeption einer durch und durch deutschen Revolution der Sinne hervorzubringen, die weit über den saint-simonistischen Sensualismus des *Liebesverbots* hinausging. Mit *Lohengrin* (1845) indes gelang Wagner eine wirklich deutsche

Oper – die genuine Verschmelzung von politischer und Liebes-
oper –, was ihm mit *Rienzi* nicht geglückt war.

Die Handlung von *Lohengrin* verlegte Wagner ins 10. Jahrhundert, in die Zeit der Kriege Heinrichs des Voglers gegen die
eindringenden Ungarn, um die symbolische Verbindung zwischen mittelalterlich-deutschem Mythos und moderner revolutionärer Freiheit zu demonstrieren. Hierzu hatte er sich in die
Märchensammlungen von Görres, Grimm, Grässe und Hagen
vertieft und sich sehr genaue Kenntnisse der germanischen
Sagen angeeignet, zu denen die Quellen der Lohengrin-Ge-
schichte wie auch die der späteren Opern wie *Ring* und *Parsifal* gehörten. Aber seine Ambitionen gingen über eine bloß ata-
vistische, »folkloristische« Oper hinaus. In *Lohengrin* wollte er
einen deutschen Staat entwerfen, der nicht auf einer bestimmten gesellschaftlichen Klasse, sondern auf einem Gefühl deutscher Zusammengehörigkeit gründete:

»*Das* gerade soll nun aber eben das Colorit meines *Lohengrin* aus-
machen, dass wir hier ein altes *deutsches* Königthum vor uns sehn,
nach seinem schönsten, idealsten Wesen ... hier ist kein despoti-
scher Prunk, der seine ›Leibwachen‹ (oh! oh!) hat, und das ›Volk
zurückdrängen‹ läßt um ›Spalier‹ zu bilden für die hohen herr-
schaften [sic]. Sondern kindische Knaben sind es, die Geleite für
eine junge Frau machen, und denen Alles mit Freude und ganz von
selbst weicht.«[18]

Diese idyllisch anmutende, freie deutsche Gesellschaft wird
von einem wahren deutschen König geführt, von Heinrich dem
Vogler, der in der Oper einen Krieg ankündigt, zur Verteidigung
der Freiheit seines deutschen Volkes gegen die fremden Ein-
dringlinge:

Nun ist es Zeit, des Reiches Ehr zu wahren,
ob Ost, ob West? Das gelte Allen gleich!
Was deutsches Land heißt, stelle Kampfes Scharen,
dann schmäht wohl Niemand mehr das deutsche Reich.

(*Lohengrin*, I/1)

Wagner beabsichtigte mit *Lohengrin* keine rückblickende romantische Oper, sondern eine revolutionäre, wobei er Bilder aus der deutschen Vergangenheit benutzte, um die deutsche Zukunft anzukündigen. Diese politische Idee von deutscher Freiheit ist es, die den Kontext für Wagners »humane« literarische Idee bereitstellt: daß Lohengrin Elsa die Freiheit der Liebe anbietet. Die tiefere Bedeutung des Dramas ist, daß hier die innere persönliche Erlösung – Elsas Unfähigkeit, Lohengrin als den anzunehmen, der er ist, ohne ihn nach seinem Namen zu fragen und somit ohne seine gesellschaftliche Herkunft in Erfahrung bringen zu wollen – tragischerweise nicht mit der äußeren, politischen Befreiung einhergehen konnte. Persönliche und politische Erlösung in einem würde erst eine moderne deutsche Revolution bringen.

Der Junghegelianer

Rienzi hatte die Details der Volksrevolution im dunkeln gelassen. Doch dann in den vierziger Jahren führte Wagner in Dresden etliche Gespräche mit dem neuen Dirigenten August Röckel (1814–1876), dessen Kenntnis der junghegelianischen sozialistischen Ideen ihn mit einem konkreteren Revolutionsmodell und auch einer besseren philosophischen Basis versorgte. Wagners eigene Bemühungen, Hegels philosophische Revolution zu begreifen, waren nicht sehr glücklich verlaufen. 1831 hatte er an der Leipziger Universität versucht, in die Geheimnisse derselben einzudringen, doch das einzige, was er davon mitnahm, war ein Briefstil, bei dem Wagners ältester Bruder Albert »in wahrhaftem Entsetzen ... seine Befürchtung zu erkennen gab, ich sei im Begriffe toll zu werden«[19]. Später dann in Paris bestärkte ihn sein zum Christentum konvertierter Freund Samuel Lehrs in diesem philosophischen Interesse, aber die Lektüre der Schriften Hegels und Schellings bereitete dem Komponisten nur Verdruß[20]. In den vierziger Jahren un-

51

ternahm Wagner in Dresden einen weiteren Anlauf und biß sich an Hegels *Phänomenologie des Geistes* fest, nur um sich einzugestehen zu müssen, daß er nichts verstand[21]. Am Ende seiner Dresdener Zeit erschloß sich ihm dann schließlich Hegels *Philosophie der Geschichte* bis zu einem gewissen Grade: »Hier imponierte mir vieles … Je unverständlicher viele im spekulativen Sinne resümierende Phrasen des ungeheuer berühmten, als Schlußstein aller philosophischen Erkenntnis mir gepriesenen gewaltigen Geistes erschienen, desto mehr fühlte ich mich angeregt, der Sache von dem ›Absolutum‹ und was damit zusammenhing auf den Grund zu gehen.«[22]

In zwei Bereichen fand Wagner leichteren Zugang zu den Ideen der Junghegelianer, nämlich in ihrer Religionskritik und in der sozialistischen Ideologie. August Röckel, der 1843 als Hilfsdirigent in Dresden eintraf, diskutierte mit Wagner ebenso gern über diese Probleme wie über Fragen der Musik und wurde bald schon sein engster Freund. »Er war und blieb auch der einzige, der das Eigentümliche meiner Stellung zu der mich umgebenden Welt innig erkannte, mit dem ich somit einzig auch über alle hieraus für mich sich ergebenden Sorgen und Leiden mich ganz und aufrichtig mitteilen und verständigen konnte«, schrieb Wagner in seinen Erinnerungen[23]. Fernab von seinen musikalischen Verpflichtungen scheint Röckel die Schriften einer Reihe von Vertretern des utopischen Sozialismus, darunter Weitling und Proudhon, studiert zu haben, ehe er beim Ausbruch der Revolution von 1848 zum berufsmäßigen Agitator wurde. Im Zuge der intensiven Gespräche mit Röckel begann Wagner, über die Möglichkeit einer wahrhaft revolutionären Kunst nachzudenken:

»Auf die *Proudhon*schen und anderer Sozialisten Lehren von der Vernichtung der Macht des Kapitales durch die unmittelbar produktive Arbeit baute er [Röckel; A. d. Ü.] eine ganz neue moralische Weltordnung auf, für welche er mich allmählich durch einige sehr anziehende Behauptungen darüber selbst insoweit gewann, daß ich nun wieder meinerseits die Realisierung meines Kunstideals aufzubauen begann ... Diese und ähnliche mit wirklich schöner Emphase von *Röckel* mir eröffneten Andeutungen leiteten mich selbst zu weiterem Nachdenken und meinem Sinne genehmer Ausbildung von Vorstellungen einer möglichen, meinen höchsten Kunst-Idealen gänzlich, ja einzig entsprechenden Gestaltung der menschlichen Gesellschaft an.«[24]

Die Diskussionen und revolutionären Aktivitäten des Freundespaars erreichten, wie wir sehen werden, 1848/49 einen Höhepunkt, als sie sich auch mit Bakunin und Proudhon beschäftigten. Es kann jedoch kein Zweifel darüber bestehen, daß 1843 ihr Hauptgesprächsthema die revolutionäre »cause célèbre« jenes Jahres war: die Verhaftung Wilhelm Weitlings.

1843 hatte dieser christlich geprägte Sozialist versucht, in der Schweiz sein *Evangelium eines armen Sünders* zu veröffentlichen, und behauptet, die Lehre Jesu sei die Lehre von Freiheit und Glück[25]. Christus sei gekommen, um moralische Pein zu heilen und einen Kreuzzug gegen Heuchelei, Täuschung und Materialismus anzutreten. Weitling stützte sich auf die junghegelianische Theorie von David Friedrich Strauß: daß Jesus eher ein menschliches Bild Gottes als ein überirdisches Wesen sei; und daß die Bibel kein nüchternes Gesetzbuch sei, wie sie die Juden verstanden, sondern vielmehr ein Appell ans Herz und an den Gerechtigkeitssinn des Menschen. Die Lehre Jesu war in seinen Augen die Lehre der Menschlichkeit, und das himmlische Königreich würde die ideale menschliche Gemeinschaft der Brüderlichkeit und Liebe sein, die errichtet werde, wenn die Macht des Geldes und des Egoismus gebrochen sei. Weitling betrachtete Jesus selbst als den Begründer des Kommunismus, als denjenigen, der das Eigentum abschaffte, einen Revolutionär, der mit dem Mammon auf Kriegsfuß stand. Zum Leidwesen Weitlings reichte die Ankündigung seines *Evangeliums* aus, um die noch nicht vom Geist der Freiheit erfaßten Schweizer stutzig zu machen, die ihn kurz darauf in Zürich wegen Aufwiegelung und Gotteslästerung verhafteten. Die Regierung war jedoch so unklug, die Anklageschrift zu veröffentlichen, und die Sache erregte in Deutschland großes Aufsehen und Empörung. Am Ende wurde Weitling für schuldig befunden, ein öffentliches Ärgernis zu sein, und zu einer kurzen Haftstrafe mit anschließender Ausweisung verurteilt. Er nutzte die Gelegenheit, sich als christlicher Märtyrer darzustellen. Natürlich war er von der Revolution von 1848 enttäuscht und machte für ihr Scheitern deren Führer und vor allem die Juden verantwortlich, die in seinen Augen immer noch die »alten Geldsäcke« waren, anstatt für Liebe und Freiheit einzutreten[26].

Während die Weitling-Affäre in der Presse Kreise zog, entwarf auch Wagner ein Bild vom Christentum nach utopisch-sozialistischem Muster: Zwischen April und Juni 1843, unmittelbar nach Röckels Ankunft in Dresden, komponierte er *Das Liebesmahl der Apostel*, ein Chorwerk für vier Männerchöre. Das Finale trug den Titel »Inspiration: große Kommunion der Seelen und Güter« und endete mit dem schönen sozialistischen Aufruf: »Vereinigt euch, wo immer ihr euch begegnet: gemeinsam seien euch all euere Güter.«[27] Die Parallelen zwischen seinen und Weitlings Worten legen die Vermutung nahe, daß Wagner erfahren hatte, worum es im *Evangelium für einen armen Sünder* ging. Abgesehen von der kommunistischen Vereinigung und der Gütergemeinschaft scheint er das Thema und sogar den Titel dem Kapitel in Weitlings Buch verdankt zu haben, das überschrieben ist: »Das Abendmahl sollte ein Liebesmahl sein«. Wie der Komponist verstand Weitling das Mahl als eine Zusammenkunft der Apostel und Jünger nach Christi Tod, in der alle Klassenunterschiede zwischen Reich und Arm getilgt waren. Für beide war das Liebesmahl eine Allegorie auf eine moderne kommunistische Gesellschaft, die sich auf freie Liebe und die Abschaffung des Geldes und des Egoismus gründete. Dieses neue Christentum würde somit das »jüdische« der modernen Gesellschaft ersetzen, so wie die eigentlichen Apostel das alte Judentum überwunden hatten. Wagner entwickelte sein revolutionäres Christentum dann in späteren Werken weiter: zunächst in dem 1848/49 geschriebenen Text und Kommentar für seine geplante Oper *Jesus von Nazareth*, dann in den rassische Fragen thematisierenden Aufsätzen *Heldentum und Christentum*, in denen er das Programm für *Parsifal* entwarf. Aber bereits im *Liebesmahl* könnte man sowohl die Gralsritter als auch das Neue Christentum von *Parsifal* angekündigt sehen, wenn auch ohne das rassisch-arische Element, das später hinzukam.

Einem anderen junghegelianischen Einfluß der vierziger Jahre verdankte Wagner nicht nur das Thema für eine Komposition, sondern auch seine Hinwendung zu einer spezifisch deutschen Allegorie einer revolutionären freien Gesellschaft, die in einer Oper Ausdruck finden konnte. 1844 verfaßte der bekannte Hegelianer Friedrich Theodor Vischer einen Entwurf für eine deutsche »National«-Oper, basierend auf der Nibelungensage. Sie sollte »Liebe und Tapferkeit«, die angeblich typischen Wesensmerkmale der Deutschen, zum Ausdruck bringen, mit einem Wort: ihre freie »Menschlichkeit«. Der Plan löste damals einige Diskussionen aus, weshalb man fast mit Gewißheit davon ausgehen kann, daß Wagner mit dem Nibelungenprojekt vertraut war, noch ehe er schließlich 1855 in Zürich mit Vischer zusammentraf. Dem junghegelianischen Denken waren somit deutschnationale Tendenzen durchaus nicht fremd[28].

Röckel, Weitling und Vischer trugen also, jeder auf seine Weise, zu Wagners revolutionärer Bildung in den vierziger Jahren bei, die allerdings überraschende Lücken aufweist. So gibt es keinen echten Beweis dafür, daß er sozialistische Schriftsteller wie etwa Proudhon, Hess oder Marx vor 1848/49 gelesen hat, und dasselbe gilt auch für seine Vertrautheit mit den Werken Feuerbachs, die erst in die Zeit nach dem Ausbruch der Dresdener Revolution zu datieren scheint. Dennoch muß aufgrund seines Umgangs mit Röckel etwas von dem geistigen Klima dieses Jahrzehnts, das vom Radikalismus der Junghegelianer geprägt war, in Wagners Bewußtsein eingesickert sein. Zweifellos jedoch hing Wagner schon lange, bevor er

1848/49 in den Bann der junghegelianischen und sozialistischen Ideologie geriet, der Idee eines revolutionären, auf sozialistischen Grundsätzen basierenden Christentums an.

Der Heineaner

Der vielleicht problematischste Punkt in der geistigen Biographie Wagners ist sein Verhältnis zu dem deutsch-jüdischen Dichter Heinrich Heine. Die beiden hatten sich Anfang 1840 in Paris bei Laube kennengelernt und verstanden sich auf Anhieb prächtig[29]. Heine wurde für Wagner eine Hauptquelle revolutionärer Ideen. »Was ist die große Aufgabe unserer Zeit?« fragte Heine. »Es ist die Emanzipation. Nicht bloß die der Irländer, Griechen, Frankfurter Juden, westindischen Schwarzen und dergleichen gedrückten Volkes, sondern es ist die Emanzipation der ganzen Welt, absonderlich Europas, das mündig geworden ist, und sich jetzt losreißt von dem eisernen Gängelbande der Bevorrechteten, der Aristokratie.«[30] Heine stand bei den Jungdeutschen in hohem Ansehen, weil er seine revolutionäre Gesinnung auf die Literatur ebenso wie auf die Politik angewandt hatte. Mehr als alles galt ihnen seine Forderung nach der »Rehabilitation des Fleisches«, wie sie in seiner berühmten Typologie Hellenentum/Nazarenertum zutage tritt, worunter Heine den Gegensatz von Sensualismus und Moralismus beziehungsweise Spiritualismus faßte, der später bei Nietzsche (unter Wagners Einfluß) zum Antagonismus von Dionysisch und Apollinisch werden sollte. Um diesen Gegensatz war es in Heines berüchtigter Ludwig-Börne-*Denkschrift* von 1840 gegangen, in der er seinen verstorbenen Rivalen als einen Vertreter des spiritualistisch-asketischen Nazarenertums karikierte: »Börne war ganz Nazarener ... seine spätere politische Exaltation war begründet in jenem schroffen Ascetismus, jenem Durst nach Märtyrtum, der überhaupt bei den Republikanern gefunden wird, den sie republikanische Tugend nennen und der von der Passionssucht der frühen Christen so wenig unterschieden ist.« Der gleiche Dualismus liegt Heines satirischer Bearbeitung der Tannhäuser-Legende in *Elementargeister* zugrunde (in dem dramatischen Gedicht allerdings bittet ein vom Lotterleben gelangweilter Held den Papst, ihn vor allem von der Langeweile zu erlösen, weniger von der Sinnenlust) [31].

Heines Revolutionsauffassung war jedoch aus härterem Holz geschnitzt. In den vierziger Jahren stand er Karl Marx und den sozialistischen Junghegelianern besonders nahe und war einer Revolution keineswegs abgeneigt. Er und Marx teilten mit Wagner die Überzeugung: »[Denn] das Geld ist der Gott unserer Zeit und Rothschild ist sein Prophet.« [32]

Da Heine in den Augen des jungen Wagner sowohl das Junge Deutschland als auch den Revolutionsgeist der Junghegelianer verkörperte, führte kein Weg an ihm vorbei. Von besonderer Bedeutung für den Komponisten sollte sich indes Heines Interpretation der von den Dichtern der Romantik wiederbelebten deutschen Volkssagen erweisen. Die in diesen Mythen aufbewahrten Spuren deutscher Volksreligion galten beiden als Beweis dafür, daß im kulturellen Erbe der Deutschen mächtige revolutionäre Kräfte schlummerten. Die Präsentation deutscher Mythen in neuem künstlerischen Gewand war daher für Heine wie für Wagner ein Weg, revolutionäre Wahrheiten zu offenbaren: Revolution und Romantizismus gingen Hand in Hand. Zahlreiche Themen in Wagners späterem Werk tauchen bereits bei Heine auf: Tannhäuser ist nur ein Beispiel; zu nennen wären außerdem Gedichte über die Walküren, über Siegfried und die Nibelungen sowie *Elementargeister*, eine wahre Schatzkammer nordischer Mythologie und deutscher Volkssagen und nicht zuletzt ein Werk von stellenweise glühendem revolutionären Messianismus [33]. Und nicht zuletzt der Titel *Götterdämmerung* geht auf ein Gedicht Heines aus dem Jahr 1823 zurück [34].

Obwohl recht bewandert in Heines Schriften, gab Wagner nur ungern zu, daß er diese mythischen Motive (und besonders den Tannhäuser) dem Dichter schuldete, wohingegen er sich freute, seinem anderen jüdischen Freund in Paris, Samuel Lehrs, für Hinweise auf Materialien zur Tannhäuser-Legende danken zu können[35]. Nur in einem Fall, beim *Fliegenden Holländer*, war er bereit, den Einfluß Heines zuzugeben, teils, weil das in der Öffentlichkeit zu bekannt war, um bestritten zu werden, teils auch, weil er sich radikal von Heines Original entfernte, so weit, daß er dessen Bearbeitung des Sagenstoffs ablehnte[36]. In seiner *Autobiographischen Skizze* von 1843, als er noch ein Parteigänger Heines war, räumte er bereitwillig ein: »die bei Heine gefundene dramatische Behandlung dieses Ahasverus des Ozeans gab mir alles an die Hand ... Ich verständigte mich darüber mit Heine selbst, diese Sage zu einem Opernsüjet zu benutzen.«[37] Aber in späteren Jahren spielte er Heines Beitrag herunter und ließ die entscheidende Wendung »gefundene dramatische Behandlung« einfach weg, und so heißt es in der überarbeiteten Ausgabe jener autobiographischen Schrift von 1871 dann nur noch: »Die von Heine einem holländischen Theaterstücke entnommene Behandlung der Erlösung dieses Ahasverus des Ozeans gab mir alles an die Hand.«[38] (In *Mein Leben* aus den sechziger Jahren hatte er gar die Torheit begangen, Heines Namen im Zusammenhang mit dem *Fliegenden Holländer* überhaupt nicht mehr zu erwähnen[39].)

Wie Heine griff Wagner immer wieder auf das Mythologem vom Ewigen Juden zurück. Aber während dieser Ahasver für Heine (und auch Byron) die unverwüstliche Vitalität des jüdischen Volkes bedeutete, neigte Wagner der christlichen Überlieferung zu, die in dem durch Raum und Zeit irrenden Juden das Symbol für den über die Juden verhängten Fluch sah, in alle Ewigkeit vergebens nach Erlösung zu suchen und eine unnütze Existenz zu führen. An diesem negativen Bild hielt Wagner auch im berüchtigten Schlußabsatz von *Das Judentum in der Musik* fest, in dem es um die »Erlösung Ahasvers« geht; aber schon in den vierziger Jahren in Paris hätte ihm wohl Heines Deutung des Mythos widerstrebt[40].

Was Heines Vorbildfunktion sowohl in ästhetischer als auch in politisch-revolutionärer Hinsicht für Wagner schwer beeinträchtigte, war seine jüdische Ironie. Der völlig humorlose Wagner konnte diese für Heine so charakteristische Eigenschaft nie begreifen – oder verzeihen. Gewiß, Heines Fliegender Holländer führte ihm das Ideal der Erlösung durch die Liebe einer Frau vor Augen, aber der schnodderig-ironische Ausgang des Stücks muß den jungen Wagner in Verwirrung gestürzt haben. Denn bei Heine lautet die »Moral von der Geschicht'«: Mädchen, hütet euch vor Fliegenden Holländern! Als sich Heine in dem 1851 erschienenen Gedichtzyklus *Romanzero* wieder ganz offen jüdischen Themen zuwandte und damit ein wiedererwachtes Bewußtsein seiner jüdischen Wurzeln zu erkennen gab, sah sich Wagner in seinem Verdacht bestätigt, der Dichter sei unrettbar an sein Judesein gefesselt[41]. Inzwischen freilich war Heine noch weiter in Ungnade gefallen, weil er sich im Gefolge der Ereignisse von 1848 öffentlich von seinen früheren deutschen Revolutionsgenossen distanziert hatte.

Parallel zu Heines »Rückkehr zum Judentum« keimte in Wagner Antipathie gegen ihn auf. 1841 hatte er ihn noch gegen den Zorn der deutschen Literaten in Schutz genommen, die für den von Heine in mancher Beziehung zu Unrecht angegriffenen toten Börne eingetreten waren[42]. Damals stand Wagner ohne Zweifel im Banne Heines, des Revolutionärs, dessen Hoffnungen auf eine epochale Revolution der menschlichen Psyche, bewerkstelligt vor allem durch die Kunst, den aufs Politische verengten Revolutionsbegriff eines Börne fraglos mit einschloß. Aber als Wagner dann 1850 sein Pamphlet *Das Judentum in der Musik* veröffentlichte, war Heine für ihn der Mephisto des zeitgenössischen Kulturlebens, der alles vergiftete, was in der Kunst gut und deutsch war. Mit seiner »Rückkehr zum Judentum« hatte sich Heine als Schutzpatron der deutschen Revolution disqualifiziert. Obwohl sich der solcherart verfemte Dichter gewiß denken konnte, wer sein unter Pseudonym schreibender Angreifer war, reagierte er merkwürdigerweise nie darauf – sieht man von der sehr milden Kritik in dem satirischen Gedicht *Jung-Katerverein für Poesie-Musik* von 1853/54 ab. Vielleicht war Heine nur allzu bewußt, daß er keine Antwort darauf hatte, da Wagner schlauerweise bei seinem eigenen literarischen Selbstverständnis angesetzt hatte, und Heine verstand sich eben nicht als rein deutscher, sondern als eine Mischung aus deutschem und jüdischem Schriftsteller. Nachdem er dies selbst mehrfach verkündet hatte, konnte er sich schwerlich überzeugend gegen den Vorwurf verteidigen, kein wahrhaft deutscher Dichter zu sein[43].

Dennoch konnte Wagner nie leugnen, was vielleicht Heines prägendster Einfluß auf ihn war: die Überzeugung, daß es zwischen Kunst und Revolution eine unlösbare Verbindung gebe. Sowohl für den Dichter als auch für den Komponisten stand fest, daß nur ein Zusammenwirken von Kunst, Philosophie und Religion jene tiefgreifende Revolution des Bewußtseins hervorbringe, die dann schließlich zu politischer Veränderung und einer politischen Revolution führen werde. Die Kunst war die wahre Göttin der Revolution und der Künstler ein prophetischer Träumer, der die menschliche Gesellschaft neu gestalten würde, indem er einem neuen Menschheitsideal Ausdruck verlieh. Der Traum galt Heine wie auch Wagner als der Stoff, aus dem Revolutionen gemacht sind, denn nur im bunten Reich der Träume könne die dumpfe und unzulängliche Wirklichkeit transzendiert und letztlich die erbärmliche Welt der Bourgeoisie erlöst werden[44].

Ein ganz normaler revolutionärer Antisemit

Alle revolutionären Strömungen seiner Zeit hatten auf den jungen Wagner einen tiefen Eindruck hinterlassen: der romantische Nationalismus, die Junghegelianer und das Junge Deutschland. Und es wäre geradezu verwunderlich gewesen, wenn er nicht auch die latent antijüdische Einstellung dieser

Revolutionsanhänger eingesogen und sich ihre Lösungsvorschläge bezüglich der Judenfrage zu eigen gemacht hätte: den Gedanken einer bürgerlichen Emanzipation und – noch grundlegender – den der »menschlichen Emanzipation« der Juden[45].

Verstärkt wurde Wagner zweifellos die Judenfrage bewußt, als er 1846 in Dresden zwei neue Bekanntschaften machte. Zunächst lernte er den deutsch-jüdischen Schriftsteller Berthold Auerbach kennen und, wie er einer Berliner Freundin schrieb, schnell schätzen: »Mit *Auerbach* bin ich seit einigen Tagen herzlich Freund geworden: er las uns seine neue Erzählung vor u. ich gab ihm zum ersten Mal den *Tannhäuser* zum Besten. Das ist ein vortrefflicher Dichter …«[46] Auerbach befaßte sich außerdem sehr ernsthaft mit der sogenannten Judenfrage und hatte bereits einen Traktat über die Haltung des Jungen Deutschland zum Judentum geschrieben[47]. »Der kurze, stämmige jüdische Bauernbursch«, so Wagner in *Mein Leben*, »als den er sich selbst mit großer Vorliebe zu erkennen gab, machte einen durchaus zutraulichen Eindruck …Was mich besonders anzog, war, daß ich in ihm den ersten Juden antraf, mit welchem ich eben über dieses Judentum in herzlicher Unbefangenheit sprechen konnte.«[48] Schließlich jedoch wurde Wagner seiner überdrüssig und führte eine hinterhältige Kampagne gegen dessen Judesein, wobei er sich gleichzeitig das Prestige des Schriftstellers als eines literarischen Förderers zunutze zu machen versuchte. Auerbach wußte um Wagners Doppelzüngigkeit, konnte sich aber nie dazu durchringen, seinem Sukkubus zu antworten, bis er endlich während der antisemitischen Hetze von 1881 eine Polemik gegen Wagners jüdische Unterstützer schrieb. Aber selbst diese blieb unveröffentlicht[49].

Kurz darauf sollte dann Wagners Interesse an der Judenfrage auch von Karl Gutzkow angeregt werden, den er ebenfalls 1846 in Dresden kennenlernte, wo dieser gerade als Dramaturg am Theater anfing. Gutzkow hatte zu den Wortführern in der Ahasverus-Debatte von 1838 gehört und sich 1841/42 an einer bösartig-polemischen Debatte über die Judenfrage beteiligt[50].

Er war damals als Autor des »Judenstücks« *Uriel Acosta* bekannt, dessen Premiere in Dresden Ende 1846 auch Wagner besuchte, den Gutzkow vergebens um eine Schauspielmusik gebeten hatte. Dieses Stück ist zwar als philosemitisches Stück aufgemacht, spielt im Amsterdam des 17. Jahrhunderts mit einem spinozistischen Helden, der sich seinen jüdischen Glaubensbrüdern widersetzt, doch ist es keineswegs »projüdisch«. Wie sagte doch Gutzkow: Wenn in einem Stück jeder ein Jude ist, dann ist keiner ein Jude. In *Uriel Acosta* geht es vor allem um Gedankenfreiheit gegen religiösen Zwang, und der jüdische Hintergrund verdankte sich dem Vorurteil, daß unfreie und irrationale Geister archetypischerweise in jüdischen Gemeinschaften zu finden seien. Natürlich trat Gutzkow für die Emanzipation der Juden ein, aber er bestand ebensosehr darauf, daß die Juden als Volk »sterben« müßten, indem sie sich vollständig an ihre Gastgebergesellschaften assimilierten und ihre besondere Identität aufgäben. Nur so, durch »Selbstvernichtung«, würden sie Liebe erlangen und zu wahren Menschen werden. Wagner fand Gutzkow als Person unangenehm; ihm mißfiel, daß er sich nicht zu den Idealen revolutionärer Freiheit bekannte, und nahm es ihm außerdem übel, daß er und nicht Laube die Stelle am Dresdener Theater bekommen hatte. Aber es scheint sicher, daß Wagners Bewußtsein hinsichtlich der Judenfrage ebensosehr von Gutzkow wie von Auerbach geschärft wurde. Vor allem muß ihn Gutzkows Wortprägung »Selbstvernichtung« beeindruckt haben, denn er machte sie im *Judentum in der Musik* und in anderen Schriften zu seiner Losung. Mit zunehmender Entfremdung von Wagner in späteren Jahren nahm Gutzkow eine versöhnlichere Haltung gegenüber den Juden ein. Hämisch vermerkte Wagner die kurzzeitigen Aufenthalte seines früheren Weggefährten in einer Irrenanstalt; aber Gutzkows Analyse der psychischen Probleme Wagners dürfte schwer zu überbieten sein: »Das Chaos der Ideen«, schrieb er in seinen *Aussichten* von 1875, »das jetzt jene Bretter in Bayreuth aufschlägt, um die in Musiküberschwemmung versetzten Lehrbücher der nordischen Mythologie genießbar zu machen, stürmte in seinem ersten vulkanischen Brodeln und Sprühen unmittelbar auf diesen wackern, in seinen Formen immer liebenswürdigen Biedermann ein! In seinem Innersten haßte er, was er zu hassen um alles in der Welt nicht scheinen mochte! Denn er wollte nicht neidisch erscheinen.«[51]

In seinem Privatleben allerdings scheint Wagner vor 1848 keine starke Aversion gegen Juden gehegt zu haben. Selbst in seinen offen antijüdischen Memoiren *Mein Leben* fand Wagner in den sechziger Jahren Worte herzlicher Zuneigung über den Konvertiten Samuel Lehrs (1806–1843), der in Paris zu seinen engsten Freunden gehört hatte. Wagners Beziehungen zu anderen Juden aus seinen Pariser Jahren – zu Heine, Meyerbeer und dem Musikverleger Schlesinger – waren bis 1847 recht freundschaftlich, wenn er sie auch hauptsächlich aus eigennützigen Motiven aufrechterhielt[52]. Nichtsdestoweniger geht aus Wagners Briefen hervor, daß er damals von einem latenten Antisemitismus besessen war, der gelegentlich in gehässigen Bemerkungen durchbrach. Dieses Ressentiment stützte sich auf die von den Junghegelianern und Jungdeutschen gehegte Überzeugung, daß das Judentum die Religion des schnöden Mammons sei. Seit dem Mittelalter waren die Juden mit Geldverleihern gleichgesetzt worden, in den neuen revolutionären Theorien aber firmierten sie als Agenten – ja, als die Verkörperung der modernen bürgerlichen Geschäftswelt. Mit Juden in Gestalt von Gläubigern hatte Wagner reichlich Bekanntschaft gemacht, die sich allerdings, wie es scheint, eher wie geduldige Wohltäter verhielten. Es war die Jüdin Madame Gottschalk, die ihm mit Geld aushalf, damit er sein *Liebesverbot* zur Aufführung bringen konnte; und bei der unseligen Premiere dieser Oper saß 1836 auch ein polnischer Jude im Kaftan unter den wenigen Zuschauern[53]. Wagner hatte indes bereits – wahrscheinlich im Zusammenhang mit den Gottschalks – gegen das »verfluchte Judengeschmeiß«[54] getobt. Einher ging damit der Abscheu vor dem »unartigen Philistergeschmeiß«[55]. »Philisterhaft« (also palästinensisch) und »der Jude« gehörten also in Wagners Denken zusammen, wobei jener Begriff gewöhnlich mit Kunst, dieser mit Geld in Verbindung gebracht wurde. (Meyerbeer durchschaute dieses Schwanken bei scheinbaren Judenfreunden sehr wohl: »Neun und neunzig Hunderttheile der Leser«, vertraute er 1839 Heinrich Heine an, »sind Rechoim [Judenhasser], deßhalb haben und werden sie stets Richess [Judenhaß] goutiren, wenn er nur ein wenig geschickt administrirt wird.«[56])

Wagners »ganz normaler« Antisemitismus war in den Opern dieser frühen Schaffensperiode etwas besser kaschiert, aber dennoch zeigen sie ansatzweise, daß sich ihr Komponist die antijüdische Gesinnung der deutschen Revolutionsverfechter zu eigen gemacht hatte. Ein Zeichen dafür sind die verschiedenen Abwandlungen des Ahasverus-Mythos, der in vielen seiner Opern wiederkehrt. Der Mythos vom Ewigen Juden, eines der beherrschenden literarischen und politischen Motive der dreißiger und vierziger Jahre, beschäftigte Heine zutiefst. Diese Obsession gab er an Wagner weiter. Für Wagner und seine Freunde wirkte der Mythos auf zwei verschiedenen Ebenen: Auf der einen war Ahasverus eine prometheisch-revolutionäre Gestalt, auf der anderen ein typischer Repräsentant des Schicksals und Charakters des jüdischen Volkes – egoistisch, niederträchtig, lieblos und bis zu seiner Erlösung zu ewiger Wanderschaft verurteilt[57]. Wagner bevölkerte seine Werke mit Verkörperungen des ersten, allgemeinmenschlichen Ahasver-Typus. Der Fliegende Holländer, Tannhäuser und Lohengrin sind allesamt »Wanderer« auf der Suche nach Erlösung. Wie Heine nannte Wagner den Fliegenden Holländer einen »Ahasverus des Ozeans«, während ihm die Parallele zwischen Tannhäuser und dem wandernden Juden von seinem Freund und Lehrmeister in germanischer Mythologie, dem Dresdener Bibliothekar Johann Georg Theodor Grässe, der die Korrespondenzen zwischen der Tannhäuser- und der Ahasverus-Legende erkannte, vor Augen geführt werden sollte[58]. Und das Motiv zieht sich auch durch die späteren Opern: Wotan, der Wanderer,

Siegfried, der fahrende Ritter, und schließlich Parsifal und Kundry (die von Wagner als eine Art wandernder Jude beschrieben wurde) [59]. Die Idee, durch Wanderung in Zeit und Raum Erlösung von Entfremdung zu erlangen, ist ein Thema, das praktisch alle Wagner-Opern miteinander verknüpft. Daß sie im Ahasverus-Mythos wurzelte, war Wagner und seinem Publikum bewußt, auch wenn dies später aus dem Blickfeld geraten sein mochte. Das bedeutet, daß ein jüdischer Bezug (obzwar zum Allgemeinmenschlichen erweitert und nicht mehr nur spezifisch jüdisch) in diese Opern eingebettet war, und zwar sowohl in jene, die vor seiner in den Jahren 1848–50 vollzogenen Wendung zum radikalen Antisemitismus entstanden sind, als auch in jene aus den von glühendem Judenhaß bestimmten späteren Jahrzehnten.

Doch war dieses verbindende Symbol notwendigerweise antijüdisch? Schließlich verkörperte Ahasverus für Wagner die Erlösungssehnsucht der Menschheit im allgemeinen und erst in zweiter Linie die des jüdischen Volkes im besonderen. Man könnte daher ins Feld führen, daß etwaige Assoziationen mit dem Judentum, die die Figur beim Publikum (oder Wagner selbst) weckte, wertneutral gewesen seien. Dennoch hat die Art und Weise, wie Wagner diese Figur des Wanderers einsetzt, zutiefst antisemitische Implikationen; denn Wagners Helden – und insbesondere der Holländer – können ebendeshalb Erlösung finden, weil sie keine Juden sind. Die Erlösung des nichtjüdischen Holländers und Tannhäusers demonstriert – einem Publikum, das den Kontext der Ahasverus-Legende kennt – gewissermaßen e contrario die Unfähigkeit des jüdischen Ahasverus, erlöst zu werden. Im nachhinein klüger geworden, erläuterte Wagner 1851: »Als Ende seiner Leiden ersehnt er [der Holländer], ganz wie Ahasverus, den Tod; diese, dem ewigen Juden noch verwehrte Erlösung kann der Holländer aber gewinnen durch – *ein Weib* ...« [60] Nach seiner »Wandlung« von 1848–50 konnte Wagner erleichtert auf jene früheren Opern zurückblicken, weil er merkte, daß ihm seine erste Eingebung bereits in den vierziger Jahren den richtigen Weg gewiesen hatte, was die Schwierigkeit der Juden betraf, wahre Menschen zu werden. Unverhüllt sprach er dies dann auf den letzten Sätzen des *Judentums in der Musik* aus, wo es um die »Erlösung Ahasverus'« und damit um das unendlich schwierige Problem der Juden geht, sich vom Judentum zu erlösen. Instinktiv hatte er also in den frühen Opern keinem Juden Erlösung zuteil werden lassen; und nach der Niederschrift des *Judentums in der Musik* sorgte er dafür, daß sie in seinen Opern keinem Juden widerfahre.

An einem besonderen Thema seiner frühen Opern kann man die Saat seiner Wandlung zum antisemitischen Ideologen erkennen. Einer der auffallenden Gegensätze, die Wagner im *Fliegenden Holländer* konstruiert hat, besteht zwischen dem hehren Bemühen des Helden um menschliche Erlösung und der Gier der norwegischen Dorfbewohner nach Juwelen und Reichtümern. In dieser Rolle sah Wagner natürlich sich selbst: der heldenhafte Künstler, der verzweifelt nach Erlösung durch Kunst und Liebe strebt, umgeben von einer Welt des bürgerlichen Egoismus und des schnöden Mammons. Niemandem, der im revolutionären Umfeld der dreißiger und vierziger Jahre des 19. Jahrhunderts aufgewachsen war, konnte die Gleichung Geldgier = Judentum entgehen. Der Holländer, der Künstler, der Revolutionär, der Ewige Jude, Wagner selbst – alle waren sie einer feindseligen Gesellschaft des Kommerzes preisgegeben, verkörpert durch die norwegischen Philister, wie in der Oper, oder, wie im deutschen Alltagsleben, die Juden.

»Geld = Judentum«, diese Grundannahme der deutschen Revolutionsideologie, ist dem *Fliegenden Holländer* als eine Art Subtext eingeschrieben. Aber erst nach 1847 wurde jene Idee zu einer Wahnvorstellung, die forthin Wagners gesamtes Weltbild beherrschen sollte. Der Erlösung suchende Künstler wurde zu einer messianischen Figur, der die Juden vertreiben mußte wie einst Christus die Geldwechsler aus dem Tempel. In den Opern haben die Helden pseudojüdische Gestalten wie

Alberich und Klingsor zu bezwingen, damit die Menschheit erlöst werde. Und in Wagners Schriften wird das Judentum zum absoluten Symbol alles dessen, was in der modernen bürgerlichen Welt von Übel ist, sei es nun die ohne Liebe geschlossene Zweckehe oder das Philistertum oder die Armut des Künstlers. Diese Wagners Leben und Werk bestimmende Obsession offenbarte sich zum erstenmal im Zusammenhang mit einem heute vergessenen Skandal, der mit Meyerbeer zu tun hatte und 1847 seinen Höhepunkt erreichte. Vor diesem Hintergrund wandelte sich Wagner vom Sympathisanten eines latent antijüdischen revolutionären Milieus zum überzeugten Antisemiten mit revolutionärem Pathos.

3

Wagner wendet sich gegen Meyerbeer: Die Skandale um »Struensee« und »Rienzi« 1847

»Ein fremdes Element in der deutschen literarischen Welt«

Nachhaltiger als durch seine Gespräche mit Auerbach und Gutzkow 1846 wurde Wagner im Jahr darauf durch zwei unangenehme Ereignisse mit der Judenfrage konfrontiert. Zum einen mußte er mitansehen, wie in Berlin und anderswo gegen ein Theaterstück seines Freundes Heinrich Laube, das Drama *Struensee*, Obstruktion betrieben wurde. Eine weitere Enttäuschung bescherte ihm seine Berliner *Rienzi*-Neuinszenierung, die im Herbst 1847 auf diverse Schwierigkeiten stieß. Die Schuld an beiden Rückschlägen wurde dem jüdischen Komponisten Meyerbeer und dem Judentum im allgemeinen zugeschoben.

In Verfolg seines hochfliegenden jungdeutschen Ideals einer revolutionären Literatur hatte Laube 1844 ein Theaterstück fertiggestellt, das auf dem Leben des dänischen Politikers Struensee basierte. Noch im selben Jahr wurde es in Stuttgart uraufgeführt und lief dann im Februar 1845 für kurze Zeit in Dresden, wo Wagner eine Vorstellung besuchte[1]. Da nun aber Meyerbeers verstorbener Bruder Michael Beer schon früher ein Stück gleichen Titels geschrieben und damit Erfolg gehabt hatte, bemühte sich Laube vergebens, seinen *Struensee* in Berlin auf die Bühne zu bringen. Meyerbeer verwendete sich beim preußischen König für das Stück seines Bruders und erreichte, daß dieses anstelle des Laubeschen im September 1846 in der preußischen Metropole und einen Monat später in Dresden aufgeführt wurde. Unterdessen kamen Laubes Bemühungen, für seinen *Struensee* zu werben, nicht besonders voran, und so war der Schriftsteller ziemlich entmutigt, als er Mitte 1847 Heine in Paris besuchte[2]. Mittlerweile dachte Laube darüber nach, ob nicht vielleicht die Tatsache, daß Meyerbeer Jude war, der tiefere Grund dafür sei, weshalb der Komponist seinem eigenen künstlerischen Ehrgeiz Steine in den Weg legte. In einem in Paris verfaßten Artikel an eine deutsche Zeitung grübelte er über das generelle Problem des »jüdischen Wesens« im Bereich der Kunst: »Von Anbeginn an ist das jüdische Wesen ein abstraktes, ein nur gedankenhaftes, von Anbeginn ist es feindlich dem Bilde selbst und dem plastischen Ausdruck ganz und gar ... Kombinationen mögen sie [die Juden; A. d. Ü.] auch in den Künsten mit großem Erfolge zuwege bringen, denn sie sind außerordentlich begabt, aber wirklich schaffen, neue Formen schaffen, Bildungen verkörpern zu einem Leben in Leib und Seele – das können sie nicht.«[3] Dennoch war für Laube gerade diese Besonderheit der zwingende Grund dafür, die Juden voll zu assimilieren, denn eine allzu in sich geschlossene deutsche Kultur bedürfe dringend dieses »scharfen jüdischen Geistes«, der »ein Sauerteig der Welt geworden« sei[4]. Von dieser wohlmeinenden Absicht durchdrungen, schrieb er am 11. Juni 1847 an Heine: »Ich hab' ein übles Vierteljahr vor mir, u. ich habe nichts Ungeschickteres thun können als in der Struensee-Vorrede mit Meyerbeer die jüdische Schwäche so blutrünstig anzugreifen u. in Betracht Deiner das jüdische Moment so stolz zurückzuweisen.«[5]

Diese Vorrede, eine einzige Schmähschrift, erschien denn auch im November 1847 in Leipzig und nahm auf bemerkenswerte Weise die Gedanken vorweg, die Wagner dann später im *Judentum in der Musik* zu Papier bringen sollte[6]. Der eigentliche Bösewicht war Meyerbeer, mit dem sowohl Laube als auch Wagner in den Jahren 1839/40 in Paris auf freundschaftlichem

Füße gestanden hatten[7]. Obwohl Laube eingangs den Pariser Hintergrund des Komponisten für dessen kommerzielle Einstellung zur Kunst verantwortlich macht, der zur Folge habe, daß er »offenbar eine Art Familienmajorat in dem Struenseestoffe verwerten zu müssen glaubt«, bringt er dann schnell und hinterlistig Meyerbeers jüdische Abstammung zur Sprache, indem er ausführlich schildert, wie der Komponist »in eigener Person von Pontius zu Pilatus [eilte] und alle Mittel [anwandte], mein Stück zu beseitigen«. Dann greift er Meyerbeer explizit als denjenigen an, der die deutsche Kunst verdorben habe, worin er indes nur ein besonderes Beispiel für die allgemeine »Judaisierung« der Kunst sieht:

»Ein solches Etwas des fremden Judentums liegt hier vor und schiebt sich zudringlich in die deutsche literarische Welt ... Hier konnte sich also das brillante Judentum, welches der Natur der Sache nach in seinen besten Leistungen einen organisch deutschen Charakter nicht haben kann, hier in Berlin konnte es sich am freiesten entwickeln. Aus diesem Element des Judentums und des Berliner Judentums im besonderen stammt die Taktik Herrn Meyerbeers, welche er in unsere literarische Welt einführt und welche wir als etwas uns widerwärtig Fremdes zurückweisen ... Es ist uns allen gründlich zuwider, einen offenen Schacher mit Gegenständen der Kunst und Wissenschaft dergestalt zu treiben, daß dabei ein sogenannter Konkurrent – das Wort ist uns unausstehlich in der Literatur! – in Nachteil kommen könne ... Ein solches Zusammentreffen künstlich erzeugen zwischen einem Lebenden und einem längst Verstorbenen ... und betreiben zu nackter Beseitigung des Lebenden, und zwar für einen Verstorbenen, dessen nur die Familie eingedenk ist, die Literatur und deren Vertreter bei artistischer Anstalt aber nicht ... das ist ein fremdes Element in deutscher Literaturwelt, das ist von jenem jüdischen Elemente, welches wir nicht mit aufnehmen wollen in die Kreise des literarischen Stils.«

Aus diesem besonderen Fall zieht Laube die Lehre, daß die Juden eine revolutionäre menschliche Emanzipation erfahren müßten:

71

»Ein fremdes Element dringt in neuerer Zeit überall in unsere Bahnen, auch in die der Literatur. Dies ist das jüdische Element. Ich nenne es mit Betonung ein fremdes; denn die Juden sind eine von uns total verschiedene orientalische Nation heute noch, wie sie es vor zweitausend Jahren waren. Ich gehöre keineswegs zu den Gegnern der Judenemanzipation, im Gegenteil, ich dringe auf eine möglichst radikale ... was uns an ihnen [den Juden; A. d. Ü.] stört, das ist eben das Fremde, welches nur durch gründliche Einheimsung der Juden unter uns verwandelt werden kann. Das Nichtemanzipieren beläßt sie fortwährend in einem Zustand der Belagerung, und der Belagerte bleibt Feind und verteidigt sich instinktmäßig mit allen Waffen, also auch in diesem Falle besonders mit der für ihn natürlichsten einer wildfremden Nationalität ... Entweder wir müssen Barbaren sein und die Juden bis auf den letzten Mann austreiben, oder wir müssen sie uns einverleiben. Letzteres geschieht unausbleiblich, und somit ist es unsere heilige Pflicht, wiederholt und schonungslos aufzudecken, was in ihren innersten Lebensmaximen zu uns nicht paßt, und was wir, was sie nach Kräften mildern müssen, da doch niemand sich völlig ändern kann.«

Laubes gönnerhafte Haltung gegenüber den Juden rief eine bitter-ironische Antwort hervor, in der er als »der lang erwartete Messias der Juden« begrüßt wurde, freilich mit dem Hinweis, daß die Juden dennoch Gott um Schutz vor solchen Freunden bitten sollten. Es sei großmütig von Laube, schrieb der Kritiker sarkastisch, daß er bei seiner allgemeinen Verdammung des jüdischen Charakters zwei Ausnahmen gelten lasse: Berthold Auerbach, dem die »Selbstemanzipation« gelungen sei, und den liberalen Politiker Gabriel Riesser, ein bemerkenswerter Fall, wo »aus einem Jude ein Mensch geworden ist«[8].

Insofern Laube die Möglichkeit einräumte, daß der einzelne Jude Erlösung finde, so selten das auch vorkommen mochte, hielt er an dem Grundsatz fest, den Fichte aufgestellt hatte. Auerbach, beteuerte Laube, »ist ein redendes Zeugnis, daß sich der hingebende Jude unter uns gründlich deutsch nationalisieren kann. Freilich wird dies nicht leicht im oberflächlichen Getreibe des großstädtischen Lebens geschehen können. Auerbach hat auch die Lösung der schweren Aufgabe nicht in der Lungerei des Kaffeehaus- und Börsentreibens, sondern in der keuschen Einsamkeit des Landlebens gefunden.« Auch manch anderer habe gezeigt, »daß diese Nationalisierung des Juden nicht eine persönliche Ausnahme Auerbachs, sondern eine allgemeine Möglichkeit sei für durchgebildete jüdische Naturen«. Indem Laubes *Struensee*-Einleitung den Juden die Erlösung grundsätzlich zubilligt, wenn auch eine, die harte Opfer verlangt, nimmt sie die Schlußpassage des *Judentums in der Musik* vorweg, in der Wagner Ludwig Börne zu einem Leitstern jüdischer Selbstvernichtung erklären wird.

Die Übereinstimmung zwischen der antijüdischen Kritik in Laubes Einleitung und den Schriften Wagners ist unübersehbar. Beide Autoren halten die Juden für den fremdartigen Feind des »Organischen« in der deutschen Kultur; sie sind, um Wagners spätere Wendung zu zitieren, »der plastische Dämon des Verfalles der Menschheit«. Für Laube wie für Wagner liegt die Bedrohung, die von den Juden für die deutsche Kunst ausgeht, in der jüdischen Andersartigkeit, im jüdischen Besitzstreben und Egoismus, einem in den Eigentümlichkeiten jüdischer Kunst sublimierten Materialismus, der zum Organischen, zum Natürlichen, zum wahrhaft Schönen unfähig sei. Beiden Essays gilt der unglückliche Meyerbeer (wenn auch von Wagner noch nicht beim Namen genannt) als Verkörperung des jüdischen Hangs, Kommerz mit Kunst zu vermengen, und das Jüdische als die Tendenz, die die deutsche Kultur verdirbt; nur ein neues revolutionäres Ziel werde die Kultur vor dieser Entartung retten.

Wieder sind einige von Wagners zentralen revolutionären Anliegen der Jahre 1848–50 vorweggenommen, wenn Laube sich mit dem Verhältnis von »Literatur und Öffentlichkeit« und »Literatur und Politik« befaßt und dann ein Plädoyer für ein von revolutionärem Geist durchdrungenes »deutsches Nationaltheater« hält. Laube verurteilt, daß das Theater gegenwärtig »nicht der Nation gehört, nicht einmal den einzelnen Staaten, sondern den Fürsten«, und legt damit den Grund für Wagners

Plan der »Organisation eines deutschen Nationaltheaters« vom Mai 1848[9]. Für beide Männer bedeutete eine Revolution im Theater die Befreiung von der jüdisch-meyerbeerschen Kommerzialisierung der Kunst sowie aus den Klauen der verschiedenen fürstlichen Gönner des Komponisten.

In einem entscheidenden Punkt allerdings weicht Laube von Wagner ab. Während Wagners Ausfall gegen die Juden das Fundament seiner Haltung zur Judenfrage – und zum Leben im allgemeinen – blieb, war Laubes schrille Polemik eher ein vorübergehender Ausbruch, zu dem er sich unter psychischem Druck hatte hinreißen lassen und der einer moderateren, ja sogar verständnisvollen Einstellung gegenüber den Juden weichen sollte. So trat er zum Beispiel im November 1847 öffentlich für die bürgerliche Emanzipation der Juden ein, was Wagner nie tat[10]. Laubes Distanzierung von seinen extremeren Ansichten in der *Struensee*-Einleitung wurde außerdem durch den Umstand gefördert, daß er 1849 den Gedanken an eine Revolution aufgab und seine politischen Phantasien als »die eines Lügners oder gefährlichen Narren«[11] verwarf. Unweigerlich tat sich zwischen dem Renegaten Laube und dem sich immer revolutionärer gebärdenden Wagner ein Abgrund auf. 1867 kam es zu einem erbitterten Streit, weil Wagner es angeblich unterlassen hatte, Laube eine Stelle in München zu verschaffen, obwohl der Komponist seine Verstimmung wohlweislich weitgehend für sich behielt. Nachdem 1869 die zweite Auflage des *Judentums in der Musik* erschienen war, mit einem Zusatz des Verfassers, in dem dieser an Auerbach herumkrittelte, ergriff Laube die Gelegenheit, Wagner eins auszuwischen, indem er, wie schon 1847, den jüdischen Schriftsteller verteidigte. »Vergessen darf man bei dem Namen Auerbach nicht, daß er ein warmer Deutscher war und an der nationalen Entwicklung unseres Vaterlandes den tätigsten Anteil nahm: Ja, er war ein Beweis gegen diejenigen der neuesten Ära, welche den Juden ausschließen wollen aus unserer nationalen Gemeinschaft.«[12] Um den Verfasser des *Judentums in der Musik* in Mißkredit zu bringen, erinnerte Laube daran, wie er 1842 nach dessen Rückkehr nach Deutschland Geld für ihn gesammelt hatte, darunter auch bei einem Juden namens Axenfeld. In den siebziger Jahren, als Wagners Verfasserschaft allgemein bekannt war, schnappte sich ein erboster Axenfeld den verdutzten Laube und meinte sarkastisch:»Darum hat dir der Jude aus Brody einen Beitrag in die Hand gedrückt, um nun vom älteren Wahnfried geächtet zu werden?!«[13]

Ohne seine grundsätzliche Auffassung, daß jüdische und deutsche Kultur einander wesensmäßig fremd seien, zurückzunehmen, wich Laube in späteren Jahren von seiner früheren Haltung ab, um sich für die bürgerliche Emanzipation der Juden in Deutschland und Österreich einzusetzen[14]. Nun stellte er den Aspekt heraus, auf den er in seiner *Struensee*-Einleitung von 1847 angespielt hatte, nämlich daß das Judentum die »Hefe« in der deutschen Kultur sei. Wenn er jetzt Meyerbeers Musik bescheinigte, mit der »Melodie der Synagoge« zu singen, so meinte er damit nichts Schlimmes. Auf jeden Fall war sie in seinen Augen der »hölzernen« und »undeutschen« Musik und Schriftstellerei Richard Wagners vorzuziehen. Bezeichnenderweise setzte Laube Meyerbeers Geschäftssinn nicht mehr mit seinem Judesein gleich. Statt dessen kontrastierte er Meyerbeers Ausgeglichenheit boshaft mit der unangenehmen (jüdischen!) Unrast Wagners[15]. Als Laube den *Struensee*-Skandal 1882 in seinen Memoiren noch einmal schilderte, schwieg er sich sogar über Meyerbeers Rolle aus und machte für seine damaligen Schwierigkeiten politische Kräfte verantwortlich[16].

»Die ins Nichtswürdige versinkende Zeittendenz«

Als Laubes Freund, aber auch wegen seiner eigenen Verbindung zum Dresdener Theater, das in die *Struensee*-Kontroverse verwickelt war, verfolgte Wagner die ganze Affäre sehr aufmerksam. Mehr noch, 1847 brach er selbst einen Streit mit

Meyerbeer vom Zaun und ahmte dabei Laubes polemische Tiraden nach. Dies war der eigentliche Beginn von Wagners Konversion zu jenem ideologischen Antisemitismus, den er dann 1850 im *Judentum in der Musik* zu Papier brachte.

Im Sommer 1847 hatte Wagner, entmutigt durch die ausbleibende öffentliche Resonanz seiner Arbeiten und in akuten Geldnöten steckend, einem Freund geschrieben, daß er »so voll der tiefsten Verachtung unseres jetzt herrschenden Theater-Wesen's« sei. Seine Probleme gingen zum Teil auf das unerfreuliche Arbeitsverhältnis mit Gutzkow am Dresdener Theater zurück, was aber nur ein Symptom seiner allgemeinen Enttäuschung war[17]. In dieser Gemütsverfassung, erinnerte sich Wagner später, »mußte [ich] mich dem ganzen modernen Laster der Heuchelei und Lügenhaftigkeit ergeben«[18]. Den Spuren Laubes folgend, bemühte er sich um eine Neuinszenierung von *Rienzi* am preußischen Hoftheater, wozu ihn König Friedrich Wilhelm IV. ermunterte. Im September 1847 begann Wagner mit den Proben in Berlin. Er hoffte nun auf eine Dauerstellung und auch auf ein königliches Publikum, dem er seinen neuen *Lohengrin* vorlesen konnte. Doch leider sah er sich in seinen Hoffnungen getäuscht. Der König versäumte Wagners Berliner *Rienzi*-Premiere am 26. Oktober. Die Oper erlebte nur drei Aufführungen, und zu einer Anstellung kam es auch nicht[19]:

»... und es blieb nun dabei, daß ich meine Berliner Hoffnungen für durchaus gescheitert anzuerkennen hatte.

Es war eine üble Stimmung, in welcher ich zu diesem Schlusse mich entschied. Ich entsinne mich, selten von dem Einfluß kalter und nasser Witterung und eines ewig grauen Himmels so armselig bedrückt gewesen zu sein als in diesen letzten schlimmen Berliner Wochen, wo alles, was ich außerhalb meiner unmittelbaren Leidenssphäre erfuhr, mit bleierner Entmutigung auf mich drückte.«[20]

Wagners Ambitionen hatten einen tiefen Rückschlag erlitten, wovon er in späteren Jahren mehrmals träumen sollte[21]. Er stand nun kurz vor dem finanziellen Ruin, da sich zudem noch der Hofintendant Küstner mit formalistischen Begründungen weigerte, ihm die Ausgaben während seines zweimonatigen Aufenthalts in Berlin, einschließlich der Probezeit, zu erstatten[22]. Völlig entmutigt verließ Wagner die preußische Hauptstadt: »Als ich mit meiner Frau in abscheulichster Witterung durch die öden Marken auf meinem Heimweg dahinfuhr, glaubte ich diejenige tief verzweiflungsvolle Lebensstimmung zu empfinden, in welche ich wohl nur einmal und nie wieder versinken können würde.«[23] Und: »Es war ein gräßlicher Zustand, in welchem ich von Berlin zurückkehrte ... Bin ich in dem Verlangen, mich der Nichtswürdigkeit der modernen Welt zu entwinden, *Christ* gewesen, – nun so war ich ein ehrlicherer Christ als alle die, die mir jetzt den Abfall vom Christentume mit impertinenter Frömmigkeit vorwerfen.«[24] Er dachte an Selbstmord, aber dann fiel ihm ein besserer Ausweg ein, und im November schrieb er: »Hier ist ein Damm zu durchbrechen und das Mittel heißt: Revolution!«[25] Wagner schwebte jedoch nicht nur eine Revolution im Bereich der Kunst, sondern eine politische Revolution vor, denn in Berlin hatte ihn die dort herrschende politische Mutlosigkeit betrübt:

»So meine Unterhaltungen mit *Hermann Franck* über die sozialen und politischen Zustände, welche damals durch den verunglückten Versuch des vom König von Preußen berufenen vereinigten Landtages eine besonders düstre Färbung erhalten hatten ... von einem so kenntnisvollen Mann wie *Franck* alles hierauf bezügliche Persönliche und Tatsächliche näher beleuchtet zu erhalten, war mir nun wahrhaft erschreckend ... mußten so vollständig jede bisher in diesem Bezug gefaßte günstige und hoffnungsvolle Meinung zerstören, daß ich mich wie im Chaos angelangt sah, wenn ich von hieraus auf eine gedeihliche Gestaltung Deutschlands noch zu blicken versuchte ... so konnte ich nun der furchtbaren Hohlheit, welche nach jeder Seite hin mir das Wesen der Dinge aufdeckte, in keiner Weise mehr meine Erkenntnis verschließen.«[26]

Damals, im November 1847, als er die große Krise seines Lebens durchmachte, er politisch, künstlerisch und finanziell zu scheitern drohte, machte Wagner für sich die Wurzel alles Übels aus:

das Judentum, personifiziert in seinem vormaligen Gönner Giacomo Meyerbeer, jenem engen Berater der Kunstrichter in Paris wie in Berlin. Tatsächlich war Meyerbeer seit langem in die Geschicke von *Rienzi* involviert gewesen. Nachdem er die Oper 1844 in Dresden gehört hatte, versprach er, alles in seiner Macht Stehende zu tun, um sie baldmöglichst dem Berliner Publikum zugänglich zu machen. Wie aber Wagner erkannte, war der Weg zu einer Berliner Aufführung mit Schwierigkeiten gepflastert, deren eine darin bestand, daß man keinen geeigneten Tenor fand. Trotzdem hegte Wagner 1845 keinerlei Zweifel an Meyerbeers gutem Willen. »Noch setze ich in die Redlichkeit seiner Gesinnungen gegen mich keinen Zweifel«, schrieb er[27]. Aber zwei Jahre später, als die Aufführung endlich sichergestellt war, hatte sich Wagners Haltung zu Meyerbeer fundamental gewandelt. Noch während die Proben zu *Rienzi* liefen, stand für ihn bereits fest, daß Meyerbeer vor einem bevorstehenden Erfolg Angst habe. Am 3. Oktober 1847 schrieb Wagner an seine Frau: »Heute bin ich bei *Meyerbeer* zu Tische! Der reist bald ab; – desto besser!«[28] Meyerbeer scheint damals die veränderte Haltung seines Schützlings noch immer nicht bemerkt zu haben. Währenddessen verhärtete sich Wagners Verdacht auf geradezu pathologische Weise:

»Ich *weiß* [grollte Wagner 1854], welch' ungeheuren Einfluß in Berlin *Meyerbeer* hat, und *weiß*, wie sehr dieser Einfluß mir dort bereits geschadet hat … Ich *erfuhr* z. B., daß mein *Rienzi* in Berlin, trotz mangelhafter Vorstellung … dennoch auf das *unbearbeitete* Publikum einen ganz vollständig *günstigen* Eindruck machte, so daß ich den Erfolg für gewiß ansah. Ich erfuhr aber auch, daß die Presse (die bereits in ihren Hauptorganen Meyerbeer vollständig ergeben war) sogleich den *Rienzi* schlecht machte … daß das Publikum durch die Stimmung der Presse sich so einnehmen ließ, daß bereits die zweite Vorstellung schlecht besucht war. Ich erfuhr ferner, daß Meyerbeer (durch seinen Freund Redern) den König davon abzuhalten gewußt hat, eine der drei von mir dirigirten Vorstellungen zu besuchen, so wie mich bei sich zu empfangen: dies ist mir *bewiesen*.«[29]

Wie der vergebliche Versuch, die Gunst des Königs von Preußen zu gewinnen, so wurde Meyerbeers verräterische Zurücknahme seiner früheren Unterstützung ein Thema wiederkehrender Träume für den Rest von Wagners Leben. So assoziierte er beispielsweise 1872 die beiden Begebenheiten miteinander:

»Er erzählte mir, daß er die Nacht allerlei ›eitle Träume‹ gehabt, u. a. daß wir mit dem König von Bayern gefahren wären, der uns in der ostensibelsten Weise seine Huld bezeigt hätte; dann wäre er mit Meyerbeer Arm in Arm in Paris gewesen, und M. ebnete ihm die Bahnen des Ruhmes, dann aber auch ein regelmäßig wiederkehrender Traum – daß ein Wechsel fällig ist und nicht einkassiert wird, und er seine Wohnung nicht zahlen könnte. Wir sprechen über diese regelmäßig wiederkehrenden Träume, die er hat, u. a. ist ein Freundschaftsverhältnis mit dem verstorbenen König von Preußen ganz stehend, der König überhäuft R. mit Liebesbezeigungen, spricht vor Rührung nur mit Tränen in den Augen u. s. w.«[30]

Von 1847 an war Meyerbeer für Wagner stets mit der tiefsten Enttäuschung seines Lebens verbunden.

Wenn man sich sowohl den *Struensee*-Skandal als auch das Berliner *Rienzi*-Fiasko von 1847 klarmacht, so hat man den Schlüssel, um das Geheimnis zu lüften, warum Wagner sich 1847 so plötzlich gegen Meyerbeer wandte[31]. Von Anfang an hatte sich Wagner seinem Gönner gegenüber widersprüchlich verhalten. Es war eine Mischung aus Dankbarkeit und Neid, den Gutzkow erkannt hatte. Dieser unendlich liebenswürdige Mann, wie der ehrgeizige sächsische Komponist den arrivierten Kollegen Meyerbeer nannte, mußte in einer Persönlichkeit wie der Wagners unvermeidlich Ressentiments wecken. Von dem 1840 gegenüber Robert Schumann gemachten Geständnis, er habe Meyerbeer alles zu verdanken, war Wagner im Januar 1847 so weit abgerückt, daß er den einstigen Wohltäter als seine vollständige künstlerische Negation betrachtete:

»Was mich um eine Welt von Ihnen trennt ist Ihre Hochstellung Meyerbeer's; ich sage dies mit vollster Unbefangenheit, denn Meyerbeer ist mir persönlich sehr befreundet, u. ich habe allen

Grund ihn als liebenswürdigen, theilnehmenden Menschen zu schätzen. Aber wenn ich Alles zusammenfasse, was mir als innere Zerfahrenheit u. äußere Mühseligkeit im Opern-Musikmachen zuwider ist, so häufe ich dies in den Begriff ›Meyerbeer‹ zusammen …«[32]

Im November 1846 muß es fast zu einem Eklat gekommen sein, als Wagner, der sich in finanziellen Nöten befand, Meyerbeer anging, ihm 1200 Taler (nahezu sein Jahresgehalt) zu leihen, und eine Abfuhr erhielt[33]. Der eigentliche Bruch trat dann erst im folgenden Jahr ein, als Wagner, am Boden zerstört durch den Mißerfolg des Berliner *Rienzi*, seine Erfahrungen mit den Wendungen zu interpretieren suchte, die Laube bei der Beschreibung seines eigenen Pechs mit *Struensee* verwendet hatte. Auch Wagner machte Meyerbeer zu seinem bösen Geist. Unter enormem psychischen und finanziellen Druck, verschärft noch durch die Verweigerung des Darlehens, besann sich Wagner seiner seit langem bestehenden ambivalenten Haltung gegenüber Meyerbeer und reduzierte sie auf schlichten befriedigenden Haß.

Laubes *Struensee*-Einleitung bildete somit den Rahmen für Wagners Attacke gegen Meyerbeer, eine Attacke, die, wie wir sehen werden, noch weiteren Impetus erhielt, als die beiden Komponisten sich nach der gescheiterten Revolution im Juni 1849 in Paris begegneten, und die schließlich 1850 zur Veröffentlichung des *Judentums in der Musik* führen sollte. Doch schon viel früher haben wir eine anschauliche Schilderung des Eindrucks, den Laubes Aussichten bezüglich seines *Struensee* auf den jungen Komponisten machten, in dem grimmigen Bericht über die Beerdigung von Wagners Mutter, der in *Mein Leben* ein paar Seiten nach der Darstellung des in Berlin erlittenen Mißgeschicks erscheint. Am 9. Januar 1848 starb Wagners Mutter, deren Begräbnis er in Begleitung Laubes beiwohnte. Es markiert den Tiefpunkt jener Niedergeschlagenheit, die Wagner in Berlin überkommen hatte:

»Anfang Februar ward mir der Tod meiner Mutter gemeldet. Ich eilte sofort zu ihrem Begräbnis nach Leipzig und erfreute mich noch mit tiefer Rührung des wunderbar ruhigen und lieblichen Gesichtsausdruckes der Verstorbenen ... Es war ein schneidend kalter Morgen, als wir den Sarg auf dem Kirchhof in die Gruft senkten; die festgefrornen Erdschollen, welche wir statt der Handvoll leichter Erde dem Gebrauch nach auf dessen Deckel hinabzustreuen hatten, erschreckten mich durch ihr wildes Gepolter. Auf dem Heimweg zum Hause meines Schwagers *Hermann Brockhaus*, wo die Familie auf eine Stunde sich vereinigte, begleitete mich allein *Heinrich Laube*, welcher meine Mutter sehr liebgehabt hatte. Er äußerte seine Besorgnis über mein ganz ungewöhnlich angegriffenes Aussehen. Dann begleitete er mich noch zum Bahnhof, und hier fanden wir Worte für den ungemeinen Druck, der uns auf jeder edlen Bestrebung gegenüber einer gänzlich in das Nichtswürdige versinkenden Zeittendenz zu liegen schien. Auf meiner kurzen Zurückreise nach Dresden kam zum ersten Male mit deutlichem Bewußtsein das Gefühl meiner vollkommenen Vereinsamung über mich ... So machte ich mich dumpf und kalt an das einzige, was mich erleuchten und wärmen konnte: die Ausarbeitung meines ›Lohengrin‹ und meine altdeutschen Studien.«[34]

»Nichtswürdigkeit« war auch Laubes Schlüsselbegriff, auf den er das Eindringen jüdisch-kommerzieller Werte in die geheiligte Welt deutscher Kunst brachte[35]. Nur eine Revolution, wie Wagner drei Monate zuvor geschrieben hatte, konnte den Damm der Nichtswürdigkeit durchbrechen. Diese Revolution sollte im März 1848 losgetreten werden und Wagner und seinen revolutionsbegeisterten Freunden neuen Lebenssinn einflößen.

4

Eine Offenbarung: Revolution und Antisemitismus 1848/49

Während Wagner sich anschickte, mit der jungen Engländerin Jessie Laussot durchzubrennen, schrieb ihm seine Frau Minna am 8. Mai 1850 einen ungewöhnlichen Brief, in dem sie ausführlich auf die Veränderung einging, die sich in seinem Charakter und seiner Denkweise zwei Jahre vorher vollzogen hatte:

»Du sprichst von früheren fortgesetzten bösen Auftritten, gestehst mir für dergleichen ein gut Gedächtnis zu, eben darum entsinne ich mich deren wohl, die Du, von schrecklicher Eifersucht getrieben, wiederholt herbeigeführt, nachdem diese überwunden, haben wir uns beide so gut verstanden, so glücklich miteinander gelebt, wie es wohl selten bei Eheleuten der Fall ist. Nur seit zwei Jahren, seitdem Du Dich der unglücklichen Politik zuwandtest, die schon so viele glückliche Verhältnisse zerstörte, hatte ich allerdings unklugerweise heftige Auftritte mit Dir nicht vermieden, ich konnte Dich nur darin nicht verstehen, nur so viel war mir mit meinem einfachen Verstande klar, daß Dir aus dem revolutionären Treiben kein Heil erblühen würde. Ich eiferte daher auch mit dem Umgang mit Bakunin und Röckel, weil ich sah, welch verderblichen Einfluß sie auf Dich, selbst auf Deine Gesundheit ausübten ... Was Dein geistiges Gedeihen betrifft, beglückt mich das Bewußtsein, daß Du *alles*, was Du *Schönes* geschaffen, nur in *meiner Umgebung* schufst, und *darin* verstand, begriff ich Dich vollkommen, Du machtest mich auch immer so glücklich, sangst und spieltest mir fast jede neue Szene vor. Nur wiederum seit *zwei Jahren*, als Du mir jenen Aufsatz vorlesen wolltest, worin Du ganze Geschlechter schmähtest, die Dir doch im Grunde Liebes getan, seit jener Zeit grolltest Du mir und straftest mich damit so hart, daß Du mir nie etwas allein von Deinen Arbeiten mehr zu hören gabst.«[1]

1848 hatte Wagner einen dreifachen Sinneswandel vollzogen: auf politischem, privatem und künstlerischem Gebiet. Die Idee der Revolution kam wie eine Offenbarung über ihn; sie zerrüttete seine Ehe, veränderte seine gesamte Kunstauffassung und Operntheorie und ließ ihn einen Weg einschlagen, der trotz ideologischer und politischer Windungen zwischen Liberalismus, Sozialismus und Monarchismus stets von antisemitischen Ressentiments bestimmt war. Minnas Brief resümierte dieses Bekehrungserlebnis.

Der Brief ist für das Verständnis der Biographie Wagners und vor allem seines Antisemitismus überaus bedeutsam, denn es geht unmißverständlich aus ihm hervor, daß Wagner bereits in der ersten Hälfte des Jahres 1848 im Zuge seiner revolutionären Erweckung einen verleumderischen antisemitischen Aufsatz schrieb, wenn auch nicht veröffentlichte. (Die »ganze[n] Geschlechter ... die Dir doch im Grunde Liebes getan«, konnten ja nur die Juden und die Franzosen sein.) Mit anderen Worten: Wagners erster Versuch, das antisemitische Ideengeflecht zu Papier zu bringen, das er dann im *Judentum in der Musik* entwerfen sollte, gehen auf das Jahr 1848 zurück, und der besagte Aufsatz war offensichtlich kein beiläufiges Nebenprodukt, sondern ein wesentliches Element in einem ganzen Syndrom revolutionären Gedankenguts, das Wagners innere Einstellung von 1848 bis zu seinem Tod beherrschte.

Wenn sich also ein »erster Entwurf« der berüchtigten Schrift auf das Jahr 1848 datieren läßt, können wir Wagners ausgereiften Antisemitismus seiner revolutionären Gesinnung zuordnen und ihn als Teil einer durchgreifenden Veränderung in seinem Leben und seiner Kunst betrachten, anstatt in ihr eine spätere, aus einer Laune heraus verfaßte Antwort auf einen 1850 beiläufig erschienenen Artikel über musikalisches Talent bei Juden zu sehen. Wagners Antisemitismus war keine belanglose oder zufällige Verirrung, sondern eine Grundüberzeugung, die an die Wurzeln seiner Kunst und Weltanschauung rührt.

Der revolutionäre Glaube: »Jesus« und »Judentum«

Wagners politisches Engagement im Zusammenhang mit der Revolution in Dresden 1848/49 ist ein Pflichtstück für all jene Biographen, die ihn in einem liberalen, demokratischen Licht erstrahlen lassen möchten. Nach ihrer Darstellung ist Wagner der von revolutionärer Begeisterung durchdrungene Journalist und gehört dem inneren Kreis der Revolutionsführer an, zu denen auch sein alter Freund August Röckel zählt. Er pflegt häufigen Umgang mit dem russischen Anarchisten Michail Bakunin und diskutiert mit ihm über Möglichkeiten, wie man die Kunst in den Dienst einer politischen Revolution stellen könne. Er ist der für die Freiheit des Individuums eintretende Straßenkämpfer, der die Barrikaden besetzt; und nach dem Scheitern der Revolte im Mai 1849 wird er schließlich zum Flüchtling, auf dessen Kopf eine Belohnung ausgesetzt ist und dessen Name in ganz Deutschland auf Fahndungsplakaten erscheint. Doch um zu verstehen, was es mit Wagners politischen Heldentaten von 1848/49 wirklich auf sich hatte, müssen wir uns mit der Reihe der Revolutionsschriften beschäftigen, in denen er die Offenbarung seiner neuen Weltsicht kundtat.

Daß Wagners Revolutionserfahrung ihrem Wesen nach religiös war, wird aus seiner glühenden Proklamation vom April 1848 ersichtlich, der er den Titel *Die Revolution* gab:

»Ja, wir erkennen es, die alte Welt, sie geht in Trümmer, eine *neue* wird aus ihr entstehen, denn die erhabene Göttin *Revolution*, sie kommt dahergebraust auf den Flügeln der Stürme, das hehre Haupt von Blitzen umstrahlt, das Schwert in der Rechten, die Fackel in der Linken, das Auge so finster, so strafend, so kalt, und doch, welche Glut der reinsten Liebe, welche Fülle des Glückes strahlt *dem* daraus entgegen, der es wagt, mit festem Blicke hineinzuschauen in dies dunkle Auge! Sie kommt dahergebraust, die ewig verjüngende Mutter der Menschheit, vernichtend und beseligend fährt sie dahin über die Erde, und vor ihr her saust der Sturm ... Doch hinter ihr, da eröffnet sich uns, von lieblichen Sonnenstrahlen erhellt, ein nie geahntes Paradies des Glückes ...«

Die Revolution, heißt es in der Schrift, werde die Ursachen menschlichen Unglücks hinwegfegen: tyrannische Regierungen, die korrupte Aristokratie, die Börsenspekulanten, die verbogenen Bürokraten, die die Herzen der lebendigen Menschheit wie Blätter zum Trocknen zwischen ihre Aktenordner und Dokumente pressen. An die Stelle dieser toten Gesetzesherrschaft trete dann das Leben:

»*Das Leben ist sich selbst sein Gesetz.* Und weil das Gesetz für die Lebendigen ist und nicht für die Toten, und weil ihr lebendig seid und keiner ist, der über euch wäre, *so seid ihr selbst das Gesetz, so ist euer eigner freier Wille das einzige höchste Gesetz, und ich will zerstören die Herrschaft des Todes über das Leben.*

... Zerstören will ich die bestehende Ordnung der Dinge, welche die einige Menschheit in feindliche Völker, in Mächtige und Schwache, in Berechtigte und Rechtlose, in Reiche und Arme teilt, denn sie macht aus allen nur *Unglückliche.* Zerstören will ich die Ordnung der Dinge, die Millionen zu Sklaven von Wenigen und diese Wenigen zu Sklaven ihrer eignen Macht, ihres eignen Reichtums macht ... Zerstören bis auf die Erinnerung daran will ich jede Spur dieser wahnwitzigen Ordnung der Dinge, die zusammengefügt ist aus Gewalt, Lüge, Sorge, Heuchelei, Not, Jammer, Leiden, Tränen, Betrug und Verbrechen ... Zerstört sei alles, was euch bedrückt und leiden macht ...«

Durch die Revolution werde einer leidenden Menschheit Erlösung zuteil, eine Erlösung, die Wagner mit Bedacht in die Sprache des religiösen Messianismus kleidet, der an Christus und den Apostel Paulus gemahnt:

»Nur zwei Völker gibt es von jetzt an: das eine, welches mir [der Revolution] folgt, das andere, welches mir widerstrebt. Das eine führe ich zum Glücke, über das andere schreite ich zermalmend hinweg, denn ich bin die *Revolution,* ich bin das ewig schaffende Leben, ich bin der einige Gott, den alle Wesen erkennen, der alles, was ist, umfaßt, belebt und beglückt!

... Näher und näher wälzt sich der Sturm, auf seinen Flügeln die Revolution; weit öffnen sich die wieder erweckten Herzen der zum Leben Erwachten, und siegreich zieht ein die Revolution in ihr Gehirn, in ihr Gebein, ihr Fleisch, und erfüllt sie ganz und gar ... Begeisterung strahlt von ihrem veredelten Antlitz, ein leuchtender Glanz entströmt ihrem Auge, und mit dem himmelerschütternden Rufe: ›*ich bin ein Mensch!*‹ stürzen sich die Millionen, die lebendige Revolution, der Mensch gewordene Gott, hinab in die Täler und Ebenen, und verkünden der ganzen Welt das neue Evangelium des Glückes!«[2]

In dieser erschreckenden Vision hat Wagner den biblischen Jesus säkularisiert und zum neuen Gott der Revolution umgemodelt, das Evangelium zum neuen revolutionären Glaubensbekenntnis erhoben. Obgleich die aus diesen Bildern sprechende Intensität für ein Erweckungserlebnis als geradezu typisch gelten darf, waren die formalen Elemente schon viele Jahre lang in Wagners Denken vorhanden. (Einer der interessantesten, wenn auch noch kaum erforschten Aspekte religiöser Erweckung betrifft jene Konstanten oder präexistenten Ideen und Auffassungen, die sozusagen wiederaufbereitet oder in eine scheinbar neue Matrix reintegriert werden. Was gleich bleibt, ist ebenso wichtig wie das, was sich verändert hat.) Die Idee eines revolutionären, im Diesseits verankerten Jesus hatte Wagner bereits im April 1843 zum *Liebesmahl der Apostel* inspiriert, worin die Ausbreitung einer auf Liebe und Gütergemeinschaft basierenden kommunistischen Gesellschaft prophezeit wird. Hierbei hatte sich Wagner wahrscheinlich auf die Lehren des christlichen Revolutionärs Wilhelm Weitling gestützt. In den darauffolgenden Jahren rückte die Idee eines sozialistischen Jesus in den Hintergrund seines Interesses, aber unter dem Eindruck der großen Tage von 1848 fand er dann unversehens zu diesem Thema zurück. In seiner leidenschaftlichen Rede vom 14. Juni 1848 vor dem Dresdener Vaterlandsverein, deretwegen er es mit der Obrigkeit zu tun bekommen sollte, predigte er:

»... Gott wird uns erleuchten, das richtige *Gesetz* zu finden, durch das dieser Grundsatz in das Leben geführt wird, und wie ein böser nächtlicher Alp wird dieser dämonische Begriff des Geldes von uns weichen mit all seinem scheußlichen Gefolge von öffentlichem und heimlichem Wucher, Papiergaunereien, Zinsen und Bankiersspekulationen. Das wird die *volle Emanzipation des Menschengeschlechtes*, das wird die *Erfüllung der reinen Christuslehre* sein ...«[3]

Unverkennbar schlüpfte Wagner in die Rolle eines modernen Christus, predigte wie einst Jesus gegen die Nichtswürdigkeit seines römisch-jüdischen Umfelds und trieb, wie dieser die Geldwechsler aus dem Tempel gejagt hatte, deren Nachfahren aus dem Mammonsheiligtum:

»... so kam ich jetzt, wo ich diese Sehnsucht dem modernen Leben gegenüber durchaus unstillbar, und von neuem nur die Flucht vor diesem Leben, mit Aufhebung seiner Forderungen an mich durch Selbstvernichtung, als Erlösung erkennen mußte, auch an dem Urquell aller modernen Vorstellungen von diesem Verhältnisse an, nämlich dem menschlichen *Jesus von Nazareth.*

Zu einer, namentlich für den Künstler ergiebigen Beurteilung der wundervollen Erscheinung dieses Jesus war ich dadurch gelangt, daß ich den symbolischen Christus von *ihm* unterschied, der, in einer gewissen Zeit und unter bestimmten Umständen gedacht, sich unserm Herzen und Verstande als so leicht begreiflich darstellt. Betrachtete ich die Zeit und die allgemeinen Lebenszustände, in denen ein so liebendes und liebebedürftiges Gemüt, wie das Jesus', sich entfaltete, so war mir nichts natürlicher, als daß der *Einzelne*, der eine so ehrlose hohle und erbärmliche Sinnlichkeit, wie die der römischen Welt, und mehr noch der den Römern unterworfenen [jüdischen] Welt, nicht vernichten und zu einer neuen, der Gemütssehnsucht entsprechenden Sinnlichkeit gestalten konnte, nur aus dieser Welt, somit aus der Welt überhaupt hinaus, nach einem besseren Jenseits, – nach dem Tode, verlangen mußte. Sah ich nun die heutige moderne Welt von einer *ähnlichen Nichtswürdigkeit, als die damals Jesus umgebende erfüllt* [Hervorhebung d. Verf.], so erkannte ich jetzt nur ... jenes Verlangen in Wahrheit als in der sinnlichen Natur des Menschen begründet, der aus einer schlechten, ehrlosen Sinnlichkeit sich eben nach einer edleren, seiner geläuterten Natur entsprechenden Wahrnehmbarkeit sehnt ... Der Akt der wirklichen Vernichtung der äußeren, wahrnehmbaren Bande jener ehrlosen Sinnlichkeit ist aber die *uns* obliegende gesunde Kundgebung dieses, bisher auf die Selbstvernichtung gerichteten Dranges. – Es reizte mich nun, die Natur Jesus' ... in der Weise darzutun, daß das Selbstopfer Jesus nur die unvollkommene Äußerung desjenigen menschlichen Triebes sei, der das Individuum zur Empörung gegen eine lieblose Allgemeinheit drängt, zu einer Empörung, die der durchaus Einzelne allerdings nur durch Selbstvernichtung beschließen kann, die gerade aus dieser Selbstvernichtung heraus aber noch ihre wahre Natur dahin kundgibt, daß sie wirklich nicht auf den eigenen Tod, sondern auf die Verneinung der lieblosen Allgemeinheit ausging.

In diesem Sinne suchte ich meiner empörten Stimmung Luft zu machen mit dem Entwurfe eines Dramas ›*Jesus von Nazareth*‹.«[4]

Auf die Gestalt Jesus' fokussierte Wagner die klassischen Kritikpunkte des jungdeutschen und junghegelianischen Denkens: Egoismus, Lieblosigkeit und jene »Nichtswürdigkeit«, über die er im Februar 1848 Laube gegenüber in Leipzig geklagt hatte – genau die Eigenschaften, die auch als archetypische Attribute des Judentums gelten. Daß Wagner das »Judentum« nicht eigens zu erwähnen braucht, sondern einfach von der den Römern unterworfenen Welt spricht, hat nicht viel zu bedeuten, wenn man bedenkt, daß bei jeder dramatischen Darstellung der Geschichte Jesu dem Zuschauer unweigerlich auch die Juden in den Sinn kommen[5].

Erhalten ist von dem geplanten Drama *Jesus von Nazareth* noch ein zum größten Teil um Ostern 1849 entstandenes Prosaszenario in fünf Akten nebst einer Reihe philosophischer Erläuterungen und einer Sammlung von Bibelzitaten, die für eine endgültige Librettofassung herangezogen werden sollten. Das dramatische Hauptinteresse des Entwurfs besteht darin, eine Verbindung zwischen Judas und Barabbas herzustellen, der als traditionelle jüdische Messiasgestalt in einem Volksaufstand gegen Rom erscheint. Christus hingegen ist der Heiland der Welt, der alle Menschen durch seine Liebe erlöst. Judas hingegen, getrieben von seinem jüdischen Egoismus – seinem Wunsch nach einer nur auf die Juden beschränkten Erlösung –, schlägt sich auf die Seite Barabbas' und verrät Jesus. Hier also haben wir den Kernpunkt der Kantschen Kritik am Judentum: nämlich den Vorwurf, daß der Judaismus eine egoistische Religion sei, die durch die christliche Erlösung aus Liebe hinfällig (und unausstehlich) wurde. In seinen begleitenden philosophischen Anmerkungen erläutert Wagner diese Gedanken:

»So warf Jesus die davidische Abkunft von sich: durch Adam stammte er von Gott, und seine Brüder waren nun alle Menschen ... das betörte Volk, noch mehr aber die Aristokratie selbst, enttäuschte Jesus durch sein Auftreten im Tempel, bei welchem er sein Menschen-, nicht: Judenerlöseramt verkündete. Das Volk fiel von ihm ab, – die Aristokratie, die er vernichten wollte, verfolgte ihn ... beim Verhör erkannte Pilatus Jesus' Unschuld: – da er aber einen freigeben sollte, verlangte das Volk sehr richtig die Befreiung des Barabbas – als des von ihrer Partei ...«

Die in ihrem nationalen Egoismus befangenen Juden sind nach Ansicht Kants die Anhänger eines verderblichen Gesetzes, das das von Jesus gepredigte wahre Gesetz der Liebe zerstört:

»Jede Kreatur liebt, und die Liebe ist das Gesetz des Lebens für alles Erschaffene; schuf nun der Mensch ein Gesetz zur Beschränkung der Liebe, um einen Zweck zu erreichen, der außerhalb der menschlichen Natur liegt (– das ist Macht, Herrschaft – vor allem aber: der *Schutz des Besitzes*:), so sündigte er gegen das Gesetz seines eigenen Bestehens ...«[6]

Das falsche Gesetz des Judentums verteidigt Eigentum und Herrschaft und leugnet die Liebe. Für Wagner sind Judentum und Eigentum im Grunde identisch. Beide versklaven die Liebe, indem sie sie dazu benutzen, die schändliche Institution der Ehe zu zementieren, die das »Besitzdenken« verstärkt – ein in Wagners Opern wie auch in seinen Schriften zur Gesellschaft häufig wiederkehrendes Thema. Liebe, Freiheit, die menschliche Natur selbst brechen unter der Tyrannei des Besitzes zusammen. Aber: »So befreit nun Jesus die menschliche Natur, indem er das Gesetz [von Ehe und Eigentum] aufhebt, das sie durch seine Beschränkung sich selbst sündhaft erscheinen läßt, – indem er das göttliche Gesetz der Liebe verkündigt ...«

Dadurch, daß er das Gesetz des Judentums außer Kraft setzt, beseitigt Jesus das Gesetz von Eigentum und Besitz und stellt das Gesetz einer Liebe wieder her, die eine zugleich soziale und sexuelle Konnotation hat. Die Abschaffung des Eigentums geht mit der Abschaffung der lieblosen bürgerlichen Ehe und der Wiederentdeckung der freien Liebe Hand in Hand. Wagners Traum von freier Liebe, den er in wolkiger jungdeutscher Metaphorik im *Liebesverbot* und in anderen Skizzen der dreißiger Jahre umrissen hatte, hat im *Jesus*-Fragment von 1849 seinen überzeugenden Ausdruck gefunden.

Jesus von Nazareth ist nie vertont worden, aber etliche Jahre später sollten die darin enthaltenen philosophischen Ahnungen, angereichert durch Schopenhauersches Gedankengut, in einem Werk künstlerische Gestalt annehmen, in dem man sie vielleicht am wenigsten vermuten würde, nämlich in *Tristan und Isolde.* Bei genauerem Hinsehen allerdings erweisen sich die Bezüge zwischen *Jesus* und *Tristan* als ergiebig und komplex[7]. Die Idee des Liebestodes in *Tristan* geht vermutlich auf Wagners Schlußfolgerung in *Jesus von Nazareth* zurück, wonach »das Leiden dadurch aufgehoben [wird] ... durch die Erkenntnis Gottes, des *einigen*, an uns, in uns und in der Einheit mit der Natur – welche wir selbst als ungeteilt erkennen«. Obgleich Jesus mit seinem Aufruf zur Liebe den Konflikt zwischen Mensch und Natur beseitigt hat, bleibt immer noch etwas, das den Menschen daran hindert, glücklich und frei zu sein, gewissermaßen eine Barriere zwischen Mensch und Mensch, zwischen Mensch und Gott: der Egoismus, der nur durch die Liebe und den Tod überwunden werden kann. Im Tod vollzieht sich die endgültige Vernichtung des egoistischen Elements im Menschen: durch »das Aufgeben des Leibes, der eigentlichen Heimat des Egoismus, des letzten Hindernisses meines Aufgehens in die Allgemeinheit«. Liebe jedoch hat mit dem Körper zu tun: Wie in *Tristan* wohnt nur der Liebe zwischen Mann und Frau erlösende Kraft inne. Die Liebe eines Kindes zu seinen Eltern ist »keine Liebe, sondern Dankbarkeit«

und insofern egoistisch, als sie auf die eigennützigen Bedürfnisse des Kindes zurückgeht. Sie ist mehr ein Nehmen als ein
Geben. Und dies veranlaßt Wagner zu einer erstaunlichen Ne-
benbemerkung, die ihren psychologischen Grund darin hat, daß
er einerseits sein 1849 immer undankbareres Verhalten gegenüber Meyerbeer vor sich selbst rechtfertigen mußte und andererseits seine Befreiung aus kindischer Abhängigkeit zu selbst-
bestimmter Männlichkeit feierlich begehen wollte: »Dankbarkeit ist daher einer der leeren Begriffe, welche in einer
egoistischen Gemütsschwäche beruhen und in ihrer Unproduk-
tivität die mannigfaltigsten Täuschungen herbeiführen, denn
sie hebt zugleich die Freiheit des Handelns auf, ohne welche die
Liebe undenkbar ist.« (Mit ganz ähnlichen Argumenten stili-
siert er 1851 in einem Brief an Liszt seine Undankbarkeit gegen
Meyerbeer zu einer hochmoralischen Haltung[8].)

Die echte Liebe (gemäß den *Jesus*-Texten) gibt, anstatt zu
empfangen, und dies ist recht eigentlich das Wesen der sexuellen Liebe, die ja tatsächlich etwas mit dem Tod zu tun hat. »Die
erste Handlung der Wiederentäußerung seiner selbst ist die Geschlechtsliebe«, heißt es in *Jesus von Nazareth*, »sie ist ein
Vonsichgeben der eigenen Lebenskraft: in der Geschlechtsliebe
und der Familie vervielfältigt sich der Mensch sinnlich durch
Entäußerungen seiner selbst, und jedenfalls liegt hierin die
physische Notwendigkeit seines Todes, wie bei der Pflanze ...«
Das Individuum muß sterben, damit die Gattung überleben
kann – eine Einsicht, zu der Wagner in seiner späteren darwini-
stischen Phase in den siebziger Jahren zurückfinden sollte. Im
vorliegenden, 1849 verfaßten Text erklärt Wagner Zeugung und
Familie, man könnte fast sagen: soziobiologisch, als eine Art
von altruistischem Egoismus, dessentwegen man keine Schuld-
gefühle zu haben brauche. Denn im größeren Zusammenhang
wird der Egoismus der Familie zum Egoismus des Vaterlandes.
Zudem vergeht der ungesunde Eigennutz von Individuen, Fa-
milien und Nationen mit deren Tod, durch den sie sich opfern,
damit allgemeine Liebe und Menschlichkeit einkehre. So »ver-

nichte ich«, schreibt Wagner, »meinen Egoismus durch mein Aufgehen ins Allgemeine«, ein Prozeß, an dessen Anfang jene sexuelle Liebe steht, die zuerst dem Individuum, dann der Familie und der Nation und schließlich der Menschheit die Erlösung bringt:

»Sind wir uns dessen bewußt und schaffen wir in diesem Bewußtsein, so sind wir eben Gott selbst, nämlich die Betätigung der ewigen Liebe; und das letzte beglaubigende Siegel unserer Gottschaft drücken wir auf dieses Wirken durch den Tod, das höchste Opfer der Liebe, nämlich das Opfer unseres persönlichen Seins selbst zugunsten des Allgemeinen. Der Tod ist somit die vollendetste Tat der Liebe: er wird uns dazu durch das Bewußtsein unseres Lebens in der Liebe.«

Diese Beschreibungen von Liebe und Tod als zur Erlösung führende höchste Akte der Selbstentäußerung sind die ersten Hinweise auf den Liebestod in *Tristan*. Aber während die Oper den ursprünglichen Ideenkontext abgestreift hat, konfrontiert *Jesus von Nazareth* den Liebestod schonungslos mit der durchgängigen Metapher des Judentums als des egoistischen Prinzips schlechthin, jenes Judentums, das zu vernichten Jesus auf die Welt gekommen war[9].

In dieser *Jesus*-Diskussion legt Wagner natürlich nicht explizit die Rolle des Judentums dar. Das braucht er auch nicht, da sich ja alles um die These dreht, daß das Christentum das alte Gesetz, das heißt: das jüdische Gesetz, außer Kraft gesetzt hat. Das Christentum als die Negation des Judentums zu behandeln bedeutet, daß a priori eine antijüdische Position eingenommen wurde. Mit diesem unausgesprochenen vorgefaßten Urteil über das jüdische Gesetz macht Wagner das Judentum zur Hauptmetapher all jener Äußerungsformen moderner Gesellschaft, die ihm so sehr verhaßt sind: Lieblosigkeit, Eigentum, bürgerliche Ehe, die Unterdrückung der freien Menschennatur. Jesus war gekommen, das Judentum zu vernichten und mit ihm das inhumane Besitzdenken. Er wurde damit zum Symbol revolutionären Wandels schlechthin, nicht nur der politischen und sozialen Revolution, sondern der »menschlichen« und der moralischen Revolution. Und folglich deutet Wagner die in der Bibel überlieferte historische und religiöse Rolle der Juden um, damit sie mit den Gegebenheiten einer neuen revolutionären Epoche der Menschheitsgeschichte übereinstimme. Indem er das Judentum zum Symbol all jener Mängel und Mißstände erklärt, von denen die Revolution die Menschheit erlösen will, modernisiert Wagner das ursprüngliche antijüdische Vorurteil des Christentums und macht aus der Geschichte Jesu den Mythos eines säkularisierten revolutionären Antisemitismus.

Der latent antisemitische Unterton in *Jesus von Nazareth* durchzieht auch den Zyklus der Revolutionsschriften, die der Komponist in den Jahren 1849/50 verfaßte – *Die Kunst und die Revolution*, *Das Kunstwerk der Zukunft* und *Das Judentum in der Musik* –, auch wenn Wagners zunächst verschleierte Botschaft von der Notwendigkeit, alles Jüdische in der Kunst wie auch in der Gesellschaft zu vernichten, erst im letzten Aufsatz offen zutage trat. *Kunst und Revolution*, Ende 1849 in Paris geschrieben und im darauffolgenden Januar veröffentlicht, vermeidet sorgsam jede Erwähnung der Juden, bietet aber die ganze Palette der junghegelianischen Egoismuskritik und des sozialistischen Abscheus vor den entmenschlichenden Folgen von Kapitalismus und Geldwirtschaft auf. Jesus, die stillschweigende Antithese zum Judentum, wird eingeführt, um zu zeigen, was Mensch und Kunst sein könnten, wenn der (jüdische) Egoismus nicht wäre:

»Kennt die Geschichte ein wirkliches Utopien, ein in Wahrheit unerreichbares Ideal, so war es das Christentum ...

So würde uns denn *Jesus* gezeigt haben, daß wir Menschen alle gleich und Brüder sind; *Apollon* aber würde diesem großen Bruderbunde das Siegel der Stärke und Schönheit aufgedrückt, er würde den Menschen vom Zweifel an seinem Werte zum Bewußtsein seiner höchsten göttlichen Macht geführt haben. So laßt uns denn den Altar der Zukunft, im Leben wie in der lebendigen Kunst, den zwei erhabensten Lehrern der Menschheit errichten: – *Jesus, der für die Menschheit litt, und Apollon, der sie zu ihrer freudenvollen Würde erhob!*«[10]

Aber ach, der »Gott der fünf Prozent« unterwirft die Kunst und die Religion – Apollo und Jesus – eifrig dem Mammon: »... unser Gott aber ist das Geld, unsere Religion der Gelderwerb.« Die jüdischen Mammonsknechte werden zwar nicht eigens genannt, doch gewissermaßen zwischen den Zeilen präsent.

In der Schrift *Das Kunstwerk der Zukunft*, die einige Monate später entstand, tauchen sie zum erstenmal zögerlich auf. Der Angriff gegen Geld und Egoismus als Feinde von Leben und Kunst ist hier um den Gedanken erweitert, daß das Volk »die bedingende Kraft für das Kunstwerk« sei, die durch das Bewußtsein des Künstlers wirksam werde. Im Volk liegt die eigentliche Kraft für das »allgemeinsame Kunstwerk der Zukunft«. Die Idee der Revolution ist somit von Grund auf an die Idee des Völkischen gebunden.

Der Glaube, daß jedes Volk seine ihm eigentümliche Kunst hervorbringe, in der es sein innerstes Wesen widergespiegelt findet, bringt Wagner auf ein raffiniertes antijüdisches Argument. Obwohl er nicht ausdrücklich behauptet, daß die Kunst der durch Egoismus geprägten Juden bar jeder echten menschlichen Empfindung und Liebe sei, ist Wagners Botschaft deutlich genug. Sie wird offenkundig, wenn er dem von Ausbeutung und Unterwerfung bestimmten Verhältnis der Juden zur Natur (die eine Quelle künstlerischen Bewußtseins sein sollte) die Leistung der Griechen gegenüberstellt, die die Natur anthropomorphisierten, indem sie den Göttern menschliche Gestalt gaben. Nach Ansicht Wagners muß das Christentum seine auf Naturbeherrschung abzielenden jüdischen Wesenszüge ablegen, wenn es wiederhergestellt und zur »Religion der Zukunft« werden soll: »... als vermenschlicht hatte die Natur für ihn [den Griechen] gerade den unendlichen Reiz, in dessen Genuß seinem Schönheitssinne es unmöglich war, sie, wie vom Standpunkte jüdisch modernen Utilismus' aus, sich nur als einen roh sinnlich genießbaren Gegenstand zu eigen zu machen.« Und: »Mit der Ansicht des Griechen, welche der Natur menschlich willkürliche Gestaltungsmotive unterstellte, brauchte sich nur die jüdisch-orientalische Nützlichkeitsvorstellung von ihr zu begatten, um die Disputationen und Dekrete der Konzilien über das Wesen der Trinität und die deshalb unaufhörlich geführten Streitigkeiten, ja Volkskriege, als Früchte dieser Begattung der staunenden Geschichte als unwiderlegliche Tatsachen zuzuführen.«[11]

Schon in dieser Abhandlung vom Oktober/November 1849, die das revolutionäre Programm von Wagners Kunst umreißt, nimmt also die Grundthese des revolutionären Antisemitismus, die dann in dem Schlüsseltext *Das Judentum in der Musik* ausführlich dargelegt werden sollte, einen festen Platz ein: Es war die Anklage, daß die Juden aufgrund ihres Egoismus, ihres Herrschaftsstrebens und Utilitarismus keine wahrhaft menschliche Kunst hervorbringen könnten. Diese folgenreichen Passagen im *Kunstwerk der Zukunft* beweisen somit, daß sich Wagner bereits 1849 zu einem Antisemitismus bekehrt hatte, der Teil eines revolutionären Ethos war.

Revolutionäre: Feuerbach, Röckel, Bakunin, Proudhon

Viele Aspekte seiner Theorie des Judentums, des Eigentums und Egoismus – ja, sogar weitgehend seiner Vorstellung, daß die Revolution der Königsweg in die Zukunft sei – verdankte Wagner dem Philosophen Feuerbach, wenn auch die Lektüre Proudhons sowie die persönliche Bekanntschaft mit Bakunin und Röckel bei der endgültigen Ausformung jener Gedanken in den Jahren 1848–50 ebenfalls eine wichtige Rolle gespielt haben mögen.

Feuerbach war für Wagners Revolutionsverständnis von ganz wesentlicher Bedeutung. Während er 1848 in Dresden ver-

gebens versuchte, Hegels Philosophie zu begreifen, kam, wie
Wagner sich später erinnerte, die »Revolution ... dazwischen;
die praktischen Tendenzen für eine neue Gestaltung der Gesellschaft führten mich ab, und ... war es ein ehemaliger Theologe,
damals deutsch-katholischer Prediger und politischer Agitator
mit einem Kalabreser Hute namens *Metzdorf*, welcher mich zuerst auf den ›rechten und einzigen Philosophen der Neuzeit‹,
Ludwig Feuerbach, verwies«[12]. Wahrscheinlich hatte Wagner
noch nichts von Feuerbach gelesen, als ihm im August 1849
nach seiner Flucht aus Dresden ein Freund in Zürich eine Ausgabe von *Tod und Unsterblichkeit* in die Hand drückte[13]. Wagner war sofort vom lyrischen Stil dieser Schrift und auch von
»ihrer tragischen wie sozial-radikalen Tendenz« beeindruckt
(obgleich er später an Feuerbachs *Wesen des Christentums*
eine seiner Meinung nach allzu weitschweifige Behandlung des
einfachen Grundgedankens beanstandete):

»Jedoch galt mir *Feuerbach* nun einmal als Repräsentant der rücksichtslos radikalen Befreiung des Individuums vom Drucke hem-
mender, dem Autoritätsglauben angehörender Vorstellungen, und
dem Eingeweihten wird es recht wohl erklärlich dünken, welches
Gefühl mich bestimmte, als ich meine Schrift ›Das Kunstwerk der
Zukunft‹ mit einer Dedikation und einem Vorworte an *Feuerbach*
einleitete ... Was mich dagegen wirklich bestimmt hatte, *Feuerbach* eine für mich wichtige Bedeutung beizulegen, war dessen
Schluß, mit welchem er von seinem ursprünglichen Meister *Hegel*
abfiel: daß nämlich die beste Philosophie sei, gar keine Philosophie
zu haben, womit mir das bisher abschreckende Studium derselben
ungemein erleichtert wurde; sowie zweitens, daß nur das wirklich
sei, was die Sinne wahrnehmen.«[14]

In seiner säkularen Religion revolutionärer Erlösung ging
Feuerbach fest davon aus, daß die Befreiung des Menschen von
den alten Göttern und Fetischen unmittelbar bevorstehe und
eine apokalyptische Götterdämmerung auslöse, in welcher eine
dann an die Stelle Gottes tretende Menschheit zu göttlicher
Freiheit fortschreite. Die Erlösung war untrennbar mit einer

Revolution verbunden, die von den Kräften des Atheismus und des demokratischen Republikanismus gemeinsam angetrieben werden würde. Nur derjenige, der den Mut habe, das Alte radikal abzulehnen, besitze die Kraft, etwas Neues zu schaffen, lautete das Motto der Feuerbachschen Revolutionsauffassung. 1843 hatte er seine *Grundprinzipien einer Philosophie der Zukunft* verkündet, die sich Wagner sechs Jahre später im *Kunstwerk der Zukunft* zu eigen machen sollte. Sowohl Feuerbachs als auch Wagners Schrift, die beide im Verlag des radikalen Demokraten Otto Wigand erschienen, prophezeiten den Anbruch eines neuen revolutionären Zeitalters, dem durch Kunst und Philosophie der Weg in eine strahlende Zukunft bereitet werden müsse[15]. (Als Feuerbach und Wagner dann befürchten mußten, daß aus ihrer »Zukunft« nichts werden würde – jener in den fünfziger, dieser in den siebziger Jahren –, sprachen beide davon, nach Amerika auswandern zu wollen.)

Der Einfluß von Feuerbachs *Tod und Unsterblichkeit* ist auch in *Jesus von Nazareth* spürbar, besonders in dessen unausgesprochen antijüdischer Beweisführung. Wagner hatte seinen ersten Entwurf des *Jesus* im April 1849 beendet und ihn, ehe er Feuerbachs Buch las, Bakunin gezeigt. Aber wir wissen aus seinen Briefen, daß er im November 1849 erneut daran arbeitete, wahrscheinlich an den erläuternden Anmerkungen[16]. Was Wagner bei der Lektüre vor allem auffiel und ihn beeindruckte, war das Motiv des Liebestodes, das sich wie ein roter Faden durch Feuerbachs *Tod und Unsterblichkeit* zieht. Es taucht auch in *Jesus von Nazareth* auf, und in beiden Fällen ist die Idee, daß der Egoismus durch die Liebe vernichtet werde – absterbe –, antijüdisch schlechthin, da das Judentum beiden Autoren als die Religion des unausrottbaren Egoismus gilt. Der Jude, so beider Überzeugung, könne sich nicht auslöschen, nicht durch Liebe zum Tod gelangen, weil ihm die Liebe fehle, mit deren Hilfe allein sich der Egoismus überwinden lasse[17]. Für beide Denker sind das Judentum und dessen eifersüchtiger Gott geradezu das Symbol des Egoismus. In Wagners Augen erlöst Christus die Menschheit vom nationalistischen Egoismus der Juden, während Feuerbach in Jehova »nichts anderes als den personifizierten Egoismus des jüdischen Volkes« erblickt.

Wagners Wandlung zum aktiven Revolutionär vollzog sich allerdings zu einem Zeitpunkt, als er die Feuerbachsche Revolutionsauffassung noch nicht kannte. In den Jahren 1848/49 hatten ihn seine Dresdener Genossen davon überzeugt, daß eine soziale Revolution der sicherste Weg zur Erlösung sei. Als dann in Dresden tatsächlich die Revolution ausbrach, kam Wagners alter Freund Röckel zu seinem Recht; er leitete das örtliche Revolutionskomitee und gab ein Kampfblatt heraus, in dem Wagners aufrührerische Artikel erschienen:

»[Mit Röckel] verlor ich mich ... oft in die weitesten spekulativen Disputationen ... Auf die *Proudhon*schen und anderer Sozialisten Lehren von der Vernichtung der Macht des Kapitales durch die unmittelbar produktive Arbeit baute er eine ganz neue moralische Weltordnung auf, für welche er mich allmählich durch einige sehr anziehende Behauptungen darüber selbst insoweit gewann, daß ich nun wieder meinerseits darauf die Realisierung meines Kunstideals aufzubauen begann. So waren es zwei Äußerungen, die mich in dieser Hinsicht sehr stark betrafen: er wollte in der Zukunft von der Ehe, wie wir sie kannten, nichts mehr wissen. Ich frug dagegen, wie er sich nun vorstelle, daß wir uns bei dem stets wechselnden Umgange mit jedenfalls sehr bedenklich sich ausnehmenden Frauenzimmern befinden würden? ... Ich sollte nur bedenken [erwiderte er], was ein Weib einzig in seiner Hingebung an einen Mann noch würde bestimmen können, wenn sowohl die Rücksichten auf Geld, Vermögen, Stand und Familienvorurteile sowie die hieraus entstehenden Nötigungen gänzlich verschwunden seien. – Als ich nun ein anderes Mal frug, woher er denn noch mit freiem Geiste und gar künstlerisch tätige Menschen hernehmen wollte, wenn alles in den gleichen Arbeiterstand aufzugehen habe, so hielt er mir dagegen, daß ja eben dadurch, daß alles an der nötigen Arbeit nach seinen Kräften und Befähigungen teilnehme, die Last und der Begriff der Arbeit gänzlich aufgehoben würde und nur noch eine Beschäftigung übrigbleiben könnte, die endlich durchaus einen künstlerischen Charakter annehmen müßte ... Diese und ähnliche mit wirklich schöner Emphase von *Röckel* mir eröffneten Andeutungen leiteten mich selbst zu weiterem Nachdenken und meinem Sinne genehmer Ausbildung von Vorstellungen einer möglichen, meinen höchsten Kunst-Idealen gänzlich, ja einzig entsprechenden Gestaltung der menschlichen Gesellschaft an.«[18]

Interessant ist, daß es Wagner hier vor allem um den Status promiskuitiver Frauen und Künstler geht: Ein gewisses Eigeninteresse lag eben all seinem revolutionären Theoretisieren zugrunde.

Wie wir gesehen haben, war es Röckel, dem Minna die Schuld am politischen Abenteuer und seelischen Durcheinander ihres Mannes Ende der vierziger Jahre gab. Als sie 1850 ihren Brief schrieb, wollte sie sich nicht eingestehen, daß der Richard, den sie immer noch krampfhaft festzuhalten versuchte, kein Unschuldslamm war. Dessenungeachtet spricht aus Wagners gekünstelter, scherzhafter Naivität gegenüber den radikalen Ideen Röckels und aus seinem eigenen Interesse an der Frage, was aus »bedenklichen Frauenzimmern« in der revolutionären Zukunft werden solle, eine Bereitschaft, die Revolutionsbegeisterung als Vorwand zu nehmen, um sich aus den Zwängen seiner etwas schal gewordenen Ehe zu befreien.

Ein entscheidendes Element, das ihn mit den revolutionären Ideen der Jahre 1848–50 verband, nämlich der Antisemitismus, fehlt merkwürdigerweise in seiner Darstellung der Röckelschen Positionen. Tatsächlich störte es Wagner später, daß Röckel an der Judenfrage kein Interesse zeigte. Während Röckel im Gefolge des Dresdener Aufstandes eine dreizehnjährige Haftstrafe verbüßte, versuchte Wagner, in einer Reihe von Briefen seinem weniger glücklichen Freund über das Judentum und andere Dinge den Kopf zurechtzusetzen, obzwar, wie wir sehen werden, ohne großen Erfolg[19].

Aber auch ein Revolutionär von europäischer Bedeutung trug zu Wagners ideologischer Entwicklung bei. Michail Bakunin (1814–1876) nahm an der Dresdener Revolution zwischen

März und Mai 1849 teil und stand während dieser Monate mit Röckel und Wagner in engem Kontakt. Die »imposante Persönlichkeit« dieses faszinierenden russischen Anarchisten hatte Wagners Herz im Sturm erobert: »Alles war an ihm kolossal, mit einer auf primitive Frische deutenden Wucht.« Bakunin lehnte es zwar entschieden ab, über Wagners Arbeit am Nibelungenstoff unterrichtet zu werden, hörte sich aber schließlich ein paar Stellen aus dem *Jesus*-Fragment an. Beeindruckt war er offenbar nicht sonderlich, aber er beschwor Wagner »inständig, *Jesus* jedenfalls als schwach erscheinen zu lassen. In betreff der Musik riet er mir in allen Variationen die Komposition nur eines Textes an: der Tenor solle singen: ›Köpfet ihn!‹, der Sopran: ›Hängt ihn!‹ und der Basso continuo: ›Feuer, Feuer!‹«[20]

Als früherer Genosse solcher Lichtgestalten wie Weitling, Marx und Proudhon war der Russe geradezu prädestiniert, die von Röckel begonnene Indoktrination Wagners mit sozialistischem Gedankengut fortzusetzen. Den größten Eindruck scheinen bei dem Komponisten allerdings Bakunins apokalyptische Phantasien über die wilde »Regeneration der Menschheit« durch Gewalt und Vernichtung hinterlassen zu haben. Seine Empfindungen waren »schwankend zwischen unwillkürlichem Schrecken und unwiderstehlicher Angezogenheit«[21]. Diese düstere Faszination war es, die Wagner die Revolution erst richtig nahebrachte und ihn wahrscheinlich zu seinem visionären Artikel *Die Revolution* vom April 1849 inspirierte. In Bakunins Umfeld war die Revolution nicht mehr nur eine politische und ökonomische Angelegenheit, sondern gewann eine mystische religiöse und erlösende Dimension, wurde zu einer Vision von apokalyptischer Zerstörung und völliger Verwandlung des Menschen. Bakunins Glaube, daß die »zerstörerische Leidenschaft die schöpferische Leidenschaft« sei, übertrug sich auf Wagner, der nun begriff, daß die Revolution eine »schöpferische Zerstörungskraft« ist, die Kraft, die die Natur sich selbst erschuf, um die Welt und die Menschheit zu erneuern[22]. Bakunins beinahe poetischer Glaube, daß das »Volk« durchs Feuer erlöst werde, prägte sich für immer in Wagners Bewußtsein ein und fand schließlich seinen Ausdruck im alles vernichtenden letzten Akt der *Götterdämmerung*. Letztlich waren es nicht so sehr Bakunins politische Vorstellungen und seine aktive Rolle in den Revolutionswirren, sondern vielmehr die poetische, religiöse, visionäre Kraft seiner Ideen, die Wagner für ihn einnahm. Noch in den siebziger Jahren, als der inzwischen gefeierte Komponist an fast keinem seiner Jugendfreunde mehr ein gutes Haar ließ, galt ihm Bakunin als »ein wilder, edler Bursche«[23].

In einem ganz bestimmten Punkt indes mag sich Wagner in seinen eigenen Theorien durch Bakunin bestärkt gefühlt haben, war doch der russische Anarchist ein wahrhaft grimmiger Judenhasser. Von 1847 an tauchen in seinen Schriften abschätzige Bemerkungen über einzelne Juden auf, die durchaus im Einklang mit jenen persönlichen Ausfällen gegen jüdische Kollegen stehen, die in den Briefen von Marx und Engels zu finden sind. Bakunins späterer Bruch mit Marx und Moses Hess jedoch hatte einen wütenden Ausbruch von Gehässigkeit gegen die Juden im allgemeinen zur Folge, der anfangs eher als Angriff auf Hess denn auf Marx getarnt war. Zwar stellte Bakunin seinem 1869 erschienenen *Glaubensbekenntnis eines russischen sozialistischen Demokraten, unter Vorausschickung einer Studie über die deutschen Juden* die übliche Versicherung voran, daß der Autor kein Verleumder oder Feind der Juden sei, doch hielt ihn das nicht davon ab, ganz unverhohlen mit den gewohnten antijüdischen Spitzen aufzuwarten: Die Juden, liest man da unter anderem, »sind die Ausbeuter des Proletariats und die Bourgeois schlechthin«, die mit ihrer Macht über das Bankwesen, den Handel und die Presse die ganze Welt beherrschen wollen. Später dann wetterte Bakunin mit Worten, die auch aus dem Munde eines Wilhelm Marr oder Karl Eugen Dühring hätten kommen können: Die Juden seien

»mit einem Wort literarische Makler, so wie sie finanzielle Makler [sind], einen Fuß in der Bank, den andern in der sozialistischen Bewegung und mit dem Hintern auf der deutschen Tagesliteratur sitzend ... Nun, die ganze jüdische Welt, die eine ausbeuterische Sekte, ein Blutegelvolk, einen einzigen fressenden Parasiten bildet, eng und intim nicht nur über die Staatsgrenzen hinweg, sondern auch über alle Verschiedenheiten der politischen Meinungen hinweg, – diese jüdische Welt steht heute zum großen Teil einerseits Marx, andererseits Rothschild zur Verfügung ... der Kommunismus von Marx will die mächtige staatliche Zentralisation, und wo es eine solche gibt, muß heutzutage unvermeidlich eine zentrale Staatsbank bestehen, und wo eine solche Bank besteht, wird die parasitische jüdische Nation, die in der Arbeit des Volkes spekuliert, immer ein Mittel zu bestehen finden.«[24]

Da Bakunin sich als Opfer von Marx' »tobsüchtiger Synagoge« sah, war sein einstiger Genosse für ihn »ein Intrigant höchsten Grades, wie es übrigens alle Juden sind«, mit der »wahren Eitelkeit eines Juden«, voll von »persönlicher wie auch rassischer Eitelkeit und Ehrgeiz«. Alle seine Feinde, bemerkte Bakunin, seien Juden: »Aus Tradition und Instinkt gehören sie alle zu dieser rastlosen, intrigierenden, ausbeuterischen Bourgeoisie-Nationalität.«

Der schrille Judenhaß, der in den Jahren 1868–72 von Bakunin Besitz ergriff, trieb ihn auch dazu, sich des revolutionären Stereotyps der vierziger Jahre zu bedienen, die Juden verehrten den Mammon. In *Gott und der Staat* (1871) machte sich Bakunin Feuerbachs Ansicht von der Verbreitung des Menschenopfers im alten Judentum zu eigen und zeichnete Satan als den ewigen Revolutionär, der sich vom Despotismus Jehovas zu befreien trachte, »diesem eifersüchtigsten, eitelsten, grausamsten, ungerechtesten, blutrünstigsten, despotischsten« aller Götter. Da sie Revolution und Freiheit haßten, stigmatisierten die Juden diese hohen Ideale in der Person Satans. Wenig später verstieg sich Bakunin gar zu der Wahnvorstellung, daß die Juden deshalb Parasiten seien, weil sie einen »mörderischen« Gott anbeteten. In Nachahmung ihres Gottes »fräßen die Juden buchstäblich die Völker der Welt auf«. (Inzwischen, das sollte eingeräumt werden, haßte Bakunin auch die seiner Meinung nach brutalen, unfreien Deutschen und prangerte das Bündnis der »hebräisch-deutschen« Kräfte gegen die freiheitsliebenden Slawen an.) Bakunins Überzeugung, daß die soziale Revolution in Rußland mit einer großen Judenverfolgung eingeleitet werden würde, nahmen sich seine Schüler in der Narodnaja Wolja zu Herzen und begrüßten – wie auch Wagner – die Pogrome von 1881 als hoffnungsvolles Zeichen einer Volksrevolution.

Bakunins antijüdische Ressentiments gewannen zweifellos im Zuge seiner Streitigkeiten mit Marx nach 1869 noch an Stärke, doch er hatte sie bereits während seines Aufenthalts in Dresden gehegt, wenn auch nur gewissermaßen als Grundbestand des üblichen antijüdischen Reisegepäcks eines Revolutionärs jener Epoche. Von ähnlichen rassistischen Vorurteilen war auch das Weltbild eines anderen Sozialisten und revolutionsbegeisterten Schriftstellers geprägt, über den sich Wagner und Röckel, wie wir wissen, 1848 austauschten und dessen Schriften sie im darauffolgenden Jahr in Paris lasen[25].

Pierre Joseph Proudhon (1809–1865) war schon seit langem von einem antijüdischen Wahn besessen. 1838 hatte er sogar Hebräisch gelernt, um ein Buch gegen die Juden zu schreiben. Immer wieder erinnerte er sich selbst an dieses nicht eingelöste Versprechen. Möglicherweise durch Gespräche mit Marx im Jahre 1844 zur Überzeugung gelangt, daß die Juden die Verkörperung des Kapitalismus seien, sah Proudhon in ihrer ahasverischen Wanderschaft ein typisches Merkmal Handel treibender Völker. »Einige nachdrücklich akzentuierte Seiten über die Juden ... Eine Rasse, die unfähig ist, einen Staat zu bilden und sich selbst zu regieren, versteht sich wunderbar darauf, die anderen auszubeuten. Ihre Entsprechung findet sie in den Zigeunern, den ausgewanderten Polen, in den Griechen und in allen Menschen, die ein vagabundierendes Leben führen.«[26] Ein Volk, das sich auf ewiger Wanderschaft befinde, sei notwendigerweise ein ausbeuterisches und daher unmenschliches Volk: »Der Jude besitzt ein gegen die Produktion eingestelltes Temperament; er ist weder Ackerbauer noch Gewerbetreibender, nicht einmal wirklicher Kaufmann. Er ist stets ein betrügerischer und parasitärer Vermittler, der in den Geschäften wie in der Philosophie durch unreelle Herstellung, betrügerische Nachahmung und Roßtäuscherei zu Werke geht ... er ist das böse Prinzip, nämlich Satan und Ahriman, der in der Rasse Sems Gestalt angenommen hat.«[27]

Aller bürgerlichen Emanzipation der Juden zum Trotz bleibt für Proudhon »ein Jude ein Jude, ein Volk von Parasiten«, das nach der Weltherrschaft strebt: »Sie sind die Souveräne der Epoche, aber ebenso gleichgültig gegen Fortschritt und Freiheit der Völker, die sie aussaugen, wie gegen die Wiederherstellung ihrer eigenen Nationalität.« Für Proudhon wie für jenen anderen düsteren Moralisten namens Wilhelm Marr waren die Juden Symptome eines allgemeinen moralischen Verfalls der europäischen Völker, der den Sieg des Judentums erst eigentlich ermöglicht habe, eine Dekadenz, die schon so weit gediehen sei, daß »heute absolut nichts damit gewonnen wäre, wenn man sie [die Juden; A. d. Ü.] vertriebe«[28].

In seinen unveröffentlichten Tagebüchern allerdings gab sich Proudhon weniger resigniert:

»*Juden*. Man muß einen Artikel gegen die Rasse verfassen, die alles vergiftet, indem sie sich überall hineindrängt, ohne sich jedoch mit irgendeinem Volke zu vermischen. – Man muß ihre Austreibung aus Frankreich verlangen; eine Ausnahme bilden nur die Einzelpersonen, die mit Französinnen verheiratet sind. – Man muß die Synagogen abschaffen und darf keine andere Verwendung für sie zulassen, man muß schließlich der Abschaffung dieses Kultes nachgehen. Nicht umsonst haben die Christen sie Gottesmörder genannt. Man muß diese Rasse nach Asien zurückschicken oder sie vernichten ... H. Heine, Alexandre Weill und die anderen sind nur geheime Spione; Rothschild ... Marx ... sind bösartige, leicht aufgebrachte, neidische, bissige Wesen, die uns hassen. Ob durch Feuer oder Vermischung oder Vertreibung – die Juden müssen verschwinden.«[29]

Hier zeigt sich eine klare Übereinstimmung zwischen Proudhons und Wagners Antisemitismus. Beide haben den mittelalterlichen Judenhaß rationalisiert und durch eine moderne, aus einer progressiv-sozialistischen Ideologie gespeiste Kritik an den Juden revolutioniert. Doch trotz der humanistischen, ja sogar atheistischen Richtung ihrer Argumente schleicht sich ein gerüttelt Maß an theologisch fundiertem Judenhaß ein. So hätten sich die Juden »außerhalb des Menschengeschlechts [gestellt] durch ihr eigensinniges Festhalten an der Erwartung des Messias und der Ablehnung Christi«[30]. Proudhons Nähe zu Wagner wird auch darin deutlich, daß er behauptet, das Christentum sei arischen und damit nichtjüdischen Ursprungs. Die Juden glaubten, so Proudhon, mit der göttlichen Mission der Verbreitung des Monotheismus betraut zu sein, und rechtfertigten damit ihren Anspruch auf Weltherrschaft. Aber ein Volk von Händlern könne zu einer solchen Mission im Dienste des Absoluten unmöglich berufen sein, und zwar allein schon deshalb nicht, weil die Sprache der Juden über keine abstrakten Begriffe verfüge, ja, sich sogar eines Plurals bedienen müsse, wenn von Gott die Rede sei. Dies, erläutert Proudhon, beweise, daß sie den Monotheismus gar nicht entdeckt haben können.

»Die jüdische Religion ist hierarchisierter Polytheismus ... Monotheismus ist so wenig eine jüdische oder semitische Idee, daß das Geschlecht Sems ihn ablehnte ... der Monotheismus ist eine Schöpfung indogermanischen Geistes; nur aus ihm konnte er erstehen.«[31]

Dies wurde 1858 geschrieben und beweist, wie sich unter den zeitgenössischen Revolutionsanhängern in Frankreich eine Hinwendung zu einer rassisch orientierten Denkweise über die Juden vollzog. Zumindest im Falle Proudhons hatte das mit dem Erscheinen der Werke Gobineaus und Renans in den Jahren 1854–56 zu tun. Wagner indes versuchte, vielleicht sogar schon ehe er deren Werke zu Gesicht bekommen hatte, in einem Brief vom Juni 1855 an Röckel, das Christentum von seinen jüdischen Elementen zu befreien – was Fichte unter Berufung auf das Johannesevangelium längst getan hatte[32]. Psychologisch gesehen, erscheint es durchaus plausibel, daß bei den Wahnvorstellungen, die Proudhon und Wagner über den dämonischen jüdischen Kapitalismus und das arische Christentum entwickelten, parallel verlaufende mentale Prozesse im Spiel waren.

Das soll nicht heißen, daß Wagner je bewußt gewesen wäre, wie ähnlich Proudhons Einsichten seinen eigenen waren. Gelesen zu haben scheint er nur dessen frühe Schriften, vor allem *Was ist Eigentum?* Die unausgesprochen antijüdische These dieser Abhandlung dürfte bei Wagner jedoch auf offene Ohren gestoßen sein[33]. Jedenfalls meinte der Komponist, eine fortschrittlichere Revolutionsauffassung zu vertreten als der Franzose, glaubte er doch, durch seine Einsicht in die Themenkomplexe Liebe und letztlich rassische Erlösung Proudhon weit voraus zu sein. Wenige Tage vor seinem Tod sagte Wagner während einer Gondelfahrt vom Zattere zum Markusplatz beim Anblick der »geschlossenen, unbewohnten Paläste«: »Das ist Eigentum! Der Grund alles Verderbens, Proudhon hat die Sache noch viel zu materiell aufgefaßt, denn das Eigentum bedingt die Ehen in Rücksicht darauf und dadurch die Degeneration der Race.«[34]

Wie die Anmerkungen zu *Jesus von Nazareth* belegen, bestand für Wagner bereits 1849 eine Wesensbeziehung zwischen revolutionärer Gesinnung und Rassenkult, lange bevor Proudhon in seiner plumperen Art das rassische Fundament der europäischen Revolution wahrzunehmen begann[35].

Rasse und Revolution im »Ring«

Die »germanischen« Interessen, die nach 1849 in Wagners Opern immer deutlicher hervortraten, sollte man als integrale Bestandteile seiner revolutionären Gesinnung und weniger als Auswuchs eines primitiven Nationalismus sehen. In einem Text wie *Das Kunstwerk der Zukunft*, der mehr als jede andere Schrift Wagners vom Glauben an die Revolution durchdrungen ist, wurde die Idee des Volkes – sowohl in der Bedeutung von ›Nation‹ als auch von ›Rasse‹ – als ein Schlüsselbegriff revolutionärer Theorie eingeführt. Aus dem Volk schöpft der wahre Künstler seine Inspiration, denn im Volk selbst gibt sich der revolutionäre Instinkt der Moderne kund. Rasse und Revolution bedingen somit einander – sie sind keine gegensätzlichen Prinzipien.

Wagners *Ring*-Zyklus der Jahre 1849/50 hat seinen eigentlichen Ursprung nicht so sehr in einem schlichten germanischen Atavismus, sondern in den Revolutionsidealen des Komponisten. Natürlich hatte er sich schon seit langem mit der nordischen Mythologie und mit mittelalterlichen Epen beschäftigt, darunter auch der Nibelungensage: 1842 hatte er den Plan einer Siegfried-Oper gefaßt und im darauffolgenden Jahr die *Deutsche Mythologie* Jacob Grimms als seine Hauptquelle genutzt, aber er war sich noch nicht schlüssig darüber gewesen, wie diese Volkssagen in Erlösungsparabeln zu verwandeln seien. Seine Begeisterung wurde geweckt, als er 1848 bei einer erneuten Lektüre Grimms (wie auch der Sammlung, die der Antisemit Friedrich Heinrich von der Hagen herausgegeben hatte) plötzlich erkannte, welch revolutionäres Potential im Nibelungenstoff steckte; seiner bediente sich Wagner, um die Zerstörung der bürgerlich-kapitalistischen Ordnung und die Erlösung der Menschheit zu einem Leben in Liebe und Freiheit in Szene zu setzen[36]. Dieses Potential war einige Jahre vorher auch dem junghegelianischen Philosophen Friedrich Theodor Vischer aufgefallen, der 1844 eine Nibelungenoper geplant hatte, die den Idealen einer revolutionären deutschen Kunst Gestalt verleihen sollte[37]. Die mythologische Wucht der Nibelungensage wurde allgemein als ein Emblem deutscher Freiheit empfunden. 1841 hatte Ludwig Köhler in *Der neue Ahasverus* eine der Wagnerschen ähnliche Geschichte der Revolution entworfen und behauptet, Jehova, der jüdische Stammesgott, habe von der Menschheit Gebet und Opfer verlangt, anstatt ihr die Freiheit zu schenken. Der wahre Gott jedoch habe seinen Sohn

108

Jesus geschickt, um für die Freiheit zu kämpfen, mit dem Ergebnis, daß er an dem blutrünstigen Jehova und seinen Juden zerbrochen sei. Auch Martin Luther war es nicht gelungen, die Menschheit zu befreien, und nun liege ein weiterer deutscher (sic) Held, nämlich Ludwig Börne, geschlagen in einem französischen Grab. Aber Deutschland werde weiter um die Freiheit kämpfen:»Freiheit ist der Nibelungenhort!« [38]

In seinem Aufsatz *Die Wibelungen* von 1849 (wenn auch möglicherweise schon 1848 entworfen [39]) nahm Wagner die Herausforderung an, den germanischen Mythos mit dem modernen Revolutionsgeist zu verbinden und den Nibelungenhort in einen komplexeren Deutungszusammenhang zu stellen, als Vischer und Köhler es vermocht hatten. Der Komponist näherte sich den Nibelungenmythen vor dem Hintergrund der deutschen Geschichte des Mittelalters, der er mit Kategorien aus dem zeitgenössischen Begriffsarsenal, wie »Eigentum« und »Macht«, zu Leibe rückte. Die Nibelungensage wurde nun als die poetische Widerspiegelung einer archaischen Form deutschen Königtums gelesen, in der das Privateigentum bereits eine wichtige Rolle spielte. Wagner sah den Nibelungenhort nicht wie Köhler als eine Metapher für Freiheit, sondern als ein ambivalentes Symbol, dessen Bedeutung in Gestalt von Eigentum und Besitz bis auf die Gegenwart fortwirkte. Mit dieser den ganzen Menschen erfassenden Entfremdung mußte die Revolution natürlich aufräumen.

Im Frühjahr und Sommer 1848 vollzog Wagner jene Verschmelzung von germanischem Mythos und revolutionärem Ideal in seinem Plan einer Nibelungenoper, *Siegfrieds Tod*, aus dem dann die *Götterdämmerung* erwuchs. Während zahlreicher Gespräche über politische Revolution legte er dem Impresario Eduard Devrient dar, daß die Oper einen großen sozialistischen Entwurf von internationaler Dimension enthalten werde. »Kapellmeister Wagner brachte mir einen Opernentwurf«, notierte sich Devrient in sein Tagebuch, »hatte wieder große sozialistische Rosinen im Kopf. Jetzt ist ihm ein einiges

Deutschland nicht mehr genug, jetzt geht's aufs einige Europa. Er will ein vereintes Europa in dem die vereinte Menschheit frei sein wird.« Eines Abends im Dezember, an dem Wagner den Plan für *Siegfrieds Tod* vorlas, schnitt er so bedeutsame Themen an wie die Entwicklung des Christentums und, wie Devrient süffisant vermerkte, »Wagners *bête noire*, die Zerstörung des Kapitalismus«[40].

Nach dem endgültigen Scheitern der deutschen Revolution 1849 beharrte Wagner nur um so entschiedener auf dem revolutionären Status der Nibelungenoper. In einem Brief an seinen Freund Theodor Uhlig vom 12. November 1851 erklärte er:

An eine *Aufführung* kann ich erst *nach der Revolution denken*: erst die Revolution kann mir die künstler und die Zuhörer zuführen ... Am Rheine schlage ich dann ein theater auf, und lade zu einem großen dramatischen feste ein: nach einem jahre vorbereitung führe ich dann im laufe von *vier tagen* mein ganzes werk auf: *mit ihm* gebe ich den menschen der Revolution dann die *bedeutung* dieser Revolution, nach ihrem edelsten sinne, zu erkennen. *Dieses publikum* wird mich verstehen: das jetzige kann es nicht.«[41]

Von zentraler Bedeutung für diese musikalische Umsetzung revolutionärer Doktrin war Wagners Entwurf eines mit allerlei Fehlern behafteten, aber gleichwohl imposanten Wotan, der Inkarnation der Gesetzesherrschaft, des Wahrers bürgerlicher Moral und Gesellschaft. Wotan ist der Gott der Gegensätze, der den auf finanziellen Interessen basierenden bürgerlichen Ehevertrag aufrechterhalten muß, wie in der *Walküre*, wie sehr auch seine edleren Regungen dagegen rebellieren mögen. In weniger erhabenen Momenten ist Wotan auch der Gott der Gewalt, der Herrschaft und des Besitzes, bereit, Tricks anzuwenden, damit Walhall gebaut werden kann, diese Ikone weltlichen Reichtums und weltlicher Macht. Aber während Wotan trotz all seiner Schwächen sich charakterliche Größe bewahrt hat, verkörpert der Nibelungenzwerg Alberich nur die abstoßenden Aspekte der bürgerlichen Gesellschaft, herabgewürdigt und bar jeglicher Erlösungshoffnung. Befangen in seiner Gier nach Geld und Macht, tyrannisiert er sogar die eigenen Brüder in den Schmelzöfen seines Industrieimperiums Nibelheim, ein Sklave von Geld und Herrschaft und Grausamkeit – mit einem Wort: In ihm offenbart sich der Kapitalismus von seiner häßlichsten Seite. Die deutschen Götter sind somit Opfer »jüdischen« Einflusses geworden, denn Habgier und Herrschaftsstreben bestimmen auch sie. Statt die Menschheit erlösen zu können, müssen sie vielmehr zuerst selbst vom jüdischen Wesen erlöst werden[42].

Die Erlösung von dieser verzerrten jüdisch-bourgeoisen Welt des Geldes, des Gesetzes und der Herrschaft kann nur von Siegfried kommen, dem reinen Helden, oder von der reinen Heldin Brünnhilde. Wagner schwebte zunächst ein Siegfried vor, der diese korrupte Welt zerstören und Walhall selbst stürmen würde. Aber nachdem er sich Mitte der fünfziger Jahre in die Schopenhauersche Philosophie des Mitleids vertieft hatte, kam er zu der Einsicht, daß Siegfrieds Erlösertum Schaden nähme, wenn er sich gewaltsamer Mittel bediente. So stirbt also Siegfried den Tod eines tragischen Helden, und die Rettung der Welt bleibt letztlich der treuen Brünnhilde überlassen, die durch Liebe, Verzicht und Mitleid den Untergang der korrupten Welt heraufbeschwört, den Siegfried nicht herbeiführen durfte. Am Ende der *Götterdämmerung* wird durch die Kraft der Liebe und des von Brünnhilde erbrachten Opfers das Rheingold den Rheintöchtern zurückgegeben, das nun nicht mehr die Macht des Geldes, sondern die der liebenden Harmonie symbolisiert. Walhall wird nicht durch menschliche Macht, sondern durch Naturgewalt zerstört, der Rhein wäscht alle Übel der Welt hinweg. Somit ist die große Revolution vollbracht: Das Reich der Herrschaft und Heuchelei beugt sich der Liebe[43].

Der revolutionäre Gehalt des *Ring*-Zyklus ist seit langem unbestritten, nicht jedoch der latente Antisemitismus dieser Opern[44]. Das liegt zum einen daran, daß Wagner keine seiner Figuren als explizit jüdisch ausgewiesen hat. Es gibt in seinen

Opern keine Juden (ebensowenig wie in den Romanen Dosto-
jewskis, obwohl seine anderen Schriften von obsessivem Judenhaß zeugen[45]). Doch jede deutsche Kapitalismusallegorie, die
im revolutionären Geist des 19. Jahrhunderts verfaßt wurde,
beinhaltet immer auch eine Verteufelung des Judentums. Der
antisemitische Subtext war dem zeitgenössischen Publikum
geläufig, und es bestand keine Notwendigkeit, ihn eigens herauszustellen[46]. Wagner hatte triftige Gründe, keine Charaktere
mit jüdischen Namen auf die Bühne zu bringen. Es gehörte zu
seiner Strategie als Künstler und Rassist, die Opern als traum-
hafte Erfahrungen für sein Publikum zu konzipieren: Konkrete
Probleme – wie zum Beispiel die Judenfrage – sollten ihnen
nicht in realistischer Art und Weise aufgedrängt werden. Statt
dessen waren diesen Werken revolutionäre und antijüdische
Themen auf einer unterschwelligen Ebene eingeschrieben, die
von den Zuschauern verstanden werden würden. Künstlerische
Wahrheit, der das Publikum ausgesetzt wurde, sollte in ihm eine
moralische Erneuerung auslösen. Das Publikum würde seine
geistige Wandlung später dann in praktische politische Erkenntnis der zeitgenössischen Probleme umsetzen, allen voran
des der Juden und des Judentums. Durch die Kunst würden
den Deutschen rassische Wahrheiten zugänglich, deren ge-
nauere Erläuterung sie dann in Wagners Aufsätzen über rassische Fragen fanden. Wie Wagner es 1851 ausdrückte: »An
einem eigens dazu bestimmten Feste gedenke ich dereinst *im
Laufe dreier Tage mit einem Vorabende* jene drei Dramen
nebst dem Vorspiele aufzuführen: den Zweck dieser Aufführung
erachte ich für vollkommen erreicht, wenn es mir ... gelang, an
diesen vier Abenden den Zuschauern, die um meine Absicht
kennen zu lernen sich versammelten, *diese Absicht* zu *wirk-
lichem Gefühls-* (nicht kritischem) *Verständnisse künstlerisch mitzuteilen.*« Wenn Wagner »mit der untrüglichen Intuition des großen Künstlers seine rassistischen Theorien nie seinen Kunstwerken aufdrängte«, so heißt das nicht, daß die
Kunst frei von rassistischem Gehalt wäre. Es bedeutet einfach,

daß Wagner zu sehr Künstler war, um seine Opern auf das Niveau politischer Traktate herunterzuziehen[47].

Eine Interpretation, die den revolutionären Antisemitismus des *Rings* aufspüren will, muß mit dem Nibelungen Alberich beginnen, diesem abscheulichen pseudojüdischen Gegenspieler Wotans. Ohne Gewissen, ist Alberich auch nicht erlösungsfähig, wohingegen jenem zuweilen seine Rolle als Wahrer des bürgerlichen Gesetzes und sein Verlangen nach Macht Gewissensbisse bereiten. Am Ende wird Wotan in gewissem Sinne durch das Opfer seiner Tochter und die Zerstörung Walhalls erlöst. Wotan, der Wanderer, steht auch in Beziehung zu Wagners früherem Helden, dem Fliegenden Holländer, jenem nichtjüdischen »Ahasverus des Ozeans«, der, im Unterschied zum jüdischen Ahasverus, durch den Tod Erlösung fand. Alberich jedoch kann keine Erlösung finden. Getrieben von Macht- und Geldgier, verkörpert er alle antijüdischen Merkmale, die Wagner in seinen Aufsätzen beschreibt. Seine verzerrte Musik und verdrehten Worte gemahnen an die Beschreibung der jüdischen Ausdrucksweise, die Wagner im *Judentum in der Musik* gab: »Als durchaus fremdartig und unangenehm fällt unserm Ohre zunächst ein zischender, schrillender, summsender und murksender Lautausdruck der jüdischen Sprechweise auf«; der »Charakter eines unerträglich verwirrten Geplappers ... Hören wir einen Juden sprechen, so verletzt uns unbewußt aller Mangel rein menschlichen Ausdruckes in seiner Rede: die kalte Gleichgültigkeit des eigentümlichen ›Gelabbers‹ in ihr steigert sich bei keiner Veranlassung zur Erregtheit höherer, herzdurchglühter Leidenschaft.« »Steigert der Jude seine Sprechweise ... gar zum Gesang, so wird er uns damit geradeswegs unausstehlich.«[48] Der vielleicht raffinierteste antijüdische Zug, den Wagner seinem Alberich verpaßt hat, ist ein rein musikalischer. Die Verspottung Alberichs durch die Rheintöchter ist eine geschickte melodische Verspottung des Judentums, verbirgt sich darin doch eine Parodie auf die Melodik von Meyerbeers »Grand opéra«[49].

113

Wagner war zu gewitzt, als daß er erläutert hätte, welche
Rolle das Jüdische in seinen Opern spielt, aber in einem späteren Aufsatz (*Erkenne dich selbst*, 1881) ließ er durchblicken,
daß er um das antijüdische Programm seines Nibelungenzyklus
wußte. Unter Bezugnahme auf Goethes Einsicht in die un-
heilvollen Wirkungen des »Papiergeldes« bemerkte er: »Der
verhängnisvolle Ring des Nibelungen, als Börsenportefeuille
dürfte das schauerliche Bild des gespenstigen Weltbeherrschers zur Vollendung bringen.« Papiergeld, das das primitive
Gold ersetzt, sei die Methode der Juden gewesen, die moderne
Gesellschaft zu korrumpieren, und in der Tat sei nunmehr die
gesamte moderne Gesellschaft in dieser Hinsicht total verjudet
(genauso wie die Götter durch das Judentum infiziert worden
seien). In dieser Textpassage stellte er also eine Verbindung
zwischen dem Nibelungengold, dem modernen Finanzsystem
und den Juden her[50].

Die Walküre, die zweite Oper, hat keinen »jüdischen« Cha-
rakter, enthält aber eine indirekte Kritik am Judentum. Wenn
Siegmund seine (ihm bis zu diesem Zeitpunkt unbekannte)
Zwillingsschwester Sieglinde ihrem rüpelhaften, auf seinem
Besitzrecht beharrenden Ehemann raubt, verletzt er die Ehe-
gesetze der bürgerlichen Gesellschaft auf haarsträubende
Weise. Aber wir wissen aus Wagners *Braunem Buch*, daß er das
moderne bürgerliche Sittengesetz für eine falschverstandene
Anwendung der jüdischen Zehn Gebote hielt: »Wer in der
Beobachtung und Beurtheilung der modernen Welt einigen
Scharfblick ausbildet, gewahrt, dass alle diese Gebote umgangen u. gebrochen werden, – also wohl nicht göttlich sein können, sondern weltlich ... Aber das geht immer so jüdisch-dumm
fort.«[51] Wagners eigenes Liebesleben, das dadurch gekennzeichnet ist, daß er sich verschiedentlich die Frauen anderer
Männer nahm, und die Ehebrüche, die er in seinen Opern begehen ließ, lassen vermuten, daß ihm das Gebot gegen den Ehe-
bruch besonders lästig war, das die Juden der deutschen Gesellschaft aufgedrängt hätten und das nun durch einen auf Frei-

heit und Liebe basierenden Verhaltenskodex ersetzt werden müsse. Wenn also Wotan in der *Walküre* Brünnhilde bestraft, weil sie den in Liebe entbrannten Siegmund beschützt, ergreift er als Gott der Verträge und des Gesetzes für einen pervertierten jüdischen Gesetzesglauben Partei.

In der dritten Oper des *Ring*-Zyklus, *Siegfried*, vertritt Alberichs Bruder Mime einen anderen Judentypus. (Adorno nennt ihn einen »Ghetto-Juden« im Unterschied zum »Börsen-Juden« Alberich.) Mißgebildet, bucklig, verschlafen, schleichend, schlurfend und blöde, erscheint Mime nach außen hin weniger gefährlich als sein Bruder. Aber Wagner betont, daß er nicht weniger boshaft sei[52]. Seine geheuchelte Liebe zu Siegfried, in dem er den Helden adoptiert hat, der ihm das Schwert zum Erringen der Weltmacht schmieden kann, wird von dem unbefangenen jungen Mann durchschaut, der instinktiv nicht glauben will, daß er und Mime vom gleichen Stamm seien. Wieder suggeriert die Musik auf raffinierte Weise dem Publikum, daß es so sein muß, indem sie an Mimes Judentum erinnert. Die sentimentalen Appoggiaturen seines Gesangs geheuchelter Liebe beschwören Wagners Charakterisierung der falschen Sentimentalität jüdischer Musik herauf[53]. Mimes brutale Tötung durch den inzwischen aufgeklärten Siegfried befriedigt Wagners Hoffnungen auf eine harte Lösung der Judenfrage, wenn erst einmal die übertölpelten Deutschen sich der Falschheit der Liebe bewußt geworden sind, die die Juden ihnen gegenüber beteuern. Selbst für einen so glühenden Wagner-Bewunderer wie den (jüdischen) Komponisten Gustav Mahler stand fest, daß Wagner in der Figur des Mime die Juden mit ihren charakteristischen Wesenszügen – Krämergeist und Gier – lächerlich machen wollte. Man dürfe sie allerdings, meinte er in bezug auf den Mime-Darsteller Julius Spielmann, nicht allzusehr übertreiben, und fügte mit bitterer Selbstironie hinzu: »ich kenne nur einen Mime, und das bin ich ... Sie würden nicht glauben, was in der Rolle steckt und was man daraus machen kann.«[54]

Götterdämmerung, die letzte Oper des Zyklus, führt vor, wie sowohl die auf Gesetz und Eigentum gegründete bürgerliche Gesellschaft als auch das Judentum von der kommenden Menschheitsrevolution hinweggefegt werden. Hier ist Alberichs Sohn Hagen der Bösewicht, der den deutschen Gibichungenhof korrumpiert hat, indem er die jüdischen Wesenszüge Macht- und Besitzgier einführte. Er will die Revolution im Keim ersticken, weshalb er die Gibichungen und Siegfried gegeneinander aufhetzt und den Helden durch einen Zaubertrick seiner Brünnhilde entfremdet. Schließlich durchbohrt er Siegfried von hinten – das Paradigma der deutschen »Dolchstoß«-Legende vom jüdisch-sozialistischen Verrat 1918. Doch kurz bevor Hagen den Ring wieder in seinen Besitz bekommt, wird die Welt durch das Liebesopfer Brünnhildes doch noch gerettet. Hagen ertrinkt, das Gold der Nibelungen fällt an die Rheintöchter zurück, der Fluß tritt über die Ufer, die alten Herrschaftsformen der Götter und Menschen, von Gesetz und Macht sind zerstört, und »Männer und Frauen« sehen eine neue Welt heraufziehen, die frei ist von den Flüchen des Kapitalismus und des Judentums[55].

Wagner begann mit der Komposition der *Götterdämmerung* im August 1850, im selben Monat also, in dem er den Aufsatz *Das Judentum in der Musik* beendete. Dies mag jedem, der von den tiefen Verbindungen zwischen Wagners Revolutionsbegeisterung, seinem Deutschtum und seinem Antisemitismus nichts weiß, als bloßer Zufall erscheinen. Im Lichte seines Revolutionspathos betrachtet, zeigt die fast gleichzeitige Arbeit am Nibelungenzyklus und dem antisemitischen Aufsatz jedoch deutlich, daß Wagner in zwei eng miteinander verzahnten Bereichen seines Denkens einen Zustand innerer Bereitschaft erreicht hatte. Sowohl seine musikalische Kreativität als auch sein Gefühlsleben waren nun auf Haß gepolt[56].

5

Revolutionärer Antisemitismus 1849/50: »Das Judentum in der Musik«

Drei miteinander verkettete Ereignisse – der *Struensee*-Skandal, der Konflikt mit Meyerbeer und die Revolution von 1848 – bereiteten den Boden für Wagners Hinwendung zu einem methodischen Antisemitismus, die sich in den Jahren 1849/50 vollzog. Doch erst mit der Veröffentlichung des Pamphlets *Das Judentum in der Musik* im Spätsommer 1850 traten Wagners antisemitische Obsessionen offen zutage.

Gemeinhin wurde der berüchtigte Aufsatz, der für die gesamte Geschichte des deutschen Antisemitismus maßgeblich sein sollte, lediglich als Diskussionsbeitrag in einer Debatte über »hebräischen Kunstgeschmack« in der Musik betrachtet, das heißt als ein reines Gelegenheitswerk[1]. Jede Verwandtschaft zwischen dem Antisemitismus des Aufsatzes und Wagners Denken im allgemeinen beschränkt sich, so gesehen, auf die Erwähnung der Idee des Germanentums, die in den Nibelungenopern eine Rolle spielt. In dem hier aufgedeckten Zusammenhang stellen sich die Dinge allerdings in einem anderen Licht dar. Wie wir gesehen haben, hatte Wagner schon zwei Jahre vorher, also 1848, zu einem planmäßigen Antisemitismus gefunden, und dieser war integraler Bestandteil seines emphatischen Revolutionsverständnisses. Die völkischen Themen in den Nibelungenopern und Wagners Auffassung vom Judentum bilden nur verschiedene Aspekte ein und derselben Grundsubstanz revolutionären Gedankenguts. Wagner verfiel daher 1850 nicht etwa zufällig auf eine unausgegoren rassistische Spielart antisemitischen Ressentiments und »verriet« auch nicht seine revolutionären Ideale von 1848/49, indem er zu einem »reaktionären« Antisemitismus überging. Dies wird deutlich werden, wenn wir uns jetzt einer erneuten Begegnung Wagners mit Meyerbeer zuwenden, die 1849 in Paris stattfand und die den Aufsatz *Das Judentum in der Musik* mit ausgelöst hat.

Wiedersehen mit Meyerbeer und Paris, 1849/50

Als Wagner nach dem fehlgeschlagenen Dresdener Aufstand im Mai 1849 nach Paris floh, war das Fundament seines revolutionären Antisemitismus bereits gelegt. Angefangen hatte alles mit den unglückseligen Erfahrungen, die er 1847 während seiner *Rienzi*-Inszenierung am preußischen Hoftheater in Berlin mit Meyerbeer gemacht hatte. Daß damals alle seine Hoffnungen vereitelt worden waren, führte er auf den Einfluß Meyerbeers zurück. Als er dann im Juni 1849 in ähnlich niedergeschlagener Stimmung nach Paris kam, sah er sich durch eine neuerliche Begegnung mit ihm nur in seiner Auffassung bestärkt, daß »das Judentum« – verkörpert in der Person dieses weltläufigen Komponisten – nicht nur für sein persönliches Mißgeschick, sondern für das Unglück der ganzen Welt verantwortlich sei. Damals lebte er in Proudhons früherer Pariser Wohnung, und wenn er aus dem Fenster blickte, sah er überall die Spuren einer gescheiterten Revolution, zunichte gemacht vom »Geldegoismus« eines Bürgertums, das sie zynisch für seine eigenen Zwecke genutzt hatte. Wagners Groll wurde geschürt von der Überzeugung, daß das bürgerliche Profitstreben auch den Bereich der Kunst korrumpiere. Schon 1841 hatte er in der Schrift *Pariser Fatalitäten für Deutsche* Paris zum Inbegriff einer kunstfeindlichen, kapitalistischen Gesellschaft erklärt[2], nun, getrieben von Ärger über Meyerbeer und bewaffnet mit seiner Revolutionsideologie, schob er die Schuld an der gescheiterten Revolution auf die Juden, die dem politischen und künstlerischen Leben der französischen Hauptstadt das Gepräge gaben:

»... so machte außerdem die ganze damalige äußere Physiognomie von Paris auf mich den niederschlagendsten Eindruck. Noch las man die Devise ›Liberté, égalité, fraternité‹ an allen öffentlichen Gebäuden und sonstigen Etablissements; dagegen erschreckte mich der Anblick der ersten *garçons caissiers* der Bank, welche, mit ihren langen Geldsäcken über den Schultern und dem großen Portefeuille in der Hand, mir nie so häufig begegneten als gerade damals, wo im siegreichen Kampfe gegen die zuvor so gefürchtete Propaganda des Sozialismus die alte Kapital-Herrschaft mit fast verhöhnendem Pompe das öffentliche Vertrauen wiederzugewinnen auf das eifrigste sich anließ. Wie mechanisch hatte ich einen Besuch in dem Musikladen *Schlesingers*, für welchen jetzt ein noch bei weitem dezidierterer Jude, Herr *Brandus*, mit schmutzigster Persönlichkeit als Nachfolger eingetreten war, gemacht. Nur der alte Kommis Mr *Henri* bewillkommnete mich freundlich, und nachdem ich mit ihm eine Zeitlang in dem anscheinend menschenleeren Magazine mich laut unterhalten hatte, frug er mich endlich mit einiger Verlegenheit, ob ich denn meinen Lehrer (›votre maître‹) *Meyerbeer* noch nicht begrüßt habe. ›Ist Herr *Meyerbeer* hier?‹ frug ich. ›Gewiß‹, war die noch verlegenere Antwort, ›ganz in der Nähe, dort hinter dem Büro.‹ Da ich auf dasselbe zuschritt, kam wirklich mit allergrößter Verlegenheit *Meyerbeer* von dort, wo er sich über zehn Minuten, nachdem er meine Stimme vernommen, still verborgen gehalten hatte, hervor, sich lächelnd mit einer dringenden Korrektur entschuldigend. Ich hatte an dieser Erscheinung und diesem sonderbaren Wiedersehen genug; es kam so vieles im Betreff dieses Mannes bedenklich mir Widerfahrenes, namentlich die Bedeutung seines letzten Benehmens in Berlin gegen mich, in meine Erinnerung ...«[3]

Dies ist eine überaus aufschlußreiche Quelle – doch ebenso wie Minnas Brief von 1850 eine, die bisher kaum zur Kenntnis genommen wurde. Das Nebeneinander von Wagners abfälligen, aus revolutionärem Geist gespeisten Bemerkungen über die bürgerlich-kapitalistische Gesellschaft und seinem Abscheu gegen den »unredlichen« jüdischen Komponisten illustriert anschaulich, wie eng Wagners Revolutionspathos und sein Groll gegen Meyerbeer miteinander verknüpft waren, ein Ressentiment, das wenig später im Antisemitismus des Aufsatzes *Das Judentum in der Musik* offen zutage treten sollte. Meyerbeer, der auf dem Gipfel des Erfolgs stand und nun den inmitten der Trümmer einer verratenen Revolution stehenden wahren deutschen Künstler verächtlich zurückwies – dies zeigte in Wagners Augen nur zu deutlich, wie recht er mit seiner Ahnung gehabt hatte, daß es zwischen dem Geld, der Entartung der Kunst und dem Judentum einen engen Zusammenhang gab.

Hier ist zu betonen, daß es sich bei der besagten Episode nicht um eine bloße Rekonstruktion handelt, die auf Wagners späteren und möglicherweise verzerrten Erinnungen in *Mein Leben* beruht. Das Zusammentreffen mit Meyerbeer muß schon damals einen starken Eindruck in Wagner hinterlassen haben, denn bereits zwei Tage nach seiner Ankunft in Paris berichtete er in einem Brief an Minna über die Begegnung:

»... wie ich nun in die Schlesingersche Handlung trat u. da sehr freundlich empfangen wurde, war Meierbeer auch da, aber zufällig hinter einer Comptoirblende versteckt, hinter welcher er auch blieb, als er mich sprechen hörte, so daß es schien, als ob Schreck über meine plötzliche Gegenwart u. böses Gewissen wegen seiner Berliner Intriguen ihn zurückhielten: als ich endlich erfuhr, er sei da, ging ich sehr freundlich u. unbefangen hinter die Blende u. holte ihn da vor: er war verlegen u. fade, und ich weiß genug um vor ihm auf der Hut zu sein.«[4]

Seine »Berliner Intriguen« – für Wagner stand fest, daß es zwischen dem Scheitern seines Berliner *Rienzi* und dem Opernbetrieb in Paris, der seinen dortigen Erfolg verhinderte, eine Kontinuität gab. Als Ursache für seine anhaltende Pechsträhne machte er das jüdische Profitstreben aus, und der unglückselige Meyerbeer wurde zum Symbol der kommerziellen Erniedrigung der Kunst.

In seiner Wut fühlte sich Wagner veranlaßt, sogleich eine Kampagne des »künstlerischen Terrorismus« gegen Meyerbeer

und die jüdische Kunst zu starten. Er eröffnete sie mit einem
Brief an Liszt am 5. Juni:

»Aber dieses ganze hiesige kunstgetriebe ist so niederträchtig, so
verfault und todesreif, daß es nur eines muthigen schnitters bedarf
der den richtigen hieb zu führen versteht ... fühle ich mich aber
gedrungen, unverholen herauszusagen: auf dem boden der anti-
revolution wächst keine kunst mehr; sie würde auf dem boden der
revolution vielleicht zunächst auch nicht wachsen, wenn nicht bei
zeiten – dafür gesorgt werden sollte. Kurz heraus! ich setze mich
morgen darüber, für irgend ein bedeutendes politisches journal,
einen tüchtigen artikel über das theater der zukunft zu schreiben.
Ich verspreche Dir, darin die politik möglichst ganz beiseite zu lassen, und in sofern Dich und niemand zu compromittiren: aber was
die kunst und das theater betrifft, da erlaube mir mit möglichstem
anstand so roth wie möglich zu sein ... Belloni. Er sagt: hier müsse
ich geld haben, wie Meierbeer, oder eigentlich mehr wie Meierbeer,
oder: – ich müsse mich fürchten machen. Nun denn, geld habe ich
nicht, aber ungeheuer viel lust, etwas künstlerischen terrorismus
auszuüben.«[5]

Der Begriff »Terrorismus« und die politische Konzeption, die
sich dahinter verbarg, gingen auf die »terreur« der Französischen Revolution zurück. Sie waren von Fichte und später von
junghegelianischen Revolutionären wie Bruno Bauer aufgegriffen worden, der 1841 verkündet hatte, der Terrorismus der reinen Theorie müsse den Boden für die Zukunft bereiten. Die Be-
fürworter des Terrors waren sich seiner Anwendbarkeit auf die
Judenfrage immer bewußt: Berthold Auerbach zeigte sich tief
besorgt über »Fichtes Terrorismus, vor allem, wenn er die Juden angeht«. Natürlich beteuerten seine Verfechter gern, daß
es ihnen nur um Terror im übertragenen Sinn gehe: philosophischen Terror oder künstlerischen Terror. Bedeutsam ist hier
jedoch nicht die formale Begriffsdefinition, sondern vielmehr
die Gemütslage und Gesinnung intellektueller Terroristen wie
Fichte und Fries, Bauer und Wagner, die geradezu Fallstudien
für geistige Gewalt sind. Wenn eine solche Denkweise den
Bereich der Politik erfaßt, ist es unredlich zu behaupten, man

habe ja nicht wissen können, was aus diesen interessanten Ideen werden würde[6].

Wagners Haß auf Meyerbeers kommerzielles Kunstverständnis gewann rasch an Intensität, wie aus einem Brief an einen Freund in Dresden vom November 1849 erhellt: »In den letzten Jahrzehenden«, schrieb Wagner erbost, »sind unter Meyerbeer's Geldeinflusse die Pariser Opernkunstangelegenheiten so stinkend scheußlich geworden, daß sich ein ehrlicher Mensch nicht mit ihnen abgeben kann … Wie es jetzt steht, hält Meierbeer Alles in seiner Hand, – d. h. in seinem geldsacke …«[7]

Kurz darauf verließ Wagner Paris und ging nach Zürich, doch Ende Januar 1850 war er wieder in der französischen Hauptstadt. Sein Groll auf Meyerbeer erreichte nun ein solches Ausmaß, daß er im Februar eine Aufführung von *Le Prophète*, der neuen Oper seines Rivalen, sogar vorzeitig verließ[8]. Damals komplizierte er seine ohnehin prekäre Lage noch dadurch, daß er mit Jessie Laussot ein Verhältnis anfing. Die emotionale Krise und die ständige mit Paris verbundene Erinnerung an seine künstlerischen Fehlschläge wie auch an die Macht Meyerbeers trieben ihn in einen Zustand von Hysterie. In dieser seelischen Verfassung schrieb er Minna am 16. April 1850 einen langen Brief voll von Gegenbeschuldigungen. »Alle meine Ansichten u. Gesinnungen blieben Dir ein Gräuel«, heißt es da, »– meine Schriften verabscheutest Du …« Diese Aufrechnung bewog seine Frau zu der Antwort vom 8. Mai, zu jenem oben zitierten Brief, in dem sie auf Wagners erste antisemitische Schrift von »vor zwei Jahren« anspielte[9].

Kein Wunder also, daß Wagner die Gelegenheit beim Schopfe packte, als sich ihm im Sommer 1850 im Rahmen einer musikwissenschaftlichen Kontroverse über den »jüdischen« Stil in der Musik ein Anlaß bot, Meyerbeer anzugreifen. Sein Vorgehen mag vorher mit Uhlig abgesprochen worden sein, der sich der Wendung »hebräischer Kunstgeschmack« in einem Verriß über Meyerbeer und dessen Oper *Le Prophète* bediente, welcher am 23. April 1850 in der *Neuen Zeitschrift für Musik* erschienen war [10]. Wagner spielte den Unschuldigen und tat so, als sei Uhligs Artikel ein rein zufälliger Auslöser für seinen Ausbruch im *Judentum in der Musik* gewesen.

Selbst wenn es sich so verhalten haben sollte, war das Gewehr schon lange vorher geladen worden. Wie er später in einem Brief an Liszt erklärte, machte der Aufsatz tatsächlich einem seit langem gehegten Groll gegen die »Judenwirthschaft« Luft:

»Ich hegte einen lang verhaltenen groll gegen diese Judenwirthschaft, und dieser Groll ist meiner natur so nothwendig, wie galle dem blute. Eine Veranlassung kam, in der mich ihr verfluchtes geschreibe am Meisten ärgerte, und so platzte ich denn endlich einmal los ... daß sie herr bleiben werden, ist so gewiß, als daß jetzt nicht unsre fürsten, sondern die bankiers und die philister die herren sind.«

Das, was Wagner in diesem Brief über Meyerbeer zu sagen hatte, gliedert sein persönliches Ressentiment gegen die Juden in einen allgemeinen Entwurf revolutionärer Moral ein, den er bereits in den Anmerkungen zu *Jesus von Nazareth* erläutert hatte:

»Mit Meyerbeer hat es nun bei mir eine eigene bewandnis: ich hasse ihn nicht, aber er ist mir gränzenlos zuwider. Dieser ewig liebenswürdige, gefällige mensch erinnert mich, da er sich noch den anschein gab mich zu protegiren, an die unklarste, fast möchte ich sagen lasterhafteste periode meines lebens; das war die periode der konnexionen und hintertreppen, in der wir von den protektoren zum narren gehalten werden, denen wir innerlich durchaus unzugethan sind. Das ist ein verhältnis der vollkommensten unehrlichkeit: keiner meint es aufrichtig mit dem Andern; der eine wie der andere giebt sich den anschein der zugethanheit, und beide benützen sich nur so lange als es ihnen vortheil bringt.« [11]

Aber in *Jesus von Nazareth* hatte sich Wagner, wie wir gesehen haben, bereits vorsorglich der Fesseln bürgerlicher »Dankbarkeit« entledigt. Stillschweigend hatte er dort seine Befreiung aus kindlicher Abhängigkeit zelebriert und in diesem Zusammenhang verkündet:»Dankbarkeit ist daher einer der leeren Begriffe, welche in einer egoistischen Gemütsschwäche beruhen ...«[12] Im Zuge seiner Kritik am bürgerlichen Egoismus in den Jahren 1849/50 glaubte er sich von dem Gedanken freimachen zu müssen, er schulde Meyerbeer Dank: Ein Ergebnis dieser»Befreiung« ist das berüchtigte Pamphlet von 1850.

»Das Judentum in der Musik«

Im August 1850, als Wagner die ersten Takte des *Rings* zu Papier brachte, startete er auch seine Karriere als Antisemit: Für die *Neue Zeitschrift für Musik* arbeitete er den Aufsatz *Das Judentum in der Musik* aus, der dann unter dem Pseudonym K. Freigedank veröffentlicht werden sollte[13]. Von seinem historischen Kontext her gehört der Aufsatz zum Zyklus der Revolutionsschriften der Jahre 1848–50, und wenn man ihn aus diesem Zusammenhang reißt (wie es zumeist geschehen ist), geht viel von seiner zeitgenössischen Bedeutung und Intention verloren[14].

Formal betrachtet, ist die Schrift ein Beitrag zu der damals geführten Diskussion über die Frage, ob die Wesensmerkmale jüdischer Synagogenmusik auch in der weltlichen Musik der Juden (insonderheit Meyerbeers *Le Prophète*) spürbar seien und ob es so etwas wie »jüdische Musik« überhaupt gebe. Wagner behauptet nun, daß man bei der ganzen Diskussion von falschen Voraussetzungen ausgegangen sei und eine Lösung nur dann gefunden werden könne, wenn man zu der eigentlichen, der grundlegenden Problematik vordringe, bei der es wiederum nicht nur darum gehe, was man unter »hebräischem Kunstgeschmack in der Musik«, sondern auch, was man unter »deutscher Musik« verstehe. Neu an Wagners Argumentation ist, daß sie sich durchgehend eines revolutionären Kunst- und ebensolchen Volksbegriffs bedient und damit über Laubes erste Versuche in der *Struensee*-Einleitung hinausgeht.

In einem sophistischen Schachzug, der für seine späteren antisemitischen Schriften typisch sein wird, beteuert Wagner eingangs, daß sich seine Ausführungen über das Judentum lediglich auf die Bereiche Kunst und Musik und nicht auf die politische oder religiöse Sphäre bezögen. Damit kann er jeden Anschein von spezifisch religiösem Judenhaß virtuos von sich weisen, was aber nicht bedeutet, daß er für die liberale Emanzipation der Juden gewesen wäre. Im Gegenteil: solche irregeleiteten liberalen Ideale überzieht er mit Hohn und Spott und distanziert sich von ihnen, und zwar an einer Stelle, die von ganz ungeheurem Selbstbetrug zeugt: Wagner tut nämlich so, als greife er Juden keineswegs in böser Absicht an.

»… wie all' unser Liberalismus ein nicht sehr hellsehendes Geistesspiel war, indem wir für die Freiheit des Volkes uns ergingen, ohne Kenntnis dieses Volkes, ja mit Abneigung gegen jede wirkliche Berührung mit ihm, so entsprang auch unser Eifer für die Gleichberechtigung der Juden viel mehr aus der Anregung eines allgemeinen Gedankens, als aus einer realen Sympathie; denn bei allem Reden und Schreiben für Judenemanzipation fühlten wir uns bei wirklicher, tätiger Berührung mit Juden von diesen stets unwillkürlich abgestoßen.

Hier treffen wir denn auf den Punkt, der unsrem Vorhaben uns näher bringt; wir haben uns das *unwillkürlich Abstoßende*, welches die Persönlichkeit und das Wesen der Juden für uns hat, zu erklären, um diese instinktmäßige Abneigung zu rechtfertigen, von welcher wir doch deutlich erkennen, daß sie stärker und überwiegender ist, als unser bewußter Eifer, dieser Abneigung uns zu entledigen. Noch jetzt belügen wir uns in dieser Beziehung nur absichtlich, wenn wir es für verpönt und unsittlich halten zu müssen glauben, unsren natürlichen Widerwillen gegen jüdisches Wesen öffentlich kundzugeben. Erst in neuester Zeit scheinen wir zu der Einsicht zu gelangen, daß es vernünftiger sei, von dem Zwange jener Selbsttäuschung uns frei zu machen, um dafür ganz nüchtern den Gegenstand unsrer gewaltsamen Sympathie zu betrachten, und unsren, trotz aller liberalen Vorspiegelungen bestehenden, Widerwillen gegen ihn uns zum Verständnis zu bringen. Wir gewahren nun zu unsrem Erstaunen, daß wir bei unsrem libe-

ralen Kampfe in der Luft schwebten und mit Wolken fochten ...«
(S. 67)

Damit hat Wagner an dem schmerzlichen Punkt eingehakt, der
alle liberalen Hoffnungen auf eine mühelose staatsbürgerliche
Emanzipation der Juden in Deutschland vergiftet hatte, nämlich »das *unwillkürlich* Abstoßende«, das den Juden in den
Augen der Deutschen anhaftete. Bereits Gutzkow hatte darin
eine Art von angeborener Aversion gesehen, wie manche Menschen sie gegenüber Blut oder Insekten empfinden. Selbst Moses Hess sah sich 1862 genötigt, diese Aversion als so real ein-
zuschätzen, daß sie eine liberale Lösung der Judenfrage in
Deutschland verhindere. Doch Wagner und die Revolutionäre
erblicken in diesem instinktiven Widerwillen nichts, dessen
man sich schämen müßte. Er ist ein Faktum, er ist moralisch,
und er ist vernünftig. Irrational verhalten sich hingegen die
liberalen Emanzipationsverfechter, weil sie die Augen vor der
Wirklichkeit verschließen.

Aber auf welches Prinzip kann sich Wagner stützen, um zu
beweisen, daß sein natürlicher Widerwille moralisch gerechtfertigt ist? Die Liberalen beriefen sich bei ihrer Verurteilung des
Judenhasses auf Gleichheit und Brüderlichkeit, die für alle
Menschen gelten. Als Revolutionär ist Wagner zwar ebenfalls
der Idee von Brüderlichkeit und Gleichheit unter den Menschen verpflichtet, betrachtet aber im Unterschied zu den Liberalen die Menschheit durch die gleiche völkische Brille wie vor
ihm Herder und Fichte. Wagners Revolutionsbegriff basiert hier
ganz offensichtlich auf seiner Idee von »Volk«: Die Begriffe
Revolution und Rasse qua Volk sind für ihn nicht nur durchaus
miteinander vereinbar, sondern bilden faktisch eine untrenn-
bare Einheit.

Natürlich gebraucht Wagner hier noch keinen biologistischen Rassenbegriff. Noch ganz im Sinne Herders versteht er
unter Volk oder Rasse (im zeitgenössischen Sprachgebrauch
auch zuweilen »Geschlecht« oder »Art«) eine genau umrissene,

durch Tradition, Sprache, Religion und Geschichte zusammen-
geschmiedete ethnische Gruppe. Diese Begriffsbildung, die
Volk qua Rasse eher kulturell als biologisch definierte,
herrschte in Deutschland bis etwa 1860 vor. Dennoch sollte
man sich vor dem Fehlschluß hüten, in Wagners Auffassung von
Volk und Rasse habe es damals keinerlei »genetische« Elemente gegeben[15]. Wie wir sehen werden, begreift er Kultur als
Emanation oder Widerspiegelung des »Wesens« eines Volkes
und hält es (wie Fichte und Herder) für nahezu ausgeschlossen,
daß ein Jude wirklich vom Judentum zum Deutschtum über-
wechseln könne. Die Taufe als eine Bescheinigung dafür, daß
ein Jude sein Judesein abgelegt habe, lehnt Wagner natürlich
ab. Ja, die charakteristische Eigentümlichkeit der jüdischen
Identität verstärke sich durch den Übertritt zum Christentum
nur noch, vor allem wenn es sich bei dem Konvertiten um einen
»Geld-Juden« oder einen »Kunst-Juden« handele.

Eines der Lieblingsthemen des revolutionär-rassistischen
Antisemitismus ist die Gleichsetzung von Jude – egal ob konvertiert oder nicht – und Geldherrschaft. Mit Wagners Worten:
»Der Jude ... herrscht, und wird so lange herrschen, als das
Geld die Macht bleibt, vor welcher all' unser Tun und Treiben
seine Kraft verliert. Daß das geschichtliche Elend der Juden
und die räuberische Roheit der christlich-germanischen Ge-
walthaber den Söhnen Israels diese Macht selbst in die Hände
geführt haben, braucht hier nicht erst erörtert zu werden.«
(S. 68) Seit Börne die Verbindung zwischen den Rothschilds
und den reaktionären Fürsten angeprangert hatte, war dies
eine Art Leitmotiv des politisch-revolutionären Antisemitismus
gewesen. Aber Wagner weitet es nun im Sinne der Laubeschen
Argumentation von 1847 aus, so daß der jüdische Geldegoismus
zum Verderber deutscher Kunst im besonderen wird. Dies ist
der Grund für Wagners »künstlerischen Haß« auf das Judentum, im Gegensatz zu einem religiös oder politisch motivierten
Haß, der sich mutmaßlich auf Prinzipien wie Einheit der Religion beziehungsweise nationale Herkunft stützte (in der Ver-

koppelung von Geld und Blut steckt auch eine Spur Moses Hess):

»[Alles] setzt heutzutage der Jude in Geld um: wer merkt es den unschuldig aussehenden Papierchen an, daß das Blut zahlloser Geschlechter an ihnen klebt? Was die Herren der Künste dem kunstfeindlichen Dämon zweier unseliger Jahrtausende mit unerhörter, Lust und Leben verzehrender Anstrengung abrangen, setzt heute der Jude in Kunstwarenwechsel um ...

Wir haben nicht erst nötig, die Verjüdung der modernen Kunst zu bestätigen; sie springt in die Augen ... Dünkt uns aber das Notwendigste die Emanzipation von dem Drucke des Judentumes, so müssen wir es vor allem für wichtig erachten, unsre Kräfte zu diesem Befreiungskampfe zu prüfen. Diese Kräfte gewinnen wir aber nun nicht aus einer abstrakten Definition jener Erscheinung selbst, sondern aus dem genauen Bekanntwerden mit der Natur der uns innewohnenden unwillkürlichen Empfindung, die sich uns als instinktmäßiger Widerwille gegen das jüdische Wesen äußert: an ihr, der unbesieglichen, muß es uns, wenn wir sie ganz unumwunden eingestehen, deutlich werden, was wir an jenem Wesen hassen; was wir dann bestimmt kennen, dem können wir die Spitze bieten; ja schon durch seine nackte Aufdeckung dürfen wir hoffen, den Dämon aus dem Felde zu schlagen, auf dem er sich nur im Schutze eines dämmerigen Halbdunkels zu halten vermag, eines Dunkels, das wir gutmütigen Humanisten selbst über ihn warfen, um uns seinen Anblick minder widerwärtig zu machen.« (S. 68 f.)

Wagner hat somit das Axiom aufgestellt, daß die deutsche Judenphobie in Wahrheit jenes befreiende, revolutionäre Prinzip sei, das die deutsche Kunst von Geldherrschaft und Egoismus erlösen werde. Des weiteren beschreibt er genau, welche Merkmale diesen Widerwillen im deutschen Betrachter auslösen, und erläutert konkret, was die »Verjudung« in den verschiedenen Bereichen der Kunst so widerwärtig mache. (Der Begriff »Verjudung«, von Wagner selbst geprägt, sollte ein Schlüsselwort in den antisemitischen Kampagnen der siebziger Jahre des 19. Jahrhunderts und darüber hinaus werden.)

Der Widerwille, so heißt es weiter, werde schon allein durch die äußere Erscheinung des Juden erregt, »die, gleichviel welcher europäischen Nationalität wir angehören, etwas dieser Nationalität unangenehm Fremdartiges hat« (S. 69). Zudem hätten Juden keinerlei persönliche Ausstrahlung, weshalb sie nicht zum Schauspielerberuf taugten, was dadurch bezeugt werde, daß es auf deutschen Bühnen keine Juden gebe. (Da in der Zwischenzeit mehrere jüdische Schauspieler Berühmtheit erlangt hatten, sah sich Wagner 1869 genötigt, diese These in der zweiten Auflage seines Aufsatzes etwas zu relativieren.) Der wahre Deutsche fühle sich abgestoßen von den »Eigentümlichkeiten der semitischen Aussprechweise«, die wie ein unangenehmer »zischender, schrillender, summsender und murksender Lautausdruck« anmute und zusammen mit der »unsrer nationalen Sprache gänzlich uneigentümliche[n] Verwendung und willkürliche[n] Verdrehung der Worte und der Phrasenkonstruktionen« widerwärtig wirke. »… die kalte Gleichgültigkeit des eigentümlichen ›Gelabbers‹« (S. 71) steigere sich nur dann zu echtem Gefühl, wenn es vom »egoistischen Interesse seiner Eitelkeit oder seines Vorteiles« erregt werde (S. 72). Ihr »Judesein« stehe den Juden nicht nur im Weg, wenn sie den Beruf des Schauspielers ergreifen möchten, sondern auch zum Sänger, zum bildenden Künstler und vor allen Dingen zum Musiker eigneten sie sich nicht.

Hierauf stellt sich Wagner der Frage, wie es kam, daß trotz dieser apriorischen Untauglichkeit der Juden zum Musikerberuf zwei Angehörige des jüdischen Volkes sowohl das deutsche als auch das französische Musikleben beherrschen konnten. Der eine war Mendelssohn (gestorben 1847), der aus einer Familie getaufter Juden stammte und daher Wagners These zu widerlegen schien. Doch genau dieses für seine Argumentation eigentlich mißliche Faktum greift er genüßlich auf, um zu erklären, warum das »Judesein« einem Menschen anhafte und er es auch durch den Akt der Taufe nicht loswerde. Der Übertritt zum Christentum sei keine Lösung des Problems, sondern mache dem Betroffenen sein Judesein nur um so quälender bewußt.

Wenn die christliche Gesellschaft erst einmal von der Geld-ethik durchdrungen sei, bemerkt Wagner, gebe es keinen ver-nünftigen Grund mehr, die Juden auszuschließen. Trotzdem blieben sie, ob sie nun als Juden oder als getaufte Konverti-ten in die Gesellschaft aufgenommen würden, Außenseiter, Fremde, namentlich getaufte Juden wie Mendelssohn, der sich von seiner ursprünglichen Kultur losgesagt habe, was »nur dazu geführt [habe], ihn vollends zu vereinsamen, und ihn zum herzlosesten aller Menschen« zu machen« (S. 73). In dem neuen kulturellen Umfeld könne der Jude nur nachäffen; aber zu seinem Glück habe es die deutsche Kunst, die zu bloßer Technik und seelenloser Fertigkeit verkommen sei, dem nach-äffenden, formalistischen Juden leichtgemacht zu reüssieren. Solcherart verjudet, sei die deutsche Kunst ihrer kulturellen Wurzeln verlustig gegangen und »völlig lieblos« geworden, ein perfektes Spiegelbild des jüdischen Wesens. Schlimmer noch, sogar der »gebildete« oder konvertierte Jude, der sich vom Judentum losgesagt habe, muß sich, so Wagner, faute de mieux seine Inspiration aus der gräßlichen Tradition der Synago-genmusik holen. Die Folge davon sei, daß »der jüdische Musi-ker auch die verschiedenen Formen und Stilarten aller Meister und Zeiten durcheinander« (S. 78) werfe, kalt, pedantisch und unfruchtbar, ohne echte Empfindung oder Leidenschaft. Von dieser Warte aus müsse Mendelssohns großes Anliegen gesehen werden, den etwas formalistischen Bach zu neuem Leben zu er-wecken. Die wahren Giganten deutschen Gefühls in der Musik – Mozart und Beethoven – seien dem jüdischen Komponisten unbegreiflich geblieben.

Dann wendet sich Wagner dem anderen prominenten Ver-treter jüdischer Musik zu, den er aus gespielter Höflichkeit nicht beim Namen nennt. Doch jedem war klar, daß es sich um seinen früheren Förderer Meyerbeer handelte:

»Ein weit und breit berühmter jüdischer Tonsetzer unsrer Tage hat
sich mit seinen Produktionen einem Teile unsrer Öffentlichkeit
zugewendet, in welchem die Verwirrung alles musikalischen Ge-
schmackes von ihm weniger erst zu veranstalten, als nur noch auszubeuten war ... Die Besorgung dieser Täuschung hat nun jener
berühmte Opernkomponist zu seiner künstlerischen Lebensaufgabe gemacht ... genug, daß er es, wie wir aus dem Erfolge ersehen, vollkommen verstand, zu täuschen, und dieses namentlich
damit, daß er jenen von uns näher charakterisierten Jargon seiner
gelangweilten Zuhörerschaft als modern pikante Aussprache aller
der Trivialitäten aufheftete, welche ihr so wiederholt oft schon in
ihrer natürlichen Albernheit vorgeführt worden waren ... Dieser
täuschende Komponist geht sogar so weit, daß er sich selbst
täuscht, und dieses vielleicht ebenso absichtlich, als er seine
Gelangweilten täuscht.« (S. 81 f.)

Unüberhörbar klingt hier Laubes Groll gegen Meyerbeer durch,
besonders der Vorwurf, er verkörpere die Kommerzialisierung
der deutschen Bühnen, die die Kunst auf reines »Profitstreben«
reduziert habe. Wie Laube benutzt Wagner den geschmähten
Komponisten als Stock, mit dem er auf den schlechten Geschmack des deutschen Publikums eindrischt, das die kommer-
zialisierte Judenkunst Wagners eigenen hehren Angeboten vor-
gezogen hat. Mit anderen Worten: Das Judentum ist zu einem
Spiegel geworden, der den Deutschen vorgehalten wird, damit
sie über ihre eigenen Fehler nachdenken können.

Dieser neue moralisierende Geist gegenüber der Judenfrage
sollte die weitere Diskussion bestimmen und zu einer säkularisierten Version der christlichen Vorstellung werden, daß »der
Jude«, der in der Seele jedes Menschen stecke, durch christliches Gefühl überwunden werden müsse. Von nun an mußten
die Deutschen nicht mehr nur das Jüdische in den Juden selbst
vernichten; sie mußten auch jenes »jüdische Wesen« ausrotten,
das in ihre deutschen Seelen und die deutsche Kultur eingedrungen war.

»Dieser Kunst konnten sich die Juden nicht eher bemächtigen, als
bis in ihr das darzutun war, was sie in ihr erweislich eben offen-

gelegt haben: ihre innere Lebensunfähigkeit. So lange die musikalische Sonderkunst ein wirkliches organisches Lebensbedürfnis in sich hatte ... fand sich nirgends ein jüdischer Komponist: unmöglich konnte ein diesem Lebensorganismus gänzlich fremdes Element an den Bildungen dieses Lebens teilnehmen.« (S. 84)

Dieser begriffliche Rahmen gibt Wagner die Möglichkeit, auch mit einem anderen früheren Förderer, nämlich Heine, auf raffiniertere Weise abzurechnen. Sowenig es zu Lebzeiten Beethovens so etwas wie einen jüdischen Komponisten habe geben können, doziert Wagner, so wenig war zur »Zeit, da Goethe und Schiller bei uns dichteten«, Platz für einen dichtenden Juden. »... zu der Zeit aber, wo das Dichten bei uns zur Lüge wurde« (S. 85), mußte ein Heine hervortreten, nicht nur, um seine eigenen jüdischen Verse unters Volk zu bringen, sondern auch, um mit seinem jüdischen Geist der Verneinung die Heuchelei der deutschen Kultur und der deutschen Öffentlichkeit zu entlarven:

»... von dem unerbittlichen Dämon des Verneinens dessen, was verneinenswert schien, ward er rastlos vorwärtsgejagt, durch alle Illusionen moderner Selbstbelügung hindurch, [hier fügte Wagner 1869 hinzu: »bis auf den Punkt, wo er nun selbst wieder sich zum Dichter log, und dafür auch seine gedichteten Lügen von unsren Komponisten in Musik gesetzt erhielt«; Wagner selbst hatte 1840 Heines *Die beiden Grenadiere* vertont!] – Er war das Gewissen des Judentums, wie das Judentum das üble Gewissen unsrer modernen Zivilisation ist.« (S. 85)

Dieses vernichtende Urteil muß man sich vor Augen halten, um den berühmten Schluß des Pamphlets zu verstehen, der eine kryptische Bemerkung über Heines alten Antagonisten Ludwig Börne enthält. Der Kontext von Heines berüchtigter Denkschrift *Ludwig Börne* (1840) liefert den Schlüssel zu einer Bedeutungsschicht, die sonst unzugänglich bleibt:

»Noch einen Juden haben wir zu nennen, der unter uns als Schriftsteller auftrat. Aus seiner Sonderstellung als Jude trat er Erlösung suchend unter uns: er fand sie nicht und mußte sich bewußt werden, daß er sie nur mit *auch unsrer Erlösung zu wahrhaften Menschen* finden können würde. Gemeinschaftlich mit uns Mensch werden, heißt für den Juden aber zu allernächst soviel als: aufhören, Jude zu sein. *Börne* hatte dies erfüllt. Aber gerade Börne lehrt auch, wie diese Erlösung nicht in Behagen und gleichgültig kalter Bequemlichkeit erreicht werden kann, sondern daß sie, wie uns, Schweiß, Not, Ängste und Fülle des Leidens und Schmerzes kostet. Nehmt rücksichtslos an diesem, durch Selbstvernichtung wiedergebärenden Erlösungswerke teil, so sind wir einig und ununterschieden! Aber bedenkt, daß nur eines eure Erlösung von dem auf euch lastenden Fluche sein kann: die Erlösung Ahasvers, – der *Untergang*!« (S. 85)

In seiner Denkschrift auf Börne hatte Heine den verstorbenen Journalisten als einen typischen »Nazarener« – asketisch, politisch, moralistisch – charakterisiert, der im krassen Gegensatz zu seinem eigenen sinnlichen, poetischen »hellenistischen« Naturell gestanden habe. Während des Skandals, den diese Schrift in der deutschen Presse auslöste, hatte Wagner fast als einziger für Heine Partei ergriffen und ihn 1841 »diesen großen Erwecker des deutschen Geistes, dieses beherrschende Talent« genannt[16]. Im *Judentum in der Musik* vollzog er nun eine geschickte Kehrtwendung, indem er den moralisierenden Revolutionär Börne zum Vorbild erklärte und Heine verdammte, der sein angeborenes Judesein durch die Wahl jüdischer Motive in den späten vierziger Jahren immer deutlicher zu erkennen gegeben und die Pariser Februarrevolution von 1848 verraten habe.

Im Unterschied zum rückfällig gewordenen Heine sei es Ludwig Börne gelungen, die jüdische Identität in sich zu vernichten und durch sein unerschütterliches Streben nach revolutionärer Tugend ein Deutscher in des Wortes emphatischer Bedeutung zu werden. Ebendieser Börne hatte die revolutionäre Formel vom jüdischen Geldegoismus geprägt und in seinem Aufsatz über den Ewigen Juden einen Zusammenhang zwischen den Rothschilds und den reaktionären Fürsten hergestellt. Und Börne war es auch, der den Ewigen Juden in sich ausgelöscht hatte – welch ein Gegensatz zu dem unverbesserlichen Heine und dem zu ewigem Umherirren verfluchten Ahasverus, die beide das Jüdische schlechthin verkörperten, der eine in der Kunst, der andere im Mythos. Für Wagner war Börne die große Ausnahme, der Jude, der durch seinen revolutionären Glauben an die Menschheit Erlösung fand – der Jude, dem je zu begegnen Fichte bezweifelt hatte.

Der Vergleich Börnes mit Ahasverus mag vom zeitgenössischen Diskurs beeinflußt gewesen sein. Ludwig Köhler hatte in *Der neue Ahasverus* (1841) Börne als Inbegriff des revolutionären Geistes gepriesen, dessen Zutagetreten durch die verschiedenen Erscheinungen des Ahasverus auf der historischen Bühne hervorgehoben werde [17]. Es kann durchaus sein, daß Wagner Köhlers Aufsatz kannte, da er in einer Bibliographie zur Literatur über den Ewigen Juden aufgeführt ist, die sein Dresdener Freund Johann Georg Theodor Grässe 1844 veröffentlicht hatte. Grässe war Wagner in den vierziger Jahren bei seinen Forschungen über germanische Mythologie behilflich gewesen [18]. Von einem reaktionären Standpunkt aus hatte Friedrich Heinrich von der Hagen (alias Cruciger), einer von Wagners Gewährsleuten in bezug auf deutsche Sagen und Legenden, in *Neueste Wanderungen, Umtriebe und Abenteuer des Ewigen Juden unter den Namen Börne, Heine, Saphir u. a.* die jüdischen Schriftsteller als ahasverische Revolutionäre gebrandmarkt, als »Masken des Ewigen Juden ... Jene vaterlandslosen Gesellen, die in ihrer kosmopolitischen Manier bis zum Jüngsten Gericht umherwandern.« [19]

Vieles an Börne mußte den Komponisten geradezu magnetisch anziehen: sein leidenschaftlicher Glaube an allgemeine Menschlichkeit und Freiheit, seine patriotische und revolutionäre Inbrunst, sein Haß auf den Mammonsdienst und die bürgerliche Selbstgefälligkeit, sein Vertrauen auf die erlösende Kraft der Liebe – keiner dieser Wesenszüge dürfte seine Wirkung auf Wagner verfehlt haben, ebensowenig wie die feindselige Haltung, die der Revolutionär Börne gegenüber dem

Judentum einnahm und die seiner Sympathie für die Juden zugrunde lag. Aus solchen Überlegungen heraus pries Wagner den Verstorbenen als Paradebeispiel jüdischer Emanzipation und echter Menschlichkeit – in starkem Gegensatz zu Heine, der den Verlockungen des Radikalismus zugunsten einer Rückkehr zu jüdischen Werten entsagt hatte. Aber Wagners Sympathie für Börne sollte nicht von langer Dauer sein: In den sechziger Jahren machte er sich Crucigers gehässige Meinung über Börne zu eigen und verstieß ihn genauso, wie er ehedem Börnes Gegenspieler Heine verstoßen hatte[20].

Es gab ein trauriges Nachspiel, denn letztlich war Börnes heiliger Radikalismus angesichts seines Judeseins umsonst. In den siebziger Jahren hatte Wagner jegliche Sympathie für Börne verloren, der in den Augen des neuen Antisemitismus ein ebenso schlimmes Beispiel jüdischen Wesens wie Heine selbst geworden war[21]. 1879 denunzierte Heinrich von Treitschke ganz im Sinne Wagners jene liberalen Journalisten, die nun in die Fußstapfen jenes Börne getreten seien, »der als erster in unseren Journalismus die unverschämte Manier eingeführt hatte, über das Vaterland respektlos zu sprechen wie ein Außenseiter, der nicht zum selben Vaterland gehört«[22]. So liebevoll also wurde des jüdischen Tribuns deutscher Freiheit gedacht!

Die verblüffendste, obzwar nicht leicht zu verstehende Zeile im *Judentum in der Musik* ist die letzte: »Aber bedenkt, daß nur eines eure Erlösung von dem auf euch lastenden Fluche sein kann: die Erlösung Ahasvers – der *Untergang*!« (S. 85) Anders als in seinen übrigen Aufsätzen und in den Opern, in denen ein prometheischer Ahasverus beschworen wird, der zur Erlösung durch Selbstvernichtung fähig ist, figuriert hier Ahasverus als direktes Symbol der Erlösung der Juden selbst und nicht so sehr der Menschheit insgesamt.

Aber was hat man sich unter dieser »Erlösung Ahasvers«, dem »Untergang«, vorzustellen? Wagner meinte wohl weniger eine physische Vernichtung mit gewaltsamen Mitteln als vielmehr eine »Selbstvernichtung« jüdischer Identität und des

Judeseins, also einen Akt symbolischer Vernichtung, wie Börne ihn vollzogen hatte. Doch wie stets im deutschen Antisemitismus ist die Grenze zwischen der wörtlichen und der metaphorischen Bedeutung des Begriffs fließend. Das schiere Außergewöhnliche an Börnes Selbstheilungsverfahren bedeutet letztlich, daß man jene seiner jüdischen Glaubensgenossen härter würde anpacken müssen, die sich nicht von ihrem Judesein reinigen können oder wollen. Dies ist die klare logische Implikation im zentralen Thema des Aufsatzes, daß selbst aufgeklärte oder konvertierte Juden nicht sich von ihrem angeborenen Judesein befreien können. Im Zuge der weltanschaulichen Entwicklung, die Wagner während der folgenden dreißig Jahre durchmachte, sollte er sich noch deutlicher – und, wie er meinte, realistischer – zum Problem der »Vernichtung des Judentums« äußern[23].

In Wagners Briefen vor 1850 taucht immer wieder die nicht ganz ernst gemeinte Selbstbezichtigung auf, etwas Jüdisches an sich zu haben. Das hatte nicht so sehr mit seiner heimlichen – und grundlosen – Befürchtung zu tun, durch seinen mutmaßlichen Vater Ludwig Geyer jüdischer Abstammung zu sein, sondern bezog sich vor allem auf seinen notorischen Geldmangel und sein rücksichtsloses Streben, diesen zu beheben[24]. Oft nennt er die Lösung der eigenen Geldprobleme ironisch seine »Erlösung« oder »Auflösung« und erklärt Meyerbeer zu seinem »Erlöser«[25]. Psychologisch betrachtet, beseitigte Wagner daher mit der Attacke gegen Meyerbeer auch geschickt das Problem seines »Judeseins«, denn er konnte nun die Schuld an seiner Geldgier einem Typus des »Jüdischen« zuschieben, den er durch die Zurückweisung Meyerbeers, des Juden schlechthin, in sich selbst vernichtet hatte.

Aufgrund seiner Gespräche mit Laube und Gutzkow und seiner sporadischen Lektüre deutscher Philosophie und Literatur war Wagner sicherlich bereits vor 1847 mit den Grundzügen der revolutionären Kritik am Judentum vertraut gewesen, die sich vor allem gegen den Egoismus und die Geldwirtschaft richtete.

Doch obwohl diese allgemeinen Thesen durchaus seine Zustimmung fanden, rief ihr antisemitischer Inhalt bei ihm noch keine Wahnvorstellungen hervor. Das sollte sich 1848 ändern, als es zu einer plötzlichen Systematisierung dieser antisemitischen Urteile kam, die im emotionalen Schmelztiegel eines durch verschiedene Faktoren herbeigeführten Erweckungserlebnisses an Schärfe gewannen. Dazu gehörten: Laubes Herumreiten auf Meyerbeers jüdischem Kommerzialismus; der Mißerfolg der Berliner *Rienzi*-Inszenierung, bei dem, wie sich Wagner einredete, Meyerbeer die Hand im Spiel gehabt hatte; der Tod seiner Mutter; der Ausbruch der Dresdener Revolution; die nach *Lohengrin* einsetzende Krise in seiner eigenen künstlerischen Entwicklung; das Scheitern der Revolution von 1848 sowie seine Rückkehr nach Paris und seine Wiederbegegnung mit Meyerbeer, dem nun die groteske Rolle zufiel, Wagners Erfolg permanent im Weg zu stehen; und schließlich, als Folge all der genannten Bedrängnisse, die massiven Eheprobleme mit Minna. Unter diesen Bedingungen war ein dem Nervenzusammenbruch naher Wagner reif für einen tiefgreifenden Sinneswandel, der die Spannungen in seinem Denken wie in seinem Gefühlsleben lösen oder zumindest mildern würde.

Was die intellektuelle Ebene betraf, so brachte nun Wagner seinen blinden Antisemitismus in eine strenge Form und machte ihn zum zentralen Bestandteil seiner inbrünstig revolutionären Gesinnung. Emotional gesehen, schuf er sich mit der neuen Ideologie des revolutionären Antisemitismus ein Ventil für seinen Haß und seine Ressentiments und konnte nun seinen Groll auf ein plausibles und intellektuell befriedigendes Objekt richten; kurzum, mit seiner neuen Theorie rechtfertigte er seine niederen Instinkte. Diese Verschmelzung von Persönlichkeit und Theorie war für alle Bereiche seines Schaffens überaus folgenreich, denn sie versetzte ihn in die Lage, seine Wesenszüge mit seiner kognitiven und kreativen Arbeit in Einklang zu bringen, sein Gefühls- und sein Geistesleben aufeinander abzustimmen, seine Leidenschaften und Träume nicht nur mit seinen Theorien, sondern auch mit seiner Kunst harmonisch zu verbinden.

Bereits 1848, und nicht erst 1850, entwarf Wagner eine stringente revolutionäre Ideologie, die ihn für den Rest seines Lebens emotional und geistig befriedigen sollte, aber sie bestand aus Versatzstücken, die schon seit einiger Zeit bereit gelegen hatten. Es war die emotionale Intensität der Konversionserfahrung, die dieses Treibgut jungdeutscher und junghegelianischer Ideen und Vorstellungen in eine systematische Struktur zwang, deren Mittelpunkt die Judenfrage war. *Das Judentum in der Musik* war keine Verirrung, sondern erwuchs aus der Notwendigkeit, die entscheidende Rolle, die das »jüdische Wesen« in Wagners Vorstellung spielte, mit dem Vokabular der revolutionären Doktrin zu erklären. Das »jüdische Wesen« war zugleich das, wovon die Revolution die Menschheit befreien mußte, damit das Volk zur wahren Menschlichkeit finde, und es demonstrierte außerdem die innere Verbindung, die zwischen Revolution und Rasse besteht. In dieser Wagnerschen Sicht der Dinge war das »Jüdische« ebenso wesentlich, um die Bedeutung der Revolution zu verstehen, wie es in früheren Zeiten für das Verständnis der Bedeutung des Christentums gewesen war. Wie ihre christliche Vorläuferin war die aus humanistischem Geist geborene deutsche Revolution eine Revolte gegen das »Judentum«.

6

Ein neuer Traum
von Revolution 1850 – 64:
Schopenhauer und arisches Christentum

Selbst auf dem Höhepunkt seiner Verstrickung in die politische und soziale Revolution der Jahre 1848/49 hatte Wagners revolutionäres Bewußtsein einen utopischen, spirituellen und ausgesprochen moralistischen Zug. Er ahnte wohl zuweilen, daß die wahre Revolution, so, wie sie ihm vorschwebte, mit dem stümperhaften Treiben, das er überall um sich her wahrnahm, herzlich wenig zu tun hatte. Der Zusammenbruch des Dresdener Aufstands am 9. Mai 1849 brachte ihn vorübergehend derart aus der Fassung, daß er das Geschäft politischen Revoluzzertums völlig aufgab[1]. Auf seiner Flucht aus Deutschland schrieb er am 14. Mai an Minna:

»... zerfiel ich mit dieser Welt, hörte auf Künstler zu sein, zersplitterte meine schöpferischen Kräfte u. wurde – wenn auch nicht mit der That, so doch in der Gesinnung – nur noch Revolutionär, d. h. ich suchte nur in einer gänzlich umgestalteten Welt den Boden für neue künstlerische Schöpfungen meines Geistes. Die Dresdener Revolution u. ihr ganzer Erfolg hat mich nun belehrt, daß ich keineswegs ein eigentlicher Revolutionär bin: ich habe gerade an dem schlimmen Ausgang der Erhebung ersehen, daß ein wirklicher siegreicher Revolutionär gänzlich ohne alle Rücksicht verfahren muß, – er darf nicht an Weib u. Kind, nicht an Haus u. Hof denken, – sein einziges Streben ist: – Vernichtung ... Aber nicht Menschen unsrer Art sind zu dieser fürchterlichen Aufgabe bestimmt: wir sind nur Revolutionäre um auf einem frischen Boden *aufbauen* zu können; nicht das *Zerstören* reizt uns, sondern das *Neugestalten*, u. deshalb sind wir nicht die Menschen, die das Schicksal braucht, –

diese werden aus der tiefsten Hefe des Volkes entstehen; – wir und unser Herz kann nichts mit ihnen gemein haben. Siehst Du! *So scheide ich mich von der Revolution* …«[2]

Ein paar Wochen später jedoch, in Paris, hatte sich seine Zerknirschung wieder etwas gelegt. In einem Brief an Liszt vom 5. Juni erklärte er nun, daß sich die Kunst nur auf dem Boden der Revolution entfalten könne. Dies wollte er in einem Artikel beweisen, versprach aber, »darin die politik möglichst ganz beiseite zu lassen, und in sofern Dich und niemand zu compromittiren«. Wagners geplante Kampagne »künstlerischen terrorismus« hatte durchaus eine politische Komponente, auch wenn er diese aus Angst, sich selbst und seine Freunde in Schwierigkeiten zu bringen, unterdrückte[3]. Bald schon warf er der Dresdener Obrigkeit vor, in ihm vor allem den politischen Revolutionär zu sehen. »Daher kann ich mir denken«, schrieb er am 19. Juni 1849 an Liszt, »daß auch Du es jetzt nicht für geeignet erachten könntest, laut bei einem hofe [dem von Sachsen-Weimar] die stimme für mich zu erheben, der in einer natürlichen befangenheit zunächst in mir nur den politischen revolutionär erblickt, und darüber den künstlerischen revolutionär vergißt, den er im grunde lieb gewonnen hat«[4].

Aber diese unbefangene Laune hielt nicht an. Er griff die in seinem Brief an Minna vom 14. Mai geäußerte Vorstellung auf, daß die Revolution eine Sache für Leute mit einer Neigung zu destruktiver Gewalt sei. Von solchen Männern hielt er sich zwar weiterhin fern, doch erkannte er nun an, daß eine gewaltsame Revolution das notwendige Vorspiel zur Erlösung der Welt sei und seine Sympathie verdiene, selbst wenn er ein zu anspruchsvoller Künstler sei, um sich der Partei tatsächlich anzuschließen. Zwischen 1850 und 1854 kehrte Wagner wieder zu einem revolutionären Sozialismus der Tat zurück, hoffte auf ein gewaltsames Ende der kapitalistischen Gesellschaft und empfahl eine revolutionäre Verschwörung, um 1852 zum Jahr der großen sozialen, nicht jedoch politischen Revolution zu machen[5]. Auf der Basis eines veränderten Bewußtseins würde aber diese Revolution mehr als nur »sozialistisch« sein. Am 22. Oktober 1852 schrieb er an Uhlig, der ihn zum *Judentum in der Musik* angeregt hatte:

»Ich sage Dir – nicht eine hand rührt sich für die demokratie, weil jede politische revolution überhaupt unmöglich geworden ist ... Wir haben gar keine bewegung mehr, als die ganz entschieden sociale, aber dieß in einem ganz anderen sinne, als unsre socialisten sie sich träumen lassen ... entsinne Dich des tages während des Dresdener aufstandes, wo Du mich an der Zwingerpromenade trafest: mit bangigkeit und besorgniß frugest Du mich, ob ich nicht fürchte, daß im günstigen falle es zu einer pöbelherrschaft führen müßte? – Dich hatte der anblick der menschen erschreckt ... Daß diese menschen noch am bande der politik gegängelt wurden, daß sie noch so respectvoll vor den höheren politischen zwecken standen, die sie in ihren führern verkörpert sahen ... das drückte sie einzig zu dem herab, wie sie Dir erschienen, zu kerlen, die sich in politischem Schnapse besoffen, und durch die straßen brüllten, – die sie vielleicht in brand gesteckt hätten ... wenn sie nach ihrem herzensgrimme hätten handeln dürfen. Ich habe diese leute in Paris und Lyon wiedergesehen, und kenne jetzt die zukunft der welt ... Mit völligster besonnenheit und ohne allen schwindel versichere ich Dir, daß ich an keine andere revolution mehr glaube, als an die, die mit dem Niederbrande von Paris beginnt ... Erschrickst Du? ... Starker nerven wird es bedürfen, und nur wirkliche menschen werden es überleben, d. h. solche, die durch die Noth und das großartigste Entsetzen erst zu menschen geworden sind ... Laß einmal sehen, wie wir uns nach dieser feuerkur wiederfinden ... unser erlöser zerstört rasend schnell, was uns im wege steht! – Wann? – das weiß ich nicht, denn hier wird nichts gemacht, – nur das weiß ich, daß der nächste sturm die früheren ganz in dem progressiven grade überbieten wird ... Es ist nur noch *ein* Schritt zu thun, und der ist gebieterisch nothwendig.«[6]

Wagner mag zwar an eine revolutionäre Befreiung des menschlichen Bewußtseins geglaubt haben, doch dieser Brief macht deutlich, daß er bereit war, dafür revolutionären Terror und konkrete Zerstörung in Kauf zu nehmen. Das hier entworfene Szenario einer barbarischen Revolution im 20. Jahrhundert erinnert an Heines fröstelm machende Prophezeiungen[7].

Während Wagner die Schrecknisse einer zukünftigen Revolution im Geiste durchlebte, verbüßte sein alter Freund August Röckel für seine 1849 in Dresden begangenen Gesetzwidrigkeiten eine auf lebenslänglich lautende Haftstrafe. Wagner jedoch fühlte sich verpflichtet, seinen Freund über die eigene intellektuelle und künstlerische Entwicklung auf dem laufenden zu halten, was er mit einer beachtlichen Anzahl von Briefen tat, die dokumentieren, wie er von Feuerbach abrückte und nach und nach zu den tiefgründigen Erkenntnissen eines philosophischen Außenseiters vordrang[8]. 1854 nämlich entdeckte Wagner die große intellektuelle Leidenschaft seines Lebens: Schopenhauer. Die Begegnung mit den Schriften des deutschen Philosophen des Pessimismus hinterließ in Wagner einen so starken Eindruck, daß sie einem zweiten Erweckungserlebnis gleichkam. Bei Schopenhauer fand Wagner eigene, bisher nur umrißhaft wahrgenommene Ideen und Ahnungen bestätigt und in eine philosophische Form gebracht. Anders als so manche Schwärmerei, der er im Laufe seines Lebens anheimfiel, sollte die Begeisterung für den aus buddhistischem Gedankengut schöpfenden Philosophen von Dauer sein. Schopenhauer wurde für ihn zu einer Art Gott, über den er bis an sein Lebensende kein kritisches Wort duldete, auch wenn er selbst sich die Freiheit herausnahm, einige seiner zentralen Lehrmeinungen zu untergraben. Und dieser Einfluß beschränkte sich keineswegs auf Wagners Weltanschauung, sondern sollte auch in seinen Opern spürbar werden. Während er noch an der *Walküre* komponierte, kam ihm Ende 1854 die Idee zu dem Schopenhauer geistesverwandten Tristan-Thema. Und in seinen letzten Opern, der *Götterdämmerung* und *Parsifal*, kehrte er zu Schopenhauers Ethos zurück, nun aber mit einem seiner Ansicht nach tieferen Verständnis desselben.

Dies alles ist hinlänglich bekannt; unbeachtet blieb hingegen, was Wagner dem Philosophen des Pessimismus bei einem neuerlichen Überdenken seines revolutionären Antisemitismus verdankte. Schopenhauer vermittelte Wagner neue Einsichten

142

in das Wesen von Erlösung und Revolution, die ihn in die Lage versetzten, die moralische Dimension seines revolutionären Antisemitismus herauszustellen und somit über die Theorien hinauszugehen, die er im *Judentum in der Musik* dargelegt hatte. Wagner bekam ein neues moralphilosophisches Revolutionsverständnis, das die traditionellen Vorstellungen Kants und Hegels hinter sich ließ und in den siebziger Jahren eine der Säulen seiner antisemitischen Regenerationstheorie bilden sollte, gemäß Nietzsches Diktum: »Schopenhauerisch ist Wagners Haß gegen die Juden.«[9]

Schopenhauers Antisemitismus ist allerdings ziemlich kompliziert[10]. Wie die Schilderung des Ahasverus-Mythos in *Parerga und Paralipomena* zeigt, operierte auch Schopenhauer mit den seit Fichte geläufigen Elementen des Judenhasses; die Juden waren in seinen Augen Parasiten, fremdartig und von ihrem Volkscharakter her amoralisch:

»Der ewige Jude Ahasverus ist nichts Anderes als die Personifikation des ganzen jüdischen Volkes. Weil er an dem Heiland und Welterlöser schwer gefrevelt hat, soll er von dem Erdenleben und seiner Last nie erlöst werden und dabei heimathlos in der Fremde umherirren. Dies ist ja eben das Vergehen und das Schicksal des kleinen jüdischen Volkes, welches, wirklich wunderbarer Weise, seit bald zwei Tausend Jahren aus seinem Wohnsitze vertrieben, noch immer fortbesteht und heimathlos umherirrt ... behauptet dabei mit beispielloser Hartnäckigkeit seine Nationalität ... lebt parasitisch auf den anderen Völkern und ihrem Boden ... Um auf die sanfteste Weise von der Welt dem ganzen Unwesen ein Ende zu machen, ist es gewiß das beste Mittel, daß man die Ehe zwischen Juden und Christen gestatte, ja begünstige ... Dann wird es über 100 Jahre nur noch sehr wenige Juden geben, und bald darauf das Gespenst ganz gebannt, der Ahasverus begraben sein und das auserwählte Volk wird selbst nicht wissen, wo es geblieben ist ... Sie sind und bleiben ein fremdes, orientalisches Volk.«

Schopenhauer räumte jedoch ein, daß die Juden Bürgerrechte bekommen sollten, obgleich es ihm »absurd« erschien, ihnen politische Rechte zu gewähren. Er hielt zwar nichts von Vertreibung und pflegte mit einzelnen Juden einen ganz normalen Umgang, beharrte aber dennoch unerbittlich auf dem Standpunkt, daß das Judentum zerstört werden müsse[11].

Für Schopenhauer ist die Ausrottung alles Jüdischen schon deshalb dringend geboten, weil seine ganze Philosophie auf dem Versprechen einer revolutionären Befreiung von den Fesseln eines die Seele zerfressenden jüdischen »Optimismus« gründet, der von den Europäern Besitz ergriffen habe und überwunden werden müsse, wenn die Menschheit wahre Erlösung und Freiheit finden solle. Konkret heißt das: Das Judentum muß die Verantwortung übernehmen für die Grausamkeiten, die seine intolerante monotheistische Nachkommenschaft, nämlich das Christentum und der Islam, der gesamten Menschheit, einschließlich sogar der Juden selbst, angetan haben. Die moralische und philosophische Quelle dieser »jüdischen« Intoleranz, von der die Menschheit befreit werden muß, liegt Schopenhauer zufolge in der Weigerung des Judentums und seiner Ableger, die wahre Natur des Lebens und der Existenz anzuerkennen. Das Judentum predige einen völlig verfehlten Optimismus, der im Universum die gute, vernünftige, mit von Vernunft und freiem Willen ausgestatteten Menschen bevölkerte Schöpfung eines wohlwollenden Gottes sieht. Dieses katastrophale Mißverständnis sei schuld daran, daß sich die Menschheit der vitalen, irrationalen Kraft – dem Willen – widersetze, der alle Existenz antreibt. Die Folge davon ist Unglück: Das Streben nach Macht, Reichtum, Liebe, Wissen führt unweigerlich zu Elend und Kummer. Nur indem man dem eigenen Lebenswillen entsagt und sich statt dessen in den Weltwillen fügt und sich gleichzeitig das einzige ethische Prinzip, das zählt, nämlich das des Mitleids, zu eigen macht, erlangt man ein gewisses Maß an Glück. Mitleid jedoch sei genau das, was dem Judentum fehle, obzwar es fragmentarisch im Christentum (und in reinerer Form im Buddhismus) vorhanden sei. Daher gießt Schopenhauer seine Verachtung über jene »heutigen Rationalisten« aus, die versuchen, »das Christentum zurückzuführen auf ein nüchternes, egoistisches, optimistisches Judenthum«. Wie wir sehen werden, steckt in dieser Entschlossenheit, das Christentum von seinem jüdischen Erzeuger zu trennen, ein ausgeprägt rassistisches, nämlich »arisches« Element – zumindest dort, wo es um irgendwelche positiven Aspekte geht[12].

Schopenhauer beklagt die »grausame Vertreibung und Ausrottung der Mauren und Juden aus Spanien«, und es wäre verlockend, seine Kritik der jüdischen Intoleranz als Teil einer ehrlichen Kritik an allen monotheistischen Religionen zu verstehen, wäre da nicht der bittere Sarkasmus, der aus seiner Darstellung des Exodus spricht:

»Auch das auserwählte Volk Gottes laß uns nicht vergessen, welches, nachdem es, in Ägypten, auf Jehovas ausdrücklichen Special-Befehl, seinen alten, zutrauensvollen Freunden die dagebliebenen goldenen und silbernen Gefäße gestohlen hatte, nunmehr, den Mörder Moses an der Spitze, seinen Mord- und Raubzug ins gelobte Land antrat, um es, als ›Land der Verheißung‹, auf desselben Jehovas ausdrücklichen, stets wiederholten Befehl, nur ja kein Mitleid zu kennen, unter völlig schonungslosem Morden und Ausrotten aller Bewohner … den rechtmäßigen Besitzern zu entreißen …

Dort [am angeführten Orte] ersehn wir, daß der Pharao das eingeschlichene, unfläthige, mit schmutzigen Krankheiten … behaftete Judenvolk nicht länger im reinen Aegypten dulden wollte, also sie auf Schiffe bringen und auf die Arabische Küste abwerfen ließ … Auch ersehn wir aus den beiden angeführten römischen Klassikern [Tacitus und Justinus], wie sehr zu allen Zeiten und bei allen Völkern die Juden verabscheut und verachtet gewesen sind: zum Theil mag Dies daher stammen, daß sie das einzige Volk auf Erden waren, welches dem Menschen kein Daseyn über dieses Leben hinaus zuschrieb …

Uebrigens ist der Eindruck, den das Studium [der obigen Werke] bei mir nachgelassen hat, eine herzliche Liebe und innige Verehrung des … [großen Königs Nebukadnezar], wenn er auch etwas gelinde verfahren ist mit einem Volke, welches sich einen Gott hielt, der ihm die Länder seiner Nachbarn schenkte oder verhieß, in deren Besitz es sich dann durch Rauben und Morden setzte … Möge jedes Volk, das sich einen Gott hält, der die Nachbarländer zu

›Ländern der Verheißung‹ macht, rechtzeitig seinen Nebukadnezar finden und seinen Antiochius Epiphanes dazu, und weiter keine Umstände mit ihm gemacht werden!«[13]

Aus dem, was über seinen Charakter bekannt ist, scheint wenig zweifelhaft, daß Schopenhauer mit diesem Argument auch den aggressiven Militarismus späterer deutscher Regime verurteilt hätte. Aber das ändert nichts an der Tatsache, daß eine Textstelle wie die oben zitierte einen vehementen Haß gegen das jüdische Volk bekundet, der mit einer liberalen Gesinnung nicht das mindeste zu tun hat.

Die gleiche Leidenschaft tritt zutage, wenn Schopenhauer von den Rechten der Tiere auf menschliche Behandlung predigt. Die Einheit aller Kreatur, die wesensmäßige Verbindung zwischen Mensch und Tier, ist einer der Ecksteine der Schopenhauerschen Ethik. Die Welt der Tiere von der Welt des Menschen getrennt zu haben stellt in seinen Augen das größte Vergehen des modernen europäischen Christentums dar, wodurch es dem Brahmanentum und dem Buddhismus unterlegen sei. Beide Religionen gehen von einer Wesensverwandtschaft alles Lebendigen aus, die die Seelenwanderung zwischen Tier und Mensch und umgekehrt erst eigentlich möglich macht. Aber wie die menschliche Intoleranz und Grausamkeit ist der Mißbrauch von Tieren abermals letztlich und ihrem Wesen nach ein jüdisches Phänomen, das auf das, was Schopenhauer »jüdisches Christentum« nennt, übertragen worden ist:

»An der Judenansicht liegt es, welche das Thier als ein Fabrikat zum Gebrauch des Menschen betrachtet ... Nicht Erbarmen, sondern Gerechtigkeit ist man dem Thiere schuldig, – und bleibt sie meistens schuldig, in Europa, diesem Welttheil vom *foetor Judaicus* so durchzogen ist, daß die augenfällige simple Wahrheit ›das Thier ist im Wesentlichen das Selbe wie der Mensch‹ ein anstößiges Paradox ist ... Das sind die Wirkungen des ersten Kapitels der Genesis und überhaupt der ganzen jüdischen Naturauffassung ... offenbar ist es an der Zeit, daß der Jüdischen Naturauffassung in Europa, wenigstens hinsichtlich der Thiere, ein Ende werde ...

Man muß an allen Sinnen blind und durch den *foetor Judaicus* völlig chlororfomirt seyn, um nicht einzusehen, daß <u>das Thier</u> im Wesentlichen und in der Hauptsache durchaus das Selbe ist, was wir sind ... Die jüdische Ansicht der Thierwelt muß ihrer Immoralität wegen aus Europa vertrieben werden ...«[14]

(Damit der unbedachte Leser nicht auf Schopenhauers Behauptungen hereinfalle, muß darauf hingewiesen werden, daß die ersten Gesetze, die die humane Behandlung von Tieren vorschreiben, tatsächlich jene der jüdischen Bibel sind. Siehe das Stichwort »Tiere« in der *Encyclopaedia Judaica*.)

Auf wenigen Seiten verweist Schopenhauer viermal in geradezu obsessiver Manier auf den von Tacitus ins Feld geführten *Foetor Judaicus* und faßt ihn in seiner eigenen moralphilosophischen Begrifflichkeit neu: Die archetypische Bedeutung des »Judengeruchs« liegt für ihn in der Grausamkeit gegenüber Tieren. Grausamkeit steht für die alten jüdischen Volkseigenschaften Herrschbegierde und Egoismus und den Materialismus, der das Tier zum »Fabrikat« herabwürdigt. Im Gegensatz zu diesem Judesein steht die Ethik des Mitleids, die die Einheit des gesamten Universums anerkennt. Die Frage, ob ein Wesen »Mitleid« geübt hat, entscheidet darüber, in welche Lebensform es wiedergeboren, reinkarniert werden wird. Mitleid bedeutet Selbstlosigkeit und die Fähigkeit, Liebe zu üben, und steht somit im äußersten Gegensatz zu den jüdischen Lastern des Egoismus und der Lieblosigkeit; zudem ist Mitleid der einzige Weg zur Erlösung. So ist also für Schopenhauer und, wie wir sehen werden, für Wagner Grausamkeit gegenüber Tieren untrennbar mit dem »egoistischen Judentum« verbunden. Die Revolution, derer es bedarf, damit sich bei den Europäern ein tiefgreifender Sinneswandel vollziehe und die Menschheit erlöst werde, schließt daher die radikale Lösung der Judenfrage mit ein.

Obwohl Schopenhauer keinen biologistischen Standpunkt gegenüber der jüdischen Rasse einnimmt (die Juden werden durch Mischehen verschwinden), enthält seine revolutionäre

Religionsauffassung einen Gedanken, der in den Schriften Wagners und anderer Rassentheoretiker Widerhall finden sollte: die Vorstellung eines wiederhergestellten »arischen Christentums« – des ursprünglichen Christentums, das im Laufe der Geschichte fälschlicherweise immer mit dem Judentum zusammengedacht worden sei. In *Über die Grundlage der Moral* behauptet Schopenhauer, daß die christliche Moral, sehe man einmal von der in ihr eingenommenen Haltung zum Tier ab, dem von ihm verherrlichten Buddhismus recht nahe komme: »daher man kaum zweifeln kann, daß sie, wie auch die Idee von einem Mensch gewordenen Gotte (Avatar), aus Indien stammt und über Aegypten nach Judäa gekommen seyn mag; so daß das Christenthum ein Abglanz indischen Urlichtes von den Ruinen Aegyptens wäre, welcher aber leider auf Jüdischen Boden fiel«[15]. An anderer Stelle ruft er aus: »Heilige Ganga! Mutter unsers Geschlechts! dergleichen Historien wirken auf mich, wie Judenpech [Erdharz] und *foetor Judaicus* [Judengeruch]!«[16] Die einzig authentischen religiösen Ideen des Judentums sind in den Augen Schopenhauers die schädlichen des Optimismus, Rationalismus und freien Willens; alles Positive hätten die Juden von anderen gestohlen. Das edel-pessimistische Konzept des Sündenfalls stammte von den Persern. Ja, das Judentum selbst, erklärt er, sei erst erfunden worden, nachdem Cyrus die Juden aus ihrer babylonischen Gefangenschaft befreit habe; zuvor hätten die Juden Baal und Moloch angebetet! Das Christentum jedoch sei arischen Ursprungs und habe nichts mit dem (semitischen) Irrglauben der Juden gemein: »Das Neue Testament hingegen muß irgendwie indischer Abstammung seyn: ... so hat die aus Indischer Weisheit entsprungene Christuslehre den alten, ihr ganz heterogenen Stamm des rohen Judenthumes überzogen ... Alles, was im Christenthum Wahres ist, findet sich auch im Brahmanismus und Buddhaismus.« Jede tatsächliche historische Verbindung der Juden mit dem Urchristentum ist somit hinwegdisputiert: »so müßte man annehmen, daß der religiöse und moralische Gehalt des Christenthums von alex-

andrinischen, der indischen und Buddhaistischen Glaubens-
lehren kundigen Juden zusammengestellt« wurde[17].

Schopenhauers metaphysisch-revolutionärer Antisemitismus zeigte bei Wagner sofort Wirkung, und dessen Korrespondenz der fünfziger Jahre zeigt, daß er erkannt hatte, welch antijüdisches Potential im Schopenhauerschen System steckt,
besonders dessen Vorstellung von einem entjudeten »arischen
Christentum«. Diese rasche Erkenntnis des Schopenhauerschen Genius wurde durch den Umstand erleichtert, daß, wie
Wagner selbst erklärte, sein Idol jene Ideen in eine stimmige
Form brachte, die er selbst seit langem geahnt hatte. Ein
detailliertes Beispiel war die Idee vom christlichen Gral, die
Wagner bereits in seinem *Wibelungen*-Aufsatz von 1849 als
eine Allegorie des arischen Charakters des Christentums angeführt hatte:

»Das Streben nach dem Grale vertritt nun das Ringen nach dem
Nibelungenhorte, und wie die abendländische Welt, in ihrem Inneren unbefriedigt, endlich über Rom und den Papst hinausging, um
die echte Stätte des Heiles in Jerusalem am Grabe des Erlösers zu
finden, – wie sie selbst von da unbefriedigt den geistig-sinnlichen
Sehnsuchtsblick noch weiter nach Osten hineinwarf, um das Urheiligtum der Menschheit zu finden, – so war der Gral aus dem
unzüchtigen Abendlande in das reine, keusche Geburtsland der
Völker unnahbar zurückgewichen.«[18]

Bereits 1849 ging Wagner also über den historischen jüdischen
Geburtsort des Christentums, Jerusalem, hinaus, um dessen
wahren arischen Ursprung in Indien zu orten. Aber erst als er
1854 Schopenhauers Schrift las, in der das buddhistische Element des Christentums enthüllt wurde, erschloß sich ihm die
eigentliche religiöse Bedeutung dieses selbst schon geahnten
arischen Christentums. Voller Begeisterung schrieb er am
7. Juni 1855 aus London an Liszt:

»Dieser Act der Verneinung des Willens ist die eigentliche Handlung des Heiligen: dass er sich endlich nur vollendet in der vollständigen Aufhebung des persönlichen Bewusstseins – es giebt

149

aber kein anderes Bewusstsein, als das persönliche individuelle –
konnte den naiven, durch jüdische Dogmen befangenen Heiligen
des Christenthumes entgehen ... denn in Wahrheit erstrebten sie
eben nur den Untergang ihrer individuellen Persönlichkeit, d. i.
ihres Daseins. – Reiner und bedeutsamer spricht aber diesen tiefsten Drang die urheilige, älteste Religion des menschlichen Geschlechtes, der Bramanen Lehre, namentlich aber in ihrer schliess-
lichen Verklärung und höchsten Vollendung durch den Buddhaismus aus ... Wie erhaben und einzig befriedigend ist diese Lehre
gegen das christlich-jüdische Dogma, wonach ein Mensch – denn
natürlich ist ihm das leidende Thier nur zum Dienste des Menschen
vorhanden!! – in einem kurzen Lebenslauf sich nur hübsch folgsam
gegen die Kirche aufzuführen hat, um dafür Ewigkeiten hindurch
es höchst angenehm zu haben ... Räumen wir dagegen ein, dass das
Christenthum für uns nur deshalb eine so wiederspruchsvolle Erscheinung ist, weil wir es nur in seiner Vermischung mit dem eng-
herzigen Judenthum, und in seiner Entstellung durch dasselbe
kennen, wogegen es der heutigen Forschung gelungen ist, nachzu-
weisen, dass das reine, ungemischte Christenthum, nichts anderes
als ein Zweig des ehrwürdigen Buddhaismus ist, der nach Alexan-
ders indischem Zuge auch seinen Weg bis an die Küsten des Mittel-
meeres fand.«[19]

Ein Brief, geschrieben im April 1855 an seinen alten Dresdener
Genossen August Röckel (der damals im Gefängnis schmach-
tete und so vermutlich empfänglich für solche auf Resignation
abzielenden Ratschläge war), enthält die gleichen Themen. Er
veranschaulicht Wagners Glauben, daß er endlich das »jüdische« Element in sich selbst mit Hilfe von Schopenhauers Philosophie zerstört habe, aus der nun auch Röckel Nutzen ziehen
solle:

»Ich sehe, daß Du noch ein obstinater Optimist bist, und namentlich, daß Dir das Judenthum mit Deinem Freunde Paulus noch tief
in den Gliedern steckt. Mir fiel es schon längst schwer, dem steten
Andrang der Erscheinungen auf meine Erkenntniß gegenüber,
mich auf optimistischen Füßen zu erhalten, und Freund Sch.
[Schopenhauer] half mir mit seiner enormen Kraft eben nur, den
letzten jüdischen Aberglauben auszutreiben, um, zwar mit großem

Schmerze, aber mit dem Troste, die letzte willkürliche Täuschung von mir geworfen zu haben, mich so frei zu machen, als man eben sein kann.«

Mit diesem Exorzismus des die menschliche Freiheit einengenden jüdischen Optimismus, erklärt Wagner, habe ihm Schopenhauer endlich den Weg zu einem erneuerten, von seinen jüdischen Elementen gereinigten, revolutionären Christentum gewiesen. Schopenhauer lehrte die Entsagung des individuellen Willens im Mitleid und bezog damit eine Gegenposition zu der im abendländischen Denken vorherrschenden Bejahung des Willens. »Diese, um jeden Preis durchgesetzte Bejahung«, heißt es in Wagners Brief an Röckel, »ist aber eben das heute zu Tage wieder so übermächtig gewordene Judenthum, in welchem sich die engste und kleinste Weltansicht kundthut, die jemals überhaupt kundgegeben worden.« Ihr könne einzig und allein der von Schopenhauer propagierte Buddhismus entgegenwirken, aus dem auch das arische Christentum hervorgegangen sei:

»Will man die höchste Erkenntniß in populäre Bilder bringen, so ist dieß nicht anders möglich, als in der reinen ursprünglichen Lehre des Buddha, und namentlich die Lehre von der Seelenwanderung zur Anleitung eines rein humanen, sympathievollen Lebens, namentlich auch mit Rücksicht auf die erkenntnißlose Thier- und Pflanzenwelt … Die neuesten wissenschaftlichen Forschungen haben es auch als ganz unwiderleglich begründet, daß der ursprüngliche Gedanke des Christenthums seine Heimath in Indien hat: die ungeheure Schwierigkeit, ja Unmöglichkeit, diesen reinen, durchaus weltverachtenden und dem Willen zum Leben abgewandten Gedanken auf den fruchtlosen Stamm des Judenthums zu pfropfen, hat einzig alle die Widersprüche verursacht, die bis heute das Christenthum so traurig entstellt und fast unkenntlich gemacht haben. Der eigentliche Kern des Judenthums ist aber jener geist- und herzlose Optimismus, dem in Wahrheit alles ganz recht ist, wenn nur Magen und Beutel recht voll zu machen ist …«[20]

Wagners revolutionärer Haß gegen das Judentum hat hier sein Fundament. Das Judentum ist für ihn die Religion des Egois-

mus und die Religion des Geldes – des Geldbeutels und des
Magens. Das Judentum hindere den Menschen daran, sich
durch die Liebe seines Willens zum Leben zu entäußern, was
der einzige Weg zur Erlösung sei; das Judentum sei mithin das
eigentliche Hindernis zu einer wahren Revolution der Gesellschaft und Moral. Das ist die zutiefst antijüdische Botschaft
jener scheinbar »unpolitischen« und »nichtrealistischen« Oper,
die Wagner in seiner Schopenhauer-Phase schuf: *Tristan und
Isolde*. In *Jesus von Nazareth* hatte er 1849 zum erstenmal
dargelegt, daß der Mensch sich letztlich nur im Liebesakt und
im Tod seines Egoismus entäußern könne. Das war der erste,
noch unausgegorene Ausdruck dessen, was dann, durch die
Schopenhauersche Philosophie veredelt, der Liebestod in *Tristan* werden sollte. Doch während Wagner in jenem frühen
Fragment die Idee vom Liebestod gegen das egoistische Prinzip
und damit das Judentum gesetzt hatte, verzichtete er in *Tristan* auf den ursprünglichen jüdischen Kontext, hielt aber unterschwellig an der antijüdischen Bedeutung des Vorgangs der
»Selbstentäußerung« fest [21].

Im Lichte des Briefs an Röckel vom April 1855 erschließt
sich der antisemitische Gehalt von *Tristan* ohne weiteres. Es
geht in der Oper um die Selbstentäußerung vom Egoismus
durch die Liebe, also eine ethische Position, die für das Judentum mit seinem hartnäckigen optimistischen Willen zum Leben
inakzeptabel sein muß. Die materialistische Einstellung der
Juden und ihr Haß gegen das Ideelle, ja auf die Liebe selbst, finden ihre Verkörperung in der Figur des Ritters Melot, der König
Marke zu Tristan und Isolde führt, die ihn zum Hahnrei gemacht
haben. Melot hält die Heiligkeit der Ehe hoch, aber natürlich
entpuppt sich er selbst als der große Verräter. Der Liebestod ist
eine Erlösungsvision: Der Mensch, der sich dem Schopenhauerschen Weltwillen ergibt, findet Erlösung vom Judentum
und seiner Welt des Gesetzes und Egoismus und wird der wahren Ewigkeit teilhaftig [22].

Der ganze Komplex glühend antijüdischer Vorstellungen

Schopenhauers – arisches Christentum, jüdische Grausamkeit gegen Tiere, die Notwendigkeit entsagenden Mitleidens, um die Menschheit von jüdischem Materialismus und Egoismus zu erlösen – fand rasch künstlerischen Ausdruck in Wagners Opernplänen der fünfziger Jahre, nicht nur in *Tristan*, sondern auch in den Entwürfen zu *Die Sieger* und *Parsifal* und sogar in der scheinbar urdeutschen *Götterdämmerung*. Alle diese Werke wurden zwischen 1856 und 1858, also nach Wagners Hinwendung zu Schopenhauer, entworfen oder in gegenseitiger Abhängigkeit voneinander entwickelt. *Die Sieger* erzählen eine Geschichte Buddhas, in der es um Entsagung und Reinkarnation geht – die Grundlagen arischen Christentums[23]. Dieses Thema war eng mit der ersten Bühnenfassung von *Parsifal* verknüpft. Schon 1845 hatte Wagner das mittelalterlich-christliche Epos beeindruckt, aber erst die buddhistische Tierliebe, die er aus Schopenhauers Schriften entnahm, inspirierte ihn 1857 zu einer ganz individuellen Lesart des Stoffes: Der buddhistisch-arische Parsifal »nimmt die unbefriedigende Existenz der Tiere auf sich und wird der Erlöser der Welt« – so Wagners neuartige Erklärung dessen, was in der fertigen Oper zur Karfreitagsmusik werden sollte[24]. Auch Kundrys eigentümliche Geschichte der Verwandlungen kann als ein Fall von Reinkarnation gelesen werden, während das Gralsritual nicht aus dem Abendmahl des »jüdischen« Christentums, sondern aus einer reineren arisch-christlichen Quelle stammt. Was die *Götterdämmerung* betrifft, so hielt Wagner in dem Notizbuch, das Skizzen zu den *Siegern* enthält, Überlegungen fest, der Oper einen mehr schopenhauerischen, »entsagenden« Schluß zu geben[25]. Von Juden an sich ist natürlich weder in diesen Entwürfen noch in den fertigen Arbeiten die Rede. Wie bei *Jesus von Nazareth* brauchen sie gar nicht direkt angegriffen zu werden, da sich die antijüdische Botschaft wie ein roter Faden durch den Dramenentwurf zieht. Buddhismus und arisches Christentum, Entsagung und Selbstzerstörung waren per definitionem nichtjüdische Sujets und Kategorien, und jede Oper, die sich solchen Themen widmete, enthielt ipso facto eine Ablehnung des Judentums, dieser Geisteshaltung des unbeugsamen Willens, des Egoismus und des Herrschaftsstrebens.

Der Einfluß der apolitischen, spirituellen, fast mystischen Philosophie Schopenhauers ist häufig zur Untermauerung der These herangezogen worden, daß Wagner sich ab den späten fünfziger Jahren nicht mehr »konkret« mit Revolution – und namentlich der Judenfrage – auseinandergesetzt habe, daß sein Antisemitismus nur noch abstrakt-moralischer Natur gewesen sei. Das heißt jedoch Wagners Denken auf zwei Alternativen zu reduzieren: entweder diese oder jene. Es stimmt, daß Schopenhauers Lehre von der Entsagung die Seite in Wagners Persönlichkeit ansprach, die die Welt des Geldes, des Ruhmes und des politischen Handelns mit einem Schulterzucken abtun wollte; er hätte seine Opern sogar lieber unaufgeführt gelassen und dadurch ihre ideale Vollkommenheit bewahrt, als sie der Gefahr auszusetzen, durch schlechte Sänger und unzulängliche Inszenierungen entstellt zu werden. Dann aber gab es wieder Augenblicke, in denen er verzweifelt alles daran setzte, damit seine Werke aufgeführt würden, wie sie aufgeführt werden sollten.

Die gleiche Spannung und Ambivalenz tritt in Wagners politisch-revolutionärem Bewußtsein zutage. Seine Arbeit an einem so solipsistischen Text wie *Tristan*, seine Abgeschiedenheit in Venedig in den fünfziger Jahren offenbaren eine Stimmung schopenhauerischer Entsagung, in der jeglicher Gedanke an eine politische Revolution« aufgegeben war. So schrieb er in seinem Brief an Röckel vom Juni 1855 vom »Unsinn der Staatsphilosophie«. Aber in den sechziger Jahren machte Wagner mit dem Aufsatz *Deutsche Kunst und deutsche Politik* und anderen Schriften sein politisches Programm aufs neue mit vollem Nachdruck geltend. Dazu gehörten auch die »Aufklärungen«, die er seinem 1869 als Broschüre wiederaufgelegten Pamphlet *Das Judentum in der Musik* beigab. Die politische Revolution, die er nun verfocht, würde zweifellos durchdachter sein als das ungestüme Revoluzzertum der Jahre 1848–50; dennoch war es immer noch eine politische Vision, was er da entwarf, für deren praktische Umsetzung er Bismarck und das Zweite Reich zu gewinnen versuchte, derart, daß er in den Jahren 1870/71 konkrete Schritte unternahm, sein königlich bayerisches Patronat gegen eine Förderung durch Berlin auszutauschen[26].

Wagner selbst gab zu, daß sich die Realpolitik bis zu einem gewissen Grade einmischen müsse. Es sei, räumte er ein, für die deutschen Bewohner eines kälteren Landstrichs schwierig, nach den im Kern buddhistischen Grundsätzen Schopenhauers zu leben: »Luther deckt diese klimatische Unmöglichkeit zur Durchführung der milden Entsagungslehre des Buddha auf: es geht hier nicht, wo wir Fleisch essen, Gebrautes trinken, uns stark bekleiden und warm logieren müssen ...«[27] Wie Wagner es nicht lassen konnte, weiterhin an eine tatsächliche politische Revolution zu denken und im praktischen Sinne über die Judenfrage zu reden, so aß er auch weiter Fleisch, wiewohl er überzeugt war, daß dies unmoralisch sei. Und obgleich er gelegentlich Schopenhauers Ausspruch beipflichtete, die Verneinung des Willens bedeute auch die des Geschlechtstriebs, ließ er sich in seinen persönlichen Gewohnheiten nicht sonderlich durch dieses hehre philosophische Prinzip beirren. Ja, die Lehre des verehrten Philosophen untergrub er ganz ungeniert dergestalt, daß daraus eine ausdrückliche Billigung der geschlechtlichen Liebe wurde[28]! Mithin gab also Wagner nach einer neuerlichen Lektüre Schopenhauers seine Ideen von einer politischen und sozialen Revolution ebensowenig auf, wie er auf Sex oder Fleisch verzichtete. Die Spannung zwischen Ideal und Wirklichkeit blieb für sein Privatleben ebenso bestimmend wie für seine Kunst und seinen Antisemitismus.

Als Nietzsche Wagners Antisemitismus als »Schopenhauerisch« verurteilte, meinte er damit, daß dessen Hauptelemente bei dem pessimistischen Philosophen zu finden seien: arisches Christentum, jüdische Verantwortung für die Grausamkeit

gegenüber Tier und Mensch, die Notwendigkeit eines dem
Judentum wesensfremden Mitleids. Zum Zeitpunkt, als Nietzsche das schrieb, war er allerdings zu dem Schluß gelangt, daß
die Wagner-Schopenhauersche Vorstellung eines buddhistischen arischen Christentums völlig abwegig sei: Das Christentum war für ihn eine jüdische Religion und dessen Ethik des Mitleids offensichtlich jüdisch und ganz andersartig als die buddhistische Idee. Doch auch Nietzsche war vorher sowohl von
Schopenhauers als auch von Wagners Antisemitismus nachhaltig beeinflußt gewesen. 1871 hatte er unverhohlen und Wagner nachplappernd verkündet: »Unsre *deutsche* Mission ist
noch nicht vorbei! Ich bin mutiger als je: denn noch nicht alles
ist unter französisch-jüdischer Verflachung und ›Eleganz‹ und
unter dem gierigen Treiben der ›Jetztzeit‹ zugrunde gegangen.«[29] Selbst in seinen späteren Ausfällen gegen Wagners Antisemitismus bewahrte sich Nietzsche einen tiefen Vorbehalt
gegen das Judentum, das er aus verschiedenen Richtungen wütend angriff. »Vielleicht ist der jugendliche Börsenjude die wi-
derlichste Erfindung des Menschengeschlechtes überhaupt«,
schrieb er in *Menschliches, Allzumenschliches*, während *Zur
Genealogie der Moral* Hohn und Verachtung über die jüdische
»Sklavenmoral« ausgießt, die vom Christentum verbreitet worden sei und so die Welt »verjudet« habe. Antisemitismus sei
jedoch keine Antwort, sondern das Ressentiment eines schwachen deutschen Nationalcharakters oder einer schwachen Persönlichkeit. Tatsächlich räumte Nietzsche ein, daß die Juden
bewundernswerte positive Eigenschaften besäßen, durch die
sie den Deutschen überlegen seien. Die geistige Unabhängig-
keit der Juden habe einen Christus hervorgebracht, einen Spi-
noza und einen Heine, und ihr Erfolg in Europa zeige, daß sie
den »Willen zur Macht« besessen hätten, den Nietzsche in bewußter Opposition zu Wagners und Schopenhauers Willens-
verzicht rühmte. Nietzsches Denken ist durchzogen von einer
Ambivalenz – Bewunderung gemischt mit wütendem Sarkasmus –, die auch bei Herder und anderen, obzwar weniger deut-

lich, spürbar gewesen war, die aber von ihm zu einer wahnhaften Intensität gesteigert wurde. Die Tatsache, daß Nietzsche die »gewöhnlichen« deutschen Antisemiten verurteilte, kann ihn nicht von dem Vorwurf freisprechen, einen ganz eigenen, hochgradig idiosynkratischen Antisemitismus formuliert zu haben, der ebensosehr wie der Wagners die Abschaffung des jüdischen Gottes und der jüdischen Werte forderte. Auf diesem Gebiet wie auch in anderen aggressiven Aspekten von Nietzsches Beitrag zur deutschen Geisteshaltung enthält das inzwischen verbreitete Bild eines »sanften Nietzsche« etwas zuviel Schönfärberei[30].

Die Bösartigkeit von Nietzsches Beitrag zur Entstehung der Atmosphäre, die das Dritte Reich möglich machte, liegt nicht im angeblichen Rassismus seiner Ideen wie »der Wille zur Macht« und der »Übermensch« (heutzutage wird behauptet, es handele sich dabei um rein moralische, nicht um politische oder rassistische Begriffe), sondern in einer von Größenwahn geprägten arroganten Verächtlichmachung zivilisierter Wertvorstellungen, die er unter der deutschen Jugend und insbesondere den Studenten genährt hatte. Nietzsches herzlose intellektuelle Begeisterung für die Idee, daß das moderne Massenzeitalter in der massenhaften Vernichtung nutzloser Individuen enden müsse, schuf außerdem ein Klima, das schon lange vor dem Aufstieg der Nazis reif war für totalen Krieg und Massenmord – obgleich er selbst wahrscheinlich das Morden, wenn es tatsächlich dazu gekommen wäre, voll tugendhafter Entrüstung abgelehnt hätte.

7

Eine neue
deutsche Politik 1864–76:
Deutsche Kultur und deutsche Politik

Hatten Wagners Revolutionsphantasien überhaupt einen Bezug
zur politischen Praxis, oder beschränkten sie sich auf den Bereich der Moral und der Kunst? In der Forschungsdiskussion,
die sich an dieser Frage entzündete, ist zumeist der Standpunkt
vertreten worden, Wagners schopenhauersche Wende in den
fünfziger Jahren habe auch eine Veränderung seines revolutionären Bewußtseins bewirkt. Diese Phase der »Weltfremd-
heit« war jedoch nur ein Durchgangsstadium, auch wenn einige
ihrer Elemente Teil seiner Weltanschauung wurden. So lehnte
er beispielsweise den herkömmlichen tagespolitischen Radikalismus ab und nahm auch nie wieder jene prosaischen politischen Positionen ein, die er bis 1850 vertreten hatte. Trotzdem
bewahrte sich Wagner bis weit in die fünfziger Jahre hinein die
Hoffnung auf eine gänzlich neue Art von Politik, obgleich er
keine genaue Vorstellung hatte, wie diese aussehen sollte. 1851
hatte er offen zugegeben, daß seine Revolutionsauffassung,
wenn auch zutiefst ästhetischer und moralischer Natur und nie
politisch im engeren Sinn, unvermeidlicherweise bis zu einem
gewissen Grade mit Politik zu tun gehabt habe:

»Nie hatte ich mich eigentlich mit Politik beschäftigt. Ich entsinne
mich jetzt, den Erscheinungen der politischen Welt genau nur in
dem Maße Aufmerksamkeit zugewandt zu haben, als in ihnen der
Geist der Revolution sich kundtat, nämlich, als die reine menschliche Natur sich gegen den politischen juristisch[en] Formalismus
empörte ...«[1]

In den sechziger Jahren dann, nachdem ihn König Ludwig II. von Bayern aus Geldnöten gerettet und ihm endlich einen einflußreichen Posten verschafft hatte, wandte sich Wagner wieder ernsthaften politischen Überlegungen zu. Diesmal richtete er sein Augenmerk auf die rassische Dimension des deutschen Volkes, in dem er das Instrument zur Überwindung der alten politischen Positionen sah, mochten sie nun sozialistisch, liberal oder konservativ, monarchistisch oder republikanisch sein. Schon 1848/49 hatte ihm diese Vision vorgeschwebt, als er einen naiven Appell an den König von Sachsen richtete, die Führung einer echten deutschen Volksrevolution zu übernehmen. Zwei Jahre nach dem Dresdener Debakel hatte er diesen Gedanken im Schlußabsatz seiner *Mitteilung an meine Freunde* (1851) aufs neue formuliert, allerdings so, daß daraus eher künstlerische als konkret politische Absichten geschlossen werden konnten:

»Als Künstler trage ich zu der schöpferischen Zerstörung der modernen Welt bei. Wenn ihr also fragt, was ihr von mir halten sollt, entgegne ich: Ich bin weder Republikaner noch Demokrat noch Sozialist noch Kommunist, sondern – Künstler; und als solcher, so weit mein Auge und mein Wille reicht, durch und durch Revolutionär, ein Zerstörer des Alten und ein Bildner des Neuen durch die Schöpfung des Neuen.«[2]

Nun, im Jahre 1864, als König Ludwig an seinen Lippen hing, glaubte Wagner, die Stunde sei gekommen, da die utopische Revolutionsidee aus der Welt des Künstlergeistes in die Gefilde der praktischen Politik hinabsteige. Als immer noch unverbesserlicher Revolutionär versuchte Wagner gegenüber dem König zuerst einmal klarzustellen, daß er mit dem ungehobelten Sozialismus der Revolution von 1848 vollständig gebrochen habe. Das tat er in der Schrift *Über Staat und Religion* (1864)[3]. Dann, im September 1865, überreichte er Ludwig das *Politische Tagebuch*, eine Denkschrift, die schließlich 1878 – mit einigen Veränderungen – unter dem Titel *Was ist deutsch?* veröffentlicht wurde[4].

In dem Bestreben, sich klar zu werden über »die wirkliche Bedeutung und Eigentümlichkeit desjenigen deutschen Wesens, welches wir selbst in der Geschichte einzig mächtig hervortretend fanden«, behauptet Wagner im *Tagebuch*, daß nur »der deutsche Geist zu der Fähigkeit gelangt [sei], das Reinmenschliche selbst wiederum in ursprünglicher Freiheit nachzubilden« (S. 40f.), und Deutschland der Herold des revolutionären Geistes der Freiheit sei. Allerdings sei dieses wahre deutsche Wesen seit dem Mittelalter von den Herrschern Deutschlands verraten worden und verlasse heute sogar das deutsche Volk selbst. »Waren bis hierher die deutschen Fürsten meistens mit dem deutschen Geiste gemeinsam gegangen, so habe ich schon bezeichnet, wie seitdem leider auch noch die Fürsten fast gänzlich diesen Geist zu verstehen verlernten. Den Erfolg davon ersehen wir an unsrem heutigen öffentlichen Staatsleben: das eigentlich deutsche Wesen zieht sich immer mehr von diesem zurück ...« (S. 42) Politisch sei die Nation entgermanisiert worden, »und die fürstlichen Rechte Preußens und Österreichs haben sich allmählich daran zu gewöhnen, ihren Völkern gegenüber, da der Junker und selbst der Jurist nicht mehr recht weiter kommt, sich durch – Juden vertreten zu sehen« (S. 43). Der Grund für all das sei das jüdische Engagement im Kapitalismus gewesen:

»In dieser sonderbaren Erscheinung des Eindringens eines allerfremdartigsten Elementes in das deutsche Wesen liegt mehr, als es beim ersten Anblick dünken mag ... Der Jude scheint den Völkern des neueren Europas überall zeigen zu sollen, wo es einen Vorteil gab, welchen jene unerkannt und unausgenutzt ließen ... Sämtliche europäische Völker ließen die unermeßlichen Vorteile unerkannt, welche eine dem bürgerlichen Unternehmungsgeiste der neueren Zeit entsprechende Ordnung des Verhältnisses der Arbeit zum Kapital für die allgemeine Nationalökonomie haben mußte: die Juden bemächtigten sich dieser Vorteile, und am verhinderten und verkommenden Nationalwohlstande nährt der jüdische Bankier seinen enormen Vermögensstand.« (S. 43)

Die größte Tragödie ist für Wagner, daß dieses Profitstreben auch ins Reich der deutschen Kunst und des deutschen Gefühls eingedrungen sei. Die Juden, gefördert durch die Herrscher Deutschlands und unfähig zu jenem deutschen Idealismus, dem die Reinheit schöpferischer Arbeit heilig ist, hätten selbst die deutsche Kunst ausgebeutet:

»Der Jude korrigierte dieses Ungeschick der Deutschen, indem er die deutsche Geistesarbeit in seine Hand nahm; und so sehen wir heute ein widerwärtiges Zerrbild des deutschen Geistes dem deutschen Volke als sein vermeintliches Spiegelbild vorgehalten. Es ist zu fürchten, daß das Volk mit der Zeit sich wirklich selbst in diesem Spiegelbild zu ersehen glaubt: dann wäre eine der schönsten Anlagen des menschlichen Geschlechtes vielleicht für immer ertötet.

Wie es vor solchem schmachvollen Untergange zu bewahren sei, haben wir aufzusuchen ...« (S. 44)

Selbst die Idee der Revolution habe (meint Wagner abschließend) in den letzten fünfzig Jahren einen Prozeß der Entgermanisierung durchgemacht, und die Schuld daran gibt er stillschweigend Börne und anderen jüdischen Revolutionären. Obgleich er Börne nicht nennt, geht aus einer 1878 hinzugefügten Anmerkung unzweideutig hervor, daß er an ihn dachte, als er den Aufsatz schrieb. »Es mußte der Jude Börne sein«, heißt es in dieser Anmerkung, »der zuerst den Ton zur Aufstachelung der Trägheit des Deutschen anschlug« und so die Deutschen aus der Selbstgefälligkeit weckte, die allmählich ihr »Deutschtum« zerstörte[5]. Damit aber habe Börne bewirkt, daß die Revolutionsidee der deutschen Burschenschaften gründlich mißverstanden wurde, was dazu führte, daß sie zu einer französischen – und jüdischen – liberalen Revolutionsauffassung pervertierte:

»Das Mißverständnis, welches zu seiner Zeit den österreichischen Staatskanzler, Fürsten Metternich, bei der Leitung der deutschen Kabinettspolitik bestimmte, die Bestrebungen der deutschen ›Burschenschaft‹ für identisch mit denen des ehemaligen Pariser Jakobinerklubs zu halten, und demgemäß gegen jene zu verfahren, war

höchst ergiebig zur Ausnützung von seiten des außerhalb stehenden, nur seinen Vorteil suchenden Spekulanten. Verstand dieser es
recht, so konnte er sich diesmal mitten in das deutsche Volks- und
Staatswesen hinein schwingen, um es auszubeuten und endlich
nicht etwa zu beherrschen, sondern es geradeweges sich anzu-
eignen.
… so fanden sich auch diejenigen Unternehmer ein, welche vom
Standpunkte des unterdrückten deutschen Volksgeistes aus nach
französischer Maxime zu den Regierungen hinaufblickten. Der
Demagoge war nun wirklich da; aber welch klägliche Aftergeburt!
Jede neue Pariser Revolution ward nun in Deutschland alsbald
auch in Szene gesetzt: war ja doch jede neue Pariser Spektakeloper
sofort auf den Berliner und Wiener Hoftheatern zum Vorbilde für
ganz Deutschland in Szene gesetzt worden. Ich stehe nicht an, die
seitdem vorgekommenen Revolutionen in Deutschland als ganz
undeutsch zu bezeichnen. Die ›Demokratie‹ ist in Deutschland ein
durchaus übersetztes Wesen. Sie existiert nur in der ›Presse‹, und
was diese deutsche Presse ist, darüber muß man sich eben klar
werden. Das Widerwärtige ist nun aber, daß dem verkannten und
verletzten deutschen Volksgeiste diese übersetzte französisch-
jüdisch-deutsche Demokratie wirklich Anhalt, Vorwand und eine
täuschende Umkleidung entnehmen konnte. Um Anhang im Volke
zu haben, gebärdete sich die ›Demokratie‹ *deutsch* und ›Deutschtum‹, ›deutscher Geist‹, ›deutsche Redlichkeit‹, ›deutsche Freiheit‹, ›deutsche Sittlichkeit‹ wurden nun Schlagwörter, die nie-
manden mehr anwidern konnten, als den, der wirklich deutsche
Bildung in sich hatte, und nun mit Trauer der sonderbaren Komö-
die zusehen mußte, wie Agitatoren aus einem nichtdeutschen
Volksstamme für ihn plädierten, ohne den Verteidigten auch nur zu
Worte kommen zu lassen. Die erstaunliche Erfolglosigkeit der so
lärmenden Bewegung von 1848 erklärt sich leicht aus diesem selt-
samen Umstande, daß der eigentliche wahrhafte Deutsche sich
und seinen Namen so plötzlich von einer Menschenart vertreten
fand, die ihm ganz fremd war.« (S. 49–51)

Der Aufstand von 1848 war also deshalb gescheitert, weil seine
Protagonisten die spezifisch deutsche Idee von Revolution zugunsten einer französisch-jüdischen – und letztlich kapitalistischen – Version derselben verraten hatten. Damit der deutsche

Geist Erlösung finde, müsse sowohl in der Politik als auch in der
Kunst eine revolutionäre Rückkehr zum reinen Wesen des deutschen Volkes erfolgen und dieses von seiner Verseuchung durch
artfremde Elemente gereinigt werden. Wenn dies nicht ge-
schehe, werde es, wie Wagner in einem späteren Brief an den
König darlegte, zu einer falschen Revolution kommen. Dann
sehe er »auf ewig – mein ›Deutschland‹ untergegangen! Zu
was dann mein Leben, mein Wirken, mein Schaffen? ... Mit
Deutschland steht und fällt mein Kunstideal, leben oder sterben meine Werke. Was dem Untergang der deutschen Fürsten
folgen wird, ist jene jüdisch-germanische Masse, die ich Ihnen
einst im Tagebuch gezeichnet habe: was ich unter ›deutsch‹
verstehe, wissen Sie. Aber – das können Ihre Diplomaten nicht
begreifen.«[6]

Es ist oft behauptet worden, daß Wagner nach 1870 extre-
mere Positionen eingenommen habe als in früheren Jahren.
Vergleicht man jedoch die beiden Fassungen der oben zitierten
Schrift miteinander, so stellt man fest, daß die Bemerkungen
über die Juden in der früheren Fassung, die er 1865 dem König
überreichte, weitaus schlimmer sind als die im später veröffentlichten Aufsatz. Die Juden seien »Ausbeuter und Parasiten«, die das gesamte Kultur- und Finanzleben in Deutschland
übernommen hätten. Die Juden, so heißt es da, hätten Preußen
so weit korrumpiert, daß es am deutschen Geist und den Idealen der Befreiungskriege Verrat begangen habe. Allerdings enthält die erste Version eine Klausel, die in der von 1878 weggelassen wurde: »der Jude«, der sich der deutschen Volkswehr
einreihen würde, heißt es da, werde »entweder verschwinden,
oder zu einem wirklichen Deutschen umgeschaffen werden.
Ein glücklicher, höchst wichtiger Erfolg!« Bezeichnenderweise
erklärt Wagner, daß die Bürgerarmee nicht dazu bestimmt sei,
Europa militärisch zu beherrschen, da sein deutscher Ideal-
staat kein *»aggressiv-revolutionärer«*, sondern ein *»defen-
siv-konservativer«* sei. Das heißt, er ist kein revolutionärer
Staat wie der aggressiv-demokratische, der aus der Französi-

schen Revolution hervorging, aber dennoch revolutionär insofern, als er die Vision einer erlösenden und grundlegenden
Befreiung des deutschen Geistes in sich schließt. Hier, wie anderswo, sollte man sich von Wagners scheinbarer Abkehr von
»Revolution« nicht täuschen lassen[7].

Beim Ausbruch des österreichisch-preußischen Krieges im
Juni 1866 dachte Wagner sogleich über praktische Schritte
nach und versuchte in einem *Politischen Programm*, das er
dem König noch im selben Monat vorlegte, seine idealistischen
Vorstellungen deutscher Politik mit den neuen politischen
Realitäten zu verbinden. Er schlug nun ein föderalistisches
Deutschland unter der Führung Bayerns vor, das sowohl einer
preußischen als auch einer österreichischen Vorherrschaft entgegenwirken würde, und im Oktober desselben Jahres warb er
erneut für diesen Plan[8].

Kurz darauf verfaßte er für die halbamtliche Zeitung *Süd-
deutsche Presse*, deren Mitherausgeber sein inzwischen aus
dem Gefängnis entlassener einstiger Genosse Röckel war, eine
ausführliche Darstellung seines reichlich verworrenen neuen
Programms einer deutschen Politik. Mit dem zuerst 1867 in
Fortsetzungen und dann 1868 in Buchform erschienenen Aufsatz *Deutsche Kunst und deutsche Politik* versuchte Wagner,
seine Kunst als das vermittelnde Element in einer neuen, revolutionären deutschen Form der Politik, die er »ideal konservativ« nannte, zu rechtfertigen[9]. Wagner wollte unbedingt zeigen,
daß auch eine Monarchie wie die Bayerns die Prinzipien deutscher Revolution enthalten könne. Das Ganze war ein offener
Versuch, den König zu manipulieren, und demonstriert auf anschauliche Weise, wie geschickt es Wagner verstand, seinen
zynischen Eigennutz in idealistische, scheinbar altruistische
Appelle zu kanalisieren, für die ein König ebenso empfänglich
sein mochte wie ein Revolutionär.

Der Aufsatz beginnt mit einer Beschwörung des Grund-
satzes, daß eine neue, wesensmäßig deutsche Politik entstehen
müsse, befreit vom leeren Materialismus der Franzosen, eine

Politik, die zu einem dauerhaften Frieden in Europa führen
werde. Die Anregung zu diesem Gedanken verdankte Wagner
seinem neuem Freund, dem christlichen Föderalisten und revolutionären Antisemiten Constantin Frantz, mit dem er 1865
über das Thema nationale deutsche Politik einen lebhaften
Briefwechsel begonnen und dessen Ideen über »wahre deutsche Politik« er bereits dem König empfohlen hatte [10]. Wagner
will hier jedoch vor allem zeigen, wie sich in wahrer deutscher
Kunst jener »deutsche Geist« offenbare, der die neue deutsche
Politik inspirieren müsse. Wenn Kunst und Politik erst einmal
Ausdruck dieses »deutschen Geistes« seien, werde zwischen
ihnen Harmonie herrschen.

Breiten Raum nimmt in dem Aufsatz die Verurteilung des
Geistes der französischen Zivilisation ein, der die ursprüngliche
Kultur Deutschlands zugrunde gerichtet habe. Wie im *Politischen Tagebuch* von 1865 (also dem späteren *Was ist
deutsch?*) wirft Wagner den Deutschen vor, die Wiederbelebung deutscher politischer Kultur durch die Burschenschaften
als eine Art zweiter französischer Revolution mißverstanden zu
haben. Nachdem der junge Burschenschaftler Karl Sand im
Jahre 1819 Kotzebue ermordet hatte, konnten seine Richter
zum Beispiel nicht glauben, daß er getrieben von »deutschem
Geiste« und aus der schlichten Überzeugung heraus gehandelt
habe, daß sein Opfer der »Verführer der deutschen Jugend und
der Verräter des deutschen Volkes« sei. Natürlich war auch den
Juden der wahre, spontan von innen kommende »deutsche
Geist« Sands und der Studentenverbindungen unverständlich
gewesen. Sand sei von der deutschen Rechtschaffenheit seines
Handelns so inbrünstig überzeugt gewesen, daß er selbst Folter
und Tod bereitwillig und edel zu ertragen vermochte. Ein solches Verhalten war ein Ansporn für alle Deutschen, nicht aber
für die Juden, denn, so Wagner: »Über diese Tat machte sich zuerst ein geistvoller Jude, Börne, lustig; auch Heine hat, wie uns
dünkt, es nicht an Spaß daran fehlen lassen.«

Die Kehrtwende, die Wagner gegenüber dem einst verehrten

Börne vollzog, ist für die weitere Entwicklung seines Denkens von entscheidender Bedeutung, sowohl im Hinblick auf eine deutsche Revolution als auch bezüglich der Judenfrage. Wagner kommt schließlich zu der Einsicht, daß der von den deutschen Revolutionären zum Idol erhobene Börne gar nicht imstande gewesen sei, den wahren Geist der deutschen Revolution zu begreifen. Er muß nun als der falsche Apostel einer französisch-jüdischen, undeutschen Revolution verworfen werden. Mehr noch: wenn schon Börne, der im *Judentum in der Musik* als Paradebeispiel des erlösungsfähigen Juden firmierte, nicht zu retten ist, wie dann ein Jude überhaupt? In Wagners Augen gab es hinfort für die Juden kaum mehr eine Chance auf Erlösung. Müßig zu betonen, daß diese Kehrtwendung hinsichtlich Börnes keineswegs bedeutete, daß Wagner zu seiner einstigen Bewunderung Heines zurückgekehrt wäre, der nun aufs neue für seinen Spott über alles, was in der deutschen Literatur hehr und erhaben ist, und für den verhängnisvollen Einfluß, den seine franko-jüdische, undeutsche Dichtung auf die deutsche Kunst ausgeübt habe, gegeißelt wird[11].

Das Aufkommen anderer »deutscher Vereinigungen«, etwa des Turnvereins, der wie die Burschenschaften durchdrungen war von echtem »deutschen Geist«, weckte in Wagner die Hoffnung auf eine Wiedergeburt deutscher Politik und Kunst. Aber dies würde ein langsamer Prozeß sein. Der deutsche Geist hatte das politische Leben noch nicht erfaßt, wo immer noch die englischen und französischen »Deputiertenkammern« memmenhaft nachgeahmt wurden. Ferner sei es unvermeidlich, daß »der wahre Erbe und Verwerter der europäischen Zivilisation ... wie überall so auch hier, gar bald selbst mit einer Börsenspekulation auf ›Deutschtum‹ und ›deutsche Gediegenheit‹« sich einstellt. Dennoch müsse das »so grunddeutsche Vereinswesen« seine revolutionäre Aufgabe in Angriff nehmen, das häßliche Gesicht der gegenwärtigen Obrigkeit und Bürokratie in Deutschland grundlegend zu verändern.

Der neue deutsche, revolutionäre Staat ist nach Wagners

Vorstellung eine revolutionäre Einheit des deutschen Königs und des deutschen Volkes und somit Ausdruck wahrhaft deutschen Geistes, der sich über die simplen Etiketten herkömmlicher Politik hinwegsetze. Im Grunde schwebte Wagner die Wiedergeburt jenes alten deutschen Königtums vor, das er bereits in *Lohengrin* idealisiert hatte [12]: »Wenn wir schließlich auf eine wahrhafte erlösende, innige Verbindung der deutschen Fürsten mit ihren Völkern, auf ihre Durchdringung von wahrhaft deutschem Geiste mahnend hinweisen«, und: »Wiedergeburt des deutschen Geistes ... zum Zwecke der Veredelung des öffentlichen Geisteslebens des deutschen Volkes sowie zu dem Zwecke der Begründung einer selbst über unsre Grenzen heilsam hinausreichenden neuen, wirklich deutschen Zivilisation«. Dies aber bedeutet, daß die »von uns öfter bezeichnete Reaktion der deutschen Regierungen gegen den deutschen Geist« aufgegeben wird. Diese Regierungen, wie sich am preußischen Staat Friedrichs des Großen beispielhaft zeigte, stellen nämlich eine Verirrung des deutschen Geistes dar, sind sie doch Ausdruck jenes reinen Zweckmäßigkeitsdenkens, das dem deutschen Idealismus so verhaßt ist. Die Staatsräson bringt einen Staat um alles, was wirklich human ist, einschließlich der Kunst selbst. Doch trotz dieses unmenschlichen »Mechanismus der Zweckmäßigkeit« hegt Wagner aufgrund seiner Erfahrungen mit dem Bayern Ludwigs II. die Hoffnung, daß sich der Staat höhere Ziele setzen und vor allen Dingen Kunst und Bildung fördern werde: »Es berechtigt zu großen Hoffnungen, daß neuerdings wohl in allen deutschen Landen von unten bis oben, gleichmäßig das Bedürfnis zur Veredlung der Staatstendenz gefühlt ... worden ist.« In dieser neuen Politik werde es die alte Staatsidee nicht mehr geben und König und Volk in einer revolutionären Synthese zueinander finden:

»Wir haben weder aristokratische noch demokratische, weder liberale noch konservative, weder monarchische noch republikanische Interessen in unser Spiel zu ziehen gesucht, sondern für jede unsrer Forderungen uns einzig auf den Charakter des deutschen

Geistes gestützt ... Wir bedienen uns ferner hier des Vorteiles, alle vorhandenen Elemente uns in ihren natürlichen Eigenschaften als fortbestehend und nur der Entwicklung und Umbildung fähig zu denken, wobei wir, was den materiellen Bestand der Staatsgesellschaft betrifft, uns auf denjenigen absolut konservativen Standpunkt stellen dürfen, den wir den idealen nennen wollen, im Gegensatz zu dem formal realistischen ... Von dem größten Verhältnisse des Königs zum Volke sind die ihm gleichen, anderen Verhältnisse umfaßt ... Diesem Geiste im deutschen Staatswesen die voll entsprechende Grundlage zu geben, so daß er frei und selbstbewußt aller Welt sich kundgeben kann, heißt aber so viel als selbst die beste und einzig dauerhafte Staatsverfassung gründen.«

Wagner wünschte sich eine Revolution der Staatsauffassung und den Untergang des altmodischen »zweckmäßig-realistischen« Staates. Er war darin eines Sinnes mit Constantin Frantz, der begeistert erklärt hatte: »Ihr Untergang des Staates ist die Gründung meines deutschen Reiches!«[13] Wagner revanchierte sich dafür, indem er Frantz die neue Ausgabe von *Oper und Drama* (1868) widmete und bekannte, daß es der »deutsche Geist« gewesen sei, der sie beide zusammengebracht habe. Natürlich waren sie sich in ihrer Korrespondenz und ihren Veröffentlichungen über die Kehrseite dieser revolutionären Medaille einig: den Haß auf die Juden. Deutsche Macht galt Leuten wie Frantz und Wagner nie als ein Übel, sondern als eine Kraft zum Wohle der Menschheit – so wie Wagners eigener künstlerischer Egoismus nie mit dem Übel gleichzusetzen war, das der jüdische Egoismus in seinen Augen darstellte[14].

Wagners neue revolutionäre Konzeption des deutschen Staates aus den sechziger Jahren wirft zwei kritische Fragen auf. Erstens: Bedeutete sie wirklich, wie oft behauptet wird, einen Verrat an seinen »revolutionären Ideen« der Jahre 1848–50? Gab Wagner wirklich den Gedanken an eine Revolution auf, um sich nationalistischen, reaktionären Überzeugungen von Volk und Deutschtum zuzuwenden[15]? Der Vorwurf des Verrats wurde schon von Wagners Zeitgenossen erhoben, ein

Vorwurf, dem Wagner mit dem 1864 für Ludwig II. geschriebenen Aufsatz *Über Staat und Religion* zuvorzukommen versucht hatte. Sophistisch wie stets, hatte er dort erklärt, seine revolutionären Ansichten über Politik und Religion keineswegs geändert zu haben: Lediglich dem schlichten sozialistischen Allheilmittel von 1849/50 habe er entsagt, um ein tiefgründigeres Modell revolutionärer Politik zu suchen[16]. Für den Wagner der sechziger Jahre löste die Idee des Volkes die der Revolution keineswegs ab, sondern vertiefte sie nur. Er betonte nun nachdrücklich, daß die wahre Revolution mehr sein müsse als nur politisch in der alten, »realistischen« Manier. Sie müsse vielmehr ein genuiner Ausdruck des »deutschen Geistes« sein, der die höchsten Menschheitsideale in sich schließe: Freiheit, Gerechtigkeit und Humanität. Auch in den Jahren 1848–50 war Wagner schon von der Notwendigkeit einer »deutschen Revolution« überzeugt gewesen: Er hatte sich eingehend mit deutscher Mythologie und Geschichte beschäftigt, hatte ihren antisemitischen Inhalt erforscht und war zu dem Schluß gelangt, daß der Sozialismus den erfolgversprechendsten Weg darstelle, jenes Ziel zu erreichen. Aber mit Sozialismus war es nicht getan, und so setzte nun Wagner seine Hoffnung auf eine »deutsche«, völkische Spielart von Revolution, die ihm mehr Aussicht auf eine Umsetzung seiner Vision zu bieten schien. Das revolutionäre Hervortreten des »deutschen Geistes« in den sechziger Jahren bot Wagner den Schlüssel, um zu zeigen, wie das echt »Menschliche« sowohl in der Politik als auch in der Kunst befreit werden sollte.

Das zweite Problem, das Wagners revolutionäre deutsche Staatstheorie aus den sechziger Jahren aufwirft, läßt sich in die Frage fassen, ob es sich bei dem Staat, den er im Sinn hatte, eher um eine spirituelle, idealistische Einheit als um einen herkömmlichen Machtstaat handelt. Theoretisch war Wagner sehr mißtrauisch gegenüber der Tradition des auf Friedrich den Großen zurückgehenden deutschen Machtstaates und wünschte sich dessen »Untergang«. An seine Stelle sollte ein idealistischer und menschlicher Staat treten, der Bildung und Erziehung und alle Ausdrucksformen des »deutschen Geistes« fördern würde. Dieser Staat ist der geistig-moralischen Renaissance Preußens verpflichtet, die Fichte in seinen *Reden an die deutsche Nation* heraufbeschworen hatte. Aber hier stoßen wir wieder auf jene Mehrdeutigkeit und Unklarheit, die den politischen Diskurs in Deutschland seit jeher bestimmt. Man verkennt das hier vorliegende Problem, wenn man theoretische und praktische Vorstellungen in zwei streng voneinander geschiedene Fächer einsortiert und dann fragt, in welches von beiden Fichte und in welches Wagner gehört. Das Wesentliche an dieser politischen Tradition ist ja gerade, daß beide Elemente in ewigem Doppelsinn miteinander verschmolzen sind. Genauso geht in der jüdischen Geschichte die Frage, ob die Juden ein Volk oder eine Religionsgemeinschaft sind, von falschen Voraussetzungen aus. Wer also fragt, ob Wagner an einen politischen Staat oder einen nur in der Idee bestehenden Staat dachte, verkennt das Problem. Mal tritt in seinem Denken das ideelle Moment, dann wieder das der praktischen Politik in den Vordergrund, aber stets stellte er sich die Revolution als eine fluktuierende Synthese von Theorie und Praxis vor. Und dem gleichen Doppelsinn begegnen wir in seinen Äußerungen über die »Juden«. Die eigentliche Crux besteht darin, daß Wagners (und der in Deutschland vorherrschende) Begriff von »den Juden« ein formbarer, fließender Begriff ist, der seine Bedeutung häufig ändern kann, ohne daß sich der Schreiber oder Denker dessen bewußt wäre oder dies beabsichtigte. In deutschen Revolutionstheorien des 19. Jahrhunderts sind daher Revolution und Juden nebulöse, beinahe mystische Symbole, nicht exakte, sachliche Begriffe wie im Liberalismus westeuropäischer Prägung.

Die Meistersinger entstanden in den Jahren seiner gedanklichen Beschäftigung mit deutscher Politik, und auch in diesem Werk treten die Mehrdeutigkeiten seiner Revolutionsauffassung zutage. Der Schlußchor dieses Weihespiels deutscher Kul-

tur wird oft als eine rein spirituelle Glorifizierung des Deutschtums gerechtfertigt, fast so, wie gewisse Kreise »Deutschland
über alles« spitzfindig als Treuebekenntnis zu Deutschland hin-
stellen und die imperialistische Tendenz, die daraus spricht,
herunterspielen. Aber das ist ein zu einseitiger Standpunkt.
Man muß sich immer die Doppelbödigkeit des Wagnerschen
(und im Grunde des deutschen) Denkens vor Augen halten.
Wenn Wagner schreibt:

> »Ehrt eure deutschen Meister, / Dann bannt ihr gute Geister! / Und
> gebt ihr ihrem Wirken Gunst / Zerging' in Dunst / Das heil'ge
> röm'sche Reich / Und bliebe gleich / Die heil'ge deutsche Kunst!«[17]

geht er davon aus (wie Fichte in seinen *Reden an die deutsche
Nation*), daß mit der kulturellen Blüte zwangsläufig eine politische Wiedergeburt Deutschlands einsetzen werde. Wagners
Sprache ist so mehrdeutig, daß ein heutiger Regisseur die
Verse, aus ihrem Entstehungszusammenhang gerissen, als die
rein künstlerische Aussage interpretieren kann, die deutsche
Kultur werde das Ende des »Heiligen Römischen Reiches deutscher Nation«, wie die deutschen Reichsterritorien seit dem
15. Jahrhundert genannt wurden, überdauern. Betrachtet man
die Oper jedoch im Kontext von Wagners »deutscher Politik«
der sechziger Jahre, ist die politische Botschaft der *Meistersinger* unüberhörbar. So will etwa Hans Sachs mit seiner großen Lobrede an die Zunft der Meistersinger alle streitenden
Parteien der freien Reichsstadt Nürnberg versöhnen und dem
»Wahn« ein Ende machen, indem er die Vision einer edleren
Kunst entwirft: Die Zunft ist eine künstlerische Parallele zum
deutschen Revolutionsstaat, der nach Auffassung Wagners die
Dispute der politischen Parteien und Staaten im Deutschland
der sechziger Jahre überwinden wird, sobald seine edle Vision
eines neuen Deutschlands verwirklicht ist.

Die Idee zu den *Meistersingern* war Wagner bereits 1845 gekommen, und man könnte somit in der Oper eine erste kritische
Reaktion auf Heine sehen, der Wagners Vorbild, den histori-

schen Hans Sachs, einen »Nürnberger Spießbürger und ... pe-
dantischen Hanswursten, der die freie Naivität des Mittelalters
ängstlich nachäfft«, genannt hatte[18]. Als die Oper 1867 fertiggestellt war, deutete die in ihr dominierende Erlösungsidee
schon auf Wagners spätere Regenerationslehre hin. Dies wird
selbst dem klar, der sich dem Werk von einem mythologischen
Interpretationsansatz her nähert. Die Heldin Eva zum Beispiel
kann als Symbol des deutschen Volkes gedeutet werden, das
umworben werden muß, um wieder zu der ihm eigentümlichen
Kunst und zum Bewußtsein seiner selbst zu finden. Beides ist
in der Figur des Helden Walther (Wagner selbst) verkörpert.
Trotz des realistischen historischen Hintergrunds der im
16. Jahrhundert angesiedelten Handlung läßt sich somit der
Schluß der Oper als Fruchtbarkeitsritus interpretieren, der
nicht nur die Wiedergeburt des deutschen Volkes durch deutsche Kunst zelebriert, sondern außerdem die Deutschen zu
einer Volksgemeinschaft zusammenschweißt[19].

Es gibt in der Oper einige recht plumpe antisemitische Anspielungen, obwohl natürlich auch hier kein wirklicher Jude
auftritt. Die Figur des Beckmesser, des grimmigen Kritikasters
wahrer deutscher Kunst, hatte Wagner als Karikatur seines
eigenen Kritikers Eduard Hanslick konzipiert, dessen jüdische
Abstammung für ihn feststand. (Tatsächlich war Hanslicks
Mutter Halbjüdin.) Im zweiten Prosaentwurf vom November
1861 läßt sich Wagner ganz gegen seine sonstige Gewohnheit in
die Karten schauen: Er gibt der Figur, die später dann Beckmesser heißen sollte, den Namen Veit Hanslich (bzw. Hans
Lick). Dieser Hinweis wird jedoch im endgültigen Entwurf
getilgt[20]. Wie Millington gezeigt hat, war Wagners Beckmesser
als Personifikation des im *Judentum in der Musik* analysier-
ten Judentyps gedacht: Beckmesser/Hanslich ist streitsüchtig,
pedantisch und unansehnlich, »hinkt, stammelt, blinzelt«, er ist
der Außenseiter, der sich verzweifelt bemüht, in die deutsche
Volksgemeinschaft aufgenommen zu werden; seine Redeweise
und sogar die mit seiner Rolle verbundenen musikalischen Mo-

tive demonstrieren in realistischen Details, daß er außerstande ist, sich in der deutschen Sprache und Musik auszudrücken. Daß er deutsche Musik nicht richtig wiedergeben kann, erweist sich auf dem Höhepunkt seines Auftritts, wenn er das Lied, das er seinem Rivalen gestohlen hat, auf eine »lächerlich verzerrte Weise« vorträgt. Andererseits ist Beckmesser/Hanslichs eigene Serenade als solche eine Parodie auf den jüdischen Kantoralstil, mit seinen langen, melodischen, klagenden Tonsilben, gesungen in einem Register, das dem Falsett recht nahekommt. Und im I. Akt stellt Wagner sogar eine Analogie zwischen Beckmesser/Hanslich und dem Juden in Grimms antisemitischer Geschichte *Der Jude im Dorn* her, der immer weitertanzen muß, obwohl er gern aufhören würde. In der Oper ist es Beckmesser, der nicht aufhören kann zu jaulen und unangenehm aufzufallen, was er (will Wagner sagen) mit allen aufdringlichen Juden gemein hat, die sich in die deutsche Volksgemeinschaft einzuschmeicheln versuchen. Das zeitgenössische Publikum der *Meistersinger* wußte diese Anspielungen zu deuten. Am 14. März 1870 notierte Cosima einen Zeitungsbericht über eine Aufführung der Oper in Wien: »Unter anderem hatten die J. [Juden] dort verbreitet, das Lied von Beckmesser sei ein altes jüdisches Lied, welches R. habe persiflieren wollen.«[21] (Es ist unwahrscheinlich, daß Wagner ein spezielles jüdisches Lied parodierte, er wollte vielmehr das ganze Genre lächerlich machen.)

Daß sich Wagner in den sechziger Jahren wieder dem Nürnberg-Thema der *Meistersinger* zuwandte, hat zweifellos sowohl mit seinen revolutionären Bestrebungen als auch mit seinem Antisemitismus zu tun. In einem Brief an Hans von Bülow vom 20. Februar 1866 legte er ausführlich dar, wie gern er die ehemals freie Reichsstadt Nürnberg zum Mittelpunkt seines neuen deutschen revolutionären Staates machen würde. Dort wollte er mit König Ludwigs Hilfe die »Deutsche Akademie« und andere kulturelle Institutionen errichten, die »vom Wesen her deutsch und nichtjüdisch sein würden«. Dieser Plan steht faktisch am Anfang der Bayreuther Festspiele, da Wagner in diesem Briefwechsel seine Entschlossenheit verkündet, sich im nahe gelegenen Bayreuth niederzulassen, wo ihm der König Räumlichkeiten zur Verfügung gestellt hatte[22].

Der revolutionäre Staat, der Wagner vorschwebte, hatte trotz aller idealistischen Züge durchaus auch einen realen, politischen Aspekt. Dies wird aus Wagners Haltung zu Bismarck deutlich, der den Krieg gegen Frankreich zu nutzen verstand, um 1871 ein neues deutsches Reich zu gründen. Bereits im April 1867 war Wagner von der Notwendigkeit eines echten »Volkskriegs« gegen Frankreich überzeugt gewesen und hatte in dieser kriegerischen Absicht Ludwig II. zu einem Bündnis mit Preußen gedrängt:

> »Die französischen Unverschämtheiten und Drohungen tasten die Ehre Deutschlands an: die Abwehr ist im ganzen Volke ersehnt. Der volksthümlichste Krieg steht bevor: wer entscheidenden Theil an ihm nahm, wird im deutschen Volk über Alles hochgeehrt sein. Jetzt oder niemals! Rufen Sie Ihr kräftiges Bayern auf: höchste Energie den Kriegsrüstungen! ... Nun denn, diess war mein Testament.«[23]

Von dieser Haltung ging Wagner auch nicht ab, als es dann tatsächlich zum Krieg kam. Im August 1870 wollte er unbedingt an Bismarck schreiben und ihn drängen, Paris, »diese Femme entretenue der Welt ... niederzuschießen« (»der Brand von Paris würde das Symbol der endlichen Befreiung der Welt von dem Druck alles Schlechten«[24]). Einen Monat später sehnte der angeblich pazifistische Wagner geradezu blutrünstig ein sofortiges Bombardement der französischen Hauptstadt herbei und hoffte inständig, es werde nicht durch einen vorzeitigen Waffenstillstand abgewendet. (Er glaube »an keine andere Revolution mehr«, hatte er 1850 an Uhlig geschrieben, »als an die, die mit dem Niederbrande von Paris beginnt«[25].) Ein solcher Ausbruch mitten in einem Krieg läßt sich nicht als Ruf nach metaphorischer Vernichtung abtun oder als ein Beispiel für schlechte Laune entschuldigen. Wagner konnte es sich auch nicht verkneifen, im November 1870 eine Farce zu schreiben, in der er den verzweifelten Widerstand der Franzosen gegen die preußische Armee vor Paris lächerlich machte[26]. Im Rückblick auf diese Ereignisse äußerte er später einmal gegenüber Cosima, »er freue sich doch, daß er den Krieg mit Freuden erlebt und nicht mit den Empfindungen, welche er jetzt habe«[27].

Nachdem der Krieg gewonnen worden war, wandte Wagner seine Begeisterung dessen Architekten Bismarck zu. Am 3. Mai 1871 besuchte er den Eisernen Kanzler und zeigte sich hinterher mächtig beeindruckt von diesem großen und »einfachen deutschen« Geist. Der Gipfel seiner Bewunderung für den neuen Machtstaat war mit dem *Kaisermarsch* erreicht, den er im selben Jahr komponierte, zur Bestürzung einiger Freunde aus Revolutionstagen, darunter auch Constantin Frantz. Dessen Abneigung gegen Bismarck und das Reich tat Wagner damals als ein weiteres Beispiel dafür ab, daß die Deutschen unfähig seien, einen großen Geist zu erkennen, wenn er erscheine. Wagner war nur allzu bereit, das Zweite Reich als einen wunderbaren Sponsor seiner Pläne zur Revolutionierung der deutschen Kunst zu begrüßen, doch als 1873 auf seine Bemühungen, Bismarcks Schirmherrschaft für die Bayreuther Festspiele zu gewinnen, keine Antwort erfolgte, schlug die Stimmung des Komponisten um. Das neue Reich war nun in seinen Augen nichts anderes als ein realpolitischer Staat der üblichen Art, geprägt von bürgerlichem Reichtum und mehr und mehr unter jüdischen Einfluß geratend. Mit einigem Recht konnte er nun gegen das militaristische Gepränge dieses Staates polemisieren. »Ich bin so angeekelt von diesem neuen Deutschland. Soll dies ein Reich sein, Berlin eine Reichshauptstadt?« rief er 1878 aus. Dies war nach seiner Wiederaussöhnung mit Constantin Frantz, den er beschwor, Artikel gegen Bismarck zu schreiben, die in seiner neuen Hauspostille, den *Bayreuther Blättern*, erscheinen sollten. Wagner lamentierte nun über Bismarck, nannte ihn einen »schlechten Menschen« und fragte sich: »Was weiß so ein Junker von Deutschland?«

Und am 22. Oktober 1880 notierte Cosima: »In der Frühe spricht er mir seine ganze Antipathie gegen Bismarck aus.« Der Eiserne Kanzler hatte schließlich die deutsche Revolution verraten[28].

Wie aus Cosimas Tagebuch hervorgeht, bestand dieser Verrat für Wagner vor allem darin, daß Bismarck mit den Juden kungelte: »Als eine Schmach für Deutschland bezeichnet er die Beschlüsse des Kongresses, für welche die Israeliten eine Dankadresse an den Reichskanzler erlassen!« (15. Juli 1878) Ein paar Jahre später bestärkte Bismarcks Rede gegen die Antisemitische Petition Wagners Verdacht, daß er »mit den Juden paktiert«, und dies setzte Wagner derart zu, daß er meinte: »Aus dem deutschen Reiche müsse man treten … um nicht zu vielen Kummer daran zu haben.« (10. November 1881)

Wagner machte somit die Judenfrage zum Prüfstein der politischen Ehrlichkeit des neuen Reiches und begründete diese Haltung unter anderem in dem Aufsatz *Deutsche Kunst und deutsche Politik*. Immer klarer wurde ihm nun, daß es das Judentum war, von dem die Revolution Deutschland erlösen müsse. In der ersten Version des *Judentums in der Musik* (1850) hatte er sich darauf beschränkt, die Erlösung der deutschen Kunst von jüdischen Verzerrungen zu fordern; auch hatte er dort sogar die menschliche Erlösung der Juden angesprochen. 1869 allerdings sah er nicht mehr nur die deutsche Kunst, sondern auch die deutsche Politik vom Judentum besudelt und unterminiert. Die jüdischen Werte, die einer echten deutschen Kultur im Wege standen, arbeiteten auch gegen eine politische Revolution, die authentisch deutsch wäre. Daher zwang sich Wagner zu der Schlußfolgerung, daß sein politisches Theoretisieren durch eine neue Betrachtung der Judenfrage abgerundet werden müsse. Dies tat er denn auch – gegen den Rat sämtlicher Freunde und seiner Familie – im Januar 1869 mit einer Neuauflage des *Judentums in der Musik*, diesmal unter seinem eigenen Namen und garniert mit einer Reihe von Reflexionen über den gegenwärtigen Stand der Judenfrage.

Der unmittelbare Auslöser für diese Neuauflage war wahrscheinlich die rasante Entwicklung, die die Emanzipation der Juden in den zwei vorangegangenen Jahren genommen hatte und die mit der allgemeinen Gleichstellung endete, die der Norddeutsche Bund den Juden 1869 zuerkannt hatte. Es muß Wagner ganz und gar unerträglich erschienen sein, daß den Juden die vollen Bürgerrechte gewährt wurden, ohne daß sie zu wirklichen Menschen und echten Deutschen geworden waren, ja sogar ohne auch nur formal ihre jüdische Identität aufgegeben zu haben. Nun, da sie ihr Ziel erreicht hatten und deutsche Bürger waren, bestünde für sie, fürchtete er, keinerlei Anlaß mehr, sich von ihrem Judesein loszusagen. Ja, ein jüdischer Schriftsteller stand nicht an, »schamlos« zu erklären: »Es giebt in der That keine Judenfrage mehr.«[29] Für einen deutschen Revolutionär und Menschheitsbefreier wie Wagner bedeutete dies nur, daß die Judenfrage auf eine noch unzugänglichere Ebene gehoben worden war. Seine Enttäuschung nahm somit zu, wie aus der neuen Fassung des Aufsatzes erhellt.

In der Widmung der Neuauflage projiziert Wagner seinen eigenen Haß auf die Juden, »desselben national-religiöse Elementes der neueren europäischen Gesellschaft ... dessen unversöhnlichen Haß ich mir durch die Besprechung seiner so schwer vertilgbaren, unsrer Kultur nachteiligen Eigentümlichkeiten zugezogen habe«. Und er läßt durchblicken, daß es sich dabei nicht nur um ein moralisches, sondern auch um ein gesellschaftspolitisches Problem handele: Er könne seine »Darstellung nicht ganz verständlich zu machen hoffen, wenn ich nicht eben auch diesen, alle freie Bewegung lähmenden Druck der herrschenden jüdischen Gesellschaft auf die wahrhaft humane Entwicklung ihrer eigenen Stammverwandten mit der nötigen Klarheit beleuchte«[30].

Wagners *Aufklärungen* beginnen mit dem Vorwurf an die Adresse der Juden, sie hätten die Debatte vor allem dadurch abzuwerten versucht, daß sie ihn eines altmodischen Judenhasses bezichtigten: »Gröbliche Anfälle und schimpfende Abwehr der dem Verfasser des Aufsatzes untergelegten, für unsre aufgeklärten Zeiten so schmachvollen, mittelalterlichen Judenhaßtendenz, waren das einzige, was neben absurden Verdrehungen und Fälschungen des Gesagten zum Vorschein kam.« Aber dann seien sie dazu übergegangen, andere Schriften von ihm anzugreifen, in denen es gar nicht um die Judenfrage gehe. Nun, da sie die Presse, die Börse, die Regierung und das Theater unter ihre Kontrolle gebracht hätten, strebten die Juden danach, der Öffentlichkeit den Zugang zu seiner Musik zu versperren. Indem er sich mit dieser Argumentation ausdrücklich auf seinen jüngst veröffentlichten Aufsatz *Deutsche Kunst und deutsche Politik* bezieht, behauptet Wagner, daß die Juden jeden wahren deutschen Künstler zu unterdrücken suchten, und zwar mit größtem Erfolg. Wegen seiner Passivität sei Schumann von den Juden in den Ruin getrieben worden; die Vereinigung deutscher Musiker sei in ihren Händen und der Sieg des Judentums in allen Bereichen offenkundig. Warum also, fragt Wagner, sollte er einen neuen Streit vom Zaun brechen wollen? Schlicht und einfach aus einem »inneren Drang« heraus sehe er sich veranlaßt, die Ursachen für den Niedergang der deutschen Kunst aufzuspüren.

Tatsächlich hofft Wagner immer noch, daß die Lösung der Judenfrage die Saat zur Rettung der deutschen Kultur enthalten könnte. Aufs neue faßt er die Frage der Erlösung der Juden ins Auge, die er im Schlußabsatz der ursprünglichen Fassung des Aufsatzes angeschnitten hatte. Gibt es eine Möglichkeit, die Juden dennoch von ihrer Identität zu erlösen und in Deutschland und die Menschheit zu integrieren? Scheinheilig erklärt Wagner, durch die Offenheit, mit der er die Judenfrage stelle, die Juden »zum eigenen Kampfe für die wahre Emanzipation stärken« zu können. Man möge ihm verzeihen, »wenn ein umfassender kulturhistorischer Gedanke mir die Beschaffenheit einer Illusion verdeckt, welche sich in mein Herz schmeichelt«. Wagners Hauptanliegen ist freilich nicht die Erlösung der Juden, vielmehr geht es ihm darum, Deutschland auf diese

Weise vor ihnen zu retten. Denn sie hätten unbestreitbar die Macht über das deutsche Geistesleben erlangt, wie sich »in der Ablenkung und Fälschung unsrer höchsten Kulturtendenzen kundgibt«. Dies verleitet Wagner zu einer recht aufschlußreichen Äußerung, was seiner Meinung nach mit den Juden geschehen solle:

»Ob der Verfall unsrer Kultur durch eine gewaltsame Auswerfung des zersetzenden fremden Elementes aufgehalten werden könne, vermag ich nicht zu beurteilen, weil hierzu Kräfte gehören müßten, deren Vorhandensein mir unbekannt ist. Soll dagegen dieses Element uns in der Weise assimiliert werden, daß es mit uns gemeinschaftlich der höheren Ausbildung unsrer edleren menschlichen Anlagen zureife, so ist es ersichtlich, daß nicht die Verdeckung der Schwierigkeiten dieser Assimilation, sondern nur die offenste Aufdeckung derselben hierzu förderlich sein kann.«

Hier sind wir nun wieder bei Laubes teuflischer Alternative von 1847: »Entweder wir müssen Barbaren sein und die Juden bis auf den letzten Mann austreiben, oder wir müssen sie uns einverleiben«, hatte der jungdeutsche Dramatiker damals verkündet, dann aber gemeint, eine Vertreibung sei barbarisch, und die Juden müßten deshalb assimiliert werden. Wagner jedoch läßt die Frage bewußt offen. Vertreibung wird nicht aus moralischen Gründen verworfen, sondern unentschieden gelassen, einfach deshalb, weil Wagner, der politisch ach so Naive, nicht weiß, ob der politische Wille und die Mittel zu ihrer Durchführung vorhanden sind. Es hat also in Wagners Denken über die revolutionäre Lösung der Judenfrage eine bemerkenswerte Entwicklung stattgefunden. 1850 hatte er angedeutet, daß alle Juden sich an Börne ein Beispiel nehmen und eine große Anstrengung unternehmen könnten, sich zu Deutschen und Menschen zu emanzipieren. 1869 indessen stellte er selbst eine Alternative zu dieser unwahrscheinlichen Lösung in den Raum, die Alternative, die er zwanzig Jahre vorher zweifellos aus taktischen Gründen für sich behalten hatte: die sehr konkrete Alternative der Vertreibung. Sie war immer dagewesen, verborgen hinter den moralistischen Phrasen seiner Argumentation; nun durfte sie hervortreten.

Doch selbst jetzt konnte sich Wagner noch lange nicht zu rückhaltloser Offenheit durchringen. Als sein ihm unentbehrlicher jüdischer Mitarbeiter Carl Tausig darauf hinwies, daß sich unter dem jüdischen Publikum Besorgnis über Wagners augenscheinlichen Judenhaß breitmache, schrieb ihm der Meister einen erklärenden Brief »Betreffend das Judentum in der Musik«, der rasch von einem seiner katholischen Apologeten veröffentlicht wurde. Wagner beschwichtigte Tausig, indem er zugab, daß der Aufsatz in der Tat etwas »überhastet« veröffentlicht worden sei, daß er aber, »richtig gelesen und gedeutet«, Tausig und dem gereinigten Juden eine Gelegenheit biete, geistige Größe zu beweisen [31]. Diese Erklärung mag zwar Tausig und etliche Wagner-Freunde unter den Juden besänftigt haben, doch aufmerksame jüdische Leser durchschauten den Aufsatz und seine Verteidigung als das, was sie waren: eine hinterlistige, böswillige Sophisterei. Dem größten Teil der Öffentlichkeit war Wagners Judenhaß bisher nicht bewußt gewesen, doch die erbitterte Kontroverse, die nun einsetzte, sollte bald jedem die Augen öffnen, selbst denen, die einfach nicht glauben wollten, daß ein solch begnadetes, hochverehrtes musikalisches Genie von einem so schändlichen Vorurteil besessen sein konnte.

Wie also wurde »Untergang des Judentums« von der neuen Leserschaft 1869 gedeutet? Ein jüdischer Kritiker erfaßte die düstere Ambivalenz der Wendung und äußerte sich kritisch über Redensarten, die sich ihren Doppelsinn zunutze machten. Da er merkte, daß Wagner die Juden zugleich erlöst und untergegangen wissen wollte, lehnte M. Gutmann die seiner Meinung nach wenig reizvolle Aufforderung ab. »Untergang«, bemerkte er, scheine ihm nach einer gefährlich unbestimmbaren Verwandlung der jüdischen Identität zu rufen, anders als die klar vereinbarte Konversionsforderung, die von früheren christlichen Staaten erhoben worden war [32]. Jeder, der es gewohnt ist, zwischen den Zeilen der deutsch-jüdischen Debatte zu lesen, wird erkennen, daß Gutmann aus seinen angeblich wohlwollenden Opponenten das Eingeständnis herauskitzeln wollte, der unbestimmbare Unterschied, den sie im Sinn hatten, sei im Grunde das alte Vorurteil gegen die »jüdische Rasse« oder »Nationalität«. Gutmanns Gegner verstanden natürlich die Regeln seines polemischen Spiels, besonders die Notwendigkeit, eine Fluchtklausel zu haben, indem sie die Möglichkeit einer »Besserung« der Juden einräumten. Aber obwohl ihre Sprache bewußt vage blieb, entschlüpfte ihnen doch gelegentlich der Hinweis, daß der rassische Unterschied zwischen Juden und Deutschen eine problemlose moralische und geistige Integration der Juden ins deutsche Volk verhinderte. Julius Lang, einer von Wagners vehementesten Verteidigern, gab zu: »Es war weniger das religiöse als das nationale Element, welches eine Annäherung zwischen Christ und Jud in Deutschland erschwerte.« Wolle man eine solche Integration erreichen, so müßten zuallererst jüdischerseits alle nationalen Züge ausgemerzt werden (die Standardforderung der revolutionären Antisemiten im Hinblick auf eine echte Assimilation der Juden). Trotz der Emanzipation, meinte Lang, sei das Judentum »eine ahasverische Erscheinung« geblieben, da es »bis jetzt wenigstens nicht leben und nicht sterben kann, nicht aussterben als ein fremdartiger, uns in vieler Beziehung antipodischer Stamm, nicht leben als uns geistes- und gesinnungsverwandte, mit uns gleichdenkende und gleichfühlende Staatsbürger«. Für Lang, und zweifellos auch für Wagner, würde die »Erlösung Ahasverus'« nicht durch geistigen Untergang allein erreicht werden können. Die Tatsache, daß die Juden so stark als ein »fremdartiger Stamm« empfunden würden, stehe einer solch einfachen Lösung der Judenfrage im Wege[33].

Für Richard Wagner waren die Vorstellungen von Deutschtum und Judentum stets ineinander verwoben, aber die Synthese hatte verschiedene Stadien der Klärung durchlaufen. In den Jahren 1848–50 war der revolutionäre Inhalt der Legierung analysiert worden, aber in den sechziger Jahren rückte dann der spezifisch deutsche Gehalt der Revolution in den Vordergrund. Wie bei der Ausarbeitung seines Revolutionskonzepts in den Jahren 1848–50 brauchte Wagner auch in dieser »deutschen« Phase eine Analyse des Jüdischen, um seine Definition des Deutschtums vollenden zu können. Die Revolutionstraktate der Jahre 1848–50 hatten *Das Judentum in der Musik* praktisch schon enthalten; und so gipfelten die »deutschen« Schriften der sechziger Jahre geradezu zwangsläufig in der Neuauflage jenes Schlüsseltextes. Wagner entschloß sich zur Neuauflage dieser Hetzschrift gegen den Rat seiner keineswegs judenfreundlichen Mitarbeiter, einschließlich Cosimas (die aus Klugheit, nicht aus Scham, davor zurückgeschreckt war). Er handelte indes nicht unbedacht, nicht aus einem Anfall schlechter Laune heraus oder weil ihn ein besonderer Vorfall dazu veranlaßt hätte. Es war vielmehr das kalkulierte, logische, rationale Ergebnis seiner langjährigen Beschäftigung mit der Idee einer deutsche Revolution[34].

8

Wagners Ehrenrettung: Jüdische Freunde und die Antisemitenpetition

Es gibt ein altes Sprichwort, das die jüdische Arglosigkeit gegenüber Judenhaß und gleichzeitig die moralistische Heuchelei der Antisemiten aufs Korn nimmt: »Sie spucken dir ins Gesicht und behaupten, es regne.« Da es wohl jedem Menschen schwerfällt, einen solch jagohaft ungeheuerlichen Haß, dessen Ziel er völlig grundlos wird, für bare Münze zu nehmen, überrascht es nicht, daß einige Juden meinen, es regne tatsächlich. Man könnte das Sprichwort auch auf jene dritte Gruppe der unbeteiligten Zuschauer ausdehnen, die zwar beobachten, was vor sich geht, es aber als bloßen »Schein« abtun zu müssen glauben. Von dieser wohlwollenden Neigung hat niemand mehr profitiert als Wagner, der schon zu Lebzeiten in seinen jüdischen Gefolgsleuten eifrige Apologeten fand und dessen Verhalten auch heute noch von zahlreichen Kritikern entschuldigt wird mit der Begründung, ein so guter Kerl wie er könne die Juden nicht wirklich gehaßt haben oder, falls doch, hätte ihnen bestimmt nie etwas zuleide getan oder dergleichen Scheußlichkeiten unterstützt[1]. Bei den meisten dieser Ehrenrettungsversuche werden in der Regel zwei Beweise angeführt: zum einen Wagners freundschaftliche Beziehungen zu vielen Juden und zum anderen seine Weigerung, die Antisemitenpetition von 1881 zu unterschreiben. Es lohnt sich, beide Argumente etwas genauer unter die Lupe zu nehmen. In ihren historischen Kontext gestellt, verlieren sie schnell an Glaubwürdigkeit[2].

Die »Hausjuden«: Levi, Tausig, Rubinstein

Mehrfach bemerkte Wagner, wie sonderbar es doch sei, daß aus-
gerechnet Juden zu seinen treuesten Anhängern zählten, und
er gab sogar öffentlich zu, daß »einzelne ernstbegabte Männer
jüdischer Abstammung« ihre jüdische Identität aufgegeben,
»ja, sogar sich sehr ernstlich z. B. mir befreundet« hätten[3]. Wagners gönnerhafte Art, mit der er »gute Juden« in seinem Kreise
willkommen hieß, sich dabei aber dennoch eine gewisse kum-
mervolle Verachtung für sie bewahrte, und auf der anderen
Seite das Bemühen der solcherart Geehrten, sich beim Meister
lieb Kind zu machen, sind Beispiele eines wohlbekannten psychischen Syndroms[4]. Hierzu gehört auch, daß Wagner sich von
diesen jüdischen Bekannten nicht dazu bewegen ließ, für die
rechtliche Gleichstellung der Juden einzutreten: »Das Gespräch schließt mit einer sehr erregten Darstellung des Übels,
welches die Juden über uns Deutsche gebracht; R. sagt: Persönlich habe [er] die besten Freunde unter den Juden gehabt,
aber ihre Emanzipation und Gleichstellung, bevor wir Deutschen etwas waren, sei verderblich gewesen.«[5]

Das eigentliche Filetstück der Beweise dafür, daß einige von
Wagners besten Freunden Juden waren, ist der rührende Brief,
den der Dirigent Hermann Levi 1882 seinem alten Vater, einem
Rabbiner, schrieb, nachdem ihn der Komponist mehrfach nach-
einander gedemütigt hatte:

»Er ist der beste und edelste Mensch ... Auch sein Kampf gegen
das, was er ›Judentum‹ in der Musik und in der modernen Literatur
nennt, entspringt den edelsten Motiven, und daß er kein klein-
liches Risches [Judenhaß] hegt ... beweist sein Verhalten zu mir, zu
Josef Rubinstein und seine frühere intime Beziehung zu Tausig,
den er zärtlich geliebt hat. – Das Schönste, was ich in meinem
Leben erfahren habe, ist, daß es mir vergönnt wurde, solchem
Manne nahezutreten, und ich danke Gott täglich dafür.«[6]

Es sollte eigentlich für jeden kritischen Leser auf der Hand liegen, daß diese merkwürdige Übung in Selbsterniedrigung nicht

einfach als Beweis für Wagners Judenliebe angeführt werden
kann. Die zitierte Briefstelle veranschaulicht ja nicht eigentlich
Wagners Gesinnung als solche, sondern wie sie von dem furcht-
samen und hochsensiblen Levi wahrgenommen wurde, der sich
so verzweifelt danach sehnte, geliebt zu werden. Ein Kritiker
hat denn auch gezeigt, wie Wagner jeden nur denkbaren psychischen Trick anwandte, um seinen sanftmütigen Dirigenten,
der ihm auf geradezu hündische Weise ergeben war, zu demüti-
gen und dessen Selbstachtung zu zerstören[7]. Das wird an einer
Episode dieser einseitigen Geschichte subtilen Psychoterrors
besonders deutlich, als nämlich König Ludwig sich entschlos-
sen zeigte, *Parsifal* von Levi dirigieren zu lassen, und zwar
gegen den Willen Wagners, der die Oper als ein arisches Weihe-
spiel verstanden wissen wollte, das den Deutschen im Publikum
hehre völkische Wahrheiten und Erfahrungen vermitteln sollte.
Wie Wagner gegenüber Cosima bekannte, hätte er »nicht als
Orchester-Mitglied von einem Juden dirigiert werden« wollen.
Tatsächlich nahm er während der letzten *Parsifal*-Aufführung
des Jahres 1882 seinem Kapellmeister Levi stillschweigend den
Taktstock aus der Hand, um die Erlösungsszene des Schluß-
aktes selbst zu dirigieren. Entgegen mehreren apologetischen
Darstellungen hatte Wagner den König zu überreden versucht,
Levi fallenlassen zu dürfen. Ludwig wollte ihm jedoch das Hof-
orchester nur unter Levis Leitung anvertrauen. Schweren Her-
zens fand sich Wagner damit ab. Im Brief an den König vom
19. September 1881 liest sich das so:

»Trotzdem nämlich häufig verwunderungsvolle Beschwerden mir
zukommen, dass gerade der ›Parsifal‹, dieses allerchristlichste
Werk, von einem jüdischen Kapellmeister dirigirt werden solle, und
Levi sich selbst darüber in Verwirrung und Betroffenheit befindet,
halte ich an dem Einen fest, dass mein gnadenvoller königlicher
Herr mir Seine musikalische Kapelle und Gesangschor zur Verwendung für außerordentliche Aufführungen eines ungewöhnlichen Werkes … grenzenlos grossmüthig und freigebig zuweist,
dass ich demnach die Meister dieses musikalischen Körpers, so wie
der königliche Herr sie selbst in Seinem Dienste verwenden lässt,

ebenfalls dankbar annehme, ohne zu fragen, ob der eine ein Jude ist, der andere ein Christ sei ...«[8]

In seinem nächsten Brief an Ludwig II. führte er zu seiner Entschuldigung an, daß sich die vorbildhafte Menschlichkeit, die er im Umgang gegenüber Juden an den Tag lege, in seiner Freundschaft zu Juden wie Levi, Rubinstein und Neumann zeige, so lästig sie ihm zuweilen auch fielen[9]. Nichtsdestoweniger erklärte er im selben Brief, »dass ich die jüdische Race für den geborenen Feind der reinen Menschheit und alles Edlen in ihr halte: dass namentlich wir Deutschen an ihnen zu Grunde gehen werden, ist gewiss, und vielleicht bin ich der letzte Deutsche, der sich gegen den bereits alles beherrschenden Judaismus als künstlerischer Mensch aufrecht zu erhalten wusste«[10]. Nicht weil er die Juden liebte, sondern unter dem Einfluß höherer Gewalt hielt er also scheinbar an Levi fest, denn er hatte längst eingesehen, daß es nicht klug war, sich gegenüber den Juden so zu verhalten, wie er eigentlich wollte. 1878 hatte er, wie Cosima ihrem Tagebuch anvertraute, resignierend geäußert: »Über die Juden kann ich auch nichts mehr sagen (es frug ein Mitarbeiter, ob er Levi angreifen dürfe, was auch nicht gut geht) ...«[11].

Aus Cosimas Tagebüchern geht nur zu deutlich hervor, wie tief das Bayreuther Paar Levi wegen seines Judeseins verachtete, was in den gönnerhaften Gesprächen über die Judenfrage, mit denen sie den armen Mann ergötzten, nur notdürftig kaschiert wurde. Das soll nicht heißen, daß Wagner und seine Frau Levi als Person unsympathisch fanden: In gewisser Hinsicht teilten sie sogar eine recht innige Zuneigung zu ihm, eine Zuneigung, wie man sie etwa einem geliebten Haustier entgegenbringt. Wagner meinte sogar, »die Formel« finden zu können, um aus Levi einen Menschen zu machen. Als er dem »erstaunten« Levi mitteilte, daß er nun doch den *Parsifal* dirigieren solle, sagte er zu ihm: »vorher nehmen wir einen Akt mit Ihnen vor«. Diese mehrfach wiederholte Aufforderung, sich taufen zu lassen, bedrückte Levi. Nachdem er gegangen war, setzte Wagner das Gespräch mit Cosima wie folgt fort:

»R. erzählt mir (und ich schreibe es hier nieder, weil er ohne jeden Hohn, mit tiefstem Ernst zu wiederholten Malen es mir sagte), daß, wie unser Freund [Levi] sich ihm bescheidentlich nahte, ihm die Hand küßte, er, R., ihn sehr innig und herzlich umarmte und dabei an der Emanation mit der ungeheuersten Prägnanz dessen inne wurde, was Racen-Verschiedenheit und Trennung ist. Und so ist den guten Juden unter uns immer ein wehmütiges Los beschieden.«[12]

Natürlich handelte es sich bei dem von Wagner ins Auge gefaßten »Akt« nicht um eine schlichte Taufe im herkömmlichen Sinne, sondern um etwas, das den symbolischen und durch und durch demütigenden »Tod« Levis erfordert hätte, zu dem Wagner früher einmal gesagt hatte, »er – als Jude – habe nur zu lernen zu sterben«. Levi habe diesen zweifelsohne metaphorisch gemeinten Vorschlag mit Verständnis aufgenommen. Solche Unverschämtheiten forderte Levi geradezu heraus, seit er bei einer seiner ersten Begegnungen mit Wagner »sich als Jude für *einen wandelnden Anachronismus ausgibt*«. Auch hatte er Wagner in gute Laune versetzt, als er die unwillkommene Anwesenheit von Juden im Münchner Magistrat verurteilte und der Hoffnung Ausdruck verlieh, »in 20 Jahren würden sie mit Stiel und Stumpf ausgerottet und das Publikum des ›Ringes‹ ein anderes Volk abgeben«[13].

Der Fall Levis beweist, daß man Wagners wahre Ansichten zu den Juden nicht danach beurteilen kann, wie er sich in seiner für die Öffentlichkeit bestimmten Korrespondenz und bei öffentlichen Auftritten oder in Gesprächen mit einzelnen Juden zu dem Thema geäußert hat. Diese Quellen zeichnen sich durch jenes geschickte Zurechtbiegen und Manipulieren aus, für das Wagner berüchtigt war: Sie verdanken sich dem Bemühen, seine Einstellungen gegenüber Juden in das bestmögliche moralische Licht zu rücken, und sind daher von äußerst fragwürdiger Beweiskraft. Man muß sie deshalb an den »privaten«

Urteilen über bestimmte Juden und die Judenfrage überprüfen, die Cosima vertrauensselig in ihren Tagebüchern festgehalten hat. Sobald man diese Aufzeichnungen als eine kritische Kontrollinstanz gegenüber den Briefen heranzieht und sowohl den Charakter Wagners als auch Levis in Rechnung stellt, bricht dessen Brief über Wagners »noblen« Antisemitismus als Beweis für das Wohlwollen des Meisters in sich zusammen.

Das bisher Gesagte wird erhärtet, wenn man sich Wagners Beziehung zu den beiden anderen in Levis Brief erwähnten Juden, die ebenfalls »dienten«, genauer ansieht. Carl Tausig und Josef Rubinstein waren bekannt für ihre verzweifelten Bemühungen, sich beim verbindlichsten Antisemiten des 19. Jahrhunderts einzuschmeicheln. Jedem dieser eifrigen »Haus-Israeliten« brachte Wagner eine huldvolle Verachtung entgegen und ließ sich die Dienste, die sie Bayreuth anboten, gnädig gefallen.

Tausig, ein hervorragender Pianist, begegnete Wagner zum erstenmal 1858, wurde ein enger Mitarbeiter des Meisters und später einer der wichtigsten Spendensammler für Bayreuth, wodurch er sich rundherum unentbehrlich machte. An Tausig, der damals den durch die zweite Auflage des *Judentums in der Musik* unter Wagners jüdischen Anhängern ausgelösten Aufschrei zu ersticken sich bemühte, richtete Wagner seinen Brief vom April 1869, in dem er erklärte, die Juden müßten den Aufsatz nur im richtigen Geiste verstehen, und dann wäre alles gut[14]. Westernhagen hat den Komponisten so dargestellt, als sei ihm Tausigs jüdische Abstammung herzlich gleichgültig gewesen, und die Schuld dafür, daß er sich derselben überhaupt bewußt wurde, auf Wagners unglückliche erste Frau Minna geschoben (wofür es nicht den geringsten Beleg gibt). Tausigs pflichtvergessener Tod an Typhus im Juli 1871 habe Wagner, behauptet Westernhagen, sehr betrübt und so berührt, daß er die Tragödie dieses Pianistenlebens tief bedauerte[15]. Aber Cosimas Tagebücher verraten den eigentlichen Grund dieses Bedauerns: eine arrogante Überzeugung, daß aus der traurigen

Karriere eines Juden, der auf der Strecke blieb, moralische Lehren gezogen werden sollten:

18. Juli 1871: »... Brief von der Gräfin Krockow, sie im Leipziger Hospital bei Tausig, welcher an dem Typhus sterbend liegt! – großer Schrecken. Ob er auch genese, ist er jedenfalls für unsre Unternehmung verloren; welche Lehre. Sein Tod erscheint uns metaphysisch begründet; ein armes, früh verlebtes Wesen, der keinen Glauben an sich hat, der bei allem, was ihn uns nahebringt, doch eine innere tiefe Fremdartigkeit (die jüdische) empfindet.« (*Die Tagebücher*, Bd. I, S. 415 f.)

20. Juli 1871: »In T. verlieren wir sicher einen großen Stützpunkt unserer Unternehmung, allein das läßt uns gleichgültig ... Betrachtung über Tausig's trauriges Leben ... Fluch des Judentums von ihm empfunden ... mit 29 Jahren vollständig fertig ...« (S. 416 f.)

25. Juli 1871: »Herr Davidsohn aus Berlin schickt einen Aufsatz über Tausig, sehr seicht und platt; ›wir können aber hier nichts sagen, denn unsre Ansicht würde kein Mensch verstehen‹, sagt R. ›Es ist eine durchaus bedauerliche interessante Erscheinung gewesen.‹« (S. 421)

28. Januar 1874: »... R. behauptet, der Artikel über das Judentum habe ihn [Karl Ritter] vernichtet, wie auch den armen Tausig; er habe jüdisches Blut in den Adern gehabt.« (S. 786)

Nach außen hin trug Wagner natürlich eine untadelige Haltung gegenüber dem Verstorbenen zur Schau: Auf der Inschrift, die er 1872 für Tausigs Grabstein verfaßte, findet sich keine Spur von jenen olympischen Urteilen über dessen Judesein[16].

Kaum hatte Tausig den Schauplatz verlassen, erhielt Wagner einen ungewöhnlichen Brief von einem gewissen Josef Rubinstein aus Charkow, der offen erklärte: »Ich bin ein Jude – hiermit ist für Sie alles gesagt«, und Erlösung erbat, die er sich von einer Mitarbeit an der *Ring*-Inszenierung erhoffte. Dann kamen Worte, bei deren Anblick Wagner, der in solchen Dingen stets eine ausgesprochen schnelle Auffassungsgabe bewies, ein

Leuchten in die Augen getreten sein dürfte: »Meine Eltern sind reich. Die Mittel, um zu Ihnen zu fahren, würde ich sogleich haben.« Plötzlich stand Rubinstein vor Wagners Tür, diskret gefolgt von seinem Arzt, der den Komponisten vor dem instabilen Charakter seines Patienten warnte. Doch Wagner, neugierig gemacht durch die Verfügbarkeit eines aufgrund seiner psychischen Konstitution zum Sklaven prädestinierten Bewunderers, betört von dem Versprechen auf finanzielle Hilfe bei der Transkription seiner Partituren und in Verzückung geraten angesichts der Virtuosität des sonderbaren jungen Mannes auf dem Klavier, nahm diese merkwürdige Gestalt als eine Art Maskottchen in seinen Haushalt auf. Allerdings sollten die selbstmörderischen Neigungen seines Schützlings den Meister während der nächsten zwölf Jahre auf eine harte Probe stellen. Wagners Nachsicht ist – unnötig, dies zu betonen – als ein weiteres Beispiel seiner im Grunde freundlichen Einstellung zu den Juden herangezogen worden, exemplifiziert in seiner rührenden Bitte an Rubinsteins Vater vom Januar 1882, seinem empfindsamen Sohn eine aufreibende Laufbahn als Konzertpianist zu ersparen und ihn in Bayreuth bleiben zu lassen. Doch zwischen den honigsüßen Zeilen dieses Briefes sind Wagners wahre Gedanken leicht herauszulesen: ›Ich möchte Ihren Sohn als meinen Pianisten und Hausjuden ausbeuten. Bitte greifen Sie ihm weiterhin finanziell unter die Arme.‹ Gewiß, die Beziehung zwischen dem Komponisten und Rubinstein war komplex und vielschichtig, eine Verbindung aus Verzweiflung, Grausamkeit, Verachtung, Belustigung und auch echter Freundlichkeit – vor allem aber zeigt sich an ihr Wagners überragendes Talent, sich Menschen gefügig zu machen. Wenn auch zu sonst nichts weiter nütze, wurde Rubinstein doch gebraucht, um den Klavierauszug von *Parsifal* zu erstellen, der Wagner königliche Hoheiten zutreiben sollte[17].

Zu beachten ist, daß Wagner, wie aus Cosimas Tagebüchern hervorgeht, in Rubinsteins Judesein die eigentliche Ursache für dessen Fadheit sah:

14. August 1872: »Wie wir über das Spiel Josef Rubinstein's sprechen, sagt R., es sei merkwürdig, wie die Juden eigentlich kein
Thema heraushören noch spielen ...« (Bd. I, S. 561)

31. August 1872: »... R. kommt uns entgegen, J. Rubinstein mit ihm,
den er aus Mitleiden aufgesucht, der ihm durch sein unruhiges
jüdisches Wesen sehr antipathisch ist ...« (S. 569)

19. November 1874: »... R. kommt mit mir darüber ein, daß das
Benehmen dieses merkwürdigen Menschen R. gegenüber gerades-
weges außerordentlich sei, da er durchaus nicht ermutigt worden
ist, sich hier niederzulassen.« (S. 871)

13. Juli 1876: »Die Klavierproben endigten mit vollständiger Ent-
lassung von Herrn Rubinstein, welcher die traurigsten Eigenschaften seines Stammes hier wiederum bewährt.« (S. 994)

18. Dezember 1881: »›Man nährt den Hochmut dieser Kerle dadurch, daß man mit ihnen umgeht, und z. B. wir sprechen vor Rub.
[Rubinstein] unsere Empfindung über die Juden im Theater nicht
aus ...‹ Er sagt im heftigen Scherz, es sollten alle Juden in einer
Aufführung des ›Nathan‹ verbrennen.« (Bd. II, S. 852)

Die Tatsache, daß Wagner den Pianisten als einen »Freund«
aufnahm, darf man nicht losgelöst von seinen rassischen Vorstellungen über Juden betrachten. Der Komponist sah Freundschaft durch die Brille rassistischer Vorurteile. Mithin lassen
sich Wagners Freundschaften zu einzelnen Juden nicht als Argument gegen den Vorwurf ins Feld führen, er habe die Juden
als Volk gehaßt.

Der Zusammenbruch Berthold Auerbachs

Ein Jude, der nicht danach strebte, in den Kreis der Hausjuden
aufgenommen zu werden, und der lange Jahre eine zunehmend
skeptischere Beziehung zu Wagner aufrechterhielt, war der
berühmte deutsch-jüdische Schriftsteller Berthold Auerbach[18].
Wagner und er hatten sich 1846 in Dresden kennengelernt und
damals ernsthafte Gespräche über die Judenfrage aufgenom-

men. »… daß ich in ihm den ersten Juden antraf, mit welchem
ich eben über dieses Judentum in herzlicher Unbefangenheit
sprechen konnte«[19], erinnerte sich Wagner in *Mein Leben* an
ihn. Zunächst bewunderte er auch Auerbachs bäuerliche Art,
aber bald schon durchschaute er die unechten Manierismen des
unverkennbar jüdischen Autors der *Schwarzwaldgeschich-
ten*. In der Öffentlichkeit allerdings hielt sich Wagner aus Vorsicht weiterhin bedeckt, hoffte er doch, aus Auerbachs literari-
scher Patronage Kapital schlagen zu können, und so schickte er
ihm 1859 eine Abschrift des *Ring*-Librettos[20]. In den Jahren
1865–67 brachte er dann aber seine giftigen Gedanken über
den unartigen Auerbach im privaten Manuskript von *Mein
Leben* zu Papier:

»… seine grüne Joppe und besonders seine grüne Jagdmütze, welche ihm das ganz richtige Ansehen des Verfassers der schwäbi-
schen Dorfgeschichten gaben, lernte ich späterhin in ihrer nichts
weniger als naiven Bedeutung verstehen.
… mir schien, die ganze Welt und ihre Geschichte enthalte für
ihn bloß das Problem der Verklärung des Judentums. Hiergegen
lehnte ich mich denn eines Tages mit gutherziger Zutraulichkeit
auf und riet ihm, doch die ganze Judenfrage einfach fahren zu lassen … Sonderbarerweise verlor er da alle Naivität und geriet in
einen, wie mich dünkte, nicht ganz wahrhaftigen, weinerlich eksta-
tischen Ton, indem er versicherte, das könne er nicht, in dem Judentum läge noch zu vieles, was seiner ganzen Teilnahme bedürfe
… Als ich ihn nach längeren Jahren in Zürich einmal wiedersah, traf
ich leider auch sein physiognomisches Aussehen in bedenklicher
Weise verändert an: er sah wirklich außerordentlich gemein und
schmutzig aus; die frühere frische Lebhaftigkeit war zur gewöhnlichen jüdischen Unruhe geworden … In jener Dresdener Zeit tat
mir jedoch noch *Auerbachs* warmes Eingehen auf meine künstlerischen Intentionen, wenn dies auch vom jüdisch-schwäbischen
Standpunkte aus geschah, aufrichtig wohl …«[21]

Ein Grund für Wagners Ernüchterung war zweifellos Auerbachs
Freundschaft mit Meyerbeer, der 1856 einige seiner Geschich-
ten vertonte[22].

1869 ergriff Wagner anläßlich der Neuauflage des *Judentums in der Musik* die Gelegenheit, sich öffentlich dafür zu rächen, daß Auerbach früher keine große Begeisterung für seine Musik gezeigt hatte. Die »Aufklärungen«, die er dem Aufsatz hinzufügte, setzten einen schändlichen persönlichen Angriff in Szene, der unter dem Deckmantel moralischer Rechtschaffenheit und Wahrheitsliebe behauptete, die Juden als Kollektiv hinderten die einzelnen aufgeklärten Juden daran, Kritikern des Judentums zu Hilfe zu kommen, die nicht aus ihren Kreisen stammten. Ein solcher unterdrückter Anhänger Wagners war Auerbach, dessen Name zwar nicht genannt wurde, für jeden Leser aber klar ersichtlich war:

»Um Ihnen aber diese Tyrannei selbst zu bezeichnen, diene ein Fall für viele. Ein offenbar sehr begabter, wirklich talent- und geistvoller Schriftsteller jüdischer Abkunft, welcher in das eigentümlichste deutsche Volksleben wie eingewachsen erscheint, und mit dem ich längere Zeit auch über den Punkt des Judentums mannigfach verkehrte, lernte späterhin meine Dichtungen: ›Der Ring des Nibelungen‹ und ›Tristan und Isolde‹ kennen; er sprach sich darüber mit solch anerkennender Wärme und solch deutlichem Verständnisse aus, daß die Aufforderung meiner Freunde, zu welchen er gesprochen hatte, wohl nahe lag, seine Ansicht über diese Gedichte, welche von unsern literarischen Kreisen so auffallend ignoriert würden, auch öffentlich darzulegen. *Dies war ihm unmöglich!*«[23]

Der recht empfindsame Auerbach war über Wagners Angriff entrüstet, aber er merkte durchaus, daß der Komponist keine Skrupel kannte. Seinem Cousin vertraute er am 12. März 1869 an:

»Ich weiß nicht, was ich thun soll … Ich möchte gern Richard Wagner eine öffentliche Antwort geben, und ich glaube, ich könnte ihm einen Treff versetzen, den er nicht so schnell verschmerzt … Und Eines muß man Wagner lassen, er weiß Wahres und Falsches, unter bewußt Falsches oder Gefälschtes zu mischen, und darum ist die Sache gefährlicher und giftiger … Ich persönlich hätte einen besonderen Grund zur Erwiderung. Auf S. 55 spricht Wagner von mir. Du weißt, daß wir in Dresden viel zusammen lebten und auch später in Briefen verkehrten; er spricht nun zwar sehr gütig und achselklopfend von mir, aber eben da könnte ich ihm dienen. Denn er lügt in dem, was er sagt, vielleicht unabsichtlich. Ich hätte aber Ed. Devrient zum Zeugen ... Ach, wie könnte man dem [Wagner] heimgeigen. Warum ist kein Börne da?

Ich meine, ich muß heraus, aber da ist's wieder, man kann nicht überall seiner Pflicht nachkommen ... Und doch läßt mir die Sache keine Ruhe und nimmt mir mein Denken.«[24]

Auerbach versäumte es, öffentlich darauf zu antworten, und Wagner setzte seine Sticheleien im privaten Kreis fort. Nachdem er 1870 einen Artikel Auerbachs über die deutschen Wälder gelesen hatte, äußerte er gegenüber Cosima, er finde ihn wegen seiner »affektierte[n] Naturwüchsigkeit« geradezu unlesbar: »... ›diese Kerle sind eine wahre Pest‹ (die Juden).«[25] Auerbach bemerkte in einem Brief an den Cousin, Wagner mißbrauche die neue vaterländische Begeisterung für sein »gewaltsames Prophetentum«[26].

Als sich im Berlin der späten siebziger Jahre politischer Antisemitismus breitmachte, läuteten bei Auerbach, der sich stets auf die Gefahren eines revolutionären Antisemitismus eingestellt hatte, die Alarmglocken. Eine seiner ersten Schriften war eine Analyse der Haltung der Jungdeutschen gegenüber den Juden gewesen. Als er 1862 eine Gedenkrede auf Fichte hielt, wurde er von der antisemitischen Presse mit Schadenfreude angegriffen, weil er über den notorischen Judenhaß des Philosophen kein Wort verloren hatte. In einem Brief an seinen Cousin bekannte er damals, daß er in seiner Rede ursprünglich »eine Verwahrung gegen den *Terrorismus* Fichtes, namentlich in Bezug auf Juden einlegen wollte«, es aber unterlassen habe aus Angst, den Eindruck zu erwecken, »immer alles unter dem Gesichtspunkte eines Verhältnisses zu uns Juden zu markiren«[27]. Nunmehr, im Jahre 1880, erschüttert über die antijüdische Stimmung, die von so namhaften Gelehrten wie Theodor Billroth und Heinrich von Treitschke ausging, und entsetzt über die im Umlauf befindliche Antisemitenpetition und die erschreckende Debatte, die sie im November im Reichstag auslöste, erkannte Auerbach in Schopenhauer und Wagner die geistigen Väter des neuen Antisemitismus: »Schopenhauer hat den jugendlichen Gemüthern alle Idealität exstirpirt ... In derart vorbereitete Gemüther konnte nun die Gemeinheit eindringen, und den Studenten ist die Judenhetze ein lustiger Sport geworden. Nicht ohne Wirkung war auch Richard Wagner, der zuerst als Judenhasser sich bekannte und Judenhaß als etwas mit der Bildung Verträgliches proklamirte.«[28]

Sechs Monate später wurden Auerbachs Höllenqualen auf die Spitze getrieben, als Wagners Berliner *Ring*-Zyklus im Mai 1881 einen Erfolg erlebte, der vor allem dem jüdischen Impresario Angelo Neumann und der sichtlichen Begeisterung eines auffällig jüdischen Publikums zu verdanken war. Schließlich schrieb Auerbach doch noch seine lange aufgeschobene Polemik gegen Wagner, die den Titel *Richard Wagner und die Selbstachtung der Juden* trug[29]. Aber sie erwies sich als ein Fehlschlag. Auerbach wich dem eigentlichen Problem aus und warf statt dessen lieber Wagners jüdischen Gönnern vor, es fehle ihnen an der Selbstachtung, die ihnen nahegelegt hätte, sowohl die Opern als auch den Komponisten selbst zu boykottieren. Während er die törichte Ausrede der Juden geißelte, sich durch den Besuch der Opern bilden zu wollen, ließ er den triftigsten Grund außer acht, weshalb Juden die Opern hätten meiden sollen – nämlich den in den Opern eingebetteten Antisemitismus ihres Komponisten. Der Aufsatz ist somit enttäuschend, nur ein Angstschrei statt einer ernsthaften Analyse oder Widerlegung Wagners. Am Ende drückte sich Auerbach vor dem ganzen Problem dadurch, daß er beschloß, den Aufsatz nicht zu veröffentlichen.

Stets hatte Auerbach geglaubt, die Erlösung der Juden liege in ihrer Solidarität mit dem deutschen Volk, die ohne die Aufopferung ihrer wesenhaft jüdischen Identität zu erreichen sein würde. Wagner hielt dies für ausgeschlossen: Die Realitäten der Revolution wie auch die des Volkes geboten die Vernichtung des Judentums. Es war der öffentliche Sieg, den Wagners Ansicht von einer rassischen Verschiedenheit errang – und der im Wiederaufflammen eines von Auerbach längst getilgt geglaubten Antisemitismus unter gebildeten Leuten offenbar wurde –, an dem schließlich der Schriftsteller zerbrach. In tiefer Verzweiflung starb er im Februar 1882 in Cannes.

Die Antisemitenpetition und Angelo Neumann

Zwischen 1880 und 1882 wurden Unterschriften für die Antisemitenpetition gesammelt, die den Reichstag aufforderte, restriktive Gesetze zu verabschieden, um dem »ungebührlichen Einfluß der Juden« ein Ende zu setzen. Es kamen 225 000 Unterschriften zusammen, aber als der Initiator der Petition, der Wagner-Anhänger Bernhard Förster, den Meister im Juni und noch einmal im Juli 1880 um eine Unterschrift bat, legte dieser einen merkwürdigen Widerwillen an den Tag, der Bitte nachzukommen. Und als dann die Berliner Antisemiten im Februar 1881 Wagners Namen mit ihrer Bewegung verknüpften, distanzierte sich der Komponist in privaten Briefen von der »gegenwärtigen Bewegung«[30]. Wie ist das zu erklären?

Wagners Antisemitismus läßt sich auch hier nicht von seiner revolutionären Grundeinstellung trennen. Während der siebziger Jahre hatte sich der revolutionäre Antisemitismus abermals in verschiedene Richtungen gespalten, fast so wie in den vierziger Jahren, nur jetzt mit einem unverhohlener rassistischen Programm, das alle vereinte. Da gab es zum Beispiel den konservativen Revolutionismus eines Treitschke, den von Dühring gepredigten revolutionären Sozialismus, den christlich-sozialen Revolutionismus Stoeckers und den radikalen politischen Antisemitismus von Marr und Bauer, alles Strömungen mit einer deutlich rassistischen Komponente. Auch Wagner hatte seinen früheren revolutionären Antisemitismus zu einer Vision rassischer Erneuerung aktualisiert, die er den nun aufkommenden anderen Varianten deutscher Revolutionsideologie für überlegen hielt, und zwar vor allem deshalb, weil das in seinem Ansatz enthaltene Bewußtsein der Rolle, die die Kunst dabei spielen sollte, ihn in die Lage versetzte, für eine alles umfassende Revolution des Geistes zu kämpfen.

Für Wagner waren die Juden sowohl das Symbol als auch die Urheber der moralischen Entartung des deutschen Bürgertums seiner Zeit, und er betrachtete die liberale Emanzipation als einen selbstmörderischen Verrat an der deutschen Revolution. »Die Folgen der Juden-Emanzipation«, vermerkte Cosima am 17. Juni 1879 in ihrem Tagebuch, »stellt er [Wagner] den Kindern (Lusch) heute dar, wie der Bürgerstand dadurch gedrückt und das niedere Volk zur Korruption verführt. Die Revolution habe den Feudalismus gebrochen, dafür den Mammonismus eingeführt.«[31] Diesen Widerstand gegen die Judenemanzipation teilte Wagner mit den Befürwortern der Antisemitenpetition, doch deren Programm hielt er in zweierlei Hinsicht für unzulänglich. Erstens war er der festen Überzeugung, daß die Bewegung des politischen Antisemitismus der siebziger Jahre die Judenfrage nur an der Oberfläche angehe, da sie sich ausschließlich mit den Juden befaßte. Er sah die Lösung in der Erneuerung des Deutschtums selbst, in der geistigen Wiedererweckung des deutschen Volkes. Zweitens kam Wagner zu dem Schluß, daß die antisemitischen Unterschriftensammler ebenso wie die liberalen Emanzipationsbefürworter, die die Judenfrage auf gesetzgeberischem Wege lösen wollten, durch die (im Fall der ersteren, repressiven) Gesetzgebung törichterweise nur auf den Überbau zielten. Eine echte Lösung der Judenfrage mußte über diese beiden Beschränkungen hinausgehen. Wagner schlug dagegen vor: Zunächst müsse es zu einer allgemeinen geistigen Revolution kommen – und dann würden die entsprechenden Gesetze schon folgen. Mit Gesetzen zu beginnen und aufzuhören sei völlig verbohrt und wiederhole lediglich die Fehler der deutschen Revolutionäre liberaler Provenienz. Wagner lehnte daher die Antisemitenpetition als eine kurzsichtige, engstirnige, liberal-konservative Kampagne ab, die die Verwirklichung eines wahrhaft revolutionären, idealistischen, auf dem Rassegedanken beruhenden Antisemitismus nachgerade behindere.

Wie Cosimas Aufzeichnungen dokumentieren, trat Förster im Juni 1880 zum erstenmal wegen besagter Unterschrift an Wagner heran:

»Er [Wagner] wird aufgefordert, eine Petition an den Reichskanzler zu unterschreiben behufs Ausnahme-Gesetze gegen die Juden, er unterschreibt sie nicht, 1. habe er das Seinige getan, 2. wende er sich ungern an Bismarck, den er als leichtsinnig, seinen Capricen nur folgend erkannt habe, 3. sei in der Sache nichts mehr zu machen.«[32]

Als Wagner einen Monat später ein zweites Bittgesuch von Förster erhielt, explodierte er:

»... eine erneuerte Bitte um Unterschreibung der Petition an Fürst Bismarck gegen die Juden ärgert ihn, ›das soll ich unterschreiben‹, ruft er aus, indem er uns die lächerlich devoten Ausdrücke und die bedenklich kundgegebene Sorge vorliest. Er schreibt an Dr. Förster, daß seit dem Schicksal der Petition wegen der Vivisektion er sich vorgenommen habe, nie mehr eine Petition zu unterschreiben.« (6. Juli 1880)

Wagner verweigerte der Antisemitenpetition seine Unterschrift nicht etwa aus Gründen der Toleranz und Menschlichkeit, sondern weil ihm ihr Antisemitismus nicht revolutionär genug war! Sechs Monate später trat Förster abermals an Wagner heran, diesmal mit der Bitte um finanzielle Unterstützung einer zu gründenden antisemitischen Zeitung. Wieder äußerte Wagner Bedenken und murrte gegenüber Cosima, daß Förster nun sehr gut »in Fürst Bismarck's Kram« passe und »sein ganzes Programm« »adoptiere«. Und mit der Larmoyanz des verkannten

Propheten setzte er hinzu: »›Wir Bayreuther mit unseren Ideen werden sehr einsam bleiben.‹«[33]

Angesichts der zunehmenden antisemitischen Agitation in der Öffentlichkeit sah sich Wagner jedoch im Februar 1881 genötigt, den von ihm vollzogenen radikalen Bruch mit den politischen Antisemiten propagandistisch so auszuschlachten, daß seine jüdischen Anhänger in Berlin in dem Glauben gewiegt wurden, er habe mit Antisemitismus, gleich welcher Art, nicht das mindeste zu tun. Aus Angst, die bevorstehende Berliner Inszenierung des *Ring*-Zyklus könnte Schaden nehmen, wenn Wagners Name mit dem Chor der offiziellen Antisemiten in Verbindung gebracht würde, fragte der jüdische Impresario Angelo Neumann besorgt beim Meister an, ob er wirklich Mitglied der antisemitischen Gruppe in Berlin sei. Worauf Wagner ihn wütend drängte, Berlin aufzugeben – obgleich er sich bald schon eines besseren besann. Er schrieb an Neumann:

»Geehrtester Freund und Gönner!

Der gegenwärtigen ›antisemitischen‹ Bewegung stehe ich vollständig fern: ein nächstens in den ›Bayreuther Blättern‹ erscheinender Aufsatz von mir wird dies in einer Weise bekunden, daß Geistvollen es sogar unmöglich werden dürfte, mich mit dieser Bewegung in Beziehung zu bringen.« [Man beachte, wie sorgfältig sich Wagner von der »gegenwärtigen Bewegung« distanziert, nicht jedoch aber vom Antisemitismus!]

Ein Brief Cosimas folgte, in dem sie erklärte, daß ihr Mann »keinen Anteil« »an der Juden-Agitation« genommen habe[34].

Damit hatte man eine heikle Situation elegant bewältigt. Schon seit einer Weile hatte sich Wagner im Umgang mit Neumann eine gewisse Schlauheit angewöhnt. Am 21. Januar waren die Wagners über einen Geschäftsbesuch Neumanns zwar nicht erbaut gewesen, hatten sich aber gesagt: »… auch brauchen wir Geld, darum wird abgeschlossen!« Und in einem Brief an König Ludwig vom 22. November 1881 machte Wagner deutlich, was er von Neumann und den anderen Hausjuden hielt, die seine Geduld ziemlich strapazierten:

»Auch werde ich sie gar nicht mehr los: der Director Angelo Neumann hält sich für berufen, meine Anerkennung durch die ganze
Welt durchzusetzen. (Die Juden haben eben – vom Bilder-Juwelen-
Meuble-Handel her – einen Instinkt für das Aechte, dauernd zu Ver-
wehrtende, welcher den Deutschen so ganz verloren gegangen ist,
dass sie von den Juden sich das Unächte eintauschen –) Ich kann
gar nichts mehr dazu sagen, und muss mir die Energie der jüdischen Protektion gefallen lassen, so wunderlich mir dabei zu Muth
wird, denn – das gewogene Urtheil meines erhabenen Freundes
[des Königs] über die Juden kann ich mir doch nur daraus erklären,
dass diese Leute nie seine königliche Sphäre streifen: sie bleiben
dann ein Begriff, während sie für uns eine Erfahrung sind. Der ich
mit mehreren dieser Leute freundlich mitleidvoll und theilneh-
mend verkehre, konnte diess doch nur auf die Erklärung hin er-
möglichen, dass ich die jüdische Race für den geborenen Feind der
reinen Menschheit und alles Edlen in ihr halte: dass namentlich wir
Deutschen an ihnen zu Grunde gehen werden, ist gewiss, und vielleicht bin ich der letzte Deutsche, der sich gegen den bereits alles
beherrschenden Judaismus als künstlerischer Mensch aufrecht zu
erhalten wusste.«[35]

Warum Wagner sich letztlich weigerte, die Petition zu unterschreiben, wird aus den Gesprächen unmißverständlich deutlich, die in Wahnfried weitergingen: »Abends besucht uns
Freund Wolz. [Wolzogen], R. sagt ihm, daß wir in unseren Blättern keine Spezialität wie die der Vegetarianer vertreten können, sondern nur immer das Ideal festhalten und zeigen und die
draußen die Spezialitäten verfechten [sollten; Anm. d. Hrsg.]; so
könnten wir auch an der Juden-Agitation keinen Anteil nehmen.«[36] Von seinen antisemitischen Ansichten nahm Wagner
keineswegs Abstand; er überließ es nur anderen Leuten, die mit
deren politischer Umsetzung gründlicher befaßt waren, den
Kampf außerhalb Bayreuths zu führen.

Auch gab er den Versuch nicht auf, seinen revolutionären
Antisemitismus durch Aufsätze zu verbreiten. Gerade der Aufsatz, der, wie er Neumann versprach, beweisen sollte, daß er
keinen Kontakt zur Bewegung des politischen Antisemitismus

habe, gehört zu den antisemitischsten, die er je verfaßte. Auf
gehässige Weise beklagt Wagner in *Erkenne dich selbst* nicht
nur, daß der fremde Geist des Judentums im deutschen Leben
Aufnahme gefunden hat, sondern daß sich in ihm eine fremde
Rasse, deren Blut nie zum Reinmenschlichen veredelt werden
könne, breitgemacht habe: der Jude »vermische sich männlich
oder weiblich mit den ihm fremdartigsten Rassen, immer
kommt ein Jude wieder zutage«[37].

Wagners Kontakte zu anderen Führern der antisemitischen
Bewegung der siebziger Jahre wie etwa Bruno Bauer oder Wilhelm Marr verraten eine ähnliche Ambivalenz wie sein Verhältnis zu Förster. Diese Männer hatten seiner Meinung nach das
Herz auf dem rechten Fleck, obwohl ihre Vorstellungen wie
auch ihr Benehmen viel zu wünschen übrigließen, da ihnen die
gedankliche Tiefe abging, die die Bayreuther Vision auszeich-
nete. Nichtsdestoweniger war die ideologische Entwicklung
der Antisemiten Bauer und Marr ganz ähnlich verlaufen wie die
Wagners, das heißt vom Radikalismus der vierziger Jahre zum
Rassismus der achtziger[38]. Nachdem er die »kritische« Debatte
der Junghegelianer über das Judentum in den vierziger Jahren
neu belebt hatte, entwickelte Bauer eine rassische Analyse und
wandte dann in den siebziger Jahren antisemitische Rassentheorien auf die zeitgenössische Weltpolitik an, wobei er auf
Präventivkriege gegen die »semitischen« Mächte England und
Rußland drängte. Seit 1854 war er mit Cosima Wagner befreundet, die ihren Mann offensichtlich über Bauers Werk auf dem
laufenden hielt. So erwähnt sie in ihrem Tagebuch mehrmals,
daß sich Wagner positiv über aktuelle Artikel und Bücher von
Bauer geäußert habe[39]. Mit Genugtuung nahm es der Komponist zur Kenntnis, als er in Bauers Schrift *Zur Orientierung
über die Bismarck'sche Ära* seinen revolutionären Mythos
vom Untergang der alten bürgerlichen Götter beifällig kom-
mentiert fand:

»Ein *neuer Mensch* hat es ausgesprochen, ein neues Gemüth war
seine Geburtsstätte. Ein neuer Götterkreis, ein neuer Himmel und

eine neue Weltordnung waren nur möglich, wenn der *Mensch* ein neuer geworden ist ... Unsere Gegenwart ahnt etwas wie eine *Götterdämmerung* und das Vorgefühl der nahenden Krisis erklärt zum Theil ihre innere Beängstigung. Der Anklang an diese Ahnungen erklärt den Eindruck, den *Richard Wagner's* dramatisches Bild der altgermanischen Götterkrisis auf die Zeitgenossen gemacht hat, und auch diejenigen, welche der musikalischen Durchführung des Unternehmens nicht durchweg zustimmen, erkennen es doch an, daß der Künstler energisch ergriff, was die Seele der Gegenwart bewegt.«[40]

Bauers Worte waren so willkommen, daß er eingeladen wurde, 1881 für die *Bayreuther Blätter* einen Artikel über das Luther-Jubiläum beizusteuern. Darin erscheint Luther von einem Idealismus erfüllt, der den »praktischen« Juden fremd sei. Gleichwohl ärgerte sich Wagner über Bauers kritischen Kommentar zum Christentum, der schwerlich an die Tiefe seiner eigenen Idee eines neuen arischen Christentums heranreichte, die dann in *Parsifal* ihren endgültigen Ausdruck fand[41]. Allerdings ließ Bauer 1882 in einer von Wagners Verleger herausgegebenen neuen antisemitischen Zeitschrift eine Reihe von Aufsätzen drucken, die jene Oper einer politisch interessierten Leserschaft zu erläutern suchten[42]. Wären nicht Bauer und Wagner bald darauf vom Tod ereilt worden, so hätte die Verbindung zwischen den beiden womöglich weitere Blüten getrieben.

Der jüdische Publizist Ludwig Philippson nannte Bauer den »Vater des Antisemitismus«, aber der Popularisator des Wortes »Antisemitismus« war ein anderer Bekannter Wagners, nämlich Wilhelm Marr, ein kommunistischer Revolutionär der vierziger Jahre, der dann zwei Jahrzehnte später den rassischen Antisemitismus entdeckt hatte. Marr war der berüchtigtste antisemitische Propagandist der siebziger Jahre – Gründer des Bundes der Antisemiten »zur Rettung Deutschlands vor der vollständigen Verjudung«, Schirmherr der Antisemitenpetition und Autor der ungeheuer populären Schrift *Der Sieg des Judenthums über das Germanenthum*, die schon 1879 zwölf

Auflagen erlebt hatte[43]. Der Schlüsselgedanke des Buches war die »Verjüdung« der deutschen Gesellschaft, ein Begriff, den Wagner im *Judentum in der Musik* geprägt hatte. Marr bewunderte den Komponisten schon seit langem und schickte ihm, stimuliert durch die Neuauflage jenes Aufsatzes von 1869, im darauffolgenden Jahr eine Broschüre, deren »neue Perspektiven über das Judentum« Wagner sehr zusagten. Cosima fand Marrs Broschüre keineswegs »schlecht gemacht«[44]. Marr seinerseits war von der Lektüre der Wagnerschen Schrift *Oper und Drama* überwältigt, die ihn sogleich zu einem Aufsatz inspirierte, den er im März 1871 nach Bayreuth schickte[45]. Marr, der sich fürderhin der Aufgabe widmete, für Wagner in Hamburg Reklame zu machen, gehörte auch zum Empfangskomitee, das den Meister am dortigen Hauptbahnhof willkommen hieß[46]. Er muß bei Wagner einen nachhaltigen Eindruck hinterlassen haben, denn später hatte er, wie Cosima notierte, einen »schauerlichen Traum … unter den Gestalten, welche sich an ihn drängten, war Marr aus Hamburg, welchen er nicht erkannte, weil er so stattlich geworden«[47].

1879 beglückwünschte ihn Wagner zu seiner neuen antisemitischen Zeitung *Die deutsche Wacht*, die er für »gut gemacht« hielt, und freute sich bestimmt auch über die an ihn gerichtete Huldigungsadresse, die Marr damals in den Verkaufsschlager *Der Sieg des Judenthums* eingerückt hatte[48]. Cosima indes war etwas bedrückt über Marrs Schrift, »welche Ansichten enthält, die, ach! R.'s Meinung sehr nahe stehen«[49]. Spätere Traktate, die sie von Marr erhielt, fand sie »etwas sehr seicht« und »nicht für [Wagner] erheiternd«[50].

Marrs Karriere ist eine von mehreren parallelen Fällen, die die in diesem Buch dargelegte allgemeine Interpretation von Wagners revolutionärem Antisemitismus untermauern. Begonnen hatte Marr nach eigenem Bekunden als glühender Anhänger des revolutionären Gedankenguts der Juden Börne und Heine, »jenen Wegbereitern der Idee der Freiheit«, bevor ihm klar wurde, daß sie in Wahrheit eine jüdische Revolution aus-

heckten. Aufgrund dieser Entdeckung hatte er einen revolutionären Antisemitismus entworfen, mit dem wahre Freiheit
und Menschlichkeit zu erreichen seien. Die Führer der antisemitischen Kampagne in den siebziger Jahren hatten den arroganten Marr jedoch ebenso enttäuscht wie Wagner. In beider
Augen war die »gegenwärtige antisemitische Bewegung« (wie
Wagner sie in seinem Brief an Neumann abtat) zu einem »antisemitischen Spektakel« (Marr) geworden, von dem sie als
Männer mit einer moralischen Vision lieber die Finger lassen
sollten[51].

Doch trotz all seiner Vorbehalte gegen die engstirnige Ober-
flächlichkeit Försters und der politischen Antisemiten war
Wagner nach wie vor der Meinung, daß sie das Herz auf dem
rechten Fleck trugen. In *Erkenne dich selbst* räumte er ein,
daß die »gegenwärtige antisemitische Agitation« auf ein »Wiedererwachen des deutschen Instinkts« hindeute, selbst wenn
der daraus resultierende politische Parteigeist zur Fortdauer
der jüdischen Dominanz in Deutschland beitrage. Und als Bismarck endgültig gegen die Petitionsverfechter Stellung bezog,
war Wagner ungeheuer aufgebracht darüber, daß der Kanzler
»sich gegen die Antisemiten-Bewegung ausspricht und die
Rede davon ist, daß ... der Reichskanzler die Agitation aufgibt
und nun mit den Juden paktiert! ... Aus dem deutschen Reiche
müsse man treten, meint R., um nicht zu vielen Kummer daran
zu haben.«[52]

Zum Bruch zwischen Wagner und Bismarck kam es also nicht
über dessen Militarismus oder den von ihm forcierten »Machtstaat«, sondern über den Antisemitismus. Der Komponist hatte
den Kanzler 1871 getroffen und sich später um die königliche
Schirmherrschaft für das Bayreuther Festspielprojekt bemüht,
um auf die leidige Unterstützung durch reiche Juden in den
Wagner-Vereinen verzichten zu können. Nach dem finanziellen
Mißerfolg der ersten Festspiele im Jahre 1876 hatte Wagner
mehr denn je das Gefühl, in den Händen der Juden zu sein. Er
brauchte Neumann, damit der Geldstrom nach Bayreuth nicht

versiegte – und um die Schirmherrschaft König Ludwigs für die zweiten Festspiele und die Uraufführung von *Parsifal* 1882 zu erlangen, mußte er sich die Dienste eines Levi gefallen lassen. Kein Wunder also, daß Bayreuth nach 1876 zum Zentrum einer erbitterten Bismarck-Gegnerschaft wurde[53]!

Zwar mochte Wagner in all seiner Sophisterei behaupten, daß er unpolitisch und sein Antisemitismus edel, idealistisch und spirituell sei, doch in der Praxis vergaß er seine eigenen raffiniert gezogenen Abgrenzungslinien des öfteren und überschritt sie, um den handfesten politischen Antisemitismus zu unterstützen. Saubere Hände und schmutzige Gesinnung – so könnte man Wagners »Bayreuther Idealismus« umschreiben[54].

9

Regeneration und Erlösung 1876–83

In den siebziger Jahren gewann Wagners revolutionärer Antisemitismus unter dem Einfluß der biologischen Rassenlehre
eine neue ideologische Strenge. Wagner schöpfte zum einen aus
den streng biologischen Vorstellungen des Darwinismus, der
durch die popularisierenden Arbeiten Ernst Haeckels und anderer rasch in Deutschland Verbreitung fand, und zum anderen
aus der kulturphilosophischen Rassenlehre Gobineaus, die angesichts des Darwinismus eine biologistische Färbung annahm.
Dieser ausgeklügelten Variante seiner ursprünglichen Ideologie
von Rasse und Revolution gab Wagner einen neuen Namen: Regeneration.

Der »regenerative« Rassenantisemitismus der siebziger und
achtziger Jahre wurde in der Wagner-Literatur oft als geistige
Verirrung oder senile Wahnvorstellung abgetan[1]. Wenn wir jedoch von dem pseudowissenschaftlichen »rassischen« Überbau
einmal absehen und das geistig-moralische Fundament, auf
dem er gründet, genauer betrachten, so werden wir feststellen,
daß er in groben Zügen, ja sogar in einigen Details auf die frühen fünfziger Jahre zurückgeht, genauer gesagt auf das Jahr
1854, als Wagner die Philosophie Schopenhauers für sich entdeckte. Von Schopenhauer bezog er das moralphilosophische
Gerüst für seinen eigenen voll entwickelten revolutionären
Rassenantisemitismus der siebziger Jahre. Der spätere »regenerative Antisemitismus« verdankte sich keiner zufälligen,
plötzlichen Eingebung: Wagner stieß geradezu zwangsläufig
darauf, als er den Schopenhauerschen Weg weiterverfolgte, den
er 1854 eingeschlagen hatte. Nun, in seinen letzten Lebens-

jahren, fand Wagner zu einem komplexen revolutionär-anti-
semitischen Weltbild, das weitaus fruchtbarer war als die einfachen Theorien der späten vierziger Jahre: zu einem Antisemitismus, mit dem sich die Welt und die Menschheit viel besser erklären ließen als mit dem früheren Gedankengebäude. In
Parsifal, der am tiefsten von antijüdischem Ressentiment geprägten Wagner-Oper, sollte der mythopoetische Reichtum dieses regenerativen Antisemitismus seinen Ausdruck finden.

Rasse und Regeneration:
Darwin, Gleizès und Gobineau

Alle sogenannten Regenerationsschriften der siebziger Jahre
sind zwar von der Philosophie Schopenhauers durchdrungen,
doch letztlich konnte sich Wagner mit dessen totalem Pessimismus nicht abfinden. Optimistische Verlockungen, ob in Gestalt
von Revolutionsphantasien oder von Frauen, kamen seinem
Streben nach Entsagung oft in die Quere: Bereits bei der Arbeit
an *Tristan* war Wagner klar geworden, daß die geschlechtliche
Liebe ein Weg zur Erlösung sein könne. In den siebziger Jahren
stieß er dann zufällig auf drei Autoren, die ihm nicht nur will-
kommene Argumente gegen Schopenhauers Pessimismus, sondern auch jene rassischen und biologischen Elemente liefern
konnten, an denen es der große Philosoph in seinem Gedankengebäude fehlen ließ.

Als Wagner seinen Aufsatz *Das Judentum in der Musik*
1869 neu auflegen ließ, begründete er seinen revolutionären
Antisemitismus noch immer mit den kulturellen Defiziten und
Unterschieden, die die Juden gegenüber den Nichtjuden auf-
wiesen. Im Mittelpunkt seiner Argumentation stand nach wie
vor der Gedanke des Nationalcharakters, der die Diskussion der
Judenfrage seit Kant und Fichte beherrscht hatte. Da der Rassenbegriff in dieser Diskussion noch keine Rolle gespielt hatte,
war in den Empfehlungen der Hardliner zum Umgang mit der

210

Judenfrage gewöhnlich eine formelle Befreiungsklausel enthalten: Fichte und Wagner stimmten darin überein, daß es immer den Ausnahmejuden gebe, dem Erlösung zuteil werde, wenn er sich nur recht bemühe, ein wahrer Mensch zu werden. Daraus jedoch gewannen naive Leser zuweilen den Eindruck, Wagner und andere Antisemiten stünden einer gesellschaftlichen Integration der Juden aufgeschlossen gegenüber[2]. Erst in den siebziger Jahren fand Wagner endlich eine »rassische« Methode, die es ihm erlaubte, auf diese Fichtesche Befreiungsklausel zu verzichten, ohne dabei seine fortschrittlich-revolutionäre Haltung in der Judenfrage aufgeben zu müssen.

Der erste und wichtigste der drei Denker, deren sich Wagner bediente, um sein schopenhauerisches Weltbild zu modifizieren, war Charles Darwin, dessen *Origin of Species* (1859) 1863 ins Deutsche übersetzt und hierauf von Haeckel und seinen Nachahmern für ein breites Publikum dargestellt wurde. Eifrig wandten sie Darwins biologische Kategorien auf gesellschaftliche und historische Fragen an, oft freilich mit einer linksrevolutionären Tendenz, die im deutlichen Gegensatz zu den konservativen Ansätzen der englischen und anderen Sozialdarwinisten stand[3]. Wagner begann mit der Lektüre des *Origin* im Juni 1872 und las parallel dazu Gibbon, dessen pessimistisches Geschichtsbild ihm also vor Augen stand, während er sich mit biologischen Fragen beschäftigte[4]. Bald schon baute er Elemente der Darwinschen Theorie in sein eigenes Gedankengebäude ein, sah er doch in ihr eine – ihrem Verfasser vielleicht gar nicht bewußte – Weiterentwicklung der Philosophie Schopenhauers[5]. Doch erst in den Jahren 1877/78 geriet Wagner voll in den Bannkreis Darwins. Am 28. September 1877, während er mit der Arbeit an der Musik zu *Parsifal* begann, nahm er ein anderes einflußreiches Buch des Engländers zur Hand, das eben erst übersetzt worden war: *The Descent of Man, and Selection in Relation to Sex* (1871). Hier fand er zwei Ideen bestätigt, die ihn selbst stark beschäftigten: zum einen den Gedanken, daß der Abstand zwischen Mensch und Tier nicht un-

211

überbrückbar sei und daß es wirklich eine Schopenhauersche Einheit von Tier- und Menschenwelt gebe; zum anderen die biologische Hypothese, daß sich durch bewußte Wahl des Geschlechtspartners in einzelne Individuen und somit in Arten – und, so konnte Wagner extrapolieren, in Helden und Menschenrassen – bestimmte Merkmale hineinzüchten lassen.

Diese doppelte Erkenntnis löste in Wagner die innere Blockade, die ihn anfangs bei seiner Arbeit an *Parsifal* behindert hatte. Zwei Tage darauf, am 30. September, schrieb Cosima in ihr Tagebuch: »R. arbeitet und erzählt mir: ›Ich war darauf, alles heute aufzugeben, nahm meinen Darwin, warf ihn aber plötzlich weg, denn während dem Lesen hatte sich alles gefunden, und so gut war ich dann gestimmt, daß ich mich förmlich zum Aufhören zwingen mußte, um nicht zu Tisch warten zu lassen ...‹«[6] Wagner setzte seine Darwin-Lektüre fort und nutzte sie ein paar Monate später, um die Erlösungsidee in *Parsifal* zu erläutern: »›... die Gottheit ist die Natur, der Wille, der Erlösung sucht und, mit Darwin zu reden, die Starken sich aussucht, um diese Erlösung zu vollbringen.‹«[7] Hier zeigt sich deutlich, daß Wagner Darwins Ansatz, das Problem des sexuellen Willens zu lösen, kannte und sich zu eigen machte. Schopenhauer hatte Entsagung gefordert, was Wagners eigenen Neigungen zuwiderlief, aber nun half ihm Darwin, dem sexuellen Willen wieder dem ihn gebührenden Rang zuzuweisen, denn nun konnte er zeigen, wie die Sexualität zur endgültigen Erlösung der Menschheit beitrug: Durch geschlechtliche Liebe würde der Erlöserheld Parsifal (und die Heldenrasse) gezeugt. Dieser Gedanke hatte natürlich schon im Verhältnis von Siegfried und Brünnhilde im *Ring* mitgeschwungen, seine volle Tragweite wurde Wagner indes erst dank der Lektüre Darwins bewußt.

Obwohl Darwin selbst derlei Rassentheorien nie in seine Schriften hineinlas, schienen sie seinen deutschen Interpreten auf der Hand zu liegen. Für Ernst Haeckel beispielsweise stand der Zusammenhang zwischen der natürlichen Zuchtwahl und der arischen Rasse fest, und Wagner fand Gefallen an Haeckels

Einsichten. Als er mit Cosima über dessen Schilderung der indischen Vision von Untergang und Wiederbelebung des Universums sprach, bemerkte er: »gegen solch einen Mythus ist die ganze jüdische Mythologie nur Schusterwerk.«[8] Wie Wagner faßte Haeckel die Judenfrage nun rassenbiologisch, und die Schopenhauersche Vorstellung von einem arischen Christentum fügte sich in dieses Bild. Wie Wagner, Lagarde und Chamberlain behauptete Haeckel später, daß Christus in Wirklichkeit der Sohn eines arischen Vaters gewesen sei, da er edle Charakterzüge aufgewiesen habe, die unmöglich jüdisch sein konnten[9]. Diese wahnhafte Erweiterung der Darwinschen Ideen war eine deutsche Besonderheit: Dem »so redliche[n], vorsichtige[n] Darwin« mangelte es an der deutschen Phantasie eines Schopenhauer und Haeckel, gar nicht zu reden von der eines Wagner[10].

Der zweite Autor, von dem Wagner Ideen bezog, um den unliebsamen Pessimismus Schopenhauers etwas abzuschwächen, war der französische Vegetarier und Publizist Jean-Antoine Gleizès (1773–1843). Im Januar 1880 stieß Wagner auf Gleizès' Buch *Thalysis* und fand, »es passe vortrefflich zu seinem jetzigen Vorhaben«, das heißt die Aufsätze über *Religion und Kunst* und damit natürlich auch die letzte Oper *Parsifal.* »Die Weltgeschichte«, verkündete Wagner, »beginnt von da an, wo der Mensch Raubtier wird und das erste Tier umbringt.«[11] Das Christentum andererseits schaffte diese Todsünde ab: Gleizès deutete das Letzte Abendmahl als »die Abschaffung der Fleisch-Verspeisung, das geistige Lamm für das andre eintretend«[12]. Wagner, so notierte Cosima, sei »immer überzeugter von der Wahrheit des in diesem Buche ausgesprochenen Gedankens«[13], nicht zuletzt deshalb, weil er ihm einen Ausweg aus dem Schopenhauerschen Pessimismus wies. Wie aus Cosimas Tagebuch zu entnehmen ist, glaubte Wagner, die Degeneration habe während einer Phase tiefgreifender Veränderung eingesetzt und könne möglicherweise rückgängig gemacht werden: »Nach dem Mittagessen … kommt das Thema wieder auf die

Vereinigung des Optimismus von Gleizès und der Weltanschauung von Schopenhauer; R. meint, bei einer Erdrevolution sei die Entartung entstanden, aber es sei nicht unbedingt notwendig, daß der Wille sich nur selber aufzehre ... Es gäbe eine Möglichkeit des sanfteren Ertragens, des nicht absolut wilden Begehrens, wie z. B. in Indien bei einer großen Not die Menschen ruhig mit ihren Haustieren verhungert seien, ohne daran zu denken, letztere zu verzehren.«[14]

Und in alldem lag eine direkte arisch-christliche Bedeutung für die Opern: »... da wir durch seine Zitate aus dem Buche von Gleizès auf Indien gekommen waren, so erzählt er [Wagner] uns seinen Stoff der ›Sieger‹ ergreifend wundervoll. Das würde er im hohen Alter schreiben, das würde sanfter sein als Parsifal, im Parsifal sei alles jäh, der Heiland am Kreuz, da sei alles blutig.«[15] Im nächsten Jahr kam Wagner erneut auf diese Hoffnung zu sprechen: »... dann [reden wir] über Racen und Gestaltung der Erde mit Anknüpfung an die Theorie von Gleizès, welche ihm zu hoffen gestatte«, schrieb Cosima am 3. März 1881.

Während Gleizès Wagner Anlaß zur Hoffnung gab, bedurfte Gobineaus Theorie, die dritte Hauptquelle für Wagners regenerativen Antisemitismus, ebenso wie Schopenhauer einer Dosis erlösenden Idealismus, ehe man sie benutzen konnte. Gobineaus Schriften dienten Wagner vor allem dazu, seine kulturhistorische Beschreibung der Menschenrassen zu ergänzen. Gobineau, der der Gattenwahl ebenfalls große Bedeutung für die Evolution der Rassen beimaß, ging allerdings nicht von einem biologischen Ansatz aus: Sein *Versuch über die Ungleichheit der Menschenrassen* (1853–55) war lange vor Erscheinen der beiden bahnbrechenden Werke Darwins entstanden. Was Gobineau anzubieten hatte, war die Erkenntnis, daß zwischen der Ehe und dem Phänomen heroischer beziehungsweise degenerierter Rassen ein Zusammenhang bestand. Nach seiner Theorie gingen Rassen durch Mischehen zugrunde, genauso wie es bei einem reinrassigen Volk zur Degeneration des Heroischen kam, wenn Menschen aristokratischer Abstammung sich mit Angehörigen niederer Schichten vermischten. Laut Gobineau war dies ein tragischer und irreversibler historischer Prozeß; aber wie im Falle Schopenhauers fand Wagner auch hier einen Weg, dem totalen Pessimismus einer ihm ansonsten sympathischen Theorie zu entgehen. Indem er Gobineaus Auffassung über Heldentum und die Ehe zwischen Helden und Heldinnen mit seiner von Darwin inspirierten eigenen Vorstellung eines durch Gattenwahl bewirkten Fortschritts verband, gelang es Wagner, den historischen Pessimismus des Franzosen zu entschärfen.

Wagners erste persönliche Begegnung mit Gobineau fand 1876 in Rom statt, aber erst nach einer zweiten, die vier Jahre später erfolgte, las er dessen *Versuch* zum erstenmal. 1881 war der Franzose einen Monat lang in Wahnfried zu Gast und begleitete den Komponisten zur Berliner Aufführung des *Rings*, der für ihn die Überlegenheit der germanischen Rasse eindrucksvoll unter Beweis stellte[16]. Währenddessen veröffentlichte Wagner in seinen *Bayreuther Blättern* eine Würdigung der späteren Rassenlehre Gobineaus, worin er bemerkte:

»Fanden wir nun aber aus den Beweisführungen Schopenhauers für die Verwerflichkeit der Welt selbst die Anleitung zur Erforschung der Möglichkeit einer Erlösung dieser selben Welt heraus, so stünde vielleicht nicht minder zu hoffen, daß wir in dem Chaos von Impotenz und Unweisheit, welches unser neuer Freund uns aufdeckt, sobald wir es, gegen jedes Vorurteil schonungslos, durchdringen, selbst einen Weiser auffänden, der uns aus dem Verfalle aufblicken ließe.«[17]

Der Schlüssel hierfür war natürlich der Rassenbegriff. Gobineaus systematische Analyse dessen, was er »arische« Rasse nannte, war von unschätzbarem Nutzen für Wagner, der später den Begriff übernahm. Doch obgleich Gobineau die jüdische Rasse als einen Fremdkörper in Europa ansieht, ist die Haltung, die er im *Versuch* einnimmt, nicht auffallend antisemitischer als die seines Zeitgenossen Ernest Renan[18]. Tatsächlich besaßen die Juden nach Meinung Gobineaus viele bewundernswerte Eigenschaften, besonders die Entschlossenheit, sich als Rasse rein zu erhalten, im Unterschied zu den dekadenten Ariern. Anders als für Wagner waren die Juden für ihn nicht die teuflische Verkörperung einer »Antirasse« – die Negation der Menschheit schlechthin –, sondern ein ziemlich normales Volk. Andererseits sollte Gobineau, vor allen in den Jahren seiner Freundschaft mit Wagner, unverhohlen seine aristokratische Abneigung gegen Juden zur Schau tragen[19]. Auch ohne systematischen Antisemitismus genügte Gobineaus Idee von der arischen Rasse – modifiziert durch das optimistische Konzept eines arischen Christentums –, um Wagner zu seinem wichtigen Aufsatz *Heldentum und Christentum* zu inspirieren. Im Februar 1881 diskutierte er mit Cosima über Gobineaus pessimistische Schlußfolgerung, wonach die moderne Zivilisation am Ende einer vierzehntausendjährigen Geschichte zum Untergang verurteilt sei:

»Daß die Menschheit untergeht, ist gar keine Unmöglichkeit; nur wenn man außer Zeit und Raum die Dinge betrachtet, weiß man, daß es auf etwas andres ankommt als auf Racenstärke, gedenkt man des Evangeliums; und er [Wagner] fügt scherzend hinzu: ›Wenn unsere Kultur zu Grunde geht, ist es kein Schaden, wenn sie aber durch die Juden zu Grunde geht, ist es eine Schmach.‹ Er kündigt eine neue Arbeit: ›Heldentum und Christentum‹, an.«[20]

Diese Passage ist aus zwei Gründen bemerkenswert: zum einen, weil sie die Juden in Wagners optimistische Kritik an Gobineau einführt, und zweitens, weil sie vor Gobineaus Rassentheorie gegenüber dem Christentum zurückschreckt. Aber das Christentum der *Parsifal*-Periode ist ja in Wirklichkeit Schopenhauers arisches Christentum: Die Evangelien sprechen nicht von der repressiven Ethik des »jüdischen« Christentums, sondern von der arischen Ethik der Entsagung und des Mitleids. Durch diese Ethik wird die Menschheit von jenem tragischen Schicksal erlöst, das Gobineau voraussieht. Mit anderen Worten: Gobineaus Gesetze der rassischen Degeneration können durch regeneratives Mitleid umgekehrt werden, und Gobineaus

216

Rassenvorstellung bleibt somit eine Basis der Wagnerschen Theorie. Wagner hat Rasse oder Rassismus nicht zugunsten des Christentums verworfen. Nur Gobineaus pessimistische Prophezeiungen, was die Zukunft der arischen Rasse betrifft, lehnte er ab.

Diese Unterscheidung muß man im Auge behalten, wenn man weder auf absurd verharmlosende Interpretationen von Wagners späterem Denken verfallen noch Widersprüche entdecken will, die es nicht gibt. So steht etwa in Cosimas Tagebuch unter dem Datum 3. Juni 1881: »Bei Tisch explodiert er förmlich zu Gunsten des Christlichen gegenüber dem Racengedanken.« Aber noch wenige Wochen vorher, am 12. Mai, schrieb sie: er lese »die Seiten aus seinem Werke (Band 4, K. 3 *[Über die arischen Griechen und die Semiten]*), die er so liebt, und nachher spielt er das Vorspiel zu Parsifal vor.«[21] Am 1. September 1881, während er *Heldentum und Christentum* in groben Zügen entwirft, hofft Wagner, »die Ansichten Gobineau's dahin erweitert zu haben, daß ihm selbst etwas Tröstliches zugeführt werde, indem diese Ansichten vollständig mit hinübergenommen würden«. Einige Monate später heißt es dann: »... und immer anknüpfend an die Theorie von Gob. sagt R.: ›Untergehen werden wir, das ist gewiß; nun kommt es darauf an, ob wir mit dem Abendmahl enden oder in der Gosse verrecken.‹ ...« (22. März 1882) Mit Hilfe des arischen Christentums Schopenhauers hat Wagner also zwischen Gobineaus Rassenidee und seiner aus ihr entwickelten eigenen Rassenvorstellung eine nahtlose Verbindung hergestellt.

Die Verbindung erstreckte sich bis auf Wagners Musik, besonders *Parsifal*. Er hatte Gobineau das Vorspiel vorgespielt, nachdem er die Abschnitte von dessen *Versuch* vorgelesen hatte, in denen es um die Goten geht (12. Mai 1881). Als er im Jahr darauf einmal den dritten Akt von *Siegfried* hörte, war ihm dieser Zusammenhang von Musik und Rassenideologie noch voll gegenwärtig: »›Das ist Gobineau-Musik‹, sagt R., hinzutretend; ›das ist Race. Wer soll mir diese beiden Wesen [Siegfried und Brünnhilde] geben, die in Jubel ausbrechen, wie sie sich - ansehen ...‹« (17. Oktober 1882) Heldenehe, Gattenwahl, Rasse und Musik waren in Wagners Gobineau-Verständnis unauflöslich miteinander verwoben.

Der Tod des Franzosen eine Woche später erschütterte Wagner, der nicht nur ein intellektuelles Bollwerk verlor, sondern auch einen der sehr wenigen geistesverwandten Vertrauten seines letzten Jahrzehnts, wie Cosimas Tagebuch im Übermaß belegt[22]. Doch obgleich sich Wagner zu diesem Einfluß bekannte, war er sich stets der Grenzen von Gobineaus tragischer Vision bewußt, ebenso wie derer des Schopenhauerschen Pessimismus. Wenige Tage vor seinem eigenen Tod erinnerte sich Wagner an Gobineau: »Seinen Aufsatz: ›Heldent. und Christentum‹, den er heute wiedergelesen, hält er für sein Bestes; wir kommen dabei auf Gob., der so weit und so scharf gesehen, dabei aber nicht genug in die Tiefe geblickt.« (9. Februar 1883)

Arisches Christentum in den Regenerationsschriften

Wagners »Bestes«, *Heldentum und Christentum*, bildet den eigentlichen Höhepunkt der sogenannten Regenerationsschriften, die er zwischen 1877 und 1881 veröffentlichte. Sie wurden oft als exzentrische Auswüchse entschuldigt, doch ihre Themen waren Wagner lange im Kopf herumgegangen, und den ersten Aufsatz der Reihe – *Was ist deutsch?* – hatte er in einer Urfassung bereits 1865 geschrieben. Im März 1873 erklärt er, daß er nach Beendigung der Musikdramen seinem *Was ist deutsch?*-Thema auf den Grund gehen würde, und im Juni jenes Jahres erwog er, eine Reihe öffentlicher Vorlesungen über das Thema zu halten. Der Aufsatz selbst erschien dann schließlich 1878 in der Februarausgabe der *Bayreuther Blätter*[23].

Der Artikel zeigte sofort Wirkung: Voller Begeisterung nahm Constantin Frantz die darin enthaltene Aufforderung an, seiner

218

Verachtung über das judenfreundliche Bismarck-Reich Luft zu machen, und viele angesehene Mitglieder des Berliner Wagner-Vereins waren über die stillschweigende Zustimmung des Meisters derart empört, daß sie unter Protest ihren Austritt erklärten[24]. Im März 1878 ließ Wagner dem umstrittenen Artikel einen neuen folgen, der den lakonisch-provokanten Titel *Modern* trug. Darin äußerte er sich ganz offen über die Juden und argumentierte so, daß jedem klar wurde, wie er sich sowohl in seiner Kunstauffassung als auch in seiner politischen Einstellung von liberalen und »modernen« Überzeugungen entfernt hatte. Diese galten ihm nun als jüdisch und mithin dem Wesen deutschen Lebens und deutschen Schrifttums fremd. Den Ursprung des Liberalismus und Modernismus sah er in der jungdeutschen Bewegung der dreißiger Jahre. Er verwarf sie jetzt als eine bankrotte Kultur, die mit jüdischem Geld und durch die zunehmend von Juden beherrschte Presse hochgekommen sei. Einige wenige ernsthafte und begabte Juden, räumte er ein, hätten den jüdisch-liberalen Modernismus nicht gutgeheißen und seien Freunde von ihm geworden. Dieser unangenehm sarkastische Artikel sollte ihn jedoch zumindest um einen jüdischen Verehrer aus Kassel bringen, der seine Überzeugungen nicht mit den darin dargelegten Ansichten vereinbaren konnte und aus dem Patronatsverein austrat[25].

In der dreiteiligen Artikelserie *Publikum und Popularität*, die zwischen April und August 1878 in den *Bayreuther Blättern* erschien, griff Wagner die Idee eines »arischen Christentums« auf, die er 1855 nach seiner Versenkung in die Gedankenwelt Schopenhauers ersonnen hatte. Nun bediente er sich ihrer, um das Fundament für jene arische Ideologie zu legen, die zwei Jahre später in seinen Aufsätzen über *Religion und Kunst* und seiner letzten Oper *Parsifal* Früchte tragen sollte. Im dritten Teil von *Publikum und Popularität* behauptete er nicht nur, daß das Christentum eine von den Juden ausgeplünderte arische Religion sei, sondern auch, daß Christus selbst in Wirklichkeit arischer, nicht jüdischer Abstammung gewesen sei:

»Daß der Gott unsres Heilandes uns aus dem Stammgotte Israels erklärt werden sollte, ist eine der schrecklichsten Verwirrungen der Weltgeschichte ... Wird Jesus für des Jehova Sohn ausgegeben, so kann jeder jüdische Rabbiner, wie dies denn auch zu jeder Zeit vor sich gegangen ist, alle christliche Theologie siegreich widerlegen ... die historische Kritik ... steht mitten unter dem Judentum und verwundert sich, daß heute des Sonntags früh noch die Glocken für einen vor zweitausend Jahren gekreuzigten Juden läuten, ganz wie dies jeder Jude auch tut ... Aber nur den Gott, den uns Jesus offenbarte, den Gott, welchen alle Götter, Helden und Weisen der Welt nicht kannten ... diesen Gott sieht der Kritiker stets von neuem mit Mißtrauen an, weil er ihn immer wieder für den Judenweltmacher Jehova halten zu müssen glaubt!«[26]

Auf die Idee eines arischen Christentums war Fichte 1804 als einer der ersten gekommen, machte er doch »die wahre Quelle des Übels in der ursprünglichen Abweichung von der Einfachheit des Christentums zugunsten des Judentums« aus. Die Schuld für diese fatale Entwicklung trug in seinen Augen der heilige Paulus. In dem Versuch, das Christentum zu entjudaisieren, stellte Fichte das Johannesevangelium als das einzige authentische, nämlich »nichtjüdische« Evangelium hin: »Es bleibt auch bei diesem Evangelisten immer zweifelhaft, ob Jesus aus jüdischem Stamme sei, oder falls er es doch etwa wäre, wie es mit seiner Abstammung sich eigentlich verhalte.«[27] Während der fünfziger Jahre hatte Wagner mit Hilfe der Schopenhauerschen Philosophie diese Erkenntnis weiterentwickelt, und in den siebziger Jahren wurde die absurde These von Paul de Lagarde und anderen aufgegriffen, die sich zu der Behauptung verstiegen, daß sich alte jüdische Texte über einen »Jesus ben Panthera« (Jesus, Sohn des Panthera) auf einen römischen Soldaten bezögen, dessen Name auf einer Inschrift in Galiläa gefunden worden sei[28]. (Tatsächlich war in jenen jüdischen Quellen Panthera mit dem griechischen Wort für Jungfrau, »parthenos«, verwechselt worden[29].) Selbst einem erklärten Feind des Judentums wie Adolf Stoecker fiel es schwer, dies für bare Münze zu nehmen. Er warnte davor, den wohlbegründeten christlichen Antisemitismus auf ein solches Rassenprinzip zu reduzieren, was er als »Gipfel der Verrücktheit« bezeichnete[30]. Aber Cosimas Tagebucheintragung vom 27. November 1878 zeigt, daß Wagner von diesem Hirngespinst besessen war: »... dann eifert er [Wagner] dagegen, daß Jesus ein Jude war, es sei nicht erwiesen, er habe syrochaldäisch gesprochen; ›wenn alle Kirchen werden vergangen sein, dann werden wir erst zum Heiland, von dem das Judentum uns trennt, kommen ...‹«[31] Auch Hitler teilte diesen Wahn; für ihn stand fest: »Christus war ein Arier.« Er glaubte, so ist den *Tischgesprächen im Führerhauptquartier* zu entnehmen, »der menschliche Vater Jesu sei – wie seinerzeit in Galiläa bei unehelichen Kindern oft – ein römischer Legionär gewesen«[32].

Trotz seiner Besessenheit von der Idee eines arischen Jesus unterdrückte Wagner während des nächsten Jahres seinen Bekennerdrang. In *Wollen wir hoffen?* (Mai 1879) nahm er Themen des früheren Aufsatzes *Deutsche Kunst und deutsche Politik* wieder auf, hielt sich aber in seiner Kritik an den Juden zurück. Anscheinend war er über die Reaktion, die seine allzu radikale Interpretation nicht nur des Judentums, sondern auch des Christentums selbst bei seinen Förderern und in der Öffentlichkeit ausgelöst hatte, etwas beunruhigt. Abgesehen von einigen Anspielungen auf die »Literatur des Aktienkapitals« und dergleichen begnügt er sich in dem Aufsatz damit, sein Publikum daran zu erinnern, wie einige Juden *Die Meistersinger* ausgepfiffen hätten und wie man »dem Denkmal des Hans Sachs gegenüber ... in Nürnberg eine imponierende Synagoge reinsten orientalischen Stiles auf[stellte]«[33].

Ein umfangreicher *Offener Brief gegen die Vivisektion*, den er im Oktober 1879 veröffentlichte, ist von schopenhauerischer Tierliebe durchdrungen, doch auch in ihm scheint an manchen Stellen die antisemitische Feindseligkeit seines Autors auf. Wagner vertritt den Standpunkt, Tierliebe dürfe nicht von Nützlichkeitserwägungen, sondern müsse vom Mitleid diktiert werden, und postuliert, daß der Mensch ursprüng-

lich Vegetarier gewesen sei, sich dann aber, weil er in kältere
nördliche Gefilde zog, genötigt gesehen habe, zum Fleischesser
zu werden. Nichtsdestoweniger zeigten die christlichen Legenden über Heilige, die mit der Tierwelt kommunizierten, daß
sich der Zustand ursprünglicher Reinheit lange Zeit erhalten
habe. Aber, fährt er fort:

>Diese Sagen sind nun verschollen; das [jüdische] alte Testament
hat heutzutage gesiegt, und aus dem reißenden ist das ›rechnende‹
Raubtier geworden ...
   Die Weisheit der Brahmanen, ja aller gebildeten Heidenvölker, ist
uns verloren gegangen: mit der Verkennung unsres Verhältnisses
zu den Tieren sehen wir eine, im schlimmsten Sinne selbst vertierte, ja mehr als vertierte, eine verteufelte Welt vor uns.«[34]

Damit befindet sich Wagner an der Schwelle zur Welt von *Parsifal* und der arischen Erlösung von der dämonischen jüdischen
Antirasse.

   Die letzte Gruppe seiner Aufsätze, *Religion und Kunst* mit
den Ergänzungen, die 1880/81 in den *Bayreuther Blättern* erschienen und das ideologische Programm für *Parsifal* liefern,
sind von der Idee einer jüdischen Antirasse erfüllt. Der Titel-
aufsatz vertritt die allgemeine These, daß »es der Kunst vorbehalten ist«, der Öffentlichkeit den »inneren Kern ... der un-
aussprechlich göttlichen Wahrheit« zu vermitteln, jetzt, da der
ursprüngliche Inhalt des Christentums seit langem verloren-
gegangen und pervertiert worden sei. Diese göttliche Wahrheit
ist »die Tat des freiwilligen Leidens«, die christliche Form der
buddhistischen Entsagung. Aber fast schon von Anfang an sei
das arisch-christliche Ideal des Leidens verfälscht worden von
dem »durch Herrscherwut eingegebene[n] Gedanke[n] der
Zurückführung dieses Göttlichen am Kreuze auf den jüdischen
›Schöpfer des Himmels und der Erde‹, mit welchem, als einem
zornigen und strafenden Gotte, endlich mehr durchzusetzen
schien, als mit dem sich selbst opfernden alliebenden Heiland
der Armen«[35]. Für Wagner versinnbildlicht der Jesus der christlichen Kirche den jüdischen Macht- und Herrschergott, und

eben deshalb müsse ein erneuertes arisches Christentum, unterstützt von der Kunst, den Europäer vom jüdischen Wesen erlösen.

Der Schlüssel zum Verständnis der Entartung des Christen
liegt nach Wagners fester Überzeugung im falschen Begriff vom
Leben der Tiere, der heute vorherrsche und »die brahmanische
Lehre von der Sündhaftigkeit der Tötung des Lebendigen und
der Verspeisung der Leichen ermordeter Tiere« über den Hau-
fen geworfen habe. Diese Lehre zu verletzen heißt im Grunde,
»die Einheit alles Lebenden« zu leugnen. Warum also ist der
Europäer so allgemein zum »Raubtier« geworden? Der Grund
dafür sei teilweise darin zu suchen, argumentiert Wagner, daß
er sich aus den warmen Regionen, wo leicht an vegetarische
Kost heranzukommen war, in die rauheren Gegenden des Nor-
dens begeben hat. Die Eroberung an sich forderte schon Blut,
und hier gibt Wagner dem von den deutschen Radikalen der
vierziger Jahre wiederbelebten Blutschuldvorwurf eine neuartige Wendung. Bei der unheimlichen Blutmetaphorik drängt
sich der Gedanke auf, daß Wagner hier den Eindruck verarbei-
tet hat, den in den siebziger Jahren die Lektüre von Geschich-
ten über jüdischen Ritualmord bei ihm hinterlassen hatte, ein
Zeitvertreib übrigens, der heilende Kräfte gegen seinen
Hautausschlag freigesetzt zu haben scheint[36]:

»Diese Völker hatten die Wüsten durchwandert ... das vom Hunger
gequälte Raubtier hatte sie hier gelehrt, nicht mehr der Milch, sondern auch des Fleisches ihrer Herden als Nahrung sich zu bedienen, bis alsbald nur Blut den Mut des Eroberers zu nähren fähig
schien ... Angriff und Abwehr, Not und Kampf, Sieg und Unter-
liegen, Herrschaft und Knechtschaft, alles mit Blut besiegelt,
nichts anderes zeigt uns fortan die Geschichte der menschlichen
Geschlechter; als Folge des Sieges des Stärkeren alsbald eintretende Erschlaffung durch eine, von der Knechtschaft der Unter-
jochten getragene Kultur; worauf dann Ausrottung der Entarteten
durch neue rohere Kräfte von noch ungesättigter Blutgier. Denn
immer tiefer verfallend, scheinen Blut und Leichen die einzig wür-
dige Nahrung für den Welteroberer zu werden ...« (S. 227)

In der Gegenwart begegnet man Massenschlachtungen in einem Pariser Schlachthof – und dem Niedermetzeln von Menschen auf dem Schlachtfeld.

Gibt es einen Ausweg aus dieser von Gibbon – und von Gobineau – in düstersten Farben geschilderten Menschheitsgeschichte, die voll ist von Raub und Mord? Ja, es gibt ihn: »Von je ist es, mitten unter dem Rasen der Raub- und Blutgier, weisen Männern zum Bewußtsein gekommen, daß das menschliche Geschlecht an einer Krankheit leide, welche es notwendig in stets zunehmender Degeneration erhalte.« Diese Lösung war in der Lehre Jesu zusammengefaßt, der sein eigenes Blut hingab »als letztes höchstes Sühnungsopfer für alles sündhaft vergossene Blut und geschlachtete Fleisch ... und [er] reichte dafür seinen Jüngern Wein und Brot zum täglichen Mahle ... als dem eines leiblichen wie geistigen Heilmittels«. Aber anstatt das Fleischessen abzuschaffen, behielt die Kirche diese Gewohnheit bei und schlug gleichzeitig den Kurs der Menschheitsgeschichte ein, der durch Fleischverzehr und Blut symbolisiert wird – den Kurs von Macht und Herrschaft. Das sei »als der wesentliche Grund des so frühen Verfalles der christlichen Religion als christliche Kirche anzusehen«[37] (S. 230f.). Die Kirche setzte Gewalt und Raub ein, um frühere Staaten zu überwältigen, die auf jenen Grundsätzen basierten, und hierfür stellte das Judentum die erforderliche ideologische Waffe zur Verfügung, nämlich die Ethik der »Herrschaft«:

»... der eigentümliche Umstand, daß das Christentum als aus dem Judentum hervorgegangen angesehen werden konnte, führte zur Aneignung der nötig dünkenden Schreckmittel. Hier hatte der Stammgott eines kleinen Volkes den Seinigen, sobald sie streng die Gesetze hielten, durch deren genaueste Befolgung sie gegen alle übrigen Völker der Erde sich abgeschlossen erhalten sollten, die einstige Beherrschung der ganzen Welt, mit allem was darin lebt und webt, verhießen. In Erwiderung dieser Sonderstellung von allen Völkern gleich gehaßt und verachtet, ohne eigene Produktivität, nur durch Ausbeutung des allgemeinen Verfalles sein Dasein fristend, wäre dieses Volk sehr wahrscheinlich im Verlaufe gewalt-

samer Umwälzungen ebenso verschwunden, wie die größten u
edelsten Geschlechter völlig erloschen sind ... Die Teilnahme a
dieser Weltherrschaft ihres Jehova glaubten, so scheint es, die
Juden verschmerzen zu können, da sie anderseits Teilnahme an
einer Ausbildung der christlichen Religion gewonnen hatten, welche ihnen diese, mit allen ihren Erfolgen für Herrschaft, Kultur und
Zivilisation, im Verlaufe der Zeiten in die Hände zu liefern sehr wohl
geeignet war.« (S. 231)

Wir sehen hier, wie geschickt Wagner die alten Fichteschen
Themen von jüdischem Schmarotzertum und von jüdischer Ab-
kapselung aufgriff und sie in einen neuen historischen Rahmen
von »Blut« und Herrschaft eingliederte. Dieser Rahmen nämlich erklärt das merkwürdige Phänomen, daß eine kleine Paria-
rasse überleben konnte, indem sie sich die christliche Kultur
unterwarf und ein ursprünglich arisches Christentum judai-
sierte, ein Prozeß, der damit begann, daß sie sogar aus Jesus
einen Juden machten. Für Wagner aber stand fest, daß Jesus ein
Arier war, der aus purem historischen Zufall ins Land der Juden
hineingeboren wurde:

»Denn der erstaunliche Ausgangspunkt hierfür war geschichtlich
gegeben: – in einem Winkel des Winkellandes Judäa war Jesus von
Nazareth geboren ... [es dünkte] den ersten Gläubigen, armen, dem
jüdischen Gesetze stumpf unterworfenen Hirten und Landbauern,
unerläßlich, die Abkunft ihres Heilandes aus dem Königsstamme
Davids nachweisen zu können, wie zur Entschuldigung für sein
kühnes Vorgehen gegen das ganze jüdische Gesetz. Bleibt es mehr
als zweifelhaft, ob Jesus selbst von jüdischem Stamme gewesen sei,
da die Bewohner von Galiläa eben ihrer unechten Herkunft wegen
von den Juden verachtet waren, so mögen wir dies, wie alles die geschichtliche Erscheinung des Erlösers Betreffende, hier gern dem
Historiker überlassen ... Uns wird es dagegen genügen, den Verderb der christlichen Religion von der Herbeiziehung des Judentums zur Ausbildung ihrer Dogmen herzuleiten.« (S. 232)

In Wagners Augen trug das von der Kirche verkündete Christentum von Anbeginn an den Keim der Verderbnis in sich, weil

es sich die »jüdische« Version von Jesus zu eigen machte. Das für die Juden charakteristische Streben nach Herrschaft habe, so wird er nicht müde zu betonen, die Kirche dafür anfällig gemacht, als Schirmherr von Krieg und Blutvergießen aufzutreten, und das trete nun in der Kriegslüsternheit und dem »Staats«-Kult der modernen nachchristlichen Welt zutage:

»... denn wo wir christliche Heere, selbst unter dem Zeichen des Kreuzes, zu Raub und Blutvergießen ausziehen sahen, war nicht der Alldulder anzurufen, sondern *Moses, Josua, Gideon*, und wie die Vorkämpfer Jehovas für die israelitischen Stämme hießen, waren dann die Namen, deren Anrufung es zur Befeuerung des Schlachtenmutes bedurfte ...
Wie ohne diese Hereinziehung des altjüdischen Geistes und seine Gleichstellung mit dem des rein christlichen Evangeliums, wäre es auch bis auf den heutigen Tag noch möglich, kirchliche Ansprüche an die ›zivilisierte Welt‹ zu erheben, deren Völker, wie zur gegenseitigen Ausrottung bis an die Zähne bewaffnet, ihren Friedenswohlstand vergeuden, um beim ersten Zeichen des Kriegsherrn methodisch zerfleischend über sich herzufallen? Offenbar ist es nicht Jesus Christus, der Erlöser, den unsre Herren Feldprediger vor dem Beginne der Schlacht den um sie versammelten Bataillonen zum Vorbild empfehlen; sondern, nennen sie ihn, so werden sie wohl meinen: Jehova, Jahve ...« (S. 232 f.)

Der Krieg, die Verherrlichung des Staates, das »tägliche Blutbad«, das in den Schlachthäusern angerichtet werde, damit sich die Menschen »beim Mittagsmahle die bis zur Unkenntlichkeit hergerichteten Leichenteile ermordeter Haustiere wohlschmecken lassen sollen«, die »ungleiche Besitzesverteilung« (S. 233) im bürgerlichen Staat – das alles sind für Wagner nur verschiedene Manifestationen des jüdischen Wesens, das die ursprüngliche Reinheit des arischen Christentums verdorben hat. »Ersehen wir hieran, daß unsrer so komplizierten Zivilisation selbst nur die Verhüllung unsrer durchaus unchristlichen Herkunft nicht gelingen will ... so hätten wir in unsrem Zustande sehr wohl einen Triumph der Feinde des christlichen Glaubens zu erkennen.« (S. 234) Im modernen Machtstaat ist die Kultur, die »aus dem Boden des Friedens sprossen« sollte, pervertiert, da der Staat jene Bereiche des Geistes fördert, die für sein kriegerisches Machtstreben nützlich sind – vor allem die Physik, die Chemie und die Biologie (letztere in Gestalt der Vivisektion).

Angesichts dieses verhängnisvollen Scheiterns der christlichen Religion schlägt Wagner nun eine große Revolution vor, eine, die den Krieg und den bürgerlichen Staat abschaffen wird, jene jüdischen Epiphänomene der Macht und Herrschaft, die zu festen Bestandteilen der modernen christlichen Gesellschaft geworden sind. Wohlmeinende Interpreten der Wagnerschen Gedankenwelt haben des öfteren ins Feld zu führen versucht, daß ein solch erklärter Kriegs- und Machtgegner wie Wagner Hitler oder den Nationalsozialismus niemals unterstützt hätte. Aber es genügt wirklich nicht, zur Untermauerung dieser These Wagners schöne Worte und untadelige Ansichten über Frieden und Brüderlichkeit anzuführen[38]. Man darf nicht vergessen, daß derartige Äußerungen zur gängigen Rhetorik nahezu aller Diktaturen gehören, auch wenn sie in der Regel leicht zu durchschauen sind, da die Taten der Diktatoren deren Reden offenkundig Lügen strafen. Dem gleichen Test müssen Wagners hehre Ideale wie auch seine Freundschaftsbeteuerungen gegenüber gewissen nützlichen Juden unterzogen werden. Unter der Oberfläche müssen wir nach dem persönlichen Ressentiment, der Gehässigkeit, der gärenden Feindseligkeit suchen, die Wagners – und all der anderen deutschen Revolutionäre –, in der Öffentlichkeit zivilisiertem Auftreten zugrunde liegen und dessen Verlogenheit entlarven.

Die ideale Revolution, die Wagner in *Religion und Kunst* fordert, richtet sich gegen den verderblichen Einfluß des Judentums, und der Revolutionsplan, den er vorlegt, zielt zwangsläufig auf die Vernichtung alles Jüdischen ab, auch wenn das nicht offen ausgesprochen wird. Er beginnt die Darlegung seines Patentrezepts mit der Behauptung, daß seine historische Analyse des Degenerationsprozesses (verursacht durch den

Mord an Tieren und Menschen) eigentlich eine optimistische sei, da sie einen Weg zur Erlösung zeige. So wie der Mensch, als er in Urzeiten seine Zuflucht zu Macht und Gewalt nahm, zum Fleischesser wurde, so zerstöre das Fleischessen allmählich die physische Gesundheit der auf Macht und Herrschaft gründenden Zivilisationen. »In der Folge naturwidriger Nahrung siecht er [der Mensch] in Krankheiten ... dahin und erreicht nie mehr weder sein natürliches Lebensalter noch einen sanften Tod, sondern wird von, nur ihm bekannten Leiden und Nöten, leiblicher wie seelischer Art, durch ein nichtiges Leben zu einem stets erschreckenden Abbruch desselben dahin gequält.« (S. 238) Hierin jedoch liegt die Chance einer Regeneration – im Vegetarismus und in der Tierliebe, die beide gemeinsam den Menschen von physischen und moralischen Krankheiten heilen werden. (Jenen, die sich von der Möglichkeit einer Regeneration überzeugen lassen, empfiehlt Wagner Gleizès' *Thalysis*.) Diese Lösung, so räumt er ein, sei nicht akzeptabel für eine christliche Kirche, die dem jüdischen Glauben anhänge, Jehova sei das Tieropfer Abels willkommener gewesen als die Feldfrüchte seines Bruders Kain. Dennoch müsse, schreibt Wagner, der moderne Mensch bei »der einen, alle Regeneration bestimmenden Grundlage einer religiösen Überzeugung davon ausgehen, daß die Entartung des menschlichen Geschlechtes durch seinen Abfall von seiner natürlichen Nahrung bewirkt worden sei« (S. 242).

Natürlich ist die vegetarische Lebensweise im Grunde nur eine Therapie von der Art wie Wagners Empfehlung, die Europäer sollten massenweise in wärmere Gefilde auswandern, wo Gemüse und Obst leicht zu bekommen sind. Letztlich jedoch muß eine tiefere moralische und religiöse Erweckung erfolgen, damit es zur großen Revolution im Bewußtsein kommen kann. Daher, so schreibt Wagner, »haben wir uns selbst sehr gründlich nur noch in der einen Voraussetzung zu bestärken, daß nämlich aller echte Antrieb, und alle vollständig ermöglichende Kraft zur Ausführung der großen Regeneration nur aus dem tiefen

Boden einer wahrhaften Religion erwachsen könne« (S. 243).
Diese wahrhafte Religion ist das arische Christentum Schopenhauers, das auf Leiden und Mitleid beruht, von Wagners positivem Glauben an die Erlösung aber abgemildert wird.

Für Wagner ist die Degeneration der menschlichen (und
besonders der germanischen) Rasse in der Tat ein eindeutiger
Schritt in Richtung Erlösung, da die damit verbundenen Mühen
und Probleme als der notwendige Prozeß des Leidens angesehen werden sollten, durch den die europäische Menschheit
und die Deutschen zu jenem Mitleid finden werden, das allein
Erlösung garantiert: »... so hätten wir das, was wir als den Verfall des durch seine Handlungen geschichtlich uns bekannt gewordenen Geschlechtes bezeichneten, als die strenge Schule
des Leidens anzuerkennen, welche der Wille in seiner Blindheit
sich selbst auferlegte, um sehend zu werden ...« (S. 245) Die
Härte dieses Weges zur Erlösung durfte »selbst die ... zu Sanftmut erzogenen, edelsten Geschlechter der Menschen mit
Trauer und Bangigkeit erfüllen, welches Leiden mußte sich
ihrer bemächtigen, als sie ihrem eigenen Verfalle, ihrer Entartung bis zu den tiefsten Vorgeburten ihres Geschlechtes
hinab, mit nur duldend möglicher Abwehr zuzusehen genötigt
waren?« (S. 246) Aber das Volk könne vielleicht mit Hilfe eines
befreiten Christentums neu geschaffen werden: Seine Mythen
und Dokumente existierten bereits und müßten nur »richtig
gelesen« werden. Dann nämlich würden die arischen Christen
jenes Mitleid erlangen, das sie nicht mit den mächtigen Siegern,
sondern mit dem besiegten Helden Jesus seelenverwandt
macht: »Nun aber haben wir eine neue Realität vor uns, ein, mit
tiefem religiösem Bewußtsein von dem Grunde seines Verfalles
aus diesem sich aufrichtendes und neu sich artendes Geschlecht, mit dem wahrhaftigen Buche einer wahrhaftigen Geschichte zur Hand, aus dem es jetzt ohne Selbstbelügung seine
Belehrung über sich schöpft.« (S. 248)

Die letzten Seiten von *Religion und Kunst* nehmen das
frühere Argument gegen den militaristischen Charakter des

modernen Machtstaats wieder auf, und zwar in pazifistischen Wendungen, denen wohl viele heutige Leser ohne weiteres zustimmen könnten. Aber man darf nicht vergessen, daß Wagners Lehre gegen Gewalt, Macht und Krieg schon von ihrer Konzeption her antisemitisch ist. Seine Idee einer revolutionären Befreiung von Gewalt hat die Vernichtung des Judentums als der eigentlichen Doktrin von Macht, Grausamkeit und Gewalt zur Folge. Es ist naiv zu meinen, Wagner, wie vor ihm schon Luther, habe geglaubt, daß die Vernichtung eines halsstarrigen, verhaßten Judentums nicht eo ipso ein gewisses Maß an gar nicht christlicher Gewalt und Unfreundlichkeit mit sich bringen würde. Die logische Begründung dafür war recht einfach: Gegen die Apostel der Gewalt, die Juden, durfte man von Rechts wegen Gewalt anwenden[39]. (Wenn Wagner sich der Macht bediente, war es somit moralisch etwas anderes, als wenn sich der herkömmliche Staat jüdischer Macht bediente, wie ja auch Wagners hehrer Egoismus des deutschen Künstlers nichts mit dem anstößigen bürgerlichen Egoismus der Juden zu tun hatte.)

Wagner war stolz darauf, in *Religion und Kunst* eine neue Mythologie arisch-christlichen Antisemitismus präsentieren zu können. Er hatte sich eine Theorie rassischer Degeneration und Erlösung ausgedacht, mit deren Hilfe er die traditionelle Blutmetaphorik des christlichen Antisemitismus neu interpretieren konnte. Wie schon im berüchtigten Aufsatz von Moses Hess aus dem Jahr 1845 wurde hier die Geschichte des Blutes – des Tier- wie des Menschenblutes – als Sinnbild für die Komplexität der modernen Gesellschaft benutzt: Geld, Eigentum und Egoismus; Krieg, Herrschaft und Gewalt; der bürgerlich-kapitalistische Machtstaat. All das war die Schöpfung von Wagners »menschlichem Raubtier«, in dem er, wie weiland Hess, die Quintessenz des Jüdischen erblickte. Anders freilich als Hess hatte Wagner seiner Geschichte des Blutes ein rassisch-religiöses Element hinzugefügt. Die europäischen Rassen würden erlöst werden, nicht durch eine nur sozialistische Revolution, wie Hess geglaubt hatte, sondern indem sie ihr ursprüngliches ari-

sches, von jüdischem Gedankengut freies Christentum wieder-
entdeckten und danach lebten[40].

Was nützt diese Erkenntnis? (Dezember 1880), der erste
Nachtrag zu *Religion und Kunst*, betont, daß die pessimistische Erkenntnis des Menschengeschlechts (nämlich vor allem
des deutschen Volkes) den Keim der Erlösung in sich trage, daß
»eine noch weitergehende vollständige Erkenntnis des Grun-
des unsres Verfalles zugleich auf die Möglichkeit einer eben so
gründlichen Regeneration hinleitet«. Diese tiefgreifende deutsche Revolution ist jedoch nicht bloß politisch ausgerichtet
wie die eines Robespierre oder wie die seelenlose Einigung
Deutschlands, die Bismarck in die Wege geleitet hatte. Was
deutsche Einheit wirklich heißt, könne von Politikern nicht
erfaßt werden, die kein Verständnis für die Möglichkeit einer
Regeneration hätten, selbst wenn sie, wie Bismarck, gegenüber der menschlichen Natur einen eindeutig pessimistischen
Standpunkt einnehmen mögen. Dazu sei schon etwas mehr
vonnöten, und Wagner findet es in der Sehnsucht nach einer
Welt des Friedens und der Brüderlichkeit, die alle Politik trans-
zendieren werde. Lange kann er allerdings dieses Bild von Pa-
zifismus nicht aufrechterhalten, und schon bald deckt er seine
Karten wieder auf. Obwohl er Krieg verurteilt, nimmt er den
Deutsch-Französischen Krieg als notwendig hin, da dieser von
Frankreich »mutwillig vom Zaun gebrochen« worden und daher
vollauf gerechtfertigt gewesen sei. 1879 sollte er sich in *Mein
Leben und meine Sendung* erinnern: »Welcher Deutsche
wäre nicht durch die wunderbaren Erlebnisse jenes Kriegs-
jahres zu enthusiastischer Freude an den herrlichen Offenba-
rungen deutscher Kraft, Tapferkeit, Besonnenheit, Würde und
Größe hingerissen worden.«[41]

Über weite Strecken stellt der Aufsatz Schopenhauers pessimistisches Geschichtsverständnis als den Weg zu einer echten
revolutionären Erlösung hin und erklärt, daß dessen Pessimismus, genau gesagt, als eine Absage an die wirkliche Welt
mißverstanden worden sei. Es gelte, »die Schopenhauersche

Philosophie in jeder Beziehung zur Grundlage aller ferneren geistigen und sittlichen Kultur zu machen« (S. 257), da er das Heilmittel gegen den schalen Optimismus des jüdischen Alten Testaments sei, den das machtgierige Papsttum unters Volk gebracht habe. Es ist, in Wagners Augen, »als ein besonderes Unglück anzusehen, daß Luther gegen die Ausartung der römischen Kirche keine andere Autoritätswaffe zu Gebote stand, als eben diese ganze, volle Bibel« (S. 258). Tragischerweise sei es Luthers Bibel gewesen, die dem deutschen Volk den fremdartigen jüdischen Geist der mosaischen Zehn Gebote eingeimpft habe, das eigentliche Unterdrückungsinstrumentarium des Polizeistaats:

»Werfen wir, von dieser schönen Ansicht aus, einen Blick auf die zehn Gebote der mosaischen Gesetzestafel, mit welchen auch Luther zunächst einem unter der Herrschaft der römischen Kirche und des germanischen Faustrechtes geistig und sittlich gänzlich verwilderten Volke entgegentreten zu müssen für nötig fand, so vermögen wir darinnen vor allem keine Spur eines eigentlichen christlichen Gedankens aufzufinden; genau betrachtet sind es nur *Verbote* … In eine Kritik derselben haben wir uns nicht einzulassen, denn wir würden dabei nur auf unsre polizeiliche und strafrichterliche Gesetzgebung treffen, welcher zum Zweck des bürgerlichen Bestehens die Überwachung jener Gebote … überwiesen worden ist …« (S. 259)

Die jüdischen Gebote, die das Rechtssystem des bürgerlichen Staates untermauern, stehen mithin im Gegensatz zur revolutionären Moral des arischen Jesus. (In seinem Tagebuch vermerkte Wagner einmal: »Wer in der Beobachtung und Beurtheilung der modernen Welt einigen Scharfblick ausbildet, gewahrt, dass alle diese Gebote gebrochen u. umgangen werden, – also wohl nicht göttlich sein können, sondern weltlich.« Dabei dachte er wohl an seine eigenen Verstöße gegen das siebte Gebot[42].)

Wagner schließt jedoch mit einer Absage an den Gedanken einer politischen Revolution: »Daß für eine solche Erforschung uns nicht der Politiker anleiten könnte, glaubten wir deutlich bezeichnen zu müssen, und es muß uns von Wichtigkeit erscheinen, dem Gebiete der Politik, als einem durchaus unfruchtbaren, bei unsren Untersuchungen gänzlich abseits zu gehen.« (S. 262) Damit meint er, daß die Erneuerung aus einem moralischen Erwachen kommen müsse. Ein solch wiederbelebtes moralisches Bewußtsein müsse nichtsdestoweniger mit der Vernichtung des Jüdischen verbunden sein, einer Vernichtung, die sich nicht auf eine rein geistig-moralische Dimension beschränken lasse. In diesem Punkt entsprach Wagner der allgemeinen Tendenz des revolutionären deutschen Denkens, die Juden gleichzeitig als Metaphern und als gesellschaftliche Gruppe zu betrachten. Wenn es gerade paßt, können Wagner und seine Kollegen so tun, als ginge es ihnen nur um die geistige Dimension, und das vielleicht sogar selbst glauben. Aber in der Praxis ist es einem revolutionären deutschen Antisemiten unmöglich, konkreteren gesellschaftlichen Maßnahmen seine Zustimmung zu verweigern. Luther hatte anfangs gepredigt, man solle den Geist des Judentums durch Güte gegenüber den Juden überwinden; am Ende forderte er dann ihre Vernichtung als Gemeinde und ihre Vertreibung aus Deutschland. Dennoch verstand sich Luther nie als politischer Mensch und sah auch keinen Widerspruch zwischen seiner mitfühlenden Spiritualität und seiner Billigung harter Maßnahmen. In der Tat ist Luther die klassische Quelle der spezifisch deutschen Mentalität, Partei zu ergreifen (und sei es auch nur durch Unterlassung) und sich dabei als unpolitisch hinzustellen. So konnte denn Luther einerseits von den Fürsten verlangen, die aufrührerischen Bauern abzustechen, aufzuhängen oder zu erschlagen, und gleichzeitig bestreiten, ein politisch interessierter Mensch oder ein Heuchler zu sein[43].

Erkenne dich selbst (Februar 1881), der zweite Nachtrag zu *Religion und Kunst*, macht klar, welche Rolle Wagner in der von ihm entworfenen geistigen Regeneration der Judenfrage zugedacht hat, die er in den Zusammenhang der populären

Antisemitenpetition stellt, welche damals auf dem Weg zum Reichstag war. Herablassend moniert er, daß die Urheber »der heutigen Bewegung gegen die Juden« sich nicht fragten, was »den Juden die jetzt so verderblich dünkende Macht unter uns und über uns gegeben hat«. Ihm geht es vielmehr darum, daß die Deutschen »sich selbst erkennen« und zuerst begreifen, was wesenhaft deutsch ist. Genau gesagt, sieht er darin einen positiven Wert für seine moralische Renaissance, denn »in ihm dünkt uns das späte Wiedererwachen eines Instinktes sich kundzugeben, der in uns gänzlich erloschen zu sein schien«. Natürlich sei die gegenwärtige Kritik an den Juden, anders als in seiner eigenen Broschüre *Das Judentum in der Musik*, »plötzlich in populär-rauher Fassung vom Gebiete des bürgerlichen Verkehres und der staatlichen Politik her laut« geworden. Gleichwohl ist sie durch einen für Wagner unverständlichen Akt ausgelöst worden, nämlich durch die den Juden von Bismarck 1871 gewährte volle rechtliche Gleichstellung, und er äußert sein Befremden über Politiker, »die eine so ungeheuere, unabsehbar folgenschwere Umgestaltung unsres Volkswesens, ohne nur einige Besinnung von dem, was sie taten, dekretieren konnten«. »Wie war es möglich«, fragt der tolerante Wagner, »daß es je zu irgend einer Zeit Deutsche gab, welche alles, was den Stamm der Juden uns in fernster Entfremdung erhält, unter dem Begriffe einer religiösen ›Konfession‹ auffaßten, da doch gerade erst und nur in der deutschen Geschichte es zu Spaltungen der *christlichen* Kirche kam …?« (S. 264f.) Statt die Judenfrage als ein geistiges Problem zu erörtern, hat Wagner hier wieder eine politische Erklärung abgegeben – wenn auch unter dem Deckmantel eines religiösen Arguments –, nämlich daß die Juden in Deutschland keine politischen Rechte bekommen sollten, weil sie Fremdkörper seien.

Der Grund für diese unbesonnene Aufnahme der Juden habe natürlich mit der Tatsache zu tun, daß der deutsche Staat selbst seines Deutschtums und seines wahren Christentums verlustig gegangen sei: Deutschland stelle nun ein Staatswesen dar, das sich dem Krieg, der Macht und der Hierarchie verschrieben habe. Und »der Jude« sei es (offenbar hatte Wagner dabei Bismarcks jüdischen Bankier Bleichröder im Sinn), der die verderbte Vorliebe der Deutschen für den Krieg finanziere[44]. »Die erstaunlichen Erfolge der unter uns angesiedelten Juden im Gewinn und in der Anhäufung großer Geldvermögen haben nun unsre Militärstaatsautoritäten stets nur mit Achtung und freudiger Verwunderung erfüllt ... « (S. 266) Und daß die Juden sich so bereichern könnten, erkläre sich selbstverständlich daraus, daß die deutsche bürgerliche Gesellschaft auf jenem unchristlichen Fetisch gründe, dem Eigentum, das an sich schon Krieg und Eroberung heilige und nun in Gold und Geld überschrieben sei vor allem von den Juden, die sich »vom reißenden Raubtiere dem rechnenden Raubtiere zugewendet« hätten: »Erscheint hier das Gold als der Unschuld würgende Dämon der Menschheit, so läßt unser größter Dichter [Goethe] endlich die Erfindung des *Papiergeldes* als einen Teufelsspuk vor sich gehen. Der verhängnisvolle Ring des Nibelungen, als Börsenportefeuille dürfte das schauerliche Bild des gespenstigen Weltbeherrschers zur Vollendung bringen.« (S. 268) Wenn dies geschehen ist, predigt Wagner, so deshalb, weil ein verkommener Staat und eine verkommene Kirche es zugelassen, vor jener unbequemen Wahrheit die Augen verschlossen haben. Letzteres sei auch von der antisemitischen Bewegung zu befürchten.

»Dennoch«, räumt Wagner ein, »liegt der gegenwärtigen Bewegung offenbar ein innerliches Motiv zum Grunde, so wenig es sich auch in dem Gebaren der bisherigen Leiter derselben noch kundgeben mag. Wir glaubten zuvor dieses Motiv als das Wiedererwachen eines dem deutschen Volke verloren gegangenen Instinktes erkennen zu dürfen. Man spricht von dem Antagonismus der *Rassen*.« Fraglos sei die germanische Rasse degeneriert und daher »dem Eindringen der Juden wehrlos« ausgesetzt. In ihrer gegenwärtigen Form, so Wagner kritisch, »fehlt dieser Neugeburt doch viel zur Wiedergeburt eines wahrhaften Rassengefühles« (S. 269 ff.), mit dem man den Juden kühn gegenübertreten könnte. Im Unterschied dazu haben diese sich ihre rassische Reinheit und Identität bewahrt und seien anscheinend unzerstörbar – eben eine »Antirasse«:

»Dagegen ist denn allerdings der Jude das erstaunlichste Beispiel von Rassenkonsistenz, welches die Weltgeschichte noch je geliefert hat. Ohne Vaterland, ohne Muttersprache, wird er, durch alle Völker, Länder und Sprachen hindurch, vermöge des sicheren Instinktes seiner absoluten und unverwischbaren Eigenartigkeit zum unfehlbaren Sich-immer-wiederfinden hingeführt: selbst die Vermischung schadet ihm nicht; er vermische sich männlich oder weiblich mit den ihm fremdartigsten Rassen, immer kommt ein Jude wieder zutage. Ihn bringt keine noch so ferne Berührung mit der Religion irgend eines der gesitteten Völker in Beziehung; denn in Wahrheit hat er gar keine Religion, sondern nur den Glauben an gewisse Verheißungen seines Gottes, die sich keineswegs, wie in jeder wahren Religion, auf ein außerzeitliches Leben über dieses sein reales Leben hinaus, sondern auf eben dieses gegenwärtige Leben auf der Erde einzig erstrecken, auf welcher seinem Stamme allerdings die Herrschaft über alles Lebende und Leblose zugesichert bleibt. So braucht der Jude weder zu denken noch auch zu faseln, selbst nicht zu rechnen, denn die schwierigste Rechnung liegt in seinem, jeder Idealität verschlossenen, Instinkte fehlerlos sicher im Voraus fertig vor. Eine wunderbare, unvergleichliche Erscheinung; der plastische Dämon des Verfalles der Menschheit in triumphierender Sicherheit, und dazu deutscher Staatsbürger mosaischer Konfession, der Liebling liberaler Prinzen und Garant unsrer Reichseinheit!« (S. 271 f.)

Diese außerordentlich aufschlußreiche Textstelle zeigt, wie in Wagners Vorstellungswelt die Hauptströmungen des deutschen revolutionären Antisemitismus zusammenfließen: der Jude als unfreies Wesen, abgesondert von der übrigen Menschheit, charakterlich minderwertig und durch seine Abstammung geprägt; der Jude als der verneinende Dämon der wahren deutschen Kultur und jeglichen Idealismus; der Jude als Mitglied einer biologisch unwandelbaren Rasse. Und die praktische politische Lehre wird auch gezogen: Den Juden die staatsbürgerlichen Rechte zu geben war der lächerliche Akt eines irregeleiteten

Liberalismus, der dem Geist der echten deutschen Revolution widerwärtig ist.

In einer der vielen Bemerkungen Wagners, die so oft aus dem Zusammenhang gerissen werden, um zu beweisen, daß er keineswegs ein Rassist gewesen sei, bekräftigt er, daß »das Wiedererwachen eines deutschen Instinktes« nichts engstirnig Chauvinistisches sei – »reiner Rasseninstinkt« –, sondern daß er sich »einem weit höheren Triebe nachzuforschen« gestatte, »welcher, da er dem heutigen Volke doch nur dunkel und wahnvoll bewußt sein kann, wohl zuerst noch als Instinkt, dennoch aber von edlerer Abkunft und höherem Ziele, etwa als Geist reiner Menschlichkeit, bezeichnet werden müßte« (S. 272). Weit davon entfernt jedoch, deutschem Rassismus zu entsagen, rechtfertigt ihn Wagner lediglich als den Ausdruck von etwas im höchsten Maße Geistigem und Universellem, von »reiner Menschlichkeit« selbst. Die Folge ist also, daß er seinen Antisemitismus keineswegs mäßigt, sondern ihn, im Gegenteil, zum edelsten Instinkt überhaupt erhebt!

Und so zeigt natürlich der gegenwärtige Zustand deutscher Politik, besonders die Debatte über die Judenfrage, nichts als ein Zerrbild jenes urdeutschen, »rein menschlichen« Instinkts. Er allein vermag eine wahrhaft revolutionäre Lösung der Judenfrage herbeizuführen:

»Was ›Konservative‹, ›Liberale‹ und ›Konservativ-Liberale‹, endlich ›Demokraten‹, ›Sozialisten‹ oder auch ›Sozial-Demokraten‹ usw. gegenwärtig in der Judenfrage hervorgebracht haben, muß uns ziemlich eitel erscheinen, denn das ›Erkenne-dich-selbst‹ wollte keine dieser Parteien an sich erprüfen …

Wir, die wir zu keiner aller jener Parteien gehören, sondern unser Heil einzig in einem Erwachen des Menschen in seiner einfachheiligen Würde suchen, müssen, von diesen Parteien als Unnütze ausgeschlossen, zwar sympathisch selbst davon beängstigt, den Spasmen des Träumenden doch eben nur zuschauen, da all unser Rufen von ihm nicht gehört werden kann. So sparen, pflegen und stärken wir denn unsre besten Kräfte, um dem notwendig endlich doch von sich selbst Erwachenden eine edle Labe bieten zu können. Nur aber, wann der Dämon, der jene Rasenden im Wahnsinne des Parteienkampfes um sich erhält, kein Wo und Wann zu seiner Bergung unter uns mehr aufzufinden vermag, wird es auch – keinen Juden mehr geben.

Uns Deutschen könnte, gerade aus der Veranlassung der gegenwärtigen, nur eben unter uns wiederum denkbar gewesenen Bewegung, diese große Lösung eher als jeder anderen Nation ermöglicht sein ...« (S. 273 f.)

Diese beunruhigende Vorwarnung läßt sich nicht als bloß philosophische oder spirituelle Spekulation abtun. Mag Wagner auch gegenüber dem politischen Leben um ihn her seine Überlegenheit zur Schau tragen, er ist dennoch »sympathetisch selbst davon beängstigt«, glaubt, daß es die antisemitische Bewegung gut meint, und lehnt politische Rechte für Juden emphatisch ab. All dies läuft auf eine gewisse Billigung eines konkreten antisemitischen Programms hinaus. Natürlich spricht Wagner »metapolitisch«, aber er steht dabei in einer revolutionären Tradition, in der zwischen Metapolitischem und konkret Politischem ein durchaus fließender Übergang besteht. Es gibt in ihr zu viele derartige Prophezeiungen, als daß man dies als dichterische Freiheit beiseite wischen könnte[45].

In *Heldentum und Christentum* (September 1881), dem letzten (veröffentlichten) Nachtrag zu *Religion und Kunst*, ist die rassistische Botschaft von *Parsifal* am deutlichsten vorgeprägt. Nachdem er Gleizès' Beweis für den verderblichen Einfluß des Fleischgenusses auf das Menschengeschlecht angeführt hat, wendet sich Wagner der anderen Hauptursache rassischen Niedergangs zu: der Verunreinigung des ursprünglich rassereinen Blutes. Hierbei stützt er sich auf Gobineau und steht vor dem Problem, wie dessen pessimistischem Fatalismus zu entgehen sei. Die Frage, »ob die Welt eine moralische Bedeutung habe«, heißt es in *Heldentum und Christentum*, »wollen wir hier damit zu beantworten versuchen, daß wir uns selbst zunächst befragen, ob wir viehisch oder göttlich zugrunde gehen wollen«. (Oder, wie er es in einem »Früh-Gespräch« mit Cosima formulierte: »... ob wir mit dem Abendmahl enden oder in der Gosse verrecken.«[46])

Die von Gobineau behauptete Gesetzmäßigkeit, wonach die Vermischung höherer mit niederen Rassen unweigerlich das Blut der edleren nachhaltiger verdirbt, als sie das der unterlegenen Rasse veredelt, erkannte Wagner vorbehaltlos an. Seine Lösung des Problems ist eine »heroische«; für ihn liegt das Wesen des Adels in der überlegenen heroischen Fähigkeit, Leiden zu ertragen, Mitleid zu empfinden und Erbarmen zu üben. Diese heroische Eigenschaft der arischen Rasse habe in der germanischen Rasse ihre höchste Ausprägung gefunden. Doch ach, als die Germanen das »lateinische Semitenreich« unter ihre Gewalt brachten und dem Kult des Eigentums erlagen, war es mit ihrer alten Ehre vorbei. Rassenmischung mit diesen lateinischen Semiten habe das Blut der germanischen Rasse verdorben, die nun eines revolutionären Helden bedürfe, der zugleich ein Erlöser ist. »Für unsre Absicht ist es nämlich nun wichtig, den Helden wiederum da aufzusuchen, wo er gegen die Verderbnis seines Stammes, seiner Sitte, seiner Ehre, mit Entsetzen sich aufrafft, um, durch eine wunderbare Umkehr seines mißgeleiteten Willens, sich im *Heiligen* als göttlichen Helden wiederzufinden.« Siegfried war ein rassisch reiner Held gewesen, doch der nun erforderliche rassisch reine »Heilige« muß »in der Ertragung von Leiden und Selbstaufopferung für andere den Helden noch überbieten«.

Aber, fragt Wagner, von »welchem Werte dürfte nun das ›Blut‹, die Qualität der Rasse, für die Befähigung zur Ausübung solches heiligen Heldentumes sein«? Der Erlöser kann nicht aus den lateinischen Völkern kommen, die durch semitisches Blut verdorben worden sind, wie die »durch die Jahrhunderte sich erstreckenden ungeheuren Verderbe der semitisch-lateinischen Kirche« schamlos gezeigt habe, in der es keine echten Heiligen oder heldenhaften Märtyrer mehr gebe. »... und wenn wir von der Lügenhaftigkeit unsrer ganzen Zivilisation auf ein verderbtes Blut der Träger derselben schließen mußten, so dürfte die Annahme uns nahe liegen, daß eben auch das Blut des Christentums verderbt sei. Und welches Blut wäre dieses? Kein anderes als das Blut des Erlösers selbst, wie es einst in die Adern seiner Helden sich heiligend ergossen hatte.« (S. 279 f.)

Mit diesem Heldenblut des ersten Erlösers sind wir wieder beim arischen Jesus angelangt, worauf Wagner schüchtern hinweist, damit nicht einer seiner naiven Leser auf die Idee komme, er spreche vom jüdischen Jesus der christlichen Lehre:

»Das Blut des Heilandes, von seinem Haupte, aus seinen Wunden am Kreuze fließend, – wer wollte frevelnd fragen, ob es der weißen, oder welchen Rasse sonst angehörte? Wenn wir es göttlich nennen, so dürfte seinem Quelle ahnungsvoll einzig in dem, was wir als die Einheit der menschlichen Gattung ausmachend bezeichneten, zu nahen sein, nämlich in der Fähigkeit zu bewußtem Leiden. Diese Fähigkeit müssen wir als die letzte Stufe betrachten, welche die Natur in der aufsteigenden Reihe ihrer Bildungen erreichte ... denn in dieser, des bewußten Leidens fähigen Gattung erreicht sie selbst ihre einzige Freiheit durch Aufhebung des rastlos sich selbst widerstreitenden Willens ... so müssen wir jetzt im Blute des Heilandes den Inbegriff des bewußt wollenden Leidens selbst erkennen, das als göttliches Mitleiden durch die ganze menschliche Gattung, als Urquell derselben, sich ergießt.« (S. 280 f.)

Nun ist es aber bekanntlich genau diese spezifische Fähigkeit zum Mitleid, die den Juden fehlt, wie wir in Wagners schopenhauerschem Szenario gesehen haben. Wagner ist hier wirklich nahe daran, die Juden vom Umgang mit der übrigen Menschheit auszuschließen.

Der Brahmanismus spiegelte nach Wagners Auffassung »die fehlerlose Korrektheit des Geistes jener zuerst uns begegnenden arischen Geschlechter« (S. 281) wider, hatte aber einen bedauerlichen Makel: Er war eine »Rassenreligion«, das heißt er verkam schnell zu einer Ideologie, der ein Volk von Eroberern sich bediente, um seine Herrschaft über andere, unterlegene Völker zu legitimieren. Diese überraschende Wendung in seiner

Argumentation kann jedoch nicht als Beleg dafür genommen werden, daß Wagner eine Herrschaft der Deutschen über die Juden nie intendierte. In Deutschland, hätte er wohl gesagt, sollte keine reinere Rasse von Deutschen die restlichen Deutschen beherrschen, aber bei den Juden, dieser Antirasse, sei das etwas anderes. Damit die wahrhaft menschlichen Geschlechter (mit ihrer »Leidensfähigkeit«) überleben können, muß das Judentum unterworfen und vernichtet werden.

Eine ziemlich bizarre Schopenhauersche Vorstellung liefert Wagner eine physikalisch-rassische Erklärung der Erlösungsmacht Jesu. Die dem Menschen innewohnende Lebenskraft könne auf Krisenzeiten reagieren, so daß sie, wenn eine Gesellschaft einen schweren Bevölkerungsverlust erlitten hat, eine größere Anzahl an Zwillingen hervorbringe. Hieraus extrapoliert Wagner,

»daß die animalische Produktionskraft ... in einem Paare zu so abnormer Anstrengung gesteigert worden sei, daß dem mütterlichen Schoße dieses Mal nicht nur ein höher organisiertes Individuum, sondern in diesem eine neue *Spezies* entsprossen wäre. Das Blut in den Adern des Erlösers dürfte so der äußersten Anstrengung des Erlösung wollenden Willens zur Rettung des in seinen edelsten Rassen erliegenden menschlichen Geschlechtes, als göttliches Sublimat der Gattung selbst entflossen sein.« (S. 282)

Das arische Blut Christi – das »göttliche Sublimat« – ist also letztlich der Grund, weshalb er zum Erlöser der ganzen Menschheit (mit Ausnahme der Juden) werden konnte, da es auf wundersame Weise die minderwertigeren Rassen veredelt:

»Das in jener wundervollen Geburt sich sublimierende Blut der ganzen leidenden menschlichen Gattung konnte nicht für das Interesse einer noch so bevorzugten Rasse fließen; vielmehr spendet es sich dem ganzen menschlichen Geschlechte zur edelsten Reinigung von allen Flecken seines Blutes ... Während wir somit das Blut edelster Rassen durch die Vermischung sich verderben sehen, dürfte den niedrigsten Rassen der Genuß des Blutes Jesu, wie er in dem einzigen echten Sakramente der christlichen Religion symbolisch vor sich geht, zu göttlichster Reinigung gedeihen. Dieses Antidot wäre demnach dem Verfalle der Rassen durch ihre Vermischung entgegengestellt ...« (S. 283)

Hier nun also ist das endgültige »physische und metaphysische« Gegengift zu Gobineau gefunden: Das Blut des arischen Christus vermag das Gesetz der Degeneration umzukehren[47]. Aber erst muß das deutsche Blut gereinigt werden, denn es ist verunreinigt durch drei Seuchenherde: lieblose Ehe, Fleischessen und »namentlich auch durch degenerierende Vermischung des heldenhaften Blutes edelster Rassen mit dem, zu handelskundigen Geschäftsführern unsrer Gesellschaft erzogener, ehemaliger Menschenfresser« (S. 284). Die kannibalischen, dem Menschenopfer frönenden, Blut essenden Juden sind das Hindernis auf dem Weg zur revolutionären Erlösung der Menschheit, und dies nicht nur im übertragenen Sinn, sondern aufgrund ihres physischen Blutes, dem selbst Vermischung nichts anhaben könne (wie Wagner in *Erkenne dich selbst* ausgeführt hatte). Die Vorstellung, es sei ihm, als er diese Worte schrieb, nicht in den Sinn gekommen, daß schließlich recht handfeste Maßnahmen ergriffen werden könnten, um das Problem mit dem ganz konkreten jüdischen »Blut« zu lösen, ist geradezu absurd.

In *Heldentum und Christentum* setzte sich Wagner zum letztenmal öffentlich mit der Judenfrage auseinander, aber von März bis April 1882 skizzierte er den Entwurf eines Aufsatzes über den Zusammenhang zwischen bürgerlicher Vernuftehe, Mischehen und rassischem Niedergang, ein Thema, das er am Schluß des hier erörterten Aufsatzes angedeutet hatte:

»Dennoch liegt immer mahnend die schlimme Erfahrung der geschichtlich fortgepflanzten Menschheit vor uns, als Verfall der Racen durch unrichtige Vermählungen: physischer Verderb mit dem moralischen vereinigt ... demnach wir als unfehlbar gewiss zu erkennen haben, dass Vermählungen ohne gegenseitige Zuneigung für das menschliche Geschlecht verderblicher als Alles gewesen sind ... Gobineau: Definition der Gründe der Übermacht der weissen Race ... zugleich aber Unverständniss des wahren Zweckes der Natur, der auf Befreiung aus sich selbst zielt: (Weiblich).«[48]

Von der jungdeutschen Lehre der Emanzipation des Fleisches durch die von einem Weib bewirkte Erlösung bis hierher hatte Wagner wahrlich einen weiten Weg zurückgelegt. Die entscheidende Bedeutung der Frau für die Erlösung der Menschheit lag nun in ihrer Rolle als Ahnfrau edlen Rassenblutes und nicht mehr so sehr in ihrer Fähigkeit, die geistige und die sinnliche Komponente des Menschen miteinander zu versöhnen.

In seinem allerletzten Aufsatz, über den er im Februar 1883, die Feder noch in der Hand, starb, hatte Wagner endlich die Frage beantworten wollen, welche Rolle die geschlechtliche Liebe in der Evolution der edelblütigen Rassen spielte. *Über das Weibliche im Menschlichen* (als Abschluß von *Religion und Kunst*, 1883) erklärt, der »Verfall der menschlichen Rassen« sei eingetreten, weil bei der natürlichen Gattenwahl des Menschen nunmehr Eigentum und Besitz eine wichtige Rolle spielten, wie es in der bürgerlichen Ehe der Fall ist. Doch in der auf wahrer Liebe gründenden Ehe »liegt die Macht des Menschen über die Natur, und wir nennen sie göttlich. Sie ist die Bildnerin der edlen Rassen«. Und weiter heißt es: »... gewiß ist, daß die edelste weiße Rasse in Sage und Geschichte bei ihrem ersten Erscheinen monogamisch auftritt, als Eroberer durch polygamische Vermischung mit den Unterworfenen sofort aber ihrem Verderben entgegen geht.«[49] Mit anderen Worten: die arische Rasse ging aus »heroischer« (monogamer) Ehe zwischen Paaren hervor, deren Verbindung sich auf wahre Liebe gründete. Diese Vollkommenheit wurde durch das Aufkommen des Eigentums und die damit einhergehende rassische Verseuchung zerstört. Indem sich das wahre Weibliche mit dem wahren Männlichen wieder verbände, werde dann schließlich die Erlösung erlangt. Mit dieser Formel wollte Wagner seinen letzten Aufsatz zu seinem theoretischen Vermächtnis machen, das seine Gedanken über Rasse, Revolution und Erlösung verbinden sollte. Eine eindrucksvolle Vision dieser Synthese war ihm jedoch bereits in seiner letzten Oper *Parsifal* gelungen.

»Parsifal« und die rassische Revolution

Wagners erste ausgearbeitete Entwürfe zu *Parsifal* gehen auf das Jahr 1857 zurück – das heißt auf die unter dem Einfluß Schopenhauers stehende *Tristan*-Periode –, die detaillierte Prosabeschreibung der Oper wurde jedoch erst im August 1865 verfaßt, also in jenem Jahr, in dem auch die ursprüngliche Fassung von *Was ist deutsch?* entstand[50]. Während der frühen siebziger Jahre spielte er des öfteren mit dem Gedanken, diesen Aufsatz auszubauen, und erwog sogar, über die darin behandelte Thematik öffentliche Vorträge zu halten. Aber erst 1877/78, als er mit der Arbeit an der endgültigen Fassung von *Parsifal* begann, machte er sich an die Revision des Aufsatzes[51]. Wie *Was ist deutsch?* nahm nun auch die Oper eine neue und komplexere Bedeutung an, in die Wagners Darwin-Studien und andere Einflüsse wie auch seine unerfreulichen Erfahrungen mit dem neuen »jüdischen« Bismarck-Reich eingingen. Während der *Ring* bis zu einem gewissen Grade von den einflußreichen Kreisen des neuen Deutschen Reiches vereinnahmt worden war, sollte *Parsifal* nach dem Willen Wagners das heilige Monopol der Bayreuther Festspiele bleiben und damit die religiöse Summe seines künstlerischen Schaffens und Denkens vor dem gierigen Zugriff Bismarcks und der Juden sicher sein. Am 25. August 1879 schrieb er in einem Brief an Ludwig II., daß er »dies christlichste aller Kunstwerke … vor einer Welt, welche in Feigheit vor den Juden vergeht«, zu bewahren wünsche[52]. 1880 wiederholte er gegenüber dem König seine Überzeugung, daß ein Werk, in dessen Handlung »die erhabensten Mysterien des christlichen Glaubens in Scene gesetzt sind«, nicht auf eine gewöhnliche Opernbühne gebracht und dem Publikum zum bloßen Amüsement dargeboten werden dürfe[53].

Mit »christlich« meinte Wagner natürlich »arisch-christ-
lich«, so daß *Parsifal* als ein Drama von der Erlösung der arischen Rasse zu verstehen war und nicht als das christlich-reli-
giöse Stück, für das es seit Nietzsche viele Kritiker irrtümlich
gehalten haben. Trotz dieser Hinweise Wagners wollte König
Ludwig das Arische des Werkes einfach nicht verstehen. In
einem Brief vom 11. Oktober 1881 nahm er, sehr zum Kummer
des Komponisten, dessen taktisches Dementi hinsichtlich antisemitischer Tendenzen im Zusammenhang mit *Parsifal* für
bare Münze: »Daß Sie, geliebter Freund, keinen Unterschied
zwischen Christen und Juden bei der Aufführung Ihres großen,
heiligen Werkes machen, ist sehr gut; nichts ist widerlicher,
unerquicklicher, als solche Streitigkeiten; die Menschen sind ja
im Grunde doch alle Brüder, trotz der confessionellen Unter-
schiede.«[54]

Eben weil *Parsifal* ein arisch-christliches Werk war, hatte
Wagner starke Bedenken gehabt, ob es richtig sei, die Oper vom
Kapellmeister des Königs, Hermann Levi, dirigieren zu lassen.
Am 19. September 1881 hatte Wagner dem König mitgeteilt,
daß er am musikalischen Können des königlichen Kapellmeisters keinen Zweifel hege und versuche, »ihn über sein
Judenthum zu beruhigen. Trotzdem nämlich häufig verwunderungsvolle Beschwerden darüber mir zukommen, daß gerade
der ›Parsifal‹, dieses allerchristlichste Werk, von einem jüdischen Kapellmeister dirigirt werden solle.« Trotzdem erklärte
sich Wagner mit dem vom König ausersehenen künstlerischen
Personal einverstanden, »ohne zu fragen, ob der eine ein Jude,
der andere ein Christ sei«[55]. Als der König (in seinem oben zitierten Brief vom 11. Oktober) diesen unbesonnenen Ausdruck
von Aufgeschlossenheit gegenüber Juden begrüßte, brach Wagner in eine Schmährede gegen seine jüdischen Gefolgsleute
aus, wobei er verkündete, »daß ich die jüdische Race für den
geborenen Feind der reinen Menschheit und alles Edlen in ihr
halte«. Ludwigs Wohlwollen gegenüber den Juden schriebe er
dem Umstand zu, »daß diese Leute nie Seine königliche Sphäre

streifen: sie bleiben dann ein Begriff, während sie für uns eine Erfahrung sind«[56]. Aber bei Levi blieb dem Komponisten wirklich kaum etwas anderes übrig als zuzustimmen, wollte er die Protektion des Königs und den Erfolg von *Parsifal* nicht aufs Spiel setzen, denn die Hofoper in München lehnte Wagners Ansinnen, Levi durch einen anderen Dirigenten zu ersetzen, kategorisch ab. Hierauf hatte Wagner alle Hände voll zu tun, um Levi zu beruhigen und seines Vertrauens zu versichern. Am 30. Juni 1881 hatte er dem Dirigenten derart zugesetzt, daß dieser, dem Nervenzusammenbruch nahe, Wahnfried fluchtartig verlassen hatte. Doch schon am nächsten Tag teilte ihm Wagner telegraphisch mit: »Sie sind mein *Parsifal*-Dirigent!«[57] Und im Oktober rief er pathetisch aus: »Sie sind mein Bevollmächtigter, mein alter ego für die musikalischen Vorbereitungen der *Parsifal*-Aufführungen im nächsten Jahr!«[58] Am Ende aber durfte Levi dann doch nicht das große Erlösungsritual dirigieren, denn bei der letzten Aufführung des Musikdramas am 28. August 1882 nahm Wagner seinem jüdischen Trabanten während des letzten Aktes den Taktstock aus der Hand[59].

Doch trotz seines eifrigen Bestrebens, die »christliche« Magie der Oper vor Unbefugten zu schützen, hatte Wagner nichts dabei gefunden, mit Angelo Neumann wegen *Parsifal*-Aufführungen für dessen »Wanderndes Wagner-Theater« zu verhandeln[60]. Hier wäre es um viel Geld gegangen, und daher war Wagner bereit, sich über seine Aversion gegen Juden hinwegzusetzen, so wie er bereit war, die Reinheit seines »idealistischen« Antisemitismus zu besudeln und sich mit gewöhnlichen Antisemiten zusammenzutun, wenn es ihm gerade paßte. In seinen Augen bestand das Ziel der Juden, die mit *Parsifal* zu tun hatten – Levi, Neumann und Rubinstein, der den Klavierauszug anfertigte –, in der Sprache dieser Oper ohnehin im »Dienen«.

Eine erste Ahnung, daß der im Mittelpunkt von *Parsifal* stehenden Legende vom heiligen Gral ein tieferer, rassisch-revolutionärer Sinn innewohne, findet sich bereits in dem Aufsatz

Die Wibelungen von 1849. Aufgrund einer reichlich verstiege-
nen Deutung der mittelalterlichen Geschichte hatte Wagner in
dem deutschen Hohenstaufenkaiser Friedrich I. Barbarossa
den »Vertreter des letzten geschlechtlichen Urvölkerkönig-
tumes« gesehen, der, als er den »Hülferuf zur Rettung des Heiligen Grabes« in Jerusalem hörte, erkannt habe, daß der wahre
Ursprung des Christentums – wie auch der seines eigenen deutschen Volkes – weiter im Osten, nämlich in Indien lag:

»Nach Morgen hin wandte Friedrich seinen Blick: mächtig zog es
ihn nach Asien, nach der Urheimat der Völker, nach der Stätte, wo
Gott den Vater der Menschen erzeugte. Wundervolle Sagen ver-
nahm er von einem herrlichen Lande tief in Asien, im fernsten
Indien, – von einem urgöttlichen Priesterkönige, der dort über ein
reines glückliches Volk herrsche, unsterblich durch die Pflege
eines wundertätigen Heiligtumes, von der Sage ›der heilige Gral‹
benannt. – Sollte er dort die verlorene Gottesschau wiederfinden,
die herrschsüchtige Priester jetzt in Rom nach Gutdünken deu-
teten?«[61]

Bereits 1849, als er diese Zeilen schrieb, hegte Wagner also die
Vorstellung von einem ursprünglich arischen Christentum, das
aus der Heimat der Arier in Indien stamme, und er verstand den
heiligen Gral als Zeichen der Macht, die der arischen Rasse eine
Unsterblichkeit eigener Art verlieh. Diese Unsterblichkeit, die
man als eine der Rasse deuten könnte, hatten die Deutschen
eingebüßt, weil sie vom falschen Christentum der Kirche be-
siegt worden waren. Der Gral galt Wagner daher als Symbol der
letztendlichen Erlösung des deutschen Volkes und der Wiederherstellung seines wahren, arischen Christentums und, damit
verbunden, seiner Unsterblichkeit. Er war deshalb ein höheres,
hehreres Symbol als der Nibelungenhort, der auf materieller
Macht gründete und zur Niederlage des deutschen Volkes geführt hatte:

»In Wahrheit tritt die Sage vom heiligen Gral bedeutungsvoll genug
von da an in die Welt, als das Kaisertum seine idealere Richtung gewann, somit der Hort der Nibelungen an realem Werte immer mehr

verlor, um einem geistigeren Gehalte Raum zu geben. Das geistige Aufgehen des Hortes in den Gral ward im deutschen Bewußtsein vollbracht, und der Gral … muß als der ideelle Vertreter und Nachfolger des Nibelungenhortes gelten; auch er stammte aus Asien, aus der Urheimat der Menschen …

Das Streben nach dem Grale vertritt nun das Ringen nach dem Nibelungenhorte, und wie die abendländische Welt, in ihrem Inneren unbefriedigt, endlich über Rom und den Papst hinausging, um die echte Stätte des Heiles in Jerusalem am Grabe des Erlösers zu finden, – wie sie selbst von da unbefriedigt den geistig-sinnlichen Sehnsuchtsblick noch weiter nach Osten hineinwarf, um das Urheiligtum der Menschheit zu finden, – so war der Gral aus dem unzüchtigen Abendlande in das reine, keusche Geburtsland der Völker unnahbar zurückgewichen.«[62]

Das Ende des deutschen Kaisertums des Mittelalters riß Deutschland »von der letzten Faser … mit der sie gewissermaßen an ihrer geschlechtlich-natürlichen Herkunft gehangen hatte«. Und so wurde der Nibelungenhort zu einem rein materiellen Symbol von Macht und Reichtum[63]. Hier liegt laut Wagner der Ursprung der modernen bürgerlichen Welt, einer Welt, die das Produkt der beherrschenden Intoleranz des falschen Christentums und der Geldmacht ist. Unausgesprochen heißt das natürlich, daß diese moderne Welt eine jüdische Welt ist, denn die Juden haben sowohl das ursprünglich reine Urchristentum des Ostens als auch das reine Kaiserreich des deutschen Volkes judaisiert. Erlösung konnte nur aus einer Rückkehr zum reinen Ursprung des Christentums und der deutschen Nation kommen – also aus dem heiligen Gral selbst.

In den fünfziger Jahren hatte Wagner Schopenhauers Ideen benutzt, um seine eigene Vorstellung von einem entstellten, judaisierten Christentum der Macht und Besitzgier zu schärfen[64]. Auch hatte er sich in *Tristan* Schopenhauers Begriff des »Mitleids« in seiner pessimistischen Form der Entsagung zu eigen gemacht. Aber der Wunsch, dem Schopenhauerschen Pessimismus (und auch dem Gobineaus) zu entkommen, führte ihn in den siebziger Jahren zu einem optimistischen Glauben, wonach

Erlösung nicht nur durch den Tod möglich sei. Bewaffnet mit der intellektuellen Munition Darwins war Wagner, wie wir gesehen haben, 1878 in der Lage, ein klares Programm für *Parsifal* zu kompilieren, das er dann in den *Religion-und-Kunst*-Aufsätzen veröffentlichte. Im Grunde jedoch war das Programm nur die »Weiterentwicklung« einer allgemeinen Erkenntnis, die auf das Jahr 1849 zurückging.

Während der siebziger Jahre sah Wagner mit Entzücken, wie sich seine Visionen von Revolution und Kunst zu einer vollkommeneren Einheit zusammenfügten, als es bei irgendeiner seiner früheren Opern der Fall gewesen war. Als sich so die alten Barrieren zwischen theoretischen Schriften und schöpferischem Kunstwerk auflösten, schien nun zu guter Letzt alles einen Sinn zu ergeben. Seine revolutionäre Vision konzentrierte sich jetzt auf ein neues, regeneratives Christentum, das die Menschheit – und insbesondere die Deutschen – von der Tyrannei eines judaisierten Christentums befreien würde. Diese ›Erlösung‹ vom Judentum würde in zwei aufeinander bezogenen Bereichen erfolgen: dem der Rasse und dem der Revolution. Zum einen würde deutsches Blut von seiner jüdischen Verschmutzung gereinigt werden und seine Unsterblichkeit zurückgewinnen; zum anderen würde die Gesellschaft revolutioniert werden und von dem inhumanen – ›jüdischen‹ – Regime der Macht und Unterdrückung, des Geldes und des Egoismus, des Krieges und der Grausamkeit gegen Mensch und Tier befreit werden. Beide Prozesse würden sich gegenseitig verstärken.

Dieses revolutionär-rassische Verständnis brachte die lange Inkubationszeit von *Parsifal* zur Erfüllung. Wagner war nun bei dem angelangt, was er als eine unermeßlich bereicherte Offenbarung von »Mitleid« ansah, ein Verständnis des Kosmos – von Mensch, Gesellschaft, Natur –, das den Parsifal-Themen, die ihn schon seit langem beschäftigten, eine verwirrende Komplexität verlieh.

Eines davon ist das unbestreitbar zentrale Thema der Oper: die Erlösung durch Mitleid. Aber diese Konzeption muß man im

Kontext von Wagners Idee einer rassischen Regeneration verstehen. Die meisten Kritiker jedoch haben sich dem Thema
von hochkomplizierten literarischen oder psychologischen, um
nicht zu sagen mystischen Ansätzen her genähert. Einige dieser
Interpretationen förderten durchaus wichtige Aspekte des
Wagnerschen Denkens zutage. Dennoch könnte man behaupten, daß solche komplizierten Lesarten unvollständig und kaum
mehr als abenteuerlich sind, wenn sie die rassenideologische
Dimension jener »Erlösung durch Mitleid« ausblenden.

Wenden wir uns zunächst der Figur des Klingsor zu, dem
bösen Geist des Musikdramas. Wagner sah ihn als eine höhere
Form des Alberich im *Ring*. Wie er 1849 einen Aufstieg vom
materielleren Symbol des Nibelungenhorts zum Idealismus des
heiligen Grals postuliert hatte, so betrachtete Wagner nun Alberich als den Inbegriff kruden jüdisch-christlichen Besitz-
und Machtstrebens. Im Gegensatz dazu repräsentiert Klingsor
eine raffiniertere jüdisch-christliche (oder »jesuitische«) Weltanschauung, die auf dem abstrakten Begriff des Eigentums beruht[65]. Diese Weltanschauung ist, wie wir aus anderen Schriften
Wagners wissen, exakt das egoistische Wertesystem der Juden.
Obzwar rassenmäßig kein Jude, verkörpert Klingsor nichtsdestoweniger die Korruption des judaisierten Christentums.
Wie Alberich ist Klingsor im Geiste ein Jude, Stereotyp des von
Autoren wie Wilhelm Marr so beklagten »verjudeten Deutschen«. Der frühere Gralsritter hat sich auf der Suche nach
materieller Macht selbst kastriert, genauso wie sich jene Deutschen, die vor dem Judentum die Waffen streckten, vom Idealismus des Deutschtums losgesagt haben. (In seinen erklärenden Bemerkungen zu Klingsors Irrtum weist Wagner darauf hin,
daß die frühen Christen die Juden deshalb angriffen, weil diese
glaubten, die Beschneidung sei eine unabdingbare Voraussetzung dafür, erlöst zu werden: »Von der Gralsritterschaft,
der er [Klingsor] sich hat anschliessen wollen, sei er durch
Titurel zurückgewiesen worden, und zwar aus dem Grunde,
dass die Entsagung und Keuschheit aus innerster Seele

fliessen, nicht aber durch Verstümmelung erzwungen sein müsse.«[66])

Wenn Klingsor in verschiedenen abstrakt-philosophischen Interpretationen das Böse symbolisiert oder die Vorherrschaft des Realitätsprinzips gegenüber den ideellen Bestrebungen, so sind dies »jüdische« Eigenschaften, die ihren tieferen Sinn verlieren, wenn man sie aus ihrem antisemitischen Kontext herauslöst. (Hier zeigen sich Wagners Grenzen als Dramatiker, verglichen beispielsweise mit Shakespeare, dessen Shylock und Jago sich dem Rezipienten in ihrer menschlichen Tragik auch dann sofort erschließen, wenn er ihren Entstehungshintergrund nicht kennt. Shylock ist trotz seines Judeseins weniger symbolisch oder lokal verortet als vielmehr ein allgemeinmenschlicher Charakter, eine komplexe Figur.)

Der Einfluß, der von Klingsor auf die anderen Figuren im Drama ausgeht, ist typisch »jüdisch«. Da er den Idealismus des Grals bestritten hat (wie ja auch die Juden für den deutschen Idealismus angeblich keinen Sinn haben), will Klingsor nun den Gral zerstören und mit ihm die Bruderschaft der Ritter. Hierzu bedient er sich der Hexe Kundry (sie ist, nach Wagners eigenen Worten, »ähnlich dem ›ewigen Juden‹ dazu verdammt, in neuen Gestalten das Leiden der Liebesverführung über die Männer zu bringen«[67]) als sexuelles Lockmittel, um damit die Ritter zugrunde zu richten. König Amfortas ist Kundrys Verführungskünsten bereits zum Opfer gefallen und dabei von Klingsor überrascht worden, der ihm mit dem heiligen Speer, der Christi Seite durchbohrte, ein Wunde beibringt. Diese Wunde, die, nach ursprünglicher Quelle, im Genitalbereich liegt, hat offenkundig die Entmannung des Königs zur Folge und versinnbildlicht somit die rassisch-sexuelle Kontamination. Im ersten Prosaentwurf von 1865 hatte Wagner erwogen, Klingsor Amfortas' Kastration planen zu lassen, obgleich eine solche Äußerung auf der Bühne ziemlich gewagt gewesen wäre. Ferner ist Kundry selbst, wenn sie zum Bösen gebraucht wird, eine »jüdische Hexe«, wie die Namen belegen, unter denen sie in ihren verschiedenen Inkarnationen bekannt ist, etwa dem der Herodias. Ob sie tatsächlich jüdischer Abstammung ist, wird nicht klar. Mag sein, daß Wagner in ihr einen weiblichen Ahasver sah vom nichtjüdischen Typus eines Fliegenden Holländers, der durch Selbstvernichtung von seinem »Judesein« erlöst wird. Auf jeden Fall ist sie im Drama ein Werkzeug jüdischer Verworfenheit.

Wegen jener Wunde kann Amfortas nicht den Zustand der Reinheit erreichen, dessen er bedarf, um die Gralszeremonie durchführen zu können. Nur dieses Ritual aber vermag den Niedergang der Ritterschaft aufzuhalten und ihr die Unsterblichkeit wiederzugeben. (Hier klingt der »Verlust der Gottesschau« Friedrichs I. in den *Wibelungen* an, der die deutschen Kaiser des Mittelalters daran hindert, ihrem Volk die Unsterblichkeit zu schenken, die ihren reinrassicheren arischen Brüdern im Osten eignet.) Die Erneuerung des Gralsrituals (das die herkömmliche christliche Kommunion nachahmt) obliegt nun dem jungen Ritter Parsifal, dem »reinen Toren«. Auch ihn lockt Klingsor in seinen Zaubergarten, wo er Kundry auf ihn ansetzt. Fast erreicht sie ihr Ziel, aber Parsifal wiedersteht der Versuchung, in die ihn der Zauberer zu führen versucht, und zerstört die Welt der falschen Illusionen und Täuschungen, wobei der Zaubergarten in unfruchtbaren Staub zerfällt – ein poetisches Bild von Wagners Überzeugung, daß Reichtum und Macht – die Quellen des Vergnügens in der modernen bürgerlichen Welt – nichts als eine schändliche Täuschung jüdischer Magie und Trickserei seien, die sofort in sich zusammenfalle, wenn sie mit der deutschen revolutionären Wahrheit konfrontiert wird.

Parsifal, der Erlöser, ist eine neue Ausgabe von Christus selbst. Sein Schlüssel zur Erlösung ist das Mitleid, ursprünglich eine der Anleihen, die Wagner bei Schopenhauer gemacht hatte. Mitleid ist eine spezifisch arische Tugend und den Juden völlig fremd, das Palliativ gegen Macht und Grausamkeit. Im ersten Akt der Oper tötet der junge Parsifal herzloserweise einen Schwan, im dritten Akt aber hindert ihn das Mitleid, zu dem er während seines im Zeichen der Buße stehenden Umherirrens gefunden hat, daran, eine so grausame Tat zu wiederholen. (Parsifals rastlose Wanderschaft ist wie die Tannhäusers und des Fliegenden Holländers der Weg zur Erlösung, während den jüdischen Ahasver sein ewiges Wandern nur in die geistige Leere führt.)

Die antijüdische ideologische Untermauerung der Episode mit dem Schwan läßt sich aus Wagners Schriften der siebziger Jahre ohne weiteres herleiten, in denen er gegen die Vivisektion zu Felde zieht und für eine vegetarische Lebensweise eintritt. Grausamkeit gegenüber Tieren hatte Schopenhauer zu einer schlechthin jüdischen Eigenart erklärt, die auf das Christentum übergegangen sei: »Die vermeinte Rechtlosigkeit der Thiere, der Wahn ... daß es gegen Thiere keine Pflichten gebe.«[68] Wie aus einem Brief an Mathilde Wesendonck vom 1. Oktober 1858 deutlich wird, war sich Wagner dieser Bedeutung seines *Parsifal*-Projekts vollauf bewußt:

»Deshalb habe ich, im Grunde genommen, mit Menschen weniger Mitleiden, als mit Thieren. Diesen sehe ich die Anlage zur Erhebung über das Leiden, zur Resignation und ihrer tiefen, göttlichen Beruhigung, gänzlich versagt ... Wenn daher dieses Leiden einen Zweck haben kann, so ist dies einzig durch Erweckung des Mitleidens im Menschen, der dadurch das verfehlte Dasein des Thieres in sich aufnimmt, und zum Erlöser der Welt wird, indem er überhaupt den Irrthum alles Daseins erkennt. (Diese Bedeutung wird Dir einmal aus dem dritten Akte des Parzival, am Charfreitagsmorgen, klar werden.)«[69]

Bei Wagner ist diese Vorstellung vom Tier Teil einer ganzheitlichen Naturauffassung, die mit der im traditionellen Sinne christlichen nicht das mindeste zu tun hat. Nehmen wir zum Beispiel den berühmten Karfreitagszauber im dritten Akt, der irrigerweise oft zu Ostern im Rundfunk gesendet wird. Nach Wagners Willen sollte er musikalischer Ausdruck der Erlösung aller Lebewesen sein, der Tiere und der Pflanzen, eine große pantheistische Vision. 1878 schrieb er: »... die Gottheit ist die

Natur, der Wille, der Erlösung sucht und, mit Darwin zu reden, die Starken sich aussucht, um diese Erlösung zu vollbringen.«[70] Im Jahr zuvor war er drauf und dran gewesen, die Arbeit am ersten Akt von *Parsifal* aufzugeben, als ihm die Lektüre Darwins dann plötzlich aus der schöpferischen Flaute half[71]. Und aus seinen letzten geschriebenen Worten spricht eine dunkle Ahnung »des wahren Zweckes der Natur, der auf Befreiung aus sich selbst zielt«[72]. Diese Vision mag religiös sein, christlich kann man sie wohl kaum nennen.

Eine ähnliche Verwirrung über den christlichen Gehalt des Karfreitagszaubers erschwert auch ein genaues Verständnis dessen, was das Blut des Heilands im heiligen Gral zu bedeuten hat. Aus den zeitgenössischen *Religion-und-Kunst*-Aufsätzen (wie aus den *Wibelungen* von 1849) wird klar, daß Wagner der Auffassung Fichtes und Schopenhauers zuneigte, wonach Christus arischer Abstammung gewesen sein soll. Das unsterblich machende Blut dieses erhabensten Menschen, das im Gral aufbewahrt wurde, war somit arisch und das Sinnbild für das reinste Blut der ganzen Rasse. Indem sie zur Quelle des Germanentums, also, nach Wagners Auffassung, zu ihrer wahren Natur zurückkehrten, würde den Deutschen Erlösung zuteil. Sie würden wieder wahre Menschen werden, indem sie wieder deutsch wurden, ihrem judaisierten Christentum abschwören und das jüdische Element ausmerzten, das das echte deutsche Leben überschwemmt hatte. »Wer dagegen von einem Stamme losgerissen ist, der Kosmopolit – dieses nichtige Gespenst! – woher will der Liebe zu den Menschen hernehmen??« fragte sich Wagner einmal in seinem Tagebuch[73]. Zu dieser reinen Menschlichkeit könne die Menschheit erst durch die Wiederkunft Christi finden, die auf die apokalyptische Zeit jüdischer Degeneration und Verzweiflung folgen werde. Dann wäre »die freie Erkenntnis der Offenbarung ohne jehovistische Subtilitäten uns erschlossen«[74]. Parsifal, der mitfühlende, reine, arische Christ (in dem Wagner zweifellos sich selbst sah), ist der neue Erlöser, die Reinkarnation Christi, der zur leidenden Menschheit zurückgekehrte Heiland. Er ist der revolutionäre Erlöser, der nicht nur dem deutschen Volk, sondern der ganzen Natur die Erlösung bringt, und zwar durch ein Mitleid, das der jüdischen Mentalität, die von Deutschland Besitz ergriffen hat, ewig unverständlich bleiben wird.

Parsifal sollte nach dem Willen Wagners eine tiefgründige religiöse Parabel darüber sein, wie die europäische Menschheit in ihrem Wesenskern durch fremdartige, unmenschliche jüdische Werte vergiftet worden ist. Die Oper ist eine Allegorie der Judaisierung des Christentums und Deutschlands – und eine Allegorie der reinigenden Erlösung. Anstelle von theologischer Reinheit predigt die säkularisierte Religion Parsifals die neue Lehre von rassischer Reinheit, die sich in Parsifals eigener moralischer und religiöser Reinheit widerspiegelt. Nach Wagners Ansicht wurde diese erlösende Reinheit durch »Juden« besudelt, genauso wie Teufel und Hexen die Reinheit des traditionellen Christentums verletzten[75]. In diesem Plan finden Mitleid und Erlösung auf den erbarmungslos verdammten judaisierten Klingsor und somit auf die Juden naturgemäß keine Anwendung.

Ist es denkbar, daß Wagners arisches Programm in *Parsifal* nur eine exzentrische Ausgeburt der siebziger Jahre war, die einem harmloseren früheren Entwurf aufgepfropft wurde? Nein: Wagners (oben zitierter) Brief an Mathilde Wesendonck von 1858 über den Karfreitagszauber beweist, daß er mit dieser arischen Deutung von *Parsifal* schon lange vor der Niederschrift der endgültigen Fassung schwanger ging. Während der dazwischenliegenden zwanzig Jahre konnte er sich ganz einfach ausgeklügeltere Theorien zunutze machen, um das ideologische Programm des Werkes zu verbessern. Er verfälschte also den Inhalt von *Parsifal* nicht, wie manchmal angenommen wird, sondern präzisierte ihn lediglich.

Wurde aber diese arische Deutung von irgend jemandem außer Wagner selbst verstanden? Er war nicht abgeneigt, sie mit einem gleichgesinnten Publikum zu erörtern, wenn auch in kryptischer Form. Als er dem Wagner-Verein im November 1882 von den *Parsifal*-Aufführungen berichtete, schilderte er als erstes, wie die »konvertierten Juden« – aus denen die »unduldsamsten« (das heißt judaisierten) Christen und Katholiken würden – an dem Drama Anstoß genommen hätten. Wagner sprach zwar nicht klar aus, warum das so war, doch jedes Publikum, das *Religion und Kunst* gelesen hatte, konnte sich selbst einen Reim darauf machen: Getaufte Juden verkörpern das Wesen des falschen jüdischen Christentums – christlich in der Lehre, jüdisch im Geist, ein Kirchenchristentum, das die Religion der Macht und grausamen Unduldsamkeit ist. Konvertierte Juden mußten Parsifals Darstellung eines neuen, von Mitleid geprägten arischen Christentums geradezu zwangsläufig mißverstehen und angreifen [76].

Wagner wollte seine neue Regenerationslehre als eine esoterische verstanden wissen, als einen besonderen »Bayreuther Idealismus«, dem gemeinen antisemitischen Verstand unzugänglich [77]. Doch jenen, die spürten, was sich hinter dem schwülstigen Dunkel der späteren Schriften und Bühnenweihfestspiele verbarg, genügte ein kurzer Wink [78]. Einen solchen gab Wagners Wahnfried-Vertrauter Hans von Wolzogen in einem langatmigen Aufsatz 1882 in den *Bayreuther Blättern*, der schon in seinem Titel *Die Religion des Mitleidens und die Ungleichheit der menschlichen Racen* eine Verbindung zwischen Gobineau und *Parsifal* herstellt [79]. Bereits ein Jahr zuvor hatte Wolzogen hervorgehoben, daß *Parsifal* Christus als einen arischen und nicht als einen rassischen Juden verkörpere [80]. Hinsichtlich der Judenfrage befanden sich Wolzogen und Wagner im besten Einklang: 1879 hatte Wagner den Artikel seines Freundes »mit großer Freude gelesen«. Er habe, so zitiert Cosima ihren Mann, »wirklich etwas zu sagen, und die Art, wie er die Judenfrage behandele, sei neu und sehr human.« [81] (Tatsächlich war der Aufsatz hoffnungslos obskur.) Ludwig Schemann, ein anderer Wahnfried-Habitué, erläuterte 1879 vorab in einem Artikel, der Wagners Gefallen fand, wie das ari-

sche Christentum in *Parsifal* die Oper zu einem notwendigerweise antijüdischen Werk mache:

»... so gilt es, an die Symptome der Möglichkeit eines neuen Christenthums auch für sie sich zu halten in einer Zeit, wo es in Wahrheit Noth thäte, dass alle christlichen Elemente, nur im Sinne von
›antijüdisch‹, sich zusammenthäten, um zu verhindern, dass nicht
bald Leben und Lehre ganz jüdisch werde! – Schopenhauer hat
auch hier die Bahn gebrochen, indem er zeigte, dass erst der alte
<u>Judengott</u>, der sich in die ihm fremde christliche Welt eingeschli-
chen habe, zu vernichten sei, ehe ein neues a-jehovanisches <u>Chri-
stenthum</u> wieder zur leitenden Kulturmacht werden könne.«[82]

In einem Artikel, der 1882 in der *Neuen Zeitung für Musik*
erschien, bekannte Wilhelm Tappert, daß nur Menschen, die
»christlich-deutsch« fühlten, ein so »christliches und nationales« Werk wie *Parsifal* begreifen könnten[83]. Selbst ein so dump-
fer Antisemit wie Bernhard Förster sah in Bayreuth Licht: Wagner lud ihn zu den *Parsifal*-Aufführungen von 1882 ein, und
kurz nach dem Tod des Komponisten akzeptierte Wolzogen die
Widmung von Försters Buch *Parsifal-Nachklänge*, das 1883
erschien und sich mit den verschiedenen arischen Themen und
dem Tierbild in der Oper auseinandersetzte[84].

Das klarste Argument für den arischen Ursprung von Wagners *Parsifal* wurde von Arthur Seidl 1888 in einem Artikel auf-
geboten, der darauf hinwies, daß dem Werk das arische Christentum Schopenhauers zugrunde liege. Seidl behauptete, daß
Wagner in seinen Schriften und gesprächsweisen Äußerungen
stets davor gewarnt habe, die arische Natur des Christentums
durch eine Rückführung aufs Judentum zu kompromittieren.
Parsifal selbst sei eine Allegorie auf den Kampf zwischen Judentum und Christentum, wobei Klingsor das jüdische Element
verkörpere, das die christlich-deutsche Kultur überrenne. Parsifal sollte der blonde deutsche Retter sein, der, im Unterschied
zum gescheiterten »lateinischen« Retter Amfortas, seinen Auf-
trag erfolgreich beende. Seidl erklärte, daß Wagner, obwohl er
von seinen vielen Feinden des krassesten Antisemitismus be-

schuldigt worden sei, keinen politischen, parteiischen Judenhaß gehegt habe, sondern nur einen kulturellen, religiösen,
ethisch idealen. (Der Meister selbst hätte dies nicht besser ausdrücken können.) Natürlich machte sich niemand die Mühe,
diesem Bericht vom antisemitischen Gehalt von *Parsifal* entschieden zu widersprechen, und tatsächlich hatte Seidl Wagners rassistische Allegorie als im Bayreuther Kreis weidlich bekannt vorausgesetzt und den Eindruck erweckt, etwas unge-
halten darüber zu sein, das alles in gedruckter Form erklären zu
müssen[85].

Auch Wagner-Gegnern entging das antisemitische Programm von *Parsifal* keineswegs. So schrieb der einflußreiche
Musikkritiker Paul Lindau zur Zeit der Premiere:

»Als musikalische Erfüllung jenes Programms, das in einer seiner
vielbesprochenen Flugschriften zum erstenmal zum Ausdruck kam
und als ästhetischer Vorläufer einer Bewegung gelten kann, die
sich später auf das Gebiet des gesellschaftlichen und öffentlichen
Lebens in ganz Deutschland übertrug, könnte dieses neueste Werk
betrachtet und also etwa ›*das Christenthum in der Musik*‹ genannt werden. Es ist zwar nicht das Christenthum des Herrn Wolf-
ram von Eschenbach ... es ist das finstere, strenge Christenthum,
das sich in die stumpffarbige Kutte des Mönches kleidet und lieber
zur Fackel greift, um den Scheiterhaufen zu entzünden, als zu blit-
zendem Schwerte für eine edle Frawe.«[86]

Diese Auffassung wurde von Max Kalbeck in der *Wiener Allgemeinen Zeitung* nachhaltig bekräftigt:

»Der moderne Glaubensheld ist vermöge der auf seiner mystischen
Seelenwanderung erworbenen Erfahrungen zu der Einsicht gekommen, daß das neunzehnte Jahrhundert keinen christlich-*semitischen* Heiland mehr gebrauchen könne, sondern einen christlich-
germanischen Erlöser dringend erheische, und die Herren Anti-
Semiten von reichswegen, welche der unbequemen evangelischen
Toleranz und Nächstenliebe überdrüssig geworden sind, mögen
sich bei Wagner für diesen blonden Christus bedanken.«[87]

10

Rückblick

Eine Opernkarriere

Wagners Opern tragen eine schwerere antisemitische Last, als die meisten Apologeten, aber auch neutralen Kritiker bisher zuzugeben bereit waren[1]. Seit dem Ende des Zweiten Weltkriegs ist sowohl in Inszenierungen als auch in der Wagner-Forschung gern ihr »klar« revolutionärer Gehalt herausgestellt worden. Daß der *Ring* weniger eine Geschichte atavistischer germanischer Helden als eine Allegorie auf die Welt der Macht und des Kapitalismus, des Geldes und der Herrschaft, der starren Ordnung und des falschen Bewußtseins sei, das selbst die Liebe unterdrückt – daß es darin in Wirklichkeit um das Jungsche Liebesverlangen, um die Erlösung des Menschen gehe –, all das wird in modernen Inszenierungen des Zyklus häufig dargetan. Leider ist dabei weitgehend außer acht gelassen worden, daß der Antisemitismus ein Eckpfeiler jenes revolutionären Gedankengebäudes war, das im *Ring* und in den theoretischen Schriften des Komponisten zutage tritt[2]. Wagners Antisemitismus ist nichts Nebensächliches, das man bedauern und einfach beiseite schieben kann, wenn man sich mit seiner Revolutionsideologie oder deren Ausdruck in seinen Musikdramen auseinandersetzt. Im *Ring* eine Verherrlichung der Revolutionsidee zu sehen und gleichzeitig seinen antisemitischen Hintersinn zu leugnen ist ein Widerspruch in sich.

Durch praktisch alle Opern Wagners zieht sich wie ein roter Faden der Haß auf das Jüdische, wenn auch in den frühen weniger offensichtlich und bestimmend. So sehen zum Beispiel im

Fliegenden Holländer die Dorfbewohner in der Ankunft des Geisterschiffs nur eine Gelegenheit, Geschäfte zu machen, während sich in der Heldin beim Anblick des Holländers die Hoffnung auf Erlösung, auf eine grundlegende – revolutionäre – Veränderung ihres Daseins regt. Unter der romantischen Oberfläche gibt es einen Subtext, der die Geldgier der Dorfbewohner als das spezifisch Jüdische in der bürgerlichen Gesellschaft ausweist. Selbst in *Tristan*, der Wagner-Oper mit dem geringsten »Praxis«-Bezug, fehlt das jüdische Element nicht. Erlösung bedeutet dort Selbstentäußerung und Aufgabe des egoistischen Willens: und dieser ist bekanntlich aufs vollkommenste in den Juden verkörpert, die sich ihren Gott nach dem Bilde ihres eigenen Willens formen. In den *Meistersingern* – deren Schlußchor immer als eine Akklamation der politischen Überlegenheit des deutschen Volkes verstanden wurde, jetzt aber oft zu einer Hymne auf die deutsche Kunst verharmlost wird – begegnen wir dem Ideal der Erlösung durch wahre deutsche Liebe und wahre deutsche Kunst. Doch die Oper muß im Kontext der in den sechziger Jahren entstandenen »deutschen« Schriften gesehen werden. Wie *Deutsche Kunst und deutsche Politik* enthüllt, hatte Wagner beim Schlußchor über deutsche Kunst eine »deutsche Revolution« auf politischem Gebiet im Sinn, die mit der Renaissance wahrer deutscher Kunst einhergehen würde. Mögen sich die politischen und künstlerischen Elemente der deutschen Revolution formal auch unterscheiden, im Bewußtsein sowie im praktischen Leben gehen sie ineinander über.

Der *Ring* hat sich für Inszenierungen, die ihn als eine Allegorie auf das bürgerlich-kapitalistische, kurz vor einer Revolution stehende Deutschland des 19. Jahrhunderts deuten, als wahre Fundgrube erwiesen. Die ihm zugrundeliegende Schreckensvision einer von Machthunger und Herrschaftsstreben getriebenen Welt – beide Tendenzen galten dem deutschen Revolutionsschrifttum seit jeher als wesenhaft »jüdisch« – ist in den habgierigen Nibelungenbrüdern Alberich und Mime personifi-

ziert, die allein schon durch die Art ihres Gesangs an das gemahnen, was Wagner im *Judentum in der Musik* »die semitische Aussprechweise« genannt und als »zischenden, schrillen-
den, summsenden und murksenden Lautausdruck« beschrieben hat. Freilich sind selbst die germanischen Götter so sehr
von jüdischen Eigenschaften kontaminiert, daß sie, anstatt die
Menschheit vom Fluch des Judentums erlösen zu können, im
Zuge einer allgemeinen Erlösung vielmehr selbst vernichtet
werden müssen. Walhall ist, wie die bürgerliche Ordnung in
Europa, archetypisch jüdisch, geht doch von dort das Bemühen
aus, die Quelle menschlicher Erlösung zu vernichten: die Liebe
selbst, jene Liebe nämlich, die in der *Walküre* auf Hundings Altar der bürgerlichen Ehe geopfert wird. Doch am Ende trium-
phiert im *Ring* wie in den anderen Opern die Liebe und bringt
die Erlösung. Trotz seines »jüdischen« Interesses an Macht und
Gesetz wird Wotan von Liebe zu Brünnhilde bewegt und trägt so
den Keim zu seiner Erlösung in sich.

Und hier liegt die Erklärung dessen, was oft für das Haupt-
hindernis gehalten worden ist, Wagners revolutionären Antisemitismus in seine Opern hineinzulesen. Wie Dostojewski,
dessen Judenhaß nicht minder wahnhaft war, ließ Wagner in
seinen Musikdramen keine »jüdischen« Charaktere auftreten[3].
Bei Wagner hat diese Zurückhaltung zwei Gründe. Zum einen
wollte er mit seiner Kunst vor allem auf das Unterbewußtsein
des Publikums einwirken. Figuren mit jüdischen Namen in die
Opern einzuführen hätte diese nach seiner Auffassung zu sehr
in die Nähe gesellschaftskritischer Schriften gerückt und so
ihrem Kunstwerkcharakter geschadet. Nicht der Verstand
sollte angesprochen werden, sondern die Emotionen, die Phantasie und, nicht zuletzt, die religiösen Bedürfnisse. Rational
faßbar und klar zu sein galt als undeutsch: Der echte deutsche
Zuschauer würde intuitiv erfassen, was Wagner ihm in der Oper
mitteilen wollte, und nach der Vorstellung innerlich verwandelt
und gereinigt nach Hause gehen, vielleicht sogar ohne sich dessen bewußt zu sein. Die Juden und die Franzosen im Theater

mochten sich zwar einbilden, sie verstünden, worum es in der Oper ging, sie würden aber nur einer Selbsttäuschung erliegen.

Der zweite Grund, weshalb in Wagners Opern keine Juden vorkommen, ist der, daß diese Musikdramen Erlösungsparabeln sind und in ihnen kein Platz für Juden ist, für die es keine wirkliche Erlösung geben kann. Dies läßt sich an der Art und Weise zeigen, wie Wagner mit dem von ihm immer wieder aufgegriffenen Ahasver-Mythos umgeht, der bei ihm nicht als Symbol für die Juden, sondern für die erlösungsfähigen Helden firmiert. Wotan, Tannhäuser, Lohengrin, der Holländer und schließlich Parsifal sind allesamt Wanderer und spiegeln die prometheischen Aspekte des Mythos vom Ewigen Juden wider, der seit Goethe zum festen Motivbestand der Romantik gehörte. Dieser romantische Ahasver ist kein jüdischer Mythos, sondern steht für Menschheitsrevolution und Erlösung. Daher ist der Holländer, obgleich ihn Wagner einen »Ahasverus des Ozeans« nennt, entschieden kein jüdischer Ahasver. Wagners Ewige Juden sind keine wirklichen Juden, und es liegt auf der Hand, daß sie in seinen Augen einen dem des ursprünglichen Ahasver diametral entgegengesetzten Schicksalsweg verfolgen, der wirklich den des jüdischen Volkes symbolisiert und eben nicht die universelle Revolution. Die Wanderungen der ahasverischen Helden Wagners führen zu einem Ziel, denn sie lehren sie, Leiden zu ertragen und Mitleid zu empfinden, und enden mit der Erlösung. Die Wanderungen der echten Juden aber sind sinnlose Torturen der Verzweiflung und werden bis zum Ende aller Zeiten keine Erlösung bringen. Wie Ahasverus, sehnt sich der Fliegende Holländer danach, daß sein Leiden durch den Tod ende: Dem Holländer jedoch wird diese Erlösung durch eine Frau zuteil, während sie dem Ewigen Juden verweigert ist. In *Parsifal* allerdings gibt es auch eine weibliche Version des Ewigen Juden, nämlich Kundry, die von Wagner als »eine Art von Wanderndem Juden« beschrieben wird und die wohl tatsächlich das Judentum verkörpert. In ihren verschiedenen Masken kann die Hexe Kundry als Symbol für die Verwandlungen gedeutet werden, die ein feindliches, destruktives Judentum im Lauf der Geschichte durchlaufen hat. Durch Tod und »Dienst« wird ihr schließlich Erlösung zuteil.

Wagner hält daher Juden als solche von der Bühne fern, aber das hindert seine Opern nicht daran, treue mythologische Widerspiegelungen dessen zu sein, was er in seinen Aufsätzen als eine durch das Jüdische verdorbene deutsche Welt beklagt, von welchem sie durch »Vernichtung« oder »Untergang« erlöst werden müsse. Es gibt indes eine imaginative Einheit zwischen Wagners Opern und seinen antisemitischen Schriften: der Ahasverus-Mythos, der in den Opern als das umgekehrte Spiegelbild figuriert, das den nichtjüdischen Wanderern Erlösung gewährt und sie den Juden stillschweigend verweigert. Dem jüdischen Ahasverus im *Judentum in der Musik* wird die Erlösung nicht zuteil.

Nichtsdestoweniger ließ Wagner in einigen seiner Opern Figuren auf der Bühne erscheinen, die man als jüdische Karikaturen bezeichnen könnte. Im Beckmesser der *Meistersinger* etwa parodierte er das mangelnde Verständnis der Juden für wahre deutsche Kunst, während Alberich im *Ring* die jüdische Gier nach Macht verkörpert. Und dann ist da noch Wagners gehässigste Judenkarikatur: die Figur des Klingsor, der Geist der Verneinung, der in die Gralsbruderschaft aufgenommen werden will, aber abgewiesen wird, weil er zu wahrer Liebe unfähig ist und somit auch die Bedeutung des Grals nicht erfassen kann. Wie Wagners jüdische Freunde, die sich so verzweifelt bemühten, Arier zu sein und in den Bayreuther Kreis aufgenommen zu werden, hat sich Klingsor selbst entmannt, im Unterschied zu jenen jedoch tatsächlich. Für Wagner bestand keine Notwendigkeit, Figuren mit jüdischen Namen in seinen Opern auftreten zu lassen. Lange bevor er sich als antisemitischer Komponist verstand, schrieb er Opern, die von ihrem Gehalt und ihrer Struktur her tendenziell antijüdisch waren. Was dann nach 1847 geschah, war, daß er sich über diesen unterschwelligen Antisemitismus bewußt zu werden und ihn ganz gezielt – mit der Geschicklichkeit des Künstlers – in seine weiteren Opern einzubauen begann. Selbst Wagners großer Bewunderer Thomas Mann bekannte 1940, er stelle ein Element von Nazismus fest, nicht nur in Wagners fragwürdigem Schrifttum, sondern auch in seiner Musik, in seiner Dichtung, wenn auch in einem erhabeneren Sinn, obgleich er, Mann, dieses Werk so geliebt habe, daß er noch heute tief aufgewühlt sei, wenn ein paar Takte aus dieser Welt an sein Ohr drängen[4].

Die Laufbahn eines Revolutionärs

In einem besonderen Anfall von Größenwahn vertraute Wagner 1865 seinem Tagebuch an, er halte sich für die Verkörperung der deutschen Revolution. Worin diese besteht, erklärt er in dem Tagebucheintrag und auch, daß man der deutschen Revolution 1813 in den Rücken gefallen sei und worin seine eigene messianische Rolle bestehe, sie wiedererstehen zu lassen:

»Das war anno 1813 in Deutschland anders: da liefen die 14-jährigen Knaben und die 60-jährigen Männer auch in die Heerlager! Das war eine innige, heilige Sache ... das war eine Hoffnung! Ein Deutschland sollte werden. Was das sein sollte, das zeigte sich, als gesiegt und verrathen worden war. Da kam die Burschenschaft dran. Da ward der Tugendbund gestiftet. Alles so phantastisch, dass kein Mensch es begreifen konnte. Aber ich hab' es begriffen. Jetzt begreift _mich_ kein Mensch: ich bin der deutscheste Mensch, ich bin der deutsche Geist. Fragt den unvergleichlichen Zauber _meiner_ Werke, haltet sie mit allem Übrigen zusammen: Ihr könnt für jetzt nichts anderes sagen, als – es ist _deutsch_.«[5]

Vierzehn Jahre später, also 1879, zog Wagner in einer autobiographischen Skizze, die Wolzogen als eine Art »ghost-writer« für amerikanische Leser schrieb, die Summe seiner Erfahrungen als Revolutionär. Es ist eine bemerkenswerte Geschichte, in der er die verschiedenen Strömungen revolutionärer Tradition zusammenführt. Vor allem sollte Wagners überragende Leistung präsentiert werden: Er sei die Kraft gewesen, die die grundlegenden Elemente von Revolution und Deutschtum miteinander verschmolzen habe[6].

Mit dem Deutschtum fing Wagner an. Die deutsche Kultur, heißt es im *Lebens-Bericht*, sei dank der ihr innewohnenden »Idealität« allen anderen Kulturen überlegen und breite sich durch die wachsende Stärke des »deutschen Blutes« in England und Amerika aus. Wagner erinnerte jedoch daran, wie ebendiese deutsche Kultur in seiner Jugend durch ein Netz von »der deutschen Rasse völlig fremden« kulturellen Tendenzen gefährdet gewesen sei:

»Immer mehr breitete sich vor meinen Augen über das deutsche Volk das fremdartige Gespinnst einer undeutschen Zivilisation aus, welches in zwei Farben abwechselnd schillerte, in der vergilbten Farbe der Restauration des alten französischen Begriffs des Herrenthumes und in der röthlichen Farbe der Revolution nach dem neuen, ebenfalls französischen Begriffe der ›Freiheit‹, deren eigenthümliche konstitutionelle Verwebung und Ausgleichung nun noch ein drittes fremdes Element, das zu immer größerer Macht gelangende jüdische, zu besorgen unternahm. Wie anders noch hatte in der Zeit meiner Geburt die deutsche Jugend sich die Zukunft der deutschen Kultur erträumen können!«

Statt einer wahrhaft deutschen Kultur und Politik habe eine fremdartige Kombination aus französischer »Reaktion« und »liberaler Revolution« floriert, befördert durch das noch fremdere »jüdische Element«, das der ganzen Idee einer deutschen Revolution fundamental entgegengesetzt gewesen sei.

Trotz dieses ziemlich aussichtslosen politischen Klimas (fuhr Wagner fort) hätten die Burschenschaften versucht, die Idee einer wahren deutschen Revolution hochzuhalten, mit der Folge, daß ihr Ruf nach »deutscher Freiheit« von den deutschen Fürsten als Ausbruch eines liberalen Revolutionismus nach Art der Franzosen mißverstanden wurde. Ironischerweise begannen dann sogar andere deutsche Revolutionäre, sich diese »französische Vorstellung von Revolution« zu eigen zu machen und die deutsche Sache aufzugeben. Dieser ausländische Revolutionsgeist sei auch einer todgeweihten deutschen Literatur eingeprägt worden, und zwar durch die Bewegung des Jungen Deutschland, der er sich selbst mit seinem Freund Laube angeschlossen habe, nur um erkennen zu müssen, daß sie von den Juden Börne und Heine geführt wurde, die »jenem Volke der Vermittler entstammten, dessen Einfluß von nun an mehr und mehr über Deutschland seine thatsächlich ›internationale‹ Gewalt gewinnen sollte«. Auch jüdische Musiker hätten die Idee der Revolution in ihren Werken verraten. Da seien Meyerbeers schein»revolutionäre« Musik in *Les Huguenots* und Mendelssohn, der die »Stürme der Revolution« in einschmeichelnde Salonmusik umgeleitet habe. Das gleiche gelte für Schumanns geschmackvolle deutsche Genrestücke, die nur ein ganz vages »deutsches« Element enthielten. So sei die revolutionäre Freiheit in der ersten Hälfte des 19. Jahrhunderts verkommen. Intuitiv verwarf Wagner diesen Prozeß aufs äußerste: Sein *Rienzi* war voll des gleichen »revolutionären Feuers«, das schon in seiner früheren Oper *Das Liebesverbot* gelodert hatte, aber leider habe ihm noch das entscheidende Element des »Deutschtums« gemangelt. Zu diesem habe er dann schließlich gefunden, als er die ideale Formenwelt deutscher Sagen und Legenden entdeckte, die er vom *Fliegenden Holländer* an in seine »deutschen Opern« integriert habe. Da endlich sei er in der Lage gewesen, sich eine wahre deutsche Revolution und deren künstlerischen Ausdruck vorzustellen: »Eine neue Welt tat sich mir auf.«

Durch den Erfolg seines *Rienzi* nach Deutschland zurückgerufen, habe er, so Wagner weiter, große Dinge erwartet, doch während seines Aufenthalts in Dresden in den vierziger Jahren seien ihm nach und nach die Augen geöffnet worden über den tatsächlichen Zustand der deutschen Kultur und Politik, wozu noch die persönliche Enttäuschung über die bürgerliche Philisterwelt hinzugekommen sei, von der er abhängig gewesen war:

»... desto schärfer auch mußte ich erkennen, daß es noch keine Allgemeinheit gab, an welche ich mich vertrauensvoll wenden konnte.
Das deutsche Volk hatte sein eigenes Wesen noch nicht wieder-
gefunden, obwohl die Begriffe deutscher Freiheit und Einheit
seinen politischen Schwärmern und Schwätzern immer geläufigere
Phrasen wurden ... so brachte es doch andererseits meine Stellung mit sich, daß ich auch hier, um der Existenz willen die Wahrheit meines Wesens und meiner Meinungen vielfach hinter dem
verhaßten Heuchelscheine einer sozialen Konvention verbergen
mußte ... umso tiefer erkannte ich nun auch ... daß ich in dieser
Welt, sowohl als Künstler wie als Deutscher, wiederum durchaus
ein Fremder sei. In meinem Abscheu gegen die bestehenden Kul-
turzustände überhaupt und meiner Sehnsucht nach Befreiung
von ihnen begegnete ich mich nun mit dem rings um mich her
immer stärker sich regenden allgemeinen revolutionären Geiste.«
(S. 35 ff.)

Aber Wagner war von der daraus folgenden Revolution von
1848 enttäuscht gewesen, deren Parteiengezänk das deutsche
Freiheitsstreben erstickt habe:

»In der Geschichte hatte mich von jeher nur der Trieb des Menschlichen in seiner Empörung gegen einen hemmenden, zum Unrecht
gewordenen historisch-juristischen Formalismus angezogen und
begeistert ... Als ich mich von den ganz in den Interessen der Zeit
befangenen Politikern mit dieser Mahnung an den wahren Kern der
Revolution durchaus mißverstanden fand, wandte ich mich von der
Wirklichkeit ab und wieder meiner idealen Musik zu.«

An dieser Stelle vereinigte Wagner die beiden Schlüsselideale
der deutschen »Rasse« und der »Revolution« zu einer Menschheitsrevolution, an deren Ende die Vernichtung des Judaismus
steht, der die Antithese alles dessen darstellt, was menschlich,
edel und ideal ist – mit einem Wort die Antithese alles dessen,
was »deutsch« ist. Dies war seine Vision von revolutionärer Zukunft, eine Vision der deutschen Revolution, die ihn automa-
tisch stets auf die Judenfrage zurückbrachte, wie Cosima in
ihrem Tagebuch festhielt: »... auf dem Spaziergang sagte R.:

267

›Es ist mir peinlich, immer auf das Thema der Juden zurückzu-
kommen, aber man kann es nicht vermeiden, wenn man in die
Zukunft blickt‹ …«[7]

11

Ausblick

Revolutionäre Vernichtung, revolutionäre Erlösung

Wagners Idee einer deutschen Revolution reichte immer in den Bereich der Politik hinein. Zwar hatte er 1851 erklärt, seine Revolutionsauffassung gehe über das rein Politische hinaus: »Ich bin weder Republikaner, noch Demokrat oder Sozialist noch Kommunist, sondern Künstler, und als solcher, wohin auch mein Blick, mein Verlangen und mein Wille auch sich erstrecken, durch und durch Revolutionär, ein Zerstörer des Alten durch die Schaffung von Neuem.«[1] Aber dieser destruktive Revolutionismus ließ sich nicht so ohne weiteres in der Welt der Kunst und des Geistes eindämmen, wie Wagner hier vorgibt. Ein paar Monate später verriet er sich in einem privaten Brief:

»Meine ganze Politik ist nichts weiter mehr als der blutigste Haß unsrer ganzen Civilisation, Verachtung alles dessen, was ihr entsprießt, und Sehnsucht nach der Natur ... daß wir *Menschen* sind, weiß keiner in ganz Frankreich außer höchstens etwa Proudhon – und auch der nur unklar! – im ganzen Europa sind mir aber die Hunde lieber als die hündischen Menschen. An einer *Zukunft* verzweifle ich dennoch nicht; nur die furchtbarste und zerstörendste Revolution kann aber aus unsern civilisirten Bestien wieder ›Menschen‹ machen.«[2]

Wagner war sich sehr wohl bewußt, wie dieses revolutionäre Kredo der Vernichtung auf die Juden angewandt werden sollte. Seit 1850 hatte er die »Vernichtung« oder den »Untergang« des Judentums gefordert. Es fragt sich natürlich, was er darunter verstand. Meinte er damit, so fragen die meisten Wagner-Interpreten, nur eine Vernichtung im übertragenen oder eine im konkreten, physischen Sinn[3]? Doch es heißt das ganze Problem verkennen und eine falsche Dichotomie aufstellen, wenn man die Frage auf zwei sich gegenseitig ausschließende Alternativen verkürzt. Bei jeder Antwort muß man sich zunächst den historischen Hintergrund des revolutionären Denkens über die Judenfrage zur Zeit Kants und Fichtes vergegenwärtigen. Das Ideal der »Vernichtung des Judentums« war die grundlegende Idee des revolutionären Denkens über den Judaismus. Wie bereits mehrfach angedeutet, läßt sich der Begriff »Vernichtung«, der von den deutschen Revolutionären gern im Munde geführt wurde, nicht einfach auf seine metaphorische beziehungsweise wörtliche Bedeutung reduzieren, denn er ist mehrdeutig und wandelbar. In dieser semantischen Verschwommenheit steckt recht eigentlich das Geheimnis der mythischen Suggestion, die Wörtern wie Untergang und Vernichtung in der deutschen Sprache und Mentalität innewohnt[4].

Wenn also deutsche Autoren des 19. Jahrhunderts die Judenfrage erörterten, so war immer, egal wie abstrakt oder metaphorisch die Argumentation sein mochte, eine realistische, konkrete Komponente mit im Spiel. Andererseits ist in moralischen Handlungsanleitungen, die von der Notwendigkeit einer Selbstentäußerung oder der Vernichtung des alten Adam ausgehen, nicht die tatsächliche physische Vernichtung gemeint. Nietzsche etwa spricht mit diesem pseudoreligiösen Erlösergestus und so auch Wagner, wenn er verkündet, er sei der »Plenipotentarius der Vernichtung«. Sobald jedoch die Judenfrage gestellt wird, tritt unweigerlich ein Element von Konkretheit in den Bedeutungsrahmen, da Juden und Judentum ja gleichzeitig als Symbole und als Realitäten zu verstehen sind[5].

Manchmal mag durchaus die konkrete Bedeutung deutlich hinter dem metaphorischen Gehalt zurücktreten. Als Wagner Hermann Levi zu verstehen gab, »er – als Jude – habe nur zu lernen zu sterben«[6], empfahl er dem unglücklichen Dirigenten natürlich nicht, Selbstmord zu begehen. Aber man sollte nicht übersehen, welche Wirkung ein solches Diktum in der ohnehin empfindsamen Psyche des Adressaten hinterlassen haben muß. Es läßt eine sadistische Neigung Wagners vermuten, die sich wohl auch mit einem tatsächlichen Selbstmord abgefunden hätte, auch wenn derlei Gedanken unterdrückt wurden. (Um diesen Aspekt seiner Persönlichkeit zu veranschaulichen, braucht man sich nur Wagners ziemlich herzlose, ja sogar etwas hämische Reaktion auf den Tod Tausigs in Erinnerung zu rufen.)

Um beurteilen zu können, ob Wagner von »Vernichtung des Judentums« im übertragenen oder wörtlichen Sinne sprach, muß man natürlich berücksichtigen, zu welchem Zeitpunkt er sich hierzu äußerte. 1850 beispielsweise beendet er *Das Judentum in der Musik* mit dem frommen Wunsch, die Juden möchten durch einen Untergang erlöst werden, der den Fluch des Ahasverus von ihnen nehme. Hier spricht er freilich vorwiegend in einem metaphorischen Sinn, aber einem, der im Anklang an Fichte dennoch eine gewisse Sehnsucht nach einer vielleicht möglichen konkreten Lösung der Judenfrage beinhaltet. In den *Aufklärungen*, die dem 1869 als Broschüre neu aufgelegten Aufsatz beigegeben sind, deutet er immerhin an, daß eine konkrete Lösung vielleicht am Ende doch nicht ausgeschlossen sei. Es gebe jetzt, sagt er, nur zwei Lösungen der Judenfrage: Assimilation oder Vertreibung. Doch verschämt weicht er davor zurück, Farbe zu bekennen, unter dem Vorwand, er sei mit den politischen Mitteln, die zweite Alternative durchzusetzen, »nicht vertraut«. Anders als einst Laube in seinem *Struensee*-Vorwort schreckt er aber vor einer drastischen Lösung nicht grundsätzlich zurück. In seinen späteren Schriften, in denen ein rassisch definierter Begriff des Jüdischen auftaucht, wird klar, daß sich die Juden en masse nicht assimilieren lassen. Auch wenn er Levi manchmal eine Erlösung durch die Taufe (oder den »Tod«) in Aussicht stellt, besteht kein Zweifel daran, daß Levi ihm, wie Börne im *Judentum in der Musik*, lediglich als Ausnahmejude gilt. Als er mit Cosima über den Aufsatz *Erkenne dich selbst* diskutiert, in dem das Judesein als ein unentrinnbares genetisches Faktum bezeichnet wurde, bemerkte er: »Ob die Juden überhaupt erlöst werden können, ist die Frage, die sich uns, daran anknüpfend, aufwirft – ihr Wesen verurteilt sie zur Realität der Welt.«[7] Wagners Weltbild im letzten Lebensjahrzehnt ist von der Überzeugung durchdrungen, daß die revolutionäre deutsche Lösung der Judenfrage die Vertreibung sein müsse, da eine Assimilation unmöglich sei.

Den Juden eine Chance auf Erlösung offenzuhalten war zweifelsohne ein Weg, sich seine »Humanität« zu bewahren. So konnte Wagner 1881 in einem Brief an König Ludwig salbungsvoll erklären: »... und wenn von Humanität gegen die Juden die Rede ist, darf ich getrost Anspruch auf Lob erheben.«[8] Das aber hinderte ihn nicht daran, sich im privaten Kreis immer deutlicher für praktische Schritte zur Lösung der Judenfrage auszusprechen. Als Cosima ihm 1879 eine gegen die Juden gerichtete Rede Stoeckers vorlas, reagierte Wagner unmißverständlich: »R. ist für völlige Ausweisung. Wir lachen darüber, daß wirklich, wie es scheint, sein Aufsatz über die Juden den Anfang dieses Kampfes gemacht hat.«[9] Etwas weniger optimistisch äußerte er sich dann 1880: »Jetzt sei nichts zu machen, er, R., würde aber die jüdischen Festtage verbieten, wo sie keine Waren den Christen verkaufen, und die prahlerischen Synagogen.«[10] Als ihn im August 1881 die Nachricht von russischen Pogromen erreichte, verstieg er sich gar »zu der Äußerung: ›Das ist das einzige, was sich tun läßt, die Kerle hinauswerfen und durchprügeln.‹« Und einige Tage später, so liest man in Cosimas Tagebuch: »Die Zeitung bringt wieder Nachrichten von Hetzen gegen die Juden in Rußland, und R. meint, es gäbe nur das, Äußerung der Volkskraft, und sagt: Gobineau hat recht, sie fühlen – die Russen – sich noch als Christen.« Die Russen legten einen spontanen Antisemitismus an den Tag, einen, zu dem, so hoffte Wagner offenkundig, auch die Deutschen wieder zurückfinden würden[11]. Äußerungen wie diese beweisen, daß Wagners »Bayreuther

Idealismus« durchaus eine handfeste Basis hatte. Wagner scherzte nicht nur, als er Ende 1881 »im heftigen Scherz« zu seiner Frau sagt, »es sollten alle Juden in einer Aufführung des ›Nathan‹ verbrennen«. Der Gedanke wurde ausgelöst durch den Bericht über eine Aufführung des berühmten Stücks von Lessing, »wo bei der Stelle, Christus war auch ein Jude, ein Israelit im Parterre bravo gerufen habe«. Dies hatte Wagner irrsinnig erbost[12]. (Bei diesem »Scherz« denkt man unweigerlich an Hitlers Bemerkung in *Mein Kampf*: »Hätte man zu Kriegsbeginn und während des Krieges einmal zwölf- oder fünfzehntausend dieser hebräischen Volksverderber so unter Giftgas gehalten, wie Hunderttausende unserer allerbesten deutschen Arbeiter aus allen Schichten und Berufen es im Felde erdulden mußten, dann wäre das Millionenopfer der Front nicht vergeblich gewesen.«[13])

Der Eindruck, daß das Wort »Vernichtung« eine zunehmend praktische Bedeutung annahm, verstärkt sich, wenn man die Schriften anderer rassisch oder revolutionär gesinnter Antisemiten aus dieser Zeit liest. Karl Eugen Dührings Sprache etwa wurde immer bizarrer und drohender (sein Stil war selbst für Wagners Geschmack zu brachial). Mit der Zeit sah sich Dühring schließlich unter dem Druck der Ereignisse genötigt, zur Art der »Vernichtung« offen Stellung zu beziehen, und so verkündete er (um 1894), daß die völlige »Ertötung und Ausrottung« der Juden unabdingbar sei. Als er nach der Niederlage Deutschlands 1918 eine neue Ausgabe seines antisemitischen Hauptwerks vorbereitete, bedauerte er, daß in früheren Auflagen »nur unvollständige Maßnahmen empfohlen und erörtert wurden«. An anderer Stelle hatte er den »Rassenmord« als das »höhere Gesetz der Geschichte« proklamiert. Wenn er, wie weiland Jakob Friedrich Fries (1819), von der Polizei befragt worden wäre, was er mit seiner Forderung nach »Ausrottung der jüdischen Händlerkaste« meine, hätte Dührung bestimmt wie jener behauptet, nur im übertragenen und moralischen Sinne gesprochen zu haben[14].

Ein anderer maßgeblicher antisemitischer Prophet der siebziger Jahre war Paul de Lagarde, um dessen geistige Unterstützung Wagner damals buhlte. Lagarde führte ein weiteres,
gleichzeitig metaphorisch und konkret zu gebrauchendes Bild
ein, das die ältere Vorstellung, die Juden seien Parasiten auf
dem Körper Europas, biologistisch modernisierte. Er fand be-
klemmende Wendungen wie diese: »Mit Trichinen und Bazillen
verhandelt man nicht, und sie sind auch nicht zu erziehen. Sie
müssen so schnell und gründlich wie möglich ausgerottet werden.«[15] Analog dazu verglich Wagner im privaten Gespräch die
Juden zuweilen mit »Trichinen« oder auch mit »Ratten und
Mäusen« und bezeichnete das Chloral, das Cosima abends einnahm, als »Judenbeize«[16]. Dies war die Metaphorik, die die
Geisteshaltung des revolutionären Antisemitismus im ausge-
henden 19. Jahrhundert formte. Es bedurfte nur der Niederlage
von 1918 und der durch sie ausgelösten politischen Krise, damit aus dieser Mentalität eine politische Handlungsanweisung
wurde[17].

Wie lange diese ambivalente Geisteshaltung fortbestand,
wird aus frühen Reden Hitlers deutlich. In seiner ersten wichtigen antisemitischen Rede *Warum wir Antisemiten sind*
(1920) sprach er – metaphorisch – von der Notwendigkeit, daß
sich die Deutschen entjudeten, und dies auf eine moralisierende Art, die an Wagner denken läßt, der einst gepredigt hatte:
»Wir müssen den Juden aus uns entfernen.«[18] Ein Jahrzehnt
später gab sich Hitler in einem Gespräch ebenso beflissen wie
weiland Wagner, den Juden gegenüber seine Humanität heraus-
zukehren, wobei er freilich erkannte, daß die Metapher eine
sehr konkrete Konnotation haben konnte:

»Wenn ich die Blüte der Deutschen in die Stahlgewitter des kommenden Krieges schicke … sollte ich dann nicht das Recht haben,
Millionen einer minderwertigen, sich wie Ungeziefer vermehren-
den Rasse zu beseitigen, nicht indem ich sie ausrotten lasse, sondern nur indem ich systematisch verhindere, daß sich ihre große
natürliche Fruchtbarkeit auswirkt … Wir beweisen unsere Hu-

manität, indem wir dies auf langsame und unblutige Weise vollziehen ...«[19]

Im Oktober 1941, als schon fast eine Million Juden durch Er-
schießen und Aushungern umgebracht und die Endlösung mit-
tels Vergasen bereits beschlossene Sache war, beendete Hitler
einen langen Monolog über den arischen Jesus und die Juden,
die das Christentum zu einer Religion von grausamer Intoleranz
verfälscht hätten, mit der Bemerkung, man werde der Menschheit einen Dienst erweisen, wenn man »diese Pest ausrotte«.
Metaphorische und reale Bedeutungsebene des Begriffs »Judenvernichtung« waren nun eins[20].

Der rassisch-revolutionäre Erlöser

Die Frage, ob sich Wagner des in seinen Opern verborgenen
Antisemitismus bewußt war, ist insofern entscheidend, als sie
seinen Beitrag zu den geistigen Grundlagen des Dritten Reiches
betrifft. Befrachtete er seine Werke mit einer antisemitischen,
arischen Last, die die Nazis ohne weiteres für ihre Zwecke aus-
schlachten konnten, oder lasen die Nazis eine antisemitische
Parabel in die Opern eines unschuldigen Wagner hinein? Es ist
oft behauptet worden, daß Wagner ganz arglos gegenüber solch
antisemitischen Deutungen seiner Opern gewesen sei[21]. Doch
er selbst wollte sein Werk als eine Klage über den Untergang der
deutschen Rasse verstanden wissen, wie aus einem Tagebucheintrag Cosimas hervorgeht: »Er bedauert es, daß seine
Dichtungen nicht in einem etwas weiteren Sinne besprochen
worden sind, z. B. der Ring nach der Bedeutung des Goldes und
des Unterganges einer Race daran.«[22] Erfreulicherweise lenkte
Parsifal die Diskussion sowohl in der Presse als auch anschlie-
ßend durch begeisterte Bayreuthjünger auf die unterschwellige
Botschaft der Oper, auch wenn deren Auslegung durch mysti-
sches Geschwafel vernebelt werden sollte.

Hitler freilich legte 1934 einem seiner musikalisch interessierten Gefolgsleute die arische Deutung von *Parsifal* unverblümter dar:

»›Hinter der abgeschmackten, christlich aufgeputzten äußeren Fabel mit ihrem Karfreitagszauber erscheint etwas ganz anderes als der eigentliche Gegenstand dieses tiefsinnigen Dramas. Nicht die christlich-Schopenhauersche Mitleidsreligion wird verherrlicht, sondern das reine, adlige Blut ... Da leidet der König an dem unheilbaren Siechtum, dem verdorbenen Blut. Da wird der unwissende, aber reine Mensch in die Versuchung gestellt, sich in dem Zaubergarten Klingsors der Lust und dem Rausch hinzugeben ... Mir sind die Gedankengänge Wagners aufs innigste vertraut ... Ich kehre auf jeder Stufe meines Lebens zu ihm zurück ... Streichen wir alles Dichterische ab, so zeigt sich, daß es nur in der fortgesetzten Anspannung eines dauernden Kampfes eine Auslese und Erneuerung gibt ...‹ Hitler summte das Motiv ›Durch Mitleid wissend ...‹«[23]

Das Verhältnis zwischen Wagner und Hitler ist zwar ein Thema für ein weiteres Buch, doch es sollte auch hier daran erinnert werden, daß es im emotionalen Bereich etliche Berührungspunkte zwischen beiden gab. Die nackte Brutalität, die aus großen Teilen von Wagners Musik spricht, die ungezügelte Leidenschaft und Derbheit des Schmiedemotivs in *Siegfried* und des Trauermarschs in der *Götterdämmerung* sind zweifellos heroisch zu nennen, aber es geht von beiden Kompositionen etwas unangenehm Aufwühlendes, ja Beklemmendes aus, das man beispielsweise bei Verdis Amboßszene oder dem Trauermarsch in Beethovens *Eroica* nicht empfindet. Auf dieser psychologischen Ebene entdecken wir eine Seelenverwandtschaft zwischen Wagner und seinem Schüler, die über rein ideologische Ähnlichkeiten hinausgeht. Als Hitler 1936 in seinem Salonwagen triumphierend durch das zurückgewonnene Rheinland fuhr und das nächtliche Dunkel vom roten Schein der Hochöfen erhellt sah, ließ er sich im Hochgefühl des errungenen Sieges einen Plattenspieler bringen. Während er dem Vorspiel zu *Parsifal* lauschte, führte er Selbstgespräche: »Aus Parsifal baue ich mir meine Religion ... Im Heldengewand allein kann man Gott dienen.« Und unter den Klängen des Trauermarschs aus der *Götterdämmerung* sagte Hitler: »Ich habe ihn zuerst in Wien gehört. In der Oper. Und ich weiß noch, wie wenn es heute gewesen wäre, wie ich mich beim Nachhauseweg wahnsinnig erregte über einige mauschelnde Kaftanjuden, an denen ich vorbeigehen mußte. Einen unvereinbareren Gegensatz kann man sich überhaupt nicht vorstellen. Dieses herrliche Mysterium des sterbenden Heros und dieser Judendreck!«[24]

Wie Hitler betrachtete sich auch Wagner als den höchsten Exponenten der deutschen Revolution[25]. Aber während der »Führer«, obwohl er sich selbst als Künstler fühlte, bereit war, um der Revolution willen sein Künstlertum der Politik zu opfern, zog Wagner sich zurück und überließ die Tagespolitik lieber den Politikern. Während des Dritten Reiches taten es ihm seine Erben gleich: In Bayreuth hieß Winifred Wagner Hitler als »Freund« willkommen und spendete für seine Parteikasse, beharrte aber gleichzeitig auf dem Standpunkt, daß »seine Politik« etwas anderes sei und nichts mit den künstlerischen Interessen des Hauses Wahnfried zu tun habe[26]. Man ist versucht, diese Heuchelei auf das verworrene Bayreuther Denken zurückzuführen, aber eine ähnlich zwiespältige Haltung war in deutschen Intellektuellenkreisen damals weit verbreitet. Ein Beispiel dafür ist Heidegger. Nachdem er anfangs den Nationalsozialismus öffentlich gutgeheißen hatte, schien es ihm angebracht, sich in ein kryptisches apolitisches Gelehrtendasein zurückzuziehen: die anderen würden die Sache schon richtig machen. Sowohl Winifred Wagner als auch Heidegger begrüßten die »deutsche Revolution« als Rettung und eine Verheißung, daß sich unter der politischen Oberfläche eine viel tiefgründigere geistige oder künstlerische Revolution im deutschen Volk vollziehen werde. Somit konnten sie politische Maßnahmen des NS-Regimes aus ihrem Bewußtsein verdrängen und gleichzeitig das geistige Fundament dieser Politik billigen.

Wie Hans von Wolzogen es 1919 ausdrückte: »Man darf unser Eintreten für das deutsche Volk nicht als Engagement für irgendeine politische Partei auffassen.« Wolzogen lehnte es zwar ab, der Nazi-Partei beizutreten, war jedoch ein glühender Anhänger Hitlers, was wohl auch Wagner gewesen wäre, wenn er noch gelebt hätte[27]. Man redete in Bayreuth gern über Kunst, wenn man Politik meinte. Als der Festspielort zum kulturellen Mittelpunkt des Dritten Reiches wurde, war Wagners vergeblich angestrebtes Ziel, Bayreuth zum Sitz des deutschen »Nationaltheaters« zu machen, endlich erreicht[28].

Das, was man bei den Nazis unter »deutscher Revolution« verstand, deckte sich so nahtlos mit Wagners Visionen, daß er dem Dritten Reich seine Zustimmung höchstwahrscheinlich nicht verweigert haben würde, vielleicht mit den üblichen Vorbehalten, es mangele dem öffentlichen Leben an wahrer deutscher Geistigkeit. Schließlich waren weitaus weniger doktrinäre Gestalten, wie etwa Heidegger, Furtwängler und Heisenberg, bereit, sich anzupassen, und zumindest den beiden letztgenannten war jener erbitterte Judenhaß fremd, der Wagner beseelt hatte. Jedenfalls hätte Wagner, eben weil er sich als Verkörperung der »deutschen Revolution« sah, in einer Zeit so dramatischer Veränderung unmöglich neutral bleiben können[29].

Es ist in diesem Zusammenhang interessant, das Wagner-Bild eines großen deutschen Schriftstellers vor Augen zu führen, der als apolitischer Künstler seine Laufbahn begonnen hatte, aber nach und nach unter dem Druck der Ereignisse und seines eigenen Gewissens zum erbitterten Gegner des Nazi-Regimes wurde. Jahrelang hatte Thomas Mann seinen geliebten Wagner zu verteidigen versucht, indem er die Musik der Opern von deren latenten Antisemitismus schied und den Komponisten als einen idealistischen Revolutionär hinstellte, der durch und durch apolitisch und gegen jede Art von Staat mißtrauisch war. Aber irgend einmal mußte dann auch Mann sein einfühlsames Plädoyer fallenlassen und den revolutionären Idealismus

Wagners als das erkennen, was er in Wirklichkeit war – der Vorläufer des Hitlerismus. Obwohl Mann noch immer die Musik Wagners bewunderte, bekannte er im Januar 1940, daß er nun »Elemente des Nazismus« darin entdecke: »Der *Ring* ist ebenso ein Produkt des bürgerlich-humanistischen Zeitalters wie der Hitlerismus. Mit seiner ... Mischung aus Erdverbundenheit und Zukunftsvision, seiner Sehnsucht nach einer klassenlosen Gesellschaft, seiner mythischen Revolutionsbegeisterung, ist er der geistige Vorläufer der ›metapolitischen‹ Bewegung, die heute die Welt terrorisiert.«[30]

Anhang

Berthold Auerbach

Richard Wagner und die Selbstachtung der Juden

Da niemand das Wort ergreift, so will ich es tun. Man hört jetzt sagen, es war immer in den Gemütern ein ruhender Widerspruch gegen die Juden, der nun erst zu Bewegung und Ausdruck gekommen ist. Niemand kann behaupten oder auch bestreiten, dass ein ruhender, ein unbekannter Widerspruch ein wirklicher ist. In der Welt der Erscheinungen ist eben nur das wirklich, was zu Erscheinung und Ausdruck kommt. Angenommen indes, aber nicht zugegeben, es habe sich mit Bildung und rechtschaffenem Denken vertragen, dass ein Widerspruch gegen die Juden in den Seelen ruhte, so ist doch tatsächlich, dass eben der Gebildete und Rechtschaffene sich schämte, solchen ruhenden Gegensatz kund zu geben. Dieses Schamgefühl war der deutlichste Beweis, dass man ein ererbtes oder anerzogenes [unerzogenes?] Vorurteil für unberechtigt und unwürdig hielt.

Wer war es nun, der zuerst die Stirn hatte, in den Sphären der Bildungswelt offen und geradezu auszusprechen, er empfinde eine Idiosyncrasie gegen die Juden? Wer war es, der den Juden das Recht und die Fähigkeit, in einem bestimmten Kunstgebiete sich schaffend zu erweisen, absprach?

Es war Richard Wagner!

Er begann den kühnen Frevel an der Bildung und Humanität.

Nach seinem Vorgange legten andere die sittliche Scham, sich offen zu Vorurteil, zu Hass und Verfolgung zu bekennen.

[Randbemerkung:] Noch hat kein Künstler seinen Namen

mit absolutem Judenhass befleckt, und so gewiss Richard Wagner in der Geschichte stehen wird, freilich anders als er meint, so gewiss wird sich mit seinem Namen die traurige Kunst verbinden, die dazu gehört, der Vernunft und der Humanität ins Gesicht zu schlagen.

Richard Wagner war noch ehrlich genug einzugestehen, dass er noch besondere Gründe für seinen Hass und seine Verfolgung habe, denn Juden seien es gewesen, die vormals, noch bevor er eine ganz neue Form der Kunst geschaffen hat, ihn hinderten und herabsetzten. Als ihm die absolute Grundlosigkeit dieses Vorwurfs bewiesen wurde, hielt er sich nicht für verpflichtet, denselben zurückzunehmen.

[Randbemerkung:] Und was die Juden und Jüdinnen seiner Zeit? Sie waren so gebildet, dass sie gar nicht entbehren konnten, durch Richard Wagner noch gebildeter zu werden.

Das ist nun so. Man hält es für moralisch gestattet, einen widerlegten Vorwurf gegen die Juden stillschweigend oder offen aufrecht zu erhalten.

Nun schuf Richard Wagner seine neuen Werke, wonach alles Vergangene nur Chaos gewesen sein sollte; erst jetzt kam Licht, kam Organisation und Schönheit.

Ich getraue mir keine Berechtigung zu, über den Wert und Bestand der sogenannten Zukunftsmusik zu urteilen, das aber muss doch jeder gebildete Deutsche sagen: versetze das Verfahren und den Anspruch Richard Wagners auf ein anderer geistiges Gebiet – ich nehme zunächst das der Poesie. Denken wir uns also, es träte ein Mann auf der da sagte, alles was bisher als Dichtung angesehen wurde, – zunächst als deutsche und zunächst unsere klassische Periode, Lessing, Schiller, Goethe – alles ist nichtig, verkehrt und falsch, nur etwa Goethes Faust zweiter Teil kann als ein Anfang betrachtet werden, ähnlich wie Beethoven's neunte Symphonie, und auf dieser Grundlage baue ich weiter und schaffe Euch eine ganz neue Kunst, die mit der vergangenen und was darin galt, gar nichts mehr zu tun hat; ich bin der neue Schöpfer, mit mir beginnt der neue Tag.

Was würde man zu solcher Unmasslichkeit sagen? Jeder Denkende müsste erwidern, die Kultur aller Völker, und nun zunächst die von uns Deutschen ist eine Kontinuation, aus welcher Neubildungen hervorgehen, die aber unablöslich sind von der Errungenschaften der Vergangenheit. Was sich als eine ganz neue Welt auftun will, hat keinen Halt in sich, denn die Geschichte leugnen, das Erbe der Vergangenheit vernichten ist so frevelhaft als eitel.

Es ist keine Frage, dass ohne eine geniale Begabung ein Mann mit seinen Arbeiten nicht zu Ansehen und Anhang kommen kann, wie wir das vor uns sehen. Wir halten in der Literatur ein ähnliches Beispiel. In Friedrich Hebbel war eine entschiedene dichterische Kraft erschienen, aber es war Wahnwitz von ihm mit seiner Erscheinung eine ganz neue Geistesepoche datieren zu wollen, ja nicht einmal eine Epoche, sondern eben den Weltbeginn. Ähnlich verhält es sich mit Richard Wagner. Seine grössere oder geringere Bedeutung mag von Berechtigten definiert werden.

Nun aber komme ich auf meinen Ausgangspunkt zurück. Verträgt es sich auch nur mit einem kleinen Rest von Ehrgefühl, dass die Juden sich zu den Darstellungen Richard Wagnerscher Werke herandrängen?

Zuerst antworten manche, ich habe das Recht und die Pflicht zur Vervollkommnung meiner Bildung mich mit allen Erscheinungen im Bereich des Geistes bekannt zu machen. Gewiss. Sind aber die Männer und die Frauen, die so sprechen immer und allwege darauf bedacht, ihren Bildungstand lückenlos zu erhalten?

Und wäre es auch. Der Besuch einer von dem Komponisten geleiteten und ihm zu Ehren gemachten Aufführung seines Werkes ist eine persönliche Huldigung. Wäre der Verfasser eines Werkes in der Ferne oder nicht mehr am Leben, so gälte die Teilnahme dem Werke. So lange er lebt, hasst und verachtet, ist er eins mit seinem Werke, und wer ins Theater geht, huldigt ihm.

Nein, wird hier erwidert, vergiss nur den Verfasser von seinem Werke, ich frage gar nicht danach, was er denkt, ich lasse mir von ihm nichts vormachen, und weiter geht er mich nichts an! [Randbemerkung:] Hand aufs Herz, oder auf die Noten, wo es sein soll!

Das ist nur Selbsttäuschung, denn Ihr wollt es nicht eingestehen, dass es Euch doch nur um ein Amüsement zu tun ist, und wenn Ihr ehrlich seid, könnt Ihr nicht leugnen, dass Ihr Euch in eine Gesellschaft drängt, von der Ihr wisst, dass Ihr verachtet und [unlesbares Wort] hinaus geworfen seid, – es ist also gerade aus Genusssucht, es ist Stolzsucht, es ist das lässliche Verlangen, auch dabei zu sein, auch gesehen zu werden, auch zu sehen, an dem [unlesbares Wort] teilzunehmen, die Juden und Jüdinnen gestattet, sich zur Aufführung der Wagner-Trilogie hier anzudrängen, und sie sollten doch das Gefühl haben, dass es der Nachbar und die Nachbarin wagen kann, gewiss er denkt; Pfui, über diese Bildungsprahlerei, die sich mit allerlei schmückt, aber den einzigen Schmuck nicht hat, und der heisst Ehre.

Berlin, 2. Mai 1881

(Erstveröffentlichung durch Paul Lawrence Rose im
Leo Baeck Institute Year Book XXXVI, 1991)

Wagner in Israel

Gelegentliche Beobachter des israelischen Lebens nehmen des öfteren mit Erstaunen wahr, daß viele Israelis zu allem, was aus Deutschland kommt, eine Art Liebesbeziehung zu verbinden scheint. Auf den Straßen fallen die zahlreichen Taxen der Marke Mercedes ins Auge, während in einem ganz anderen Bereich die Pilgerreisen verwundern, die so viele israelische Intellektuelle nach Berlin unternehmen, das mit seinem großzügigen Wissenschaftskolleg und seinen hervorragenden Philharmonikern als ein Mekka der Philosophie und Literatur, des Films und der Musik gilt. Als ich einen prominenten Bekannten, der zufällig selbst ein Überlebender von Auschwitz ist, einmal über diese neue Germanophilie befragte, verteidigte er sich: »Also Geld nehme ich nicht von ihnen.« Möglicherweile läßt sich das alles damit erklären, daß die modernen israelischen Juden den Deutschen als gleichberechtigte Partner gegenübertreten möchten statt in jener Opferrolle, zu der eine frühere Generation verdammt war. Diese ungestüme, beinahe unbekümmerte Germanophilie erklärt vielleicht am besten, warum sich Barenboim und seine Anhänger in der Israelischen Philharmonie derzeit so besessen für die Aufführung von Wagners Opern in Israel einsetzen. Auch jener Auschwitz-Überlebende, der so gern Berlin besucht, hat bereits etliche private Aufführungen Wagnerscher Musik in Israel unterstützt. Einen Bann über Wagner zu verhängen heißt, sich gegenüber Deutschen in eine Position der Unterlegenheit zu begeben; das erweckt den Eindruck einer Neurose, die überwunden werden muß.

Doch bei dem Verbot Wagners in Israel geht es um mehr. Das Problem darf nicht auf die Frage reduziert werden, ob es einer germanophilen Clique paßt oder ob die Musiker eines im Kern staatlichen Orchesters künstlerisch auf ihre Kosten kommen. Andererseits sollte es aber auch nicht (wie wir sehen werden) als bloße Rücksichtnahme auf die Gefühle einer schwindenden Zahl von Holocaust-Überlebenden gedeutet werden. Um wirklich zu verstehen, weshalb es dringend geboten ist, das Verbot aufrechtzuerhalten, müssen wir zuerst die singuläre historische Tragweite des Wagnerschen Antisemitismus verstehen.

Wagner war kein gewöhnlicher Antisemit, sondern einer, der, wie kaum ein anderer, den Antisemitismus hoffähig machte, ihn in den Mittelpunkt des Programms der nationalen Erneuerung Deutschlands stellte. In nichtdeutschen Kreisen ist niemals verstanden worden, wie Wagner, der alles andere als ein fanatischer Nationalist war, ein Revolutionär sein konnte, der predigte, daß die Juden der Inbegriff der Inhumanität und das größte Hindernis auf dem Weg zur Befreiung der Menschheit seien. Nachhaltiger als jeder andere etablierte er den Juden im deutschen Volksbewußtsein als ein neues, säkularisiertes Symbol des absolut Bösen, das die alte christliche Vorstellung des Juden als Christusmörder ersetzen sollte. Der moderne Jude kreuzigte nicht mehr Christus, sondern die Menschheit selbst. Der Jude galt Wagner als Personifikation der Lieblosigkeit, der Habgier, des Egoismus und des Verlangens, über andere Menschen und die Natur jene Herrschaft auszuüben, die ihren Ausdruck im jüdischen Kapitalismus und in der jüdischen Weltverschwörung fand.

Genau diese Wahnidee gefiel Hitler, dessen Weltanschauung vom revolutionären Antisemitismus Wagners durchdrungen war. Hitler selbst bekannte, daß er nur einen Vorläufer der Nazi-Revolution gelten lasse: Wagner. Allein schon der Name der Nazi-Partei – national *und* sozialistisch – stand für Wagners Traum einer revolutionären deutschen Politik, die den entzweienden Parteienhader der westlichen Demokratien überwinden würde, indem sie alle Klassen in einer Volksgemeinschaft aufhob. Von 1923 an pflegte Hitler Umgang mit den Wagner-Erben in Bayreuth. Während seiner alljährlichen Besuche dort war er

Gast bei Wagners Schwiegertochter Winifred, und er bezeichnete diese Aufenthalte als die glücklichsten Augenblicke seines Lebens. Winifred Wagner war es auch gewesen, die ihn während seiner Gefängnishaft in Landsberg 1924 mit Papier versorgte, auf das er dann *Mein Kampf* schrieb.

Natürlich beweist nichts von alledem, daß Wagner, der 1883 starb, Hitler gutgeheißen hätte oder in dessen Partei eingetreten wäre. Doch das, was wir über Wagners Persönlichkeitsstruktur wissen, berechtigt zu der Annahme, daß er ein ebenso williger Gefolgsmann Hitlers geworden wäre, wie es seine Schwiegertochter werden sollte. Während seines Lebens legte Wagner wiederholt jene hinterhältige Schadenfreude über das Unglück der Juden an den Tag, die für spätere Nazi-Anhänger typisch war; die Scherze, die er machte, als Juden bei einem Theaterbrand in Wien ums Leben kamen, weisen die gleichen psychologischen Muster jenes deutschen Humors auf, der Wendungen wie »Kristallnacht« und »Sonderbehandlung« und »in Rauch aufgehen« ersann. Und Wagners Demütigungen jüdischer Bekannter wie etwa seines Kapellmeisters Hermann Levi (dem Peter Gay in seinem Buch *Freud und andere Juden* einen hervorragenden Aufsatz gewidmet hat) sind von der gleichen Art wie das Vergnügen, das sich 1938 Deutsche und Österreicher daraus machten, jüdische Mitbürger zum Schrubben der Gehwege zu zwingen. Man brauchte kein Parteimitglied zu sein, um es im Prinzip gutzuheißen, daß Hitler den jüdischen Einfluß drosselte, ohne sich selbst dabei die Hände schmutzig machen zu müssen; und auch dieses Nazi-Syndrom findet sich schon in Wagners scheinheiliger Weigerung, sich öffentlich zu der aufkommenden Antisemitenbewegung der siebziger Jahre zu bekennen, deren antijüdisches Bewußtsein er gleichzeitig beifällig kommentierte.

All das ist unbestritten, und dennoch kann man dagegen die Frage ins Feld führen, welchen Schaden die Musik als solche denn anrichten könne? Großen. Selbst wenn wir das nachweislich antijüdische Programm beiseite lassen, das man jeder sei-

ner späten Opern entnehmen kann (einschließlich des scheinbar untadeligen *Tristan*), ist es naiv zu glauben, eine Musik wie
die Wagners lasse sich klinisch trennen von der emotionalen
Energie, die in ihre Erschaffung eingeflossen ist. Es ist in dieser
Musik ein Destillat von Wagners Persönlichkeit erhalten geblieben, vor allem sein leidenschaftlicher Haß. Zufälligerweise richtete sich seine Gehässigkeit primär gegen die Juden, aber jedes
andere Ziel wäre ihm recht gewesen: die Franzosen, persönliche Freunde, die ihn irgendwie beleidigt hatten, Anhänger, die
die Reinheit seiner Ideen nicht begriffen, uneinsichtige Ehe-
männer seiner weiblichen Bekannten und so weiter. Man denke
zum Beispiel an die grimmige Wildheit von Siegfrieds Trauer-
musik: Atemberaubend ist ihre Gewalt nicht minder als ihre Ma-
jestät! Man könnte nun geltend machen, daß das Klangerlebnis
einer solchen Musik den Preis emotionaler Scham wert sei.
Aber dann vergleiche man sie mit ihrem Vorbild, dem Trauermarsch in Beethovens *Eroica*. Hier hat man die gleiche Er-
habenheit, aber ohne die beschämende Grausamkeit und
Feindseligkeit, die Wagners Werk durchziehen.

Angesichts dieser Argumente müßte eigentlich jeder redliche Musikfreund seine Haltung zu Wagners Werk überdenken,
aber im Fall von Wagner-Aufführungen in Israel kommen noch
andere Faktoren hinzu. Das am häufigsten genannte Argument
für ein Verbot Wagners ist, daß die Aufführung seiner Opern
eine Beleidigung der Überlebenden des Holocaust wäre. Zwar
sollte man gewiß auf die Gefühle der Überlebenden Rücksicht
nehmen, doch geht dieses Argument auf gefährliche Weise am
eigentlichen Kern der Sache vorbei. Es scheint zu sagen, daß
man Wagner durchaus spielen und genießen könne, sobald der
letzte Überlebende das Zeitliche gesegnet hat. Es erinnert an
einen früheren Versuch, das Problem jüdischer Wertschätzung
Wagners zu lösen. 1881 schrieb der berühmte jüdische Schriftsteller Berthold Auerbach eine unveröffentlichte Polemik
gegen seinen früheren Freund Wagner, in der er argumentierte,
die Berliner Juden beleidigten die jüdische Selbstachtung,

wenn sie sich derart gierig auf Wagner-Opern stürzten. Erst nach Wagners Tod, meinte er, könnten sich die Juden seinen Opern widmen.

Auerbach schrieb vor dem Holocaust, aber trägt seine Auffassung noch heute? Sollten wir einfach noch ein oder zwei Jahrzehnte abwarten, bis der letzte Überlebende gestorben ist, und uns dann einer Orgie der Wagner-Begeisterung hingeben, etwa im Jahre 2013, wenn Wagners 200. Geburtstag ansteht? Das Mißliche daran ist, daß bis dahin nicht nur Wagners Verbindung zum Nationalsozialismus, sondern der Holocaust selbst in Vergessenheit geraten sein könnte. Wenn die Zeit das Verbot Wagners der Lächerlichkeit preisgibt – wie sich die israelischen Wagner-Verehrer gerne ausdrücken –, dann wird sie auch die Erinnerung an den Holocaust auslöschen. So erschreckend diese Möglichkeit sein mag, es spricht leider viel dafür, daß sie zur Wirklichkeit wird. In unserer schnellebigen Zeit war ja selbst eine so spektakuläre Gestalt wie Saddam Hussein schon fast vergessen, ehe das Jahr des Golfkriegs zu Ende ging. Gibt es Grund, daran zu zweifeln, daß, wenn der letzte Überlebende tot ist, auch der Holocaust im Gedächtnis der Juden zu einer fernen Begebenheit verblassen wird?

Der einzige Weg, diesen Abgrund des Vergessens nicht aufreißen zu lassen, sind rituelle oder institutionalisierte Formen des Erinnerns. Im Fall Wagner kann allein Israel als der Hüter der Erinnerung fungieren, da keine andere Nation derart betroffen ist, um eine solche Verantwortung zu übernehmen, und auch keine jüdische Gruppe in der Lage wäre, öffentlich an einem solchen Verbot wirksam festzuhalten. Der israelische Bann gegen Wagner ist ein hervorragendes Ritual, um der Auflösung einer der zentralen Erfahrungen jüdischer Geschichte und Erinnerung entgegenzuwirken. Die Fragen nach Wagners Antisemitismus und Hitlers Ausbeutung desselben sind grundlegend, aber worum es letztlich beim Verbot Wagners geht, ist, die Erinnerung an den Holocaust als solchen wachzuhalten. Es gab einen Holocaust, und Wagners selbstgerechte Wahnvorstellungen, sublimiert in seiner Musik, trugen erheblich zu einer Mentalität bei, die eine solche Ungeheuerlichkeit denk- und durchführbar machte.

(zuerst erschienen in: *Forward*, 3. Januar 1992)

Wagner, Antisemitismus und Bayreuth

Nachdem ich Joseph Horowitz' Artikel »Nothing approaching caricature« (*The Times Literary Supplement*, 21. August 1998) als Redebeitrag des Bayreuther Symposions über »Wagner und die Juden« Anfang August 1998 gehört hatte, merkte ich an, daß es hilfreich sei, in einem Referat den antisemitischen Inhalt der Wagner-Opern bestätigt zu finden, den praktisch alle anderen Redner der Tagung nach Kräften zu leugnen versuchten. In der Tat war Leugnen das Leitmotiv der Veranstaltung: Geleugnet wurde, daß Wagner gegenüber Juden jemals Böses (Gott bewahre!) im Schilde geführt hatte, daß Wagner sich jemals für irgend etwas in Hitlers Politik hätte begeistern können, daß Hitler von Wagner in irgendeiner Weise inspiriert worden sein konnte und daß Bayreuths Verantwortung für den Hitlerismus über Winifred Wagners Geschmack in der Wahl ihrer Freunde hinausgegangen sei. Einige deutsche Bekannte, die das Symposion besuchten, dort aber keine Referate hielten, zogen einen etwas drastischeren Ausdruck vor und sprachen von Verlogenheit. In diesem Geisteszustand ist Bayreuth ihrer Meinung nach seit 1945 befangen, als Wolfgang und Wieland Wagner zu dem Schluß kamen, daß es, wollten sie den »Laden nicht zumachen« (wie sie sich ausdrückten), keine andere Alternative gab, als die Vergangenheit zu verdrängen und ein neues Bayreuth ins Leben zu rufen.

Während man die Motive jener Kräfte verstehen kann, die in Neu-Bayreuth die Vergangenheit vom Vorwurf des Antisemitismus reinwaschen wollen, ist es schwerer zu begreifen, was einige israelische und amerikanische Teilnehmer zu dem stillschweigenden Einverständnis bewog, das dieser Konferenz, die wiederholt als ein offenes und konstruktives Treffen gerühmt wurde, ihr Gepräge gab. Experten mit einer kritischen Einstellung, die man bei jeder echten öffentlichen Auseinandersetzung über die problematische Vergangenheit Wagners und Bayreuths für unverzichtbar gehalten hätte, wurden von vornherein ausgeschlossen: So lud man zum Beispiel Marc Weiner, Barry Millington und Gottfried Wagner gar nicht erst ein, während ich unbegreiflicherweise eine Einladung erhielt. Jeder Versuch einer ehrlichen Kritik wurde denn auch prompt im Keim erstickt: Als ein israelischer Redner völlig zu Recht darauf hinwies, daß einer der Gründe für das israelische Aufführungsverbot Bayreuths einstmals freundschaftlicher Umgang mit Hitler sei, zeigte man ihm die kalte Schulter, und der Präsident der Universität von Tel Aviv ließ wissen, daß er eine solche Aussage als Provokation betrachte. Derselbe »Missetäter« verließ dann am nächsten oder übernächsten Tag demonstrativ den Saal, um gegen die Manipulation und Beeinflussung der Sitzungen durch den Bayreuther Wissenschaftsbetrieb zu protestieren. Als ich gegen Ende der Konferenz mein Referat hielt, in dem ich behauptete, daß die Opern von einer antisemitischen Grundhaltung geprägt sind, und zwar nicht nur auf der dramatischen und philosophischen Ebene, sondern auch in der Musik selbst, und außerdem forderte, das Phänomen historischer Prophezeiung genauer ins Auge zu fassen, als es bisher geschehen ist (Heines Prophezeiung, daß Leute verbrannt würden, die prophetische Drohung des Wagnerschen Siegfried, seine Widersacher »einzuschmelzen«), löste das bei einigen Teilnehmern, die man für vernünftiger gehalten hätte, einen Schwall von persönlichen Beleidigungen und eine irrationale Hysterie aus. Zudem untersagte mir der Vorsitzende (wiederum der allgegenwärtige Präsident der Universität von Tel Aviv), eine Diskussion über die Frage zu eröffnen, was Wagner mit »Vernichtung« der Juden genau gemeint hatte, mit der Begründung, dies sei bereits von zahlreichen Rednern erörtert worden. Soviel zur offenen und freimütigen wissenschaftlichen Diskussion.

Mittlerweile war längst offenkundig geworden, daß es der

Konferenz nicht um eine wirklich aufrichtige Auseinandersetzung mit der Vergangenheit ging, sondern ihr vielmehr eine geheime Absprache zugrunde lag, die zur Aufhebung des israelischen Aufführungsverbots der Wagner-Opern führen sollte. Am Tag der Eröffnung hatten der oben genannte Präsident aus Tel Aviv, der israelische Botschafter und zwei israelische Professoren ihre »persönliche« Meinung kundgetan (und das in einem solch offiziellen Rahmen!), wonach Wagner nun in Israel aufgeführt werden sollte. Zwei Tage später ließ man bei einer privaten Veranstaltung die Maske noch weiter fallen, als der Präsident erklärte, wie großartig es sei, nun verstehen zu können, warum Bayreuth eine Wallfahrtsstätte sei »wie Lourdes ... und Jerusalem«, und andeutete, daß er Wolfgang Wagner nach Israel einladen werde. Bei der Abschlußfeierlichkeit wurde daraus eine förmliche Einladung an den Herrn von Bayreuth, im nächsten Jahr zu einer Nachfolgekonferenz nach Israel zu kommen.

Ich habe nichts dagegen, wenn die Bayreuther Machthaber ihre machiavellistischen Pläne verfolgen, um von Israel eine Unbedenklichkeitsbescheinigung zu erlangen und damit in Deutschland die Opposition gegen die seit den Zeiten Richard Wagners manifesten Ambitionen Bayreuths zum Schweigen zu bringen, das überragende kulturelle Zentrum und Heiligtum des Landes zu werden, obgleich es viele Deutsche gibt, die das entsetzlich fänden. Aber man sollte diese Machtspiele als das nehmen, was sie sind, und sie nicht mit einem Netz scheinheiliger Bekundungen verschleiern, daß sich Bayreuth seiner Vergangenheit ehrlich stelle. Wenn Wolfgang Wagner in den beiden Reden, die ich hörte, sich nicht dazu durchringen kann, das Wort »Jude« in den Mund zu nehmen, und wenn das kürzlich beim Festspielhaus errichtete Mahnmal für zwei jüdische Sängerinnen, die in Bayreuth auftraten und in Auschwitz ermordet wurden, unterschlägt, daß sie Juden waren, und ihre Todesdaten mit herkömmlichen Kreuzen kennzeichnet, dann fragt man sich schon, ob Bayreuth die Tragweite des Problems erkannt hat, und man ist geneigt, Gottfried Wagners gnadenloser

Abrechnung mehr Glauben zu schenken, in der er darlegt, wie sehr das, was in Bayreuth noch immer fortdauert, von Selbsttäuschung und Opportunismus bestimmt ist – ein Zustand, den diese Konferenz allzu deutlich vor Augen führte.

(zuerst erschienen in: *Times Literary Supplement*, 11. September 1998)

Anmerkungen

Häufig zitierte Quellen

CWT   Cosima Wagner, *Die Tagebücher 1869–1883*, hrsg. v. M. Gregor-Dellin u. D. Mack, 2 Bde., München 1976.

KLRW   *König Ludwig II. und Richard Wagner: Briefwechsel*, hrsg. v. O. Strobel, 4 Bde., Karlsruhe 1936–39.

ML   Richard Wagner, *Mein Leben*, hrsg. v. M. Gregor-Dellin, München 1976.

RWVA   Richard Wagner, *Sämtliche Schriften und Dichtungen*, (Volksausgabe), 16 Bde., Leipzig 1911–14.

SB   Richard Wagner, *Sämtliche Briefe*, hrsg. v. G. Strobel, W. Wolf, H.-J. Bauer u. J. Forner, bisher 8 Bde., Leipzig 1967 ff.

SBu   *Richard Wagner Briefe. Die Sammlung Burrell*, hrsg. v. J. N. Burk, Frankfurt a. M. 1953.

Häufig zitierte Sekundärliteratur

Deathridge, *NGW*   J. Deathridge / C. Dahlhaus, *The New Grove Wagner*, London 1984.

Millington, *W*   B. Millington, *Wagner*, London 1986.

Newman, *LRW*   E. Newman, *The Life of Richard Wagner*, 4 Bde., London 1933–47, Nachdruck Cambridge 1976.

Rose, *RA*   P. L. Rose, *Revolutionary Antisemitism in Germany from Kant to Wagner,* Princeton 1990.

Einleitung

1   J. L. Talmon, *The Myth of the Nation and the Vision of Revolution*, London 1981, S. 208.

2   Siehe J. Katz, *Richard Wagner. Vorbote des Antisemitismus,* Königstein 1985. Diese Studie enthält zwar viele wertvolle Erkenntnisse, trägt aber dem Verhältnis von Wagners revolutionärer Gesin-

nung und seinem Rassismus zuwenig Rechnung und vernachlässigt außerdem den revolutionären Hintergrund seines Denkens in den entscheidenden Jahren 1848–50. Irrig ist Katz' Behauptung, Wagner sei bis 1850 entweder projüdisch eingestellt oder neutral gewesen und seine Opern hätten erst während des Dritten Reichs eine antisemitische Deutung erfahren. Eine Schwäche dieses Buches ist sein bewußter Verzicht auf eine Analyse der Wagner-Opern, der auf der apriorischen Annahme beruht, es gebe in ihnen keinen Antisemitismus. Einen ernsthaften Mangel stellt die falsche Darstellung des Zusammenhangs zwischen Wagner und dem Nationalsozialismus dar.

3 Eine detaillierte Analyse des historischen Hintergrunds findet sich in P. L. Rose, *Revolutionary Antisemitism in Germany from Kant to Wagner*, Princeton 1990.

4 Zur Umformung christlicher Kategorien der Erlösung und des Bösen durch die Nazis siehe U. Tal, »On Structures of Political Theology and Myth in Germany Prior to the Holocaust«, in: *The Holocaust as Historical Experience*, hrsg. v. Y. Bauer u. N. Rotenstreich, New York 1981, S. 43–74.

1 Die deutsche Revolution und die Geburt eines neuen Antisemitismus

Dieses Kapitel enthält eine Zusammenfassung von historischem Material, das bei Rose, *RA*, ausführlich erörtert wird. Neue Informationen über den Antisemitismus in jener Epoche bieten: E. Sterling, *Judenhaß. Die Anfänge des politischen Antisemitismus 1815–1850*, Frankfurt a. M. 1969, und J. Katz, *From Prejudice to Destruction. Anti-Semitism 1700–1933*, Cambridge, MA 1980. Siehe außerdem: O. D. Kulka, »Critique of Judaism in European Thought. On the Historical Meaning of Modern Antisemitism«, in: *Jerusalem Quarterly* LII (Februar 1989), S. 126–144.

1 Vgl. J. L. Talmon, *Political Messianism,* London 1960, S. 177–201.

2 K. Popper, *The Open Society and its Enemies*, Bd. II, Princeton [5]1974, S. 53 ff.

3 Vgl. L. Krieger, *The German Idea of Freedom*, Chicago 1972, S. 178–192. In seiner frühen, vornationalistischen Phase galt Fichte als »liberaler Intellektueller«.

4 I. Kant, *Anthropologie*, 1798, in: ders., *Werke*, Frankfurt a. M.

1964, Bd. XII, S. 517ff. Siehe L. Poliakov, *The History of Anti-Semitism,* London 1974–85, Bd. III, S. 179.

5   S. Ascher, *Eisenmenger der Zweite,* Berlin 1794, S. 32ff., 78–82, 90ff.

6   J. G. Fichte, *Beitrag zur Berichtigung der Urtheile des Publicums über die französische Revolution,* hrsg. v. R. Schottky, Hamburg 1973, S. 114ff.

7   Siehe Rose, *RA,* Kap. 8.

8   Die beste englischsprachige Einführung ist nach wie vor: J. G. Legge, *Rhyme and Revolution in Germany,* London 1918. Siehe auch: G. L. Mosse, *The Nationalization of the Masses,* New York 1975, S. 83ff. Eine ernstzunehmende neuere Studie läßt noch auf sich warten. Zu weiteren Informationen über die Burschenschaften siehe Rose, *RA,* Kap. 8.

9   S. Ascher, *Die Wartburgs-Feier,* Leipzig 1818.

10   Zitiert bei U. Tal, »Young German Intellectuals on Romanticism and Judaism. Spiritual Turbulence in the 19th Century«, in: *Salo Wittmayer Baron Jubilee Volume,* Jerusalem 1974, Bd. II, S. 919–938.

11   Sterling, a.a.O., S. 147; J. Fries, *Über die Gefährdung des Wohlstandes und Charakters der Deutschen durch die Juden,* Heidelberg 1815. Vgl. E. Sterling, »The Hep-Hep Riots in Germany 1819. A Displacement of Social Protest«, in: *Historia Judaica* XII (1950), S. 105–142.

12   M. Hess, *Rom und Jerusalem,* Leipzig ²1899, 5. Brief, S. 20f.

13   Vgl. G. K. Anderson, *The Legend of the Wandering Jew,* Providence 1965; G. Hasan-Rokem / A. Dundes (Hrsg.), *The Wandering Jew. Essays in the Interpretation of a Christian Legend,* Bloomington 1986; Rose, *RA,* Kap. 2.

14   Siehe Rose, *RA,* Kap. 10.

15   Zitiert bei M. Zimmermann, *Wilhelm Marr. Patriarch of Antisemitism,* New York 1986, S. 131, 134ff. Diese Passagen sind jedoch keineswegs als projüdisch zu deuten.

16   K. Gutzkow, *Vermischte Schriften,* Leipzig 1842, Bd. II, S. 157ff. Siehe auch Rose, *RA,* Kap. 11.

17   Gutzkow (Pseudonym E. Bulwer-Lytton), *Zeitgenossen,* Stuttgart 1837, Bd. II, S. 217.

18   Gutzkow, in einem Artikel in *Telegraph für Deutschland,* 1841, zit. bei H. H. Houben, *Gutzkow-Funde,* Berlin 1901, S. 264–269.

19   Gutzkow, in einem Artikel in *Telegraph für Deutschland,* 1842, zit. bei Houben, ebd., S. 277–280.

20   Gutzkow, *Vermischte Schriften,* a.a.O., Bd. II, S. 164ff.

21 L. Börne, *Sämtliche Schriften*, hrsg. v. I. u. P. Rippmann, Dreieich 1977, Bd. II, S. 512. Siehe auch I. Rippmann / W. Labuhn (Hrsg.), *Die Kunst – Eine Tochter der Zeit. Neue Studien zu Börne*, Bielefeld 1988.

22 H. Heine, *Ludwig Börne. Eine Denkschrift* (1840), in: ders., *Sämtliche Schriften*, Bd. IV, hrsg. v. K. Briegleb, München ³1976. Zu Wagners Verteidigung Heines s.u. Kap. 2.

23 Vgl. H. Heine, *Zur Geschichte der Religion und Philosophie in Deutschland*, in: ebd., Bd. III.

24 Siehe J. Carlebach, *Karl Marx and the Radical Critique of Judaism*, London 1978; Rose, *RA*, Kap. 7, 14–18.

25 Siehe E. L. Fackenheim, *Encounters Between Judaism and Modern Philosophy,* New York 1971; H. Liebeschütz, *Das Judentum im deutschen Geschichtsbild von Hegel bis Max Weber*, Tübingen 1967; S. Avineri, *The Making of Modern Zionism*, New York 1981, Kap. 1; N. Rotenstreich, *Jews and German Philosophy,* New York 1984.

26 G. W. F. Hegel, *Philosophie des Rechts.* Siehe S. Avineri, »A Note on Hegel's Views on Jewish Emancipation«, in: *Jewish Social Studies* XXV (1963), S. 145–151; *Hegel's Theory of the Modern State*, Cambridge 1972, S. 17–24, 119f., 170f.; Rose, *RA*, Kap. 7.

27 L. Feuerbach, *Das Wesen des Christentums*, hrsg. v. K. Löwith, Stuttgart 1969, Kap. 11, 12, Anhang, S. 184ff., 511. Zu Georg Friedrich Daumers aberwitzigen Behauptungen, vieles im Judentum und Christentum habe seinen Ursprung im kannibalistischen Kult des Menschenopfers, siehe Rose, *RA*, Kap. 14.

28 B. Bauer, *Die Judenfrage*, Braunschweig 1842. Siehe N. Rotenstreich, »For and Against Emancipation. The Bruno Bauer Controversy«, in: *Yearbook of the Leo Baeck Institute* IV (1959), S. 3–36; E. Barnikol, *Bruno Bauer. Studien und Materialien*, Assen 1972. Ausführlich dazu: Rose, *RA*, Kap. 15.

29 Zimmermann, a.a.O.; vgl. Rose, *RA*, Kap. 16.

30 K. Marx, »Zur Judenfrage…«. Zum Einfluß des Aufsatzes auf seine als Schlüsseltext geltende *Einleitung in die Kritik der Hegelschen Philosophie des Rechts*, 1843, siehe M. Wolfson, *Marx: Economist, Philosopher, Jew. Steps in the Development of a Doctrine*, London 1982. Vgl. Carlebach, *Marx and the Radical Critique*, a.a.O., Kap 8; N. Weyl, *Karl Marx, Racist,* New Rochelle 1979. Zu einer Analyse der Marxschen Wende von 1843: Rose, *RA*, Kap. 17.

31 M. Hess, »Über das Geldwesen«, in: ders., *Philosophische und so-*

zialistische Schriften 1837–1850, hrsg. v. W. Mönke, Vaduz 1980. Siehe S. Avineri, *Moses Hess. Prophet of Communism and Zionism,* New York 1985, Kap. 5 (obgleich darin die wichtige Rolle der Blutmetaphorik unterschätzt wird). Vgl. Rose, *RA,* Kap. 18, setzt sich mit der Frage auseinander, ob Marx' Aufsatz Hess beeinflußte oder umgekehrt.

2 Wagners Revolutionsauffassung der frühen Jahre 1813–47

1 ML 78 ff. Wagner und Laube lernten sich über Wagners Schwester kennen. Vgl. SB I, 42 ff.

2 Siehe *Eine Mitteilung an meine Freunde,* in: RWVA IV, 253 f. Wagners Exemplar des von Laube herausgegebenen *Ardinghello* ist bei C. v. Westernhagen, *Richard Wagners Dresdener Bibliothek 1842–1849,* Wiesbaden 1966, S. 57, verzeichnet. Noch 40 Jahre später zitierte er daraus (vgl. CWT II, 241).

3 Zum Einfluß der revolutionären Theorien Saint-Simons siehe H. Laube,»Nachträge«, in: ders., *Erinnerungen* = Bde. XL, XLI der *Gesammelten Werke,* hrsg. v. H. H. Houben, Leipzig 1909, S. 292; E. M. Butler, *The Saint-Simonian Revolution in Germany,* Cambridge 1926, Kap. 9–13, bes. S. 235 ff. Zu Laubes Werdegang siehe Rose, *RA,* Kap. 12; K. Nolle, *Heinrich Laube als sozialer und politischer Schriftsteller,* Münster 1914; H. H. Houben, *Heinrich Laubes Leben und Schaffen,* in: H. Laube, *Ausgewählte Werke in zehn Bänden,* Bd. I, Leipzig 1906.

4 SB I, 160, 190, 227, 251.

5 SB I, 82, 89; ML 79, 88; *Autobiographische Skizze,* in: RWVA I, 7 ff.; *Eine Mitteilung an meine Freunde,* in: RWVA IV, 252 f.; Laube, »Nachträge«, in: *Erinnerungen,* a.a.O., S. 294. Trotz Wagners Behauptung, er sei nicht davon begeistert gewesen, stammte die Idee zu *Kosziusko* tatsächlich von ihm.

6 *Die deutsche Oper* (1834), in: RWVA XII, 1–4; Laube erwähnt, daß Wagner gehofft habe, in Paris eine »deutsche dramatische Oper« schreiben zu können (Laube, *Erinnerungen,* a.a.O., Bd. I, S. 403). Die Idee stammte natürlich von Weber, aber bei ihm fehlte der sozialrevolutionäre Inhalt.

7 ML 111, 131; SB I, 102.

8 ML 152; SB I, 352. Vgl. Newman, *LRW,* I, 221 f.; CWT II, 240; H. H. Houben, *Gutzkow-Funde,* Berlin 1901, S. 261.

9 Obwohl er Bulwer-Lyttons Roman erst 1837 las (vgl. SB I, 103), hatte Wagner die Idee zu einer Oper über Rienzi schon 1835/36 (vgl. SB I, 50, 409). Einzelheiten dazu in J. Deathridge, *Wagner's »Rienzi«. A Reappraisal Based on a Study of the Sketches and Drafts,* Oxford 1977; R. Strohm (Hrsg.), *Dokumente und Texte zu »Rienzi, der letzte der Tribunen«,* in: R. Wagner, *Sämtliche Werke,* Bd. XXIII, Mainz 1976. Zur Verwendung von Rienzi als revolutionäres Emblem siehe R. A. Zipser, *Edward Bulwer-Lytton and Germany,* Bern 1974, S. 159–164. Interessanterweise schrieb auch Friedrich Engels 1840/41 ein Libretto über Rienzi, den »Volksbefreier«.

10 Zu Recht bemerkt J. Deathridge, daß die politischen Vorstellungen des Jungen Deutschland nicht einfach »liberal«, sondern eher von nationalistischen und »idealistischen« Ideen bestimmt waren. Man könnte sie am besten mit »revolutionär« umschreiben. Vgl. Deathridge, a.a.O., S. 12, 27.

11 Ebd., S. 35.

12 Millington, *W,* 150–153; Deathridge, a.a.O., S. 36, 156; T. W. Adorno, *Versuch über Wagner,* Frankfurt a. M. 1952, S. 12 ff. Vgl. F. Neumann, *Behemoth. Struktur und Praxis des Nationalsozialismus 1933–1944,* Frankfurt a. M. 1984, S. 539 f.

13 Deathridge, a.a.O., S. 3, 170; Zipser, a.a.O., S. 177 ff.

14 Deathridge, a.a.O., S. 12, 29.

15 *Richard Wagner's Lebens-Bericht.* Deutsche Originalausgabe von *The Work and Mission of My Life* (1879), Leipzig 1884, S. 25 f.

16 Brief an Theodor Apel vom 26.10.1835, in: SB I, 226 f.

17 *Lebens-Bericht,* a.a.O., S. 111 f.

18 Brief an Ferdinand Heine vom 31.10.1853, in: SB V, 457 f. Obwohl dies erst nach Wagners antisemitischer Wende von 1848–50 geschrieben wurde, wären ihm die darin geäußerten Auffassungen auch in den vierziger Jahren nicht fremd gewesen. Man vergleiche dazu Wagners Wiederbelebung dieser Vision eines deutschen Idealstaats in den sechziger Jahren. Siehe Kap. 7. Bezüglich der Quellen zu *Lohengrin* siehe E. Newman, *Wagner Nights,* London 1977, S. 115–135. Zu Wagners Vertrautheit mit der germanischen Sagenwelt siehe C. v. Westernhagen, *Wagner,* Zürich/Freiburg 1968, S. 95 ff.

19 ML 62.

20 ML 522. Vgl. Wagner, *Pariser Fatalitäten für Deutsche* (1841), in: RWVA XII, 46 f.

21 C. F. Glasenapp, *Das Leben Richard Wagners*, Leipzig 1907–11, Bd. II, S. 349.

22 ML 442. Wagners Exemplar der Ausgabe von 1840 ist verzeichnet in Westernhagen, *Wagners Dresdener Bibliothek*, a.a.O., S. 93.

23 ML 268. Vgl. SB II, S. 29f.

24 ML 387. Später beschuldigte ihn Minna, mit seinen revolutionären Ansichten Wagners Charakter verdorben zu haben (ML 434). Zu Wagners Vertrautheit mit dem sozialistischen Gedankengut der Franzosen siehe M. Kreckel, *Richard Wagner und die französischen Frühsozialisten*, Frankfurt a. M. 1986.

25 W. Weitling, *Das Evangelium eines armen Sünders*, Bern 1845. Siehe C. Wittke, *The Utopian Communist. A Biography of Wilhelm Weitling, Nineteenth Century Reformer*, Baton Rouge 1950, S. 72–84; W. O. Shanahan, *German Protestants Face the Social Question*, Notre Dame 1954, S. 168–175.

26 Wittke, a.a.O., S. 134, 169.

27 *Das Liebesmahl der Apostel. Eine biblische Szene*, in: RWVA XI, 264, 269.

28 F. T. Vischer, »Vorschlag zu einer Oper«, in: ders., *Kritische Gesänge*, Tübingen 1844, S. 451–478. Zum Nibelungenstoff, der 1840 auch von Mendelssohn für eine Oper erwogen wurde, siehe Newman, *LRW* II, 25ff., 165; vgl. auch F. Schlawe, *Friedrich Theodor Vischer*, Stuttgart 1959, S. 177f., 254; W. Brazill, *The Young Hegelians*, New Haven 1970, Kap. 4. – In seiner sechsbändigen *Ästhetik* (1846–57) übernimmt Vischer Hegels Ansicht, daß der jüdische Monotheismus wegen der in ihm vollzogenen scharfen Trennung zwischen Gott und Mensch die Entfremdung in die Natur eingeführt habe. Die jüdische Religion gilt ihm als Emblem eines unvollständigen Bewußtseins, das sich im Kunststil der Juden niederschlage (Bd. II, S. 277f., 523ff.). Doch führt er in den Passagen über Meyerbeer und Mendelssohn als Komponisten nicht das »Jüdische« ihrer Musik als Argument ins Feld (V, 453ff.). Vielleicht war es dieses Schweigen – und Vischers spätere Kritik an seinem Stil (II, 49; VI, 353–358) –, die Wagner in der zweiten Auflage seines *Judentums in der Musik* bewogen, Vischer anzugreifen, weil dieser sich positiv zu »musikalischer Judenschönheit« (RWVA VIII, 251) geäußert und sich dabei auf einen Artikel E. Hanslicks, *Das Musikalisch-Schöne*, gestützt hatte. Während der antisemitischen Kampagnen der achtziger Jahre trat Vischer öffentlich für die Juden ein (vgl. Schlawe, a.a.O., S. 291f.).

29 ML 191. – H. Barth, *Wagner. A Documentary Study*, New York

1975, S. 163. Von Heine ist in Wagners Briefen mehrfach die Rede, SB I, 109, 196, 428, 450, 452. Siehe K. Richter, »Absage und Verleugnung. Die Verdrängung Heinrich Heines aus Werk und Bewußtsein Richard Wagners«, in: *Richard Wagner. Wie antisemitisch darf ein Künstler sein?*, hrsg. v. H.-K. Metzger u. R. Riehn, München 1978, S. 5–15; L. Prox, »Wagner und Heine«, in: *Deutsche Vierteljahrsschrift für Literatur- und Geistesgeschichte* XLVI (1972), S. 684–698. Ich selbst habe mich in »Heine and Wagner Revisited. Art, Myth and Revolution«, in: *Heine-Jahrbuch*, Düsseldorf 1991, mit dem problematischen Verhältnis Heine/Wagner auseinandergesetzt.

30 H. Heine, *Reisebilder*, in: ders., *Sämtliche Schriften*, a.a.O., Bd. II, S. 376.

31 H. Heine, *Börne. Eine Denkschrift*, ebd., Bd. IV, S. 18; außer in dem Gedicht *Der Tannhäuser* griff Heine mehrfach auf die Tannhäuser-Legende zurück, vgl. ebd., Bd. III, S. 522, 692 ff., IV, 348–355, VI/1, 434 ff.

32 H. Heine, *Lutetia*, ebd., Bd. V, S. 355. Siehe N. Reeves, *Heinrich Heine. Poetry and Politics*, Oxford 1974, S. 152 ff.; ders., »Heine and the Young Marx«, in: *Oxford German Studies* VII (1972/73), S. 44–97. – L. Marcuse, »Heine and Marx. A History and a Legend«, in: *Germanic Review* XXX (1955), S. 110–124), legt überzeugend dar, daß Heine, trotz seiner politischen Zusammenarbeit mit Marx 1844, dessen dogmatische Position nie geteilt habe.

33 H. Heine, *Sämtliche Schriften*, a.a.O., Bd. I, S. 130 ff. In der französischen Fassung ist das revolutionäre Potential germanischer Mythen klarer ausgesprochen als in der ersten, zensierten, deutschen Ausgabe.

34 Ebd. Vgl. auch H. Heine, *Die Romantische Schule*, ebd., Bd. III, S. 550.

35 ML 223 f.; Millington, *W*, 169.

36 Zum Beispiel in Wagners Autobiographien von 1843 (*Autobiographische Skizze*, in: RWVA I, 17) und 1851 (*Mitteilung an meine Freunde*, in: RWVA IV, 258).

37 RWVA I, 17; vgl. SB I, 106, 109.

38 RWVA I, 17.

39 In ML gibt es allerdings noch andere Hinweise auf Heine: S. 191, 196, 201, 208 f., 491, 553, 627.

40 Zum Motiv des Ewigen Juden siehe H. Heine, *Sämtliche Schriften*, a.a.O., Bd. I, S. 730, 751 f., 774; II, 223, 515; III, 353; V, 1031 f.; VI/1, 138 f., 391, 481 f., 664; VI/2, 118; sowie in: ders., *Werke und Briefe*,

hrsg. v. H. Kaufmann, Berlin 1961–64, Bd. VIII, S. 248. In »Heine and Wagner Revisited« habe ich mich ausführlich mit diesem Motiv beschäftigt.

41 ML 491; CWT, 13.12.1869, 15.6.1870, 12.2.1871, 25.10.1871, 6.4. 1878, 15.5.1879. Zu den gegensätzlichen Auffassungen Heines und Wagners über den Nürnberger Meistersinger und Dichter Hans Sachs s.u. Kap. 7.

42 Barth, a.a.O., S. 163. Siehe auch Kap. 5, Anm. 16.

43 H. Heine, *Sämtliche Werke*, a.a.O., Bd. VI/1, S. 225 ff. Es gab auch ein – von Heine geleugnetes – Gerücht, wonach er plane, einen Aufsatz über Wagner zu veröffentlichen (*Briefe*, a.a.O., Bd. III, S. 523 f.). Als er 1855 einen früheren Artikel über Wagners Opern (1843) revidierte, fügte er den Namen des Komponisten ein, den er in der ersten Fassung weggelassen hatte. – Das rätselhafte Schweigen Heines nach Erscheinen des *Judentums in der Musik* ist bisher weder in der Heine- noch in der Wagner-Forschung gebührend erörtert worden. Richter, a.a.O., S. 13 f., bestreitet, daß Heines Schweigen rätselhaft sei, da Heine seiner Meinung nach Wagner nur als Musiker betrachtete und die gegen Heine gerichtete Passage erst in der Ausgabe von 1869 erschienen sei. Die Tragweite dieser Geschichte entgeht J. L. Sammons, *Heinrich Heine. A Modern Biography*, Princeton 1979, S. 332, und ebenso S. Prawer, *Heine. The Tragic Satirist*, Cambridge 1961, S. 243.

44 Zu Wagners »Traumwelt« siehe *Franz Liszt – Richard Wagner: Briefwechsel*, hrsg. v. H. Kesting, Frankfurt a. M. 1988.

45 Katz, *Vorbote,* a.a.O., verkennt das entscheidende Faktum einer schon vorher bestehenden antijüdischen Gesinnung, wenn er behauptet, »vor dem Zeitpunkt der Veröffentlichung [des *Judentums in der Musik*] im Jahre 1850 waren weder in Wagners öffentlichen Äußerungen noch in seinen zahlreichen Briefen noch in seiner äußeren Haltung Spuren einer solchen Einstellung zu entdecken« (S. 9). Diese falsche Einschätzung wiederholt er noch an weiteren Stellen, zum Beispiel:»Nichts kündigte in den brieflichen und sonstigen Äußerungen der vorangehenden Jahrzehnte eine anti-jüdische Gesinnung Wagners an« (S.40). Bemerkungen über den jüdischen Geldegoismus finden sich jedoch in SB I, 178, 206 ff., 378 f., 388, 397, 399, 405, 410 f., 521, 523. Siehe auch weiter unten Anm. 54/55. Wagners Äußerungen und sein Verhalten im Zusammenhang mit den Skandalen um *Struensee* und den Berliner *Rienzi* aus dem Jahr 1857 weisen auf eine zunehmend antijüdische Einstellung hin.

46 SB II, 524. Zu einer Bibliographie über Auerbach siehe Rose, *RA*, Kap. 13. Weitere Einzelheiten s.u. Kap. 8.

47 B. Auerbach, *Das Judentum und die neueste Literatur,* Stuttgart 1836.

48 ML 337f.

49 Zum deutschen Text von Auerbachs 1881 geschriebenem Artikel »Richard Wagner und die Selbstachtung der Juden« vgl. P. L. Rose, »One of Wagner's Jewish Friends. Berthold Auerbach and his Unpublished Reply to Richard Wagner's Antisemitism«, in: *Yearbook of the Leo Baeck Institute* XLVI (1991). Äußerungen Wagners gegen Auerbach finden sich auch in ML 391ff.

50 Eine ausführliche Darstellung bietet Rose, *RA*, Kap. 11; H. H. Houben, *Gutzkow-Funde*, a.a.O., enthält viele Auszüge der Schriften Auerbachs über das Judentum.

51 Siehe *Rückblicke* (1875), in: K. Gutzkow, *Werke,* hrsg. v. R. Gensel, Berlin 1910, Bd. IX, S. 284–288, womit er sich für Wagners Verachtung voll revanchiert. Zu Wagners Position siehe u.a. ML 388–392; SB II, 549ff., 555, IV, 311.

52 Lehrs' jüdische Abstammung wird in *Mein Leben* allerdings nicht erwähnt. Vgl. H. S. Reynolds, »Richard Wagner's Intimate Jewish Friends«, in: *Wagner 1976*, The Wagner Society, London 1976, S. 167–175. Lehrs wurde doch tatsächlich auf den Namen Siegfried getauft! In einem Brief an Cäcilie Avenarius vom 13.7.1843 schreibt Wagner über seine Reaktion auf Lehrs' Tod: »Ganze acht Tage nach Empfang dieser Nachricht, war mein Kopf, mein ganzes Wesen dumpf u. ausdruckslos ...« (SB II, 301). Lehrs' Bruder Karl wurde später zum Gegner Wagners. Zu Maurice Schlesinger siehe ML 181, 184, 196–201, 203, 206, 217ff., 224, 251, 397, 431f.

53 ML 128. Zu Madame Gottschalk vgl. SBu 74, 83, 92, 100.

54 Brief an Theodor Apel vom 13.12.1843, in: SB I, 177f.

55 Brief an Theodor Apel vom 27.10./7.12.1843, in: SB I, 168.

56 G. Meyerbeer, Brief vom 29.8.1839, in: ders., *Briefwechsel und Tagebücher*, hrsg. v. H. u. G. Becker, Bd. III, Berlin 1975, S. 196.

57 Siehe G. K. Anderson, *The Legend of the Wandering Jew*, Providence 1965.

58 Grässe widmete Wagner die erste Ausgabe seines Buches *Die Sage vom Ritter Tannhäuser*, Dresden 1846. Später verband er dieses mit seinem Traktat über Ahasver (*Die Sage vom Ewigen Juden*, Dresden 1844) zu *Tannhäuser und der Ewige Jude*, Dresden 1861. Damals jedoch hatte er sich bereits von Wagner distanziert,

weshalb er seine Widmung zurückzog. Siehe Newman, *Wagner Nights*, a.a.O., S. 66. Siehe auch unten Kap. 5, Anm. 18.

59 R. Wagner, *Das Braune Buch. Tagebuchaufzeichnungen 1865–1882*, hrsg. v. J. Bergfeld, Zürich 1975. Vgl. Millington, *W*, 47; H. Zelinsky, »Die ›Feuerkur‹ des Richard Wagner oder die ›neue Religion‹ der ›Erlösung‹ durch ›Vernichtung‹«, in: Metzger/Riehn (Hrsg.), a.a.O., S. 79–112; zu Wagners Selbstidentifikation mit dem allgemeinmenschlichen – nicht dem jüdischen – Ahasver vgl. bes. S. 93 ff. Zu Wotan und anderen Ahasver-Pendants aus der germanischen Mythologie siehe K. Blind, »Wodan, the Wild Huntsman and the Wandering Jew«, in: *The Wandering Jew. Essays on the Interpretation of a Christian Legend*, hrsg. v. G. Hasan-Rokem u. A. Dundes, Bloomington 1986, S. 169–189. Siehe auch Rose, *RA*, Kap. 2.

60 RWVA IV, 266.

3 Wagner wendet sich gegen Meyerbeer: Die Skandale um »Struensee« und »Rienzi« 1847

1 SB II, 419. Zu Wagners Bewunderung für Laubes Stück 1844 siehe E. Devrient, *Aus seinen Tagebüchern*, Weimar 1964, Bd. I, S. 233. Devrient hielt Beers Stück für »ein edles Werk« (I, 227). Ausführlicheres zu Laube und *Struensee* in Rose, *RA*, Kap. 12.

2 Zur Entstehungsgeschichte der rivalisierenden *Struensee*-Dramen siehe G. Meyerbeer, *Briefwechsel und Tagebücher*, hrsg. v. H. u. G. Becker, Berlin 1960 ff., Bd. III, S. 796; IV, 112, 122, 238, 254, 524 f., 540. Vgl. H. H. Houben, *Heinrich Laubes Leben und Schaffen*, in: H. Laube, *Ausgewählte Werke in 10 Bänden*, Leipzig 1906, Bd. I, S. 181 ff.; Houbens Einleitung zu *Struensee* in: H. Laube, *Gesammelte Werke*, Leipzig 1909, Bd. XXIV, S. 7 ff.

3 H. Laube, *Paris 1847*, in: ders., *Gesammelte Werke*, a.a.O., Bd. XXXV, S. 92 f.

4 Ebd., S. 126 f. Dieses Argument wird wiederholt in Laube, *Erinnerungen*, Bde. XL, XLI der *Gesammelten Werke*, Bd. I, S. 413.

5 E. Elster, »Heinrich Heine und Heinrich Laube«, in: *Deutsche Rundschau* CXXXVI (1908), S. 441–455 (Brief an Heine vom 11.6. 1847, S. 445).

6 *Einleitung: Struensee*, in: H. Laube, *Dramatische Werke*, Leipzig 1847, Bd. IV, S. 9–47. Katz, der in *Vorbote*, a.a.O., natürlich auch

Laube erwähnt, scheint von der Begegnung Laubes und Wagners bei der Beerdigung von dessen Mutter 1848 nichts gewußt zu haben.

7   Vgl. Meyerbeer, *Briefwechsel*, a.a.O., Bd. III, S. 187, 209, 212, 271, 299, 696 f.

8   H. Lorm (= Landesmann), »Das literarische Dachstübchen. Heinrich Laube als Messias der Juden«, in: *Europa* (Karlsruhe), 1847, S. 450–454. Wagner hatte früher Beiträge für dieses Magazin geliefert. Siehe Newman, *LRW*, I, S. 221.

9   *Einleitung: Struensee*, a.a.O., S. 11 ff.

10 H. Laube, »Das Christenthum und die Constitutionen zur Vermittlung«, in: *Monatsblätter zur Ergänzung der Allgemeinen Zeitung*, November 1847, S. 513–522.

11 H. Laube, *Das erste deutsche Parlament* (1849), in: ders., *Gesammelte Werke*, a.a.O., Bd. XXXVI, S. 152 ff.

12 *Erinnerungen*, a.a.O., Bd. II, S. 370, 374. Zu Wagners Feindseligkeit gegenüber Laube siehe CWT I, 164, 236, 326, 731, 786, II, 240.

13 *Erinnerungen*, a.a.O., Bd. II, S. 294.

14 Siehe H. H. Houben, »Laube und die Juden«, in: *Allgemeine Zeitung des Judentums* LXX (1906), S. 497–500. Hier wird ein Bild von Laube gezeichnet, das sich auf dessen spätere durchgehend »projüdischen« Schriften stützt. Man darf jedoch nicht vergessen, daß die *Erinnerungen* zwischen 1875 und 1883 geschrieben wurden, als Laube seinen früheren Ansichten über das Judentum einen anderen Anstrich geben wollte.

15 *Erinnerungen*, a.a.O., Bd. I, S. 399–404, 413; »Nachträge«, 1882/83, S. 296, 298. Die bissigsten Bemerkungen wurden als »Nachträge« nach Wagners Tod 1883 veröffentlicht.

16 Die erste Stelle, geschrieben 1875, in: *Erinnerungen*, ebd., S. 404, die wieder auf *Struensee* Bezug nimmt, übt Kritik an Meyerbeer, die zweite jedoch aus dem Jahr 1882 schweigt sich über den Komponisten aus.

17 Vgl. Wagners Brief an Ferdinand Heine vom 6.8.1847, in: SB II, 554 f.

18 *Eine Mitteilung an meine Freunde* (1851), in: RWVA IV, 303.

19 ML 364 ff.; Newman, *LRW*, I, 481–484. Wagner traf am 18.9.1847 in Berlin ein und versuchte, Meyerbeers Unterstützung für die *Rienzi*-Inszenierung zu gewinnen. Siehe SB II, 566; Meyerbeer, *Briefwechsel*, a.a.O., Bd. IV, S. 585.

20 ML 366.

21 Zu Gunstbeweisen des Königs gegenüber Wagner vgl. CWT, 13.3. 1871, 26.9.1872, 20.6.1882. *Rienzi* ist nicht eigens erwähnt.

22 Newman, *LRW*, I, 485.

23 ML 367.

24 *Eine Mitteilung an meine Freunde*, in: RWVA IV, 304.

25 Brief an Ernst Kossak vom 23.11.1847, in: SB II, 578.

26 ML 366f.

27 Brief an Karl Gaillard vom 5.6.1845, in: SB II, 430.

28 Brief an Minna vom 3.10.1847, in: SB II, 573. Vgl. Meyerbeer, *Briefwechsel*, a.a.O., Bd. IV, S. 332. Meyerbeer besuchte die Kostümprobe und die Premiere von *Rienzi* am 23. und 26.10.1847; siehe *Briefwechsel*, ebd., S. 322, 585.

29 Brief an Ferdinand Heine von 1854, in: SBu 197. Einer von Wagners Informanten war Eduard von Bülow (vgl. ML 364).

30 CWT I, 576f.

31 Newman, *LRW*, II, 603–607, »Wagner and Meyerbeer«, kann sich den Wandel von 1847 nicht erklären. Das gleiche gilt für H. Becker, »Giacomo Meyerbeer«, in: *Yearbook of the Leo Baeck Institute* IX (1964), S. 178–201; J. L. Thomson, »Giacomo Meyerbeer. The Jew and his Relationship with Richard Wagner«, in: *Musica Judaica* I (1975/76), S. 54–86; B. Wessling, *Meyerbeer. Wagners Beute – Heines Geisel*, Düsseldorf 1984. – H. Weinfeld, »Wagner und Meyerbeer«, in: *Richard Wagner zwischen Beethoven und Schönberg*, München 1988 (= Musik-Konzepte 59), S. 31–72, erörtert, was Wagner für seinen *Rienzi* Meyerbeer und insbesondere dessen *Huguenots* musikalisch verdankt.

32 Brief an Eduard Hanslick vom 1.1.1847, in: SB II, 538.

33 Meyerbeer vermerkte in seinem Tagebuch, daß er Wagner am 26.11.1846 brieflich seine Ablehnung mitteilte (Meyerbeer, *Briefwechsel*, a.a.O., Bd. IV, S. 147, 546). Es gibt in Wagners Korrespondenz keinen direkten Hinweis darauf, daß er Meyerbeer um einen Kredit bat, obzwar er in einem Brief an Alwine Frommann vom 9.10.1846 ironisch darauf anspielt (SB II, 524).

34 ML 372.

35 Die »Nichtswürdigkeit« der Meyerbeerschen Haltung blieb ein dauerndes Ärgernis, da Laube dem Rivalen unterstellte, den Erfolg seiner Berliner *Struensee*-Aufführung im Januar 1847 durch die Abwerbung des Hauptdarstellers vereiteln zu wollen.

4 Eine Offenbarung:
Revolution und Antisemitismus 1848/49

1   Zit. in W. Otto, *Wagner. Ein Lebensbild*, Berlin 1990, S. 136, 138.
Der Brief wurde erstmals zitiert bei R. W. Gutman, *Richard Wagner. The Man, His Mind, and His Music*, London 1968, S. 135, und
dann von P. L. Rose. »The Noble Anti-Semitism of Richard Wagner«,
in: *The Historical Journal* XXV (1982), S. 751–763. Auch Katz zitiert ihn, doch anscheinend ohne ihm die Bedeutung beizumessen,
die er für die Datierung und den Hintergrund von Wagners Wende
zu einem methodischen revolutionären Antisemitismus hat.
Tatsächlich entkräftet der Brief Katz' Hauptthese, daß Wagners
Antisemitismus auf das Jahr 1850 zurückgeht. – Minna wird oft als
ein etwas rührendes Geschöpf abgetan, das seinen genialen Ehemann nicht zu verstehen vermochte. Bis zu einem gewissen Grad
vermittelt der Brief diesen Eindruck, doch er zeigt auch, daß sie
Wagners nachtragende und manipulative Art durchschaute.

2   *Die Revolution*, in: RWVA XII, 245f., 249ff.

3   *Wie verhalten sich republikanische Bestrebungen dem Königtum gegenüber?* (1848), in: RWVA XII, 223.

4   *Eine Mitteilung an meine Freunde*, in: RWVA IV, 331f.

5   Zu der antijüdischen Tendenz des Christentums und der Frage, ob
sie verändert werden kann, siehe N. Ravish, »The Problem of Christian Anti-Semitism«, in: *Commentary*, April 1982, S. 41–52.

6   RWVA XI, 285f., 288, 290, 297f., 299ff., 303.

7   Siehe unten Anm. 17 sowie Kap. 6, Anm. 21.

8   Brief an Franz Liszt vom 18.4.1851, in: SB III, 545f.

9   Bei der in *Jesus* geschilderten Erlösung durch Liebe unterscheidet
sich die Rolle der Frau insofern von der des Mannes, als ihr Wesen
im Egoismus gesehen wird, von dem sie jedoch durch die Schmerzen des Gebärens befreit werde. Diese »leidende Entäußerung
ihres Egoismus« (wie Wagner es kurioserweise nennt) wird in der
Liebe zu ihren Kindern aufgezehrt. Eine Liebesheirat ist somit die
notwendige Voraussetzung für die Erlösung sowohl des Mannes als
auch der Frau: Die Frau braucht den Mann, damit er sie von ihrem
Egoismus befreie und moralisch läutere, während dem Mann Erlösung zuteil wird, wenn er der Frau seine Liebe schenkt (RWVA XI,
305).

10   *Die Kunst und die Revolution*, in: RWVA III, 36, 41, 28.

11   *Das Kunstwerk der Zukunft*, in: RWVA III, 144f.

12   ML 442. Zu Wagners verschiedenen Anläufen, Hegel zu verstehen,

siehe ML 62, 399, 443, 522. Siehe auch *Pariser Fatalitäten für Deutsche* (1841), in: RWVA XII, 60.

13 Die Darstellung in *Mein Leben* gibt verkürzt wieder, wie Wagner von Feuerbach hörte und dessen Werke dann tatsächlich las. In einem Brief an Karl Ritter vom 19.11.1849 erwähnt er, wie es scheint, Feuerbach zum erstenmal (SB III, 161). Aus dem Verzeichnis seiner Dresdener Bibliothek geht nicht hervor, daß Wagner etwas von Feuerbach besaß, was indessen nicht heißt, daß er nicht schon in Dresden ein geliehenes Buch von ihm gelesen oder Feuerbachs Ideen mit Metzdorf, Bakunin oder Röckel diskutiert hat. Westernhagen folgert in *Richard Wagners Dresdener Bibliothek 1842–1849* daher zu Unrecht daraus, daß es in *Jesus von Nazareth* keinen Einfluß Feuerbachs geben könne. Als Gegenbeweis könnte man anführen: Auch Heines Denkschrift *Ludwig Börne*, die Wagner zweifellos damals gelesen hatte, fehlt im genannten Verzeichnis.

14 ML 443. Siehe G. G. Windell, »Hegel, Feuerbach and Wagner's Ring«, in: *Central European History* IX (1967), S. 27–57, bes. 37–41; darin wird der Einfluß Hegels auf Wagner etwas überbewertet und der der Junghegelianer deutlich unterschätzt. Siehe auch die kluge Analyse in S. Rawidowicz, *Ludwig Feuerbachs Philosophie*, Berlin 1964, S. 388–410; sie geht jedoch nicht ausführlich auf Feuerbachs Kritik am Judentum ein.

15 Vgl. ML 438, 444; *Das Kunstwerk der Zukunft*, Widmung, in: RWVA III, 42–177. Zu Feuerbachs Haltung zur Revolution siehe E. Kamenka, *The Philosophy of Ludwig Feuerbach*, London 1970, S. 89ff.

16 SB III, 150, 178.

17 Zu »Liebestod« und »Selbstentäußerung« in *Jesus von Nazareth* siehe RWVA XI, 297ff. Zu Wagners späterer, unter Schopenhauers Einfluß stehender Weiterentwicklung dieser Ideen in *Tristan* s.u. Kap. 6, Anm. 21.

18 ML 386f.; *Eine Mitteilung an meine Freunde*, in: RWVA IV, 308f.

19 Siehe unten Kap. 6, Anm. 20.

20 ML 398, 401.

21 ML 401.

22 *Kunst und Revolution*, in: RWVA III, 31.

23 Vgl. CWT, 7.7.1878, 16.10.1878, 7.9.1879, 27.11.1879, 15.5.1881, 21.7.1882. Zu Bakunins Rolle in Dresden siehe ML 415ff.

24 Dieses und einige der folgenden Zitate finden sich in E. Silberner,

Sozialisten zur Judenfrage, Berlin 1962, S. 57 ff. Überraschenderweise erwähnt Silberner Bakunins Verbindung zu Wagner nicht.

25 Vgl. ML 387, 433.

26 P. J. Proudhon, *France et Rhin,* zit. nach L. Poliakov, *Geschichte des Antisemitismus*, a.a.O., Bd. VI, S. 180. Vgl. Silberner, *Sozialisten*, a.a.O., S. 54–64; G. Lichtheim, »Socialism and the Jews«, in: *Dissent*, Juli/August 1968, S. 314–342.

27 P. J. Proudhon, *Césarisme et Christianisme*, Paris 1883, zit. nach Poliakov, *Geschichte*, a.a.O., Bd. VI, S. 176.

28 P. J. Proudhon, *De la justice dans la révolution et dans l'église*, Paris 1858, zit. nach Silberner, *Sozialisten*, a.a.O., S. 61.

29 Zit. nach Poliakov, *Geschichte*, a.a.O., Bd. VI, S. 179, 182. Vgl. Lichtheim, »Socialism«, a.a.O., S. 322.

30 P. J. Proudhon, *Jésus et les origines du Christianisme*, Paris 1896.

31 P. J. Proudhon, *De la justice*, zit. nach Silberner, *Sozialisten*, a.a.O., S. 58. Wie Hess war auch Proudhon von Ernest Renans Werk beeinflußt. Vgl. Lichtheim, »Socialism«, a.a.O., S. 323. Zu Renan siehe Rose, *RA*, Kap. 1.

32 Zu diesem Brief an Röckel aus dem Jahr 1855 s.u. Kap. 6, Anm. 29. Siehe auch L. Poliakov, *The Aryan Myth*, New York 1977, S. 101, 305.

33 ML 433.

34 CWT II, 1107 (5.2.1883).

35 Vgl. *Jesus von Nazareth*, in: RWVA XI, 273–324.

36 P. McCreless, *Wagner's »Siegfried«. Its Drama, History and Music*, Ann Arbor 1984. Zur Entstehungsgeschichte des *Rings* siehe D. Cooke, *I Saw the World End*, Oxford 1979. – Zu Hagens Schriften über deutsche Sagen siehe *Allgemeine Deutsche Biographie*, Leipzig 1879, Bd. X, S. 332–337. Zu seiner antisemitischen Polemik *Neueste Wanderungen . . .*, die unter dem Pseudonym Cruciger erschien, siehe Kap. 5.

37 Zu anderen Nibelungenplänen, die Wagner beeinflußt haben mögen, siehe Newman, *LRW*, II, 25 ff.

38 L. Köhler, *Der neue Ahasverus*, Jena 1841. Der Traktat ist aufgeführt in der von Wagners Ratgeber, dem Dresdener Buchhändler J. G. T. Grässe, verfaßten Bibliographie *Die Sage vom ewigen Juden*, Dresden/Leipzig 1844, S. 37, und könnte dem Komponisten somit bekannt gewesen sein. Der mit der Bewegung des Jungen Deutschland sympathisierende Ludwig Köhler (1819–1862) darf nicht mit seinem Namensvetter, dem Königsberger Musiker Louis

Köhler (1820–1886), verwechselt werden, der mit Wagner seit 1852 befreundet war (siehe Newman, *LRW*, II, 367 ff.; SB IV, 522). Zu Ludwig Köhler vgl. A. Soergel, *Ahasver-Dichtungen seit Goethe*, Leipzig 1905, S. 67 f.; G. K. Anderson, *The Legend of the Wandering Jew*, Providence 1965, S. 222. Köhler schrieb unter anderem ein Stück mit dem Titel *König Mammon* sowie den Studentenroman *Akademische Welt* (Leipzig 1843), zudem historische Aufsätze über religiöse Revolutionäre wie Thomas Müntzer und Jan Hus (Leipzig 1845 bzw. 1846).

39 *Die Wibelungen. Weltgeschichte aus der Sage*, in: RWVA II, 115–155. Ich habe vorläufig Deathridges Neudatierung des Aufsatzes auf das Jahr 1849 gegenüber der traditionellen, Wagners eigenen Angaben folgenden Datierung auf 1848 den Vorzug gegeben, bin aber nicht gänzlich überzeugt davon, daß er erst 1849 entworfen wurde. Es ist gut möglich, daß das vorliegende Manuskript (von seiner Orthographie her auf die Zeit nach Dezember 1848 datierbar) eine für den Druck bestimmte Abschrift ist und die ursprüngliche oder eine frühere Fassung verlorenging. Der Versuch einer Neudatierung der Schrift auf 1849 scheint mir zum Teil darin begründet, daß man Wagners »revolutionäre« und »deutschnationale« Einstellung in den Jahren 1848/49 irrtümlich gegeneinander ausspielte (wie in Deathridge, *NGW*, 33). Damit will ich nicht die Richtigkeit von Deathridges Argumentation bestreiten, wonach die Pläne zu den *Nibelungen* und *Siegfrieds Tod* vor der in den *Wibelungen* gegebenen historischen Erläuterung liegen. Die ursprüngliche Idee zum *Ring* ist möglicherweise zu finden in der Skizze *Der Nibelungen-Mythus. Als Entwurf zu einem Drama* (1848), in: RWVA II, 156–166.

40 E. Devrient, *Aus seinen Tagebüchern*, Weimar 1964, Bd. I, S. 451, 457. Die Oper *Siegfried* erwähnte Wagner gegenüber Devrient erstmals im April 1848 (I, 427) im Verlauf zahlreicher Gespräche, in denen er ihm von seinen revolutionären Projekten und Schriften erzählte (vgl. I, 400–490, passim). Über die Neuauflage des *Judentums in der Musik* schrieb Devrient später: »Der alte Aufsatz von 1850 sollte Mendelssohns Gedächtnis in Leipzig schwächen, und nun sucht er [Wagner] zu beweisen, dieser Aufsatz habe eine Judenverschwörung gegen ihn veranlaßt … Welch eine Faselei!« (II, 540).

41 SB IV, 176.

42 Vgl. J. J. Nattiez, *Tétralogies*, Paris 1983, S. 61. Nattiez' Buch ist eine ausführliche Würdigung von Patrice Chéreaus *Ring*-Inszenie-

rung zum Bayreuther Festspieljubiläum 1976, in der der *Ring* als eine antikapitalistische Allegorie gedeutet wird. Diese Interpretation taucht bereits auf in G. B. Shaw, *The perfect Wagnerite. A Commentary on the Niblung's Ring*, London 1923. Daß Wagner die germanische Mythologie benutzte, um seine revolutionären Intentionen zu verschleiern, behauptet auch H. Malherbe, *Richard Wagner, révolutionnaire*, Paris 1939, S. 52f., 78.

43 Cooke, *I Saw*, a.a.O., S. 263–267; R. Hollinrake, *Nietzsche, Wagner and the Philosophy of Pessimism*, London 1982, S. 58ff.

44 So nennt Cooke (a.a.O., S. 264f.) zum Beispiel die Revolutionsauffassung des *Rings* »internationalistisch« und kann somit behaupten, daß »Wagners Internationalismus der Jahre 1849–51 jede Vorstellung ausschließt, der *Ring* sei im (antisemitischen) Geist des Nationalsozialismus geschrieben worden«. Demgegenüber weisen Nattiez, a.a.O., S. 67, 256, und T. W. Adorno, *Versuch über Wagner*, a.a.O., Kap. 1, auf den immanenten Antisemitismus des Zyklus hin.

45 Vgl. D. I. Goldstein, *Dostoyevsky and the Jews*, Austin 1981.

46 Ein ähnliches Beispiel dafür, wie die Darstellung jüdischer Figuren auf der Bühne den Vorurteilen des Publikums anpaßt wurde, das »Jude« mit Dekadenz, Verbrechen und Perversion assoziierte, ist Richard Strauss' *Salome*. Das demonstriert S. Gilman, »Strauss and the Pervert«, in: *Reading Opera*, hrsg. v. A. Groos u. R. Parker, Princeton 1988. In *Salome* sind die Figuren natürlich als Juden kenntlich gemacht, und interessant ist dabei der Verweis auf unausgesprochene Vermutungen über den jüdischen Charakter. Für diesen Hinweis bin ich Barry Millington zu Dank verpflichtet.

47 *Eine Mitteilung an meine Freunde*, in: RWVA IV, 343. Die Bemerkung über Wagners künstlerische Intuition stammt aus Cooke, a.a.O., S. 264.

48 RWVA V, 71 f.

49 J. J. Nattiez, »Le Ring comme histoire métaphorique de la musique«, in: *Wagner in Retrospect. A Centennial Reappraisal*, hrsg. v. L. R. Shaw u.a., Amsterdam 1987, S. 44–49, bes. 46f.; ders., *Wagner androgyne*, Paris 1990, S. 87–94. Eine weitergehende Analyse verdiente auch die Musik des Loge in *Rheingold*: Er scheint einen höheren Typus des Jüdischen zu verkörpern als Alberich, dennoch ist er (wie Wagners Stereotyp vom assimilierten Juden) ein Schwindler, Manipulator und moralischer Nihilist – im Grunde das, was Heine in Wagners Augen war.

50 *Erkenne dich selbst*, in: RWVA X, 268.

51 *Das Braune Buch*, a.a.O., S. 242. Vgl. dort auch Wagners letzte Schriften über das Weibliche und das Menschliche und das Verhältnis von geschlechtlicher Liebe zu Rasse und Heldentum.

52 Newman, *LRW*, II, 346.

53 Nattiez, »Le Ring«, a.a.O., S. 47; ders., *Wagner androgyne*, a.a.O., S. 94 ff.

54 Zit. bei H.-L. de la Grange, *Mahler*, London 1976, S. 482.

55 Während der langen Entstehungsgeschichte der *Götterdämmerung* erwog Wagner verschiedene, zum Teil gegensätzliche Schlußvarianten. In seiner Schopenhauer-Phase spielte er mit dem Gedanken, die Oper in spiritueller Resignation enden zu lassen, doch in der Endfassung entschied er sich dann für die Vision einer positiven Menschheitsrevolution. Vgl. Cooke, *I Saw*, a.a.O., und Hollingrake, a.a.O., S. 58 ff.

56 Der erste kompositorische Entwurf der *Götterdämmerung* wird auf den 12.8.1850 datiert; vgl. Deathridge, *NGW*, 171.

5 Revolutionärer Antisemitismus 1849/50: »Das Judentum in der Musik«

1 Zur endgültigen Fassung vgl. Millington, *W*, 45 ff.; Deathridge, *NGW*, 34, 80 f.; Newman, *LRW*, II, 230 f. J. Katz, *Vorbote*, a.a.O., gründet auf der Tatsache, daß *Das Judentum in der Musik* 1850 entstand, die unhaltbare These, daß Wagner vor 1850 überhaupt nicht antisemitisch eingestellt, ja sogar ein »Philosemit« (S. 39) gewesen sei, obwohl auch er Minnas Brief zitiert (87), in dem die Rede von einem früheren Aufsatz von 1848 ist, der eine ähnliche Tendenz verfochten habe. Doch er merkt offenbar nicht, wie das seiner These widerspricht. Siehe oben, Kap. 2.

2 *Pariser Fatalitäten für Deutsche* (1841), in: RWVA XII, 46–64, bes. 59.

3 ML 430 f. Hinter Meyerbeers Verlegenheit steckte die Angst, mit einem steckbrieflich Gesuchten in Verbindung gebracht zu werden. Einige Tage später erkundigte er sich über Wagners Flucht aus Dresden; er habe, schrieb er am 10.6.1849, »natürlich aus Delikatesse ihn nicht darüber befragen mögen« (Meyerbeer, *Briefwechsel und Tagebücher*, hrsg. v. H. u. G. Becker, Berlin 1960 ff., Bd. IV, S. 503).

4 4.6.1849, in: SB III, 68.

5 SB III, 74. Zu Wagners weiteren Reflexionen über künstlerischen Terrorismus s.u. Kap. 6, Anm. 3/4. Vgl. H. Zelinsky, »Die ›Feuerkur‹ des Richard Wagner oder die ›neue Religion‹ der ›Erlösung‹ durch ›Vernichtung‹«, in: *Richard Wagner – Wie antisemitisch darf ein Künstler sein?*, hrsg. v. H.-K. Metzger u. R. Riehn, München 1978 (= Musik-Konzepte 5), S. 79–112, bes. 86f.

6 Bauers Bemerkung ist zitiert bei W. Brazill, *The Young Hegelians*, New Haven 1970, S. 177ff. Zu Auerbachs Reaktion s.u. Kap. 8, Anm. 27.

7 Brief an Ferdinand Heine vom 19.11.1849, in: SB III, 147.

8 ML 448f. Vgl. auch Wagners Brief an Theodor Uhlig vom 24.2.1850, in: SB III, 240. Dieser Bericht scheint mir der authentischere zu sein: Als er Uhlig schrieb, hatte Wagner sich wieder beruhigt und wohl auch begriffen, wie sehr er sich selbst geschadet hätte, wenn die Geschichte publik geworden wäre. Er hatte immer noch Grund, die Dinge zu beschönigen, was nicht mehr der Fall war, nachdem der Bruch mit Meyerbeer offenkundig geworden war.

9 SB III, 280. Versteckte Hinweise auf seinen fast völligen Zusammenbruch 1850 finden sich auch in der *Mitteilung an meine Freunde*, in: RWVA IV, 340.

10 Newman, *LRW*, II, 219, 230f.; J. L. Thomson, »Giacomo Meyerbeer. The Jew and his Relationship with Richard Wagner«, in: *Musica Judaica* I (1975/76), S. 54–86, bes. 69.

11 18.4.1851, in: SB III, 544f.

12 *Jesus von Nazareth*, in: RWVA XI, 300.

13 Die beiden Autographen des Aufsatzes, von denen ich Kopien eingesehen habe (die mir vom Richard-Wagner-Museum / Nationalarchiv der Richard-Wagner-Stiftung, Haus Wahnfried, Bayreuth, freundlicherweise zur Verfügung gestellt wurden), weichen unerheblich von den gedruckten Texten ab. Als Wagner das fertige Manuskript an Karl Ritter schickte mit den Worten »ich habe es – wie Du sehen wirst – bei der abschrift noch mannigfach colorirt« (SB III, 383), bezog er sich auf eine verlorengegangene frühere Fassung (vielleicht die von 1848), die Ritter bereits gesehen hatte.

14 Katz, *Vorbote*, a.a O., untersucht weder, welche Rolle der Antisemitismus in den Revolutionsschriften von 1848–51 spielt, noch stellt er zwischen dem Antisemitismus des Pamphlets und Wagners Revolutionsideen einen Zusammenhang her. – H. Zelinsky, »Rettung ins Ungenaue. Zu Martin Gregor-Dellins Wagner-Biographie«, in: *Richard Wagner: Parsifal,* hrsg. v. H.-K. Metzger u. R. Riehn, München 1982 (= Musik-Konzepte 25), S. 74–115, sieht den Auf-

satz als Teil des Zyklus der Revolutionsschriften (S. 82 ff.), desgleichen O. D. Kulka, »Richard Wagner und die Anfänge des deutschen Antisemitismus«, in: *Bulletin des Leo Baeck Instituts* (Jerusalem-Tel Aviv) IV (1961), S. 281–300. Für Kulka besteht ein Zusammenhang zwischen Wagners »messianisch-revolutionärem« Gedankengut von 1848–51 und seiner antijüdischen Einstellung, und er betrachtet die späteren antisemitischen Schriften im Grunde als eine Weiterentwicklung dieser frühen Ideen. J. J. Nattiez, »Le Ring comme histoire métaphorique de la musique«, a.a.O., S. 44–49, betont, daß der Aufsatz zu den Revolutionsschriften gerechnet werden müsse. J. Kühnel, »Wagners Schriften«, in: *Richard-Wagner-Handbuch*, hrsg. v. U. Müller u. P. Wapnewski, Stuttgart 1986, S. 476–588, stellt den Aufsatz in den doppelten Kontext von Wagners Adaption junghegelianischen Gedankenguts und seiner theoretischen Schriften über Oper und Kunst. T. Kneifs Ausgabe der *Drei Essays. Die Kunst und die Revolution*, München 1975, veranschaulicht den inneren Zusammenhang zwischen *Kunst und Revolution, Das Judentum in der Musik* und *Was ist deutsch?*. D. Borchmeyer jedoch nimmt *Das Judentum in der Musik* und andere Aufsätze mit antisemitischer Tendenz nicht in seine Jubiläumsausgabe der *Dichtungen und Schriften* (1983) auf mit der Begründung, es handele sich dabei um belanglose Verirrungen. – Eine bizarre Verteidigung der Wagnerschen Analyse als historisch zutreffend liefert B. Magee, *Aspects of Wagner*, London 1968, wo es u.a. heißt: »Diese These ist durchaus richtig« (S. 39, gemeint ist, daß Wagner den mangelnden Tiefgang der Mendelssohnschen Musik auf dessen jüdische Abstammung zurückführt); »zu Wagners Verteidigung kann gesagt werden, daß seine zentrale These korrekt und seiner Zeit um Jahrzehnte voraus war« (S. 43). Magee meint damit offenbar den Aspekt von Wagners Argumentation, der mit den umstrittenen Vorstellungen von jüdischem Selbsthaß und Marginalisierung zu tun hat.

15 Katz, *Vorbote*, a.a.O., S. 72 f., stellt meines Erachtens zu sehr auf den nichtbiologischen Rassenbegriff bei Denkern jener Zeit ab. Dabei verliert er die Tatsache aus dem Blick, daß Wagners Rassenbegriff ein starkes Element von biologischem Determinismus enthielt, auch wenn es sich dabei nicht um biologische Vorstellungen im engeren Sinne handelt. Übrigens scheint Katz dies, ganz gegen seine Absicht, auf S. 72 zuzugeben.

16 Zu Wagners Unterstützung Heines in der Debatte Heine vs. Börne von 1841 s.o. Kap. 2, Anm. 42/43.

17 L. Köhler, *Der neue Ahasverus*, Jena 1841.

18 J. G. T. Grässe, *Die Sage vom ewigen Juden*, Dresden/Leipzig 1844, S. 37. Siehe oben Kap. 2, Anm. 58.

19 F. v. d. Hagen (Pseud. Cruciger), *Neueste Wanderungen, Umtriebe und Abenteuer des Ewigen Juden unter den Namen Börne, Heine, Saphir u.a.*, Berlin 1832, S. 3f.

20 Siehe *Deutsche Kunst und deutsche Politik*, in: RWVA VIII, 82, 107. Zu Wagners Abrücken von Börne in den sechziger Jahren siehe Kap. 6. Vgl. CTW II, 349 (15.5.1879), wo Wagner an den enormen Einfluß Börnes und Heines erinnert: »Dann auf die Juden ... dann Börne, dann Heine. Er [Wagner] meint, sie beherrschten doch alles, und in seinem Betreff warteten sie nur seinen Tod ab, dann, wüßten sie, sei alles zu Ende.«

21 Siehe *Was ist deutsch?* (1878), in: RWVA X, 49. Die Bemerkung zu Börne, die 1878 hinzugefügt wurde, fehlt in der ursprünglichen Fassung von 1865, die in KLRW IV, 26–34, wiedergegeben ist.

22 H. v. Treitschke, »Unsere Aussichten« (1879), Nachdruck in: *Der Berliner Antisemitismusstreit*, hrsg. v. W. Boehlich, Frankfurt a. M. 1965, S. 10.

23 Katz, *Vorbote*, a.a.O., S. 76, bemerkt zwar, daß »Untergang« nicht konkret zu verstehen sei, doch leider entgeht ihm die dieser Vorstellung oder ihrer späteren physischen Konkretisierung immamente Ambivalenz. Eine ausführlichere Analyse des Begriffs »Vernichtung, Untergang« findet sich in Zelinsky, »Die ›Feuerkur‹«, a.a.O.

24 Vgl. Newman, *LRW*, II, 608–612, IV, 596; F. Nietzsche, *Die Geburt der Tragödie* und *Der Fall Wagner*. Newman (II, 612) hält es für sehr wahrscheinlich, daß Nietzsche Wagners Vertrauen enttäuschte. Es steht mittlerweile fest, daß Geyer nicht jüdischer Abstammung war.

25 Vgl. z.B. SB I, 178, 378f., 388, 397, 399, 405, 410f., 521, 523.

6 Ein neuer Traum von Revolution 1850–64: Schopenhauer und arisches Christentum

1 Schon einmal hatte Wagner die Politik für die Kunst aufgegeben, und zwar Ende 1847 in Berlin, als die Verfassungsreform in Preußen scheiterte. Vgl. ML 366f., s.o. Kap. 3, Anm. 26.

2 SB II, 653f. Zum Thema Revolution im Briefwechsel mit Theodor Uhlig vgl. SBu 625ff.

3 Brief an Franz Liszt vom 5.6.1849, in: SB III, 74. Siehe oben Kap. 5, Anm. 5.

4 SB III, 87.

5 Brief an Theodor Uhlig vom 18.12.1851, in: SB IV, 233. Vgl. auch die weiter unten in Kap. 7, Anm. 1f., zitierten Stellen aus der *Mitteilung an meine Freunde* (1851).

6 SB III, 459f.

7 Siehe H. Heine, *Geschichte der Religion und Philosophie in Deutschland*, in: ders., *Sämtliche Schriften*, hrsg. v. K. Briegleb, München 1996, Bd. III, S. 639f.

8 Vgl. R. Wagner, *An August Röckel*, Leipzig 1912. Weitere Briefe aus der Zeit nach 1865 finden sich in KLRW, Bd. IV, passim. – Wagner las Schopenhauer zum erstenmal 1852, dessen Philosophie sich ihm jedoch erst 1854 voll erschloß. Siehe R. Hollinrake, *Nietzsche, Wagner and the Philosophy of Pessimism*, London 1982, S. 272; Millington, *W*, 55f., 206f., 229f.

9 F. Nietzsche, *Die fröhliche Wissenschaft*, Kap. 99, in: ders., *Werke*, hrsg. v. G. Colli u. M. Montinari, New York/Berlin 1967ff., Bd. V, S. II, 132.

10 Vgl. H. W. Brann, *Schopenhauer und das Judentum*, Bonn 1975; A. Low, *Jews in the Eyes of the Germans*, Philadelphia 1979, S. 321–327; N. Rotenstreich, *Jews and German Philosophy*, New York 1974, S. 179–200.

11 A. Schopenhauer, »Zur Rechtslehre und Politik«, in: ders., *Parerga und Paralipomena*, Bd. II/1, Zürich 1977, Bd. IX, S. 284.

12 A. Schopenhauer, »Ueber Religion«, ebd., Bd. X, S. 428. Die grundlegende Bedeutung, die Schopenhauers Judenhaß für seine gesamte Philosophie hatte, machen deutlich Rotenstreich, *Jews and German Philosophy*, a.a.O., sowie Hollinrake, *Nietzsche, Wagner and the Philosophy of Pessimism*, a.a.O.; merkwürdigerweise nimmt B. Magee, *The Philosophy of Schopenhauer*, Oxford 1983, sie nicht zur Kenntnis.

13 A. Schopenhauer, »Ueber Religion«, a.a.O., S. 387ff.

14 Ebd., S. 409–415. Vgl. ders., *Über die Grundlage der Moral*: »Die vermeintliche Rechtlosigkeit der Thiere, der Wahn, daß unser Handeln gegen sie ohne moralische Bedeutung sei, oder, wie es in der Sprache jener Moral heißt, daß es gegen Thiere keine Pflichten gebe, ist geradezu eine empörende Rohheit und Barbarei des Occidents, deren Quelle im Judenthum liegt« (*Sämtliche Werke*, a.a.O., Bd. IV, S. 238). Grausamkeit gegenüber Tieren spielt im antisemitischen Programm von *Parsifal* eine wichtige Rolle. Siehe Kap. 9.

15 A. Schopenhauer, *Über die Grundlage der Moral*, in: ders., *Sämtliche Werke*, hrsg. A. Hübscher, Wiesbaden 1972, Bd. IV, S. 241.

16 A. Schopenhauer, »Ueber Religion«, a.a.O., S. 409.

17 Ebd., S. 419f., 424.

18 RWVA II, 151f.

19 SB VII, 207–209. – Gemäß den »Annalen« in seinem Tagebuch las Wagner Schopenhauer im September 1854. Persönlich sind die beiden einander nie begegnet, aber Wagner schickte dem Philosophen eine Abschrift der *Ring*-Dichtung. Schopenhauer konnte jedoch der Musik Wagners wenig abgewinnen und hielt weiterhin Mozart und Rossini die Treue. – Zur deutschen Tradition des »arischen Christentums« seit Fichte s.u. Kap. 9, Anm. 26–38.

20 SB VII, 126, 129f. Röckel scheint von Wagners Antisemitismus nicht überzeugt gewesen zu sein. – Auch Hitler war der Meinung, daß der Apostel Paulus die christliche Lehre verfälscht habe. »Christus war ein Arier. Aber Paulus hat seine Lehre benutzt, die Unterwelt zu mobilisieren und einen Vor-Bolschewismus zu organisieren« (H. Picker, *Hitlers Tischgespräche im Führerhauptquartier*, Stuttgart 1976, S. 80f.).

21 *Jesus von Nazareth*, in: RWVA XI, 302. – Vgl. CWT II, 751 (19.6.1881): »Tristan ist die Musik für die Aufhebung aller Schranken, also auch der Racen.« Dieser Ausspruch Cosimas sollte im Zusammenhang gesehen werden mit den ambivalenten Versuchen, den Kapellmeister Hermann Levi zur Konversion zu bewegen – ambivalent deshalb, weil beide im Grunde nicht glaubten, daß er seine jüdische Identität würde ablegen können. Tatsächlich weigerte sich Levi. Im Kern meint Cosima, die in *Tristan* vollzogene Selbstvernichtung mache alle Rassen »rein menschlich«. Das Problem ist, daß die Juden, wie Levi, zu Selbstvernichtung nicht imstande und daher gegenüber dem erlösenden Geist von *Tristan* resistent seien. (Zu Levi s.u. Kap. 8, Anm. 6–13, Kap. 9, Anm. 55ff.)

22 In *Tristan* weicht Wagner radikal vom Pessimismus Schopenhauers ab, indem er, wie er in einem Brief an Mathilde Wesendonck erläutert, den »Heilsweg zur vollkommenen Beruhigung des Willens durch die Liebe, und zwar nicht einer abstracten Menschenliebe, sondern der wirklichen, aus dem Grunde der Geschlechtsliebe« imaginiert. *Richard Wagner an Mathilde Wesendonk. Tagebuchblätter und Briefe 1853–1871*, Berlin 1904, S. 79. Diese Vorstellung hegte Wagner bereits in *Jesus von Nazareth* (1849), in: RWVA XI, 306f.

23 Vgl. A. Fauconnet, »Essai sur une œuvre inachevée de Richard

Wagner sur *Les Vainqueurs* et la genèse de *Parsifal«, in: Schopenhauer Jahrbuch* XXXIII (1949), S. 66–81. Der Entwurf zu den *Siegern* (Mai 1856) findet sich in RWVA XI, 325. Obwohl er mehrere Anläufe dazu machte, hat Wagner das Werk nie vollendet. Vgl. z.B. CWT, 10.7.1882.

24 Den Brief an Mathilde Wesendonck vom 1.10.1858 schrieb Wagner, während er in Venedig an *Tristan* arbeitete; *Richard Wagner an Mathilde Wesendonk*, a.a.O., S. 53. Vgl. Newman, *LRW*, II, 564 ff. Auch der szenische Entwurf von *Parsifal* wurde in einer Zeit des erneuten Interesses an den *Siegern* verfaßt. – Ursprünglich hatte Wagner erwogen, »einen Besuch des nach dem *Gral* umherirrenden *Parzival* an *Tristans* Siechbette« in die Handlung der Oper einzuführen. »Dieser an der empfangenen Wunde siechende und nicht sterben könnende *Tristan* identifizierte sich in mir nämlich mit dem *Amfortas* im Gral-Roman.« (ML 524)

25 Siehe Hollinrake, *Nietzsche, Wagner*, a.a.O., S. 58 ff.; Newman, *LRW*, II, 354 ff. Durch die Betonung des Schopenhauerschen Elements der Entsagung hatte Wagner dem Finale der *Götterdämmerung* seine Mehrdeutigkeit nehmen wollen. Aber schließlich vertonte er die entsprechende Passage »... enden sah ich die Welt« dann doch nicht, die allerdings in den endgültigen Text von 1872 aufgenommen wurde. Siehe oben Kap. 4, Anm. 43.

26 Siehe Newman, *LRW*, IV, 292.

27 RWVA XII, 282 (April 1864).

28 Vgl. Magee, *Philosophy of Schopenhauer*, a.a.O., S. 362 ff.

29 Brief an Carl von Gersdorff vom 21.6.1871, in: F. Nietzsche, *Werke*, hrsg. v. K. Schlechta, München 1966, Bd. III, S. 1042. Die beste Darstellung des Verhältnisses Nietzsche/Wagner findet sich bei Hollinrake, a.a.O.

30 Die für Nietzsches Haltung gegenüber Juden typische Mischung aus Gehässigkeit und Lobpreis wird zum Beispiel in *Menschliches, Allzumenschliches*, 475: »Der europäische Mensch und die Vernichtung der Nationen« (*Werke*, ebd., Bd. I, S. 685 f.), deutlich. Zwei interessante Nietzsche-Studien, die eine enge Verknüpfung der Judenfrage mit Nietzsches zentralen philosophischen Anliegen konstatieren, sind A. M. Eisen, »Nietzsche and the Jews Reconsidered«, in: *Jewish Social Studies* XLVIII (1986), S. 1–14 (der zu Recht darauf hinweist, daß Nietzsches Gebrauch gehässig antijüdischer Stereotype schwerlich als harmlos betrachtet werden kann), und J. Golomb, »Nietzsche on Jews an Judaism«, in: *Archiv für Geschichte der Philosophie* LXVII (1985), S. 139–161. Vgl. Roten-

streich, *Jews and German Philosophy*, a.a.O., S. 208–213;
C. v. Westernhagen, *Nietzsche, Juden, Antijuden*, Weimar 1936. –
Das Bild eines »sanften Nietzsche« (diese Wendung findet sich, mit
Fragezeichen versehen, zum erstenmal bei C. Brinton, *Nietzsche*,
New York 1965) ist vor allem in W. Kaufmanns maßgeblicher Biographie *Nietzsche. Philosopher, Psychologist, Antichrist*, Princeton 1974, entworfen worden. Wie K. Löwith in *Von Hegel zu Nietzsche*, Zürich 1948, dargelegt hat, ist es ebenso abwegig, Nietzsche
von der Verantwortung für das, was man in Deutschland aus ihm
gemacht hat, freizusprechen, wie ihn eines primitiven Antisemitismus zu bezichtigen. – Zu Nietzsches verderblichem Einfluß auf das
Entstehen einer Überzeugung, daß minderwertige Rassen (einschließlich des »Massenmenschen«) kein Recht auf Leben hätten,
siehe J. Carey, »Revolted by the Masses«, in: *Times Literary
Supplement*, 12.1.1990, und *The Intellectuals and the Masses*,
1992.

7 Eine neue deutsche Politik 1864–76: Deutsche Kultur und deutsche Politik

1 *Eine Mitteilung an meine Freunde*, in: RWVA IV, 308 f. »Poli-
tisch-juristischer« Formalismus ist so recht eigentlich der Geist des
Judentums!

2 Newman, *LRW*, II, 254, Anm.

3 *Über Staat und Religion*, in: RWVA VIII, 3–10.

4 *Was ist deutsch?* (1865–78), in: RWVA X, 36–60. Hierbei handelt es
sich um die spätere Fassung von 1878, auf die sich die Seitenanga-
ben beziehen. Die ursprüngliche ist in KLRW IV, 5–34, abgedruckt
und wird bei Newman, *LRW*, III, 475 ff., ausführlich zitiert. In der
späteren Fassung wurden vehement antipreußische und antijüdische Stellen der Fassung von 1865 weggelassen. In einem Brief
vom 29.4.1866 lenkte Wagner die Aufmerksamkeit König Ludwigs
vor allem auf den antijüdischen Inhalt (vgl. KLRW II, 27 f.). – »In
seinem Eifer, mir zu dienen«, schrieb Wagner am 19.3. 1866 an Constantin Frantz, »handelte er [Ludwig II.] so blind enthusiastisch,
daß er die auch Ihnen bekanntgewordenen Skizzen meines Tage-
buches kopieren und den verschiedenen Ministerien ›zur Ausführung‹ der darin niedergelegten Ideen zuteilen ließ. Zu welch fast
belustigender Konfusion dies führte, brauche ich Ihnen nicht zu
sagen« (S. 529). Vgl. KLRW IV, 147 ff., 154 ff. Zu Wagners politischen

Beziehungen zu Ludwig II. siehe F. B. Josserand, *Richard Wagner. Patriot and Politician*, Washington 1981, Kap. 6/7.

5   *Was ist deutsch?*, in: RWVA X, 49. Die Bemerkung über Börne findet sich nur dort, nicht jedoch in KLRW IV, 5ff., 26–34. Es scheint, als habe Wagner in Börne einen französisch-jüdischen Typus von Revolutionär und nicht den falsch verstandenen deutschen Revolutionär vom Typ der Burschenschaftler gesehen.

6   Brief vom 29.4.1866, in: KLRW II, 26f.

7   KLRW IV, 19f., 26, 28f., 32. Unabhängig von Wagner war Marx 1865 hinsichtlich des Engagements jüdischer Finanz in reaktionäre Politik zu der gleichen Einschätzung gelangt. Siehe N. Weyl, »The Marx–Hitler Holocaust Enigma«, in: *Midstream*, November 1983, S. 11–15.

8   Zum *Politischen Programm*, das er Ludwig II. Anfang Juni 1866 schickte, vgl. KLRW IV, 147–150. Wagner forderte Röckel auf, es zu veröffentlichen, aber es ist nicht bekannt, ob dies je geschah. Siehe KLRW II, 64, 97–100, 150f., 154f., 165, 178.

9   *Deutsche Kunst und deutsche Politik*, in: RWVA VIII, 120.

10 Im Januar 1866 lobte Wagner Frantz gegenüber dem König. Vgl. KLRW I, 281f. Siehe auch einen Brief vom 23.6.1866 an Röckel, in dem er sich Frantz' »föderales« Prinzip zu eigen machte (KLRW II, 154ff.). – Zu Frantz siehe Rose, *RA*, Kap. 19. Frantz' Briefe wurden 1974 von U. Sautter und H. E. Onnau ediert. Vgl. P. Lauxtermann, *Constantin Frantz. Romantik und Realismus im Werk eines politischen Außenseiters*, Groningen 1978; J. Philippson, »Constantin Frantz«, in: *Yearbook of the Leo Baeck Institute* XIII (1968), S. 102–119. Interessanterweise geht Kurt Waldheims 1944 in Wien vorgelegte Doktorarbeit über Constantin Frantz.

11 *Deutsche Kunst und deutsche Politik*, in: RWVA VIII, 76ff. Wagner beklagt den Einfluß der Juden auf den Niedergang des deutschen Theaters: »Hätte Goethe ahnen können, in welche Hände der deutsche Handel einmal fallen, und aus welcher absonderlichen Nationalität demnach einst unser Theater sich rekrutieren sollte, er würde den ›Faust‹ nicht einmal als Buch haben drucken lassen« (S. 89).

12 Siehe oben, Kap. 2, Anm. 18.

13 Zitiert in Wagners Widmung der 2. Auflage von *Oper und Drama*, in: RWVA VIII, 196.

14 Zu Einzelheiten siehe Rose, *RA*, Kap. 19. Die Beziehung zu Frantz kühlte sich nach 1870 ab, als Wagner in den Bann des Bismarckschen Reichs geriet, das sich von Frantz' Vorstellungen ziemlich

unterschied. Wagner brauchte einige Zeit, ehe er Frantz' Einschätzung des neuen deutschen Reiches teilte. Vgl. T. Schieder, »Richard Wagner, das Reich und die Deutschen nach den Tagebüchern Cosima Wagners«, in: *Historische Zeitschrift* CCXXVII (1978), S. 571–598.

15 Wie zum Beispiel Deathridge, *NGW,* 52, behauptet: »Wagner tauschte seine frühere progressive Einstellung gegen eine reaktionäre Sicht von Deutschtum und deutscher Überlegenheit ein.« Dazu auch Katz, *Vorbote,* a.a.O., S. 103: »Unter Verleugnung seiner ehemaligen demokratischen Neigung sah er jetzt die Führung des deutschen Volkes schicksalhaft den Fürsten auferlegt. Revolution und Demokratie seien dem konservativen deutschen Volksgeist fremd.« Solche Behauptungen beruhen auf dem grundlegenden Mißverständnis, Wagners Revolutionsverständnis habe seine Wurzeln in der liberal-demokratischen Tradition Westeuropas und der Vereinigten Staaten.

16 *Staat und Religion,* in: RWVA VIII, 7 f.

17 *Die Meistersinger von Nürnberg,* III. Akt.

18 H. Heine, *Die Geschichte der Religion und Philosophie in Deutschland,* in: ders., *Schriften,* a.a.O., Bd. III, S. 549.

19 Siehe W. Mellers, »Regenerative«, in: *Times Literary Supplement,* 17.2.1984, S. 166. Zur Nazirezeption des Werks siehe A. Csampai u. D. Holland (Hrsg.), *Die Meistersinger von Nürnberg. Texte, Materialien, Kommentare,* Reinbek 1981.

20 J. Ennis, »The Prose Drafts of *Die Meistersinger von Nürnberg* (2)«, in: *Wagner* IX (1988), S. 106–115.

21 CWT I, 208 (14.3.1870). Ich bin Barry Millington zu Dank verpflichtet, daß er mir Einsicht gewährte in seinen damals noch unveröffentlichten Text »Nuremberg Trial. Is there Anti-Semitism in *Die Meistersinger?*«.

22 *Letters of Richard Wagner,* hrsg. v. W. Altmann, London 1927, Bd. II, S. 273.

23 Wagner an Ludwig II., 25.4.1867, in: KLRW II, 168.

24 CWT I, 272 (18.8.1870); man beachte auch den üblen Ton der anderen Einträge von Juli bis September 1870 sowie den 8.11. 1870. Vgl. auch T. Schieder, »Wagner, das Reich«, a.a.O.

25 Siehe oben Kap. 6, Anm. 6.

26 *Eine Kapitulation. Lustspiel in antiker Manier,* in: RWVA IX, 3–41. Der aufmerksame Leser sollte sich von Wagners Behauptung, die Deutschen als weitaus lächerlichere Figuren denn die Franzosen dargestellt zu haben, nicht täuschen lassen. Er versucht, die

Deutschen moralisch aufzurütteln, indem er die Franzosen läche
lich macht. Vgl. *An das deutsche Heer vor Paris* (Januar 1871);
diese Verse wurden Bismarck zugestellt, damit er hart bleibe
(RWVA IX, 1 ff.).

27 CWT II, 222 (8.11.1878).

28 Zu weiteren Stellen in CWT vgl. T. Schieder, »Wagner, das Reich«,
a.a.O., S. 571–598.

29 I. Kaim, *Ein Jahrhundert der Judenemancipation und deren
christliche Verteidiger*, Leipzig 1869, S. 1.

30 *Aufklärungen über das Judentum in der Musik*, in: RWVA VIII,
238–260.

31 *Selected Letters of Richard Wagner*, hrsg. u. übers. v. S. Spencer
u. B. Millington, London 1987, S. 748 ff. *Aufklärungen zum »Judentum in der Musik«*, in: RWVA VIII, 238–260.

32 M. Gutmann, *Richard Wagner, der Judenfresser*, Dresden 1869,
S. 12 f.

33 J. Lang, *Zur Versöhnung des Judentums mit Richard Wagner*,
zit. bei Katz, a.a.O., S. 115 ff. Zur Geschichte von Wagners »Vernichtungs«-Vorstellung siehe Kap. 11.

34 Katz, *Vorbote*, a.a.O., S. 108 ff., zieht den revolutionären Kontext
der Neuauflage von 1869 nicht in Betracht.

8 Wagners Ehrenrettung: Jüdische Freunde und die Antisemitenpetition

1 Wagners Apologeten sind zu zahlreich, als daß sie hier aufgeführt
werden könnten. Zu den prominentesten gehört C. v. Westernhagen
(*Wagner,* Zürich/Freiburg 1968), auf dessen Nazivergangenheit
H. Zelinsky in seinem Buch *Richard Wagner. Ein deutsches
Thema 1878–1976*, Berlin 1983, und P. L. Rose, »The Noble Anti-
Semitism of Richard Wagner«, in: *The Historical Journal* XXV
(1982), S. 751–763, eingehen. Die Weigerung »neutraler« Musik-
wissenschaftler, die antisemitischen Implikationen der Opern
ernsthaft in Erwägung zu ziehen, läuft auf eine subtile Apologie
hinaus. Typische Beispiele der meisten Versuche, Wagner zu entschuldigen, sind L. J. Rather, *The Dream of Self-Destruction. Wagner's Ring and the Modern World*, Baton Rouge 1979, S. 88–102,
und ders., *Reading Wagner. A Study in the History of Ideas*,
Baton Rouge 1990, bes. Kap. 5–8. Eine bemerkenswert scharfsin-
nige Ausnahme dieser apologetischen Richtung bildet E. Newman

(*LWR*, IV, 638), s.u., Anm. 9. Deathridges und Millingtons Biographien haben diese in England beheimatete skeptische Sichtweise Wagners entwickelt, ebenso Gutmans inzwischen zum Klassiker gewordenes (und höchst unterhaltsames) Porträt des Komponisten.

2   Ein Großteil der folgenden Ausführungen ist meinem Aufsatz »Noble Anti-Semitism of Richard Wagner« entnommen.

3   *Modern* (März 1878), in: RWVA X, 58f. Zu Wagners Auflistung seiner jüdischen Freunde gegenüber König Ludwig siehe den Brief vom 22.11.1881, in: KLRW III, 229. Am 13.1.1879 vermerkt Cosima nach einem Besuch Hermann Levis und anderer in ihrem Tagebuch: »Uns beiden wiedergegeben, sprechen R. und ich von dem merkwürdigen Zug einzelner Juden zu ihm, er sagt, wir bekommen in Wahnfried eine Synagoge!« (CWT II, 290) – Nützliches Material über Wagners jüdische Freunde bei Katz, *Vorbote*, a.a.O. Der Katalog zu der Bayreuther Ausstellung *Richard Wagner und die Juden* (1984) nimmt einen recht freundlichen Standpunkt hierzu ein. Vgl. auch die unter dem Titel »The Case of Richard« gesammelten Artikel in *Midstream*, Februar 1986: F. Busi, »Wagner and the Jews«, S. 37–42; M. Manilla, »Wagner in the History of Anti-Semitism«, S. 42–46; E. Brody, »The Jewish Wagnerites«, S. 46–50. Zu Lehrs und Tausig siehe H. S. Reynolds, »Richard Wagner's Intimate Jewish Friends«, in: *Wagner 1976*, The Wagner Society, London 1976. – P. Gradenwitz, »Das Judentum – Richard und Cosima Wagners Trauma«, in: *Richard Wagner: Die Rezeption im 19. und 20. Jahrhundert. Gesammelte Beiträge des Salzburger Symposiums*, Stuttgart 1984, S. 77–91, setzt sich mit Cosimas Abstammung von der jüdischen Familie Bethmann auseinander.

4   Siehe S. L. Gilman, *Jewish Self-Hatred*, Baltimore 1986, Kap. 1.

5   CWT II, 273 (27.12.1878).

6   Brief vom 13.4.1882, zitiert bei Westernhagen, *Wagner*, a.a.O., S. 522.

7   Vgl. Peter Gays ausgezeichneten Essay in seinem Buch *Freud, Jews and other Germans*, New York 1978, S. 188–230. Desgleichen H. Zelinsky, »Der Kapellmeister Hermann Levi und seine Stellung zu Richard Wagner und Bayreuth oder der Tod als Gralsgebiet«, in: *Jüdische Integration und Identität in Deutschland und Österreich 1848–1918*, hrsg. v. W. Grab, Tel Aviv 1984, S. 309–353. – Katz, *Vorbote*, a.a.O., gibt eine unbefriedigende Darstellung von Levi. So widerspricht er Gay, der in Levi einen Fall von jüdischem Selbsthaß sieht (S. 167, Anm. 60), wobei er sich ausschließlich auf die Tatsache zu stützen scheint, daß er nicht zum Christentum

übertrat. Außerdem behauptet Katz, es sei »in den Tagebüchern nicht der geringste Anhaltspunkt« für eine Affäre zwischen Cosima und Levi zu finden. In einem Brief Cosimas vom 1.7.1881 ist jedoch von einem anonymen Brief zu lesen, in dem »der arme Levi so schändlich verklagt wurde (und zwar in Gesellschaft mit mir!), daß er sich gar nicht fassen konnte« (CWT II, 1242).

8   KLRW III, 223. Dagegen notierte Cosima am 24.7.1882: »Zu mir macht er [Wagner] die Bemerkung, er möchte nicht als Orchester-Mitglied von einem Juden dirigiert werden!« (CWT II, 983) Bei seiner Darstellung dieser Angelegenheit geht Katz nicht auf die Intervention des Königs ein; vgl. auch unten Kap. 9, Anm. 54 ff. – Der (nichtjüdische) Dirigent Felix von Weingartner, der zum inneren Kreis von Bayreuth Zugang hatte, berichtete, daß »Hermann Levi, der zuerst von Wagner abgelehnt wurde, weil er Jude war, dirigierte [1882 *Parsifal*]. Wenn Wagner seinen Einwand nicht zurückgezogen hätte, hätte König Ludwig dem Münchner Orchester nicht die Erlaubnis erteilt, mit Bayreuth zusammenzuarbeiten. Erst als Hermann Levi keine Bayreuther Aufführung mehr dirigierte, wurde allen, außer blinden Parteigängern, klar, welch großartige Arbeit er geleistet hatte« (in: R. Hartford, *Bayreuth. The Early Years*, London 1980, S. 130).

9   Brief vom 22.11.1881, in: KLRW III, 229. Newman, *LRW*, IV, 638 ff., nennt diesen Brief ein »köstliches Beispiel von Hitlerismus *avant la lettre*«, in dem »der Fanatismus und die Spitzfindigkeit deutscher Antisemiten aller Epochen« offen zutage treten. »In einer Mischung aus Bosheit und schlechter Erziehung ... ließ [Wagner] keine Gelegenheit aus, seinen jüdischen Freunden und Mitarbeitern jahraus, jahrein wegen ihres Judeseins das Leben schwerzumachen.« Vgl. auch L. Stein, *The Racial Thinking of Richard Wagner*, New York 1950, S. 82–85.

10 KLRW III, 230. Siehe unten Kap. 11, Anm. 8.

11 CWT II, 235 (19.11.1878).

12 CWT II, 669 f. (19.1.1881). Am 6.1.1881 notierte Cosima: »›Ob wohl die Formel zu finden wäre‹, fährt er nach einer Weile fort, ›um so einen armen Menschen wie Levi zu taufen – ich glaube, ich könnte sie finden.‹« (CWT II, 659) Vgl. auch die Einträge vom 19.4. und 2.7.1881. Katz, *Vorbote*, a.a.O., S. 113, 131, ist hinsichtlich Wagners angeblich wohlwollender Haltung recht naiv – und faßt außerdem »Taufe« zu wörtlich.

13 Wagners Rat findet sich in CWT II, 620 (12.11.1880), Levis törichte Bemerkungen in CWT II, 129 (2.7.1878) und 290 (13.1.1879).

14 *Selected Letters of Richard Wagner*, a.a.O., S. 748. Siehe oben Kap. 7, Anm. 31.

15 Vgl. Westernhagen, a.a.O., S. 238 (»bald hat er [Tausig] sich in Wagners Herz eingeschlichen [!]«), sowie S. 398.

16 Richard Wagner, *Das Braune Buch*, a.a.O., S. 230: »Grabschrift für Karl Tausig. Reif sein zum Sterben, / des Lebens zögernd spriessende Frucht, / früh reif sie erwerben / in Lenzes jäh erblühender Flucht, – / war es Dein Loos, war es Dein Wagen, – / Wir müssen Dein Loos wie Dein Wagen beklagen. 2. Sept. 72.«

17 Westernhagen, *Wagner*, a.a.O., S. 402f., zitiert diesen Brief in extenso, behauptet, daß Wagners Haltung zu Rubinstein »die Güte selbst« gewesen sei (S. 403). – Zu Rubinsteins Arbeit am Klavierauszug von *Parsifal* siehe Brief Wagners an Ludwig II. vom 22.11. 1881: »Ich arbeite ihm somit in die Hand, was die Arbeit vortrefflich fördert. Diess ist der sonderbare Joseph Rubinstein, der einst vor zehn [Jahren] sich an mich nach Triebschen wandte, um Rettung aus dem Judenthume, dem er angehörte, mich anflehend. Ich gewährte ihm, der sonst ein vorzüglicher Musiker war, meinen persönlichen Umgang, in welchem er mir allerdings – nicht minder als der gute Levi – grosse Noth gemacht hat. Diesen Unglücklichen fehlt eben alle die Grundlage einer christlichen Erziehung ... was zu den peinlichsten Seelenquälereien veranlasst. Diesen Umständen gegenüber, in welchen sehr oft die Neigung zum Selbstmord zu bekämpfen ist, habe ich meine Geduld ungemein zu üben gehabt, und wenn von Humanität gegen die Juden die Rede ist, darf ich getrost Anspruch auf Lob erheben. Auch werde ich sie gar nicht mehr los ...« (KLRW III, 229).

18 Siehe oben Kap. 2, Anm. 46–49. Genaueres über Auerbach in Rose, *RA*, Kap. 13.

19 ML 338.

20 Siehe *The Letters of Richard Wagner to Anton Pusinelli*, hrsg. v. E. Lenrow, New York 1932, S. 112 (12.12.1859), und Wagners Brief an Auerbach vom 2.4.1860, in: A. Bettelheim, *Berthold Auerbach. Der Mann, sein Werk, sein Nachlaß*, Stuttgart/Berlin 1907, S. 424, in dem er für seine *Ring*-Dichtung wirbt. – Dagegen brauchte der bekannte Sozialist Ferdinand Lassalle nicht von Wagner gedrängt zu werden. Auf den *Ring* reagierte er mit nahezu fanatischer Begeisterung; über Hans von Bülow erbat er eine Abschrift vom Meister. Schließlich traf er auch mit Wagner zusammen, der ihn langweilig fand, aber in ihm einen wichtigen Vertreter der Zukunft sah, »einen Typus, den ich nur als deutsch-jüdisch beschreiben kann«.

Siehe D. Footman, *Ferdinand Lassalle – Romantic Revolutionary*, New Haven 1947, S. 123, 131, 225, 234.

21 ML 337–339.

22 G. Meyerbeer, *Briefwechsel und Tagebücher*, a.a.O., Bd. III, S. 350, 376. Auerbach kannte Meyerbeer seit mindestens 1841. Siehe Auerbach, *Briefe an seinen Freund Jakob Auerbach. Ein biographisches Denkmal*, Frankfurt a. M. 1884, Bd. I, S. 200, II, 410.

23 RWVA VIII, 258 f.

24 Auerbach, *Briefe*, a.a.O., Bd. I, S. 392 f. (12.3.1869). Zu weiteren Bemerkungen über Wagner siehe P. L. Rose, »One of Wagner's Jewish Friends. Berthold Auerbach and his Unpublished Reply to Richard Wagner's Antisemitism (1881)«, in: *Yearbook of the Leo Baeck Institute* XLVI (1991).

25 CWT I, 235 (28.5.1870).

26 Auerbach, *Briefe*, a.a.O., Bd. II, S. 104.

27 Auerbach, *Briefe*, a.a.O., Bd. I, S. 230 (29.5.1862).

28 Ebd., Bd. II, S. 443 (6.12.1880). Zu Auerbachs Reaktionen auf die Reichstagsdebatte über die Petition siehe ebd., S. 438 f., 441 f. (11., 20., 23.11.1880). Das Verhältnis zu Wagner wird in der ansonsten hervorragenden Studie von J. Katz, »Berthold Auerbach's Anticipation of the German-Jewish Tragedy«, in: *Hebrew Union College Annual* LIII (1982), S. 215–250, nicht herausgearbeitet.

29 »Richard Wagner und die Selbstachtung der Juden«, Manuskript im Auerbach-Nachlaß, Deutsches Literaturarchiv, Schiller-Nationalmuseum, Marbach a. N. Der deutsche Text ist abgedruckt in Rose, »One of Wagner's Jewish Friends«, a.a.O.

30 Vgl. R. S. Levy, *The Downfall of the Anti-Semitic Political Parties in Imperial Germany,* New Haven 1975; U. Tal, *Christians and Jews in Germany. Religion, Politics and Ideology in the Second Reich 1870–1914*, Ithaca 1975; W. Boehlich (Hrsg.), *Der Berliner Antisemitismusstreit*, Frankfurt a. M. 1965; P. Massing, *Rehearsal for Destruction. A Study of Political Anti-Semitism in Imperial Germany*, Nachdruck New York 1967; P. J. Pulzer, *The Rise of Political Anti-Semitism in Germany and Austria*, revidierte Neuausgabe London 1988, Kap. 10; M. Meyer, »The Great Debate on Anti-Semitism. Jewish Reaction to New Hostility in Germany 1879–1881«, in: *Yearbook of the Leo Baeck Institute* XI (1966), S. 137–170. – Levy, *Downfall*, a.a.O., S. 21 ff., merkt an, daß Förster die Idee zu der Petition während der Bayreuther Festspiele im August 1880 gekommen sei. Aber Förster sprach Wagner bereits im

Juni oder Juli auf diese Sache an, also vor dem Beginn der Festspiele (vgl. CWT, 6.7.1880). Trotz seiner Vorbehalte wollte Wagner ihn als Beiträger für die *Bayreuther Blätter* gewinnen. Am 17.1.1880 hatte er dem Herausgeber Hans von Bülow geschrieben, er wolle Förster nicht wegen Meinungsverschiedenheiten über das Christentum verlieren.

31 CWT II, 367.

32 CWT II, 546 (16.6.1880). Es ist mir nicht gelungen, den Brief an Förster ausfindig zu machen. Witzigerweise war Hans von Bülow, der die Petition tatsächlich unterschrieben und sich dadurch in einige Schwierigkeiten gebracht hatte, wütend, als er erfuhr, daß Wagner »sich zurückzöge, gut mit den Juden stünde« (CWT II, 643; 20.12.1880).

33 CWT II, 672 (22.1.1881).

34 A. Neumann, *Erinnerungen an Richard Wagner*, Leipzig 1907, S. 139, 141. Vgl. CWT, 23.–25.2.1881. Trotz seines zunächst hitzigen Befehls, den Berliner *Ring* aufzugeben (zumal er sich von einer Aufführung in London mehr Einnahmen versprach, vgl. CWT, 23.2.1881!), rückte er schnell davon ab, da viel Geld auf dem Spiel stand. Neumanns Bemühungen waren für Wagner aufgrund seiner prekären Finanzlage während der letzten zehn Jahre seines Lebens enorm wichtig. Vgl. Newman, *LRW*, IV, 638. – In den Briefen der Jahre 1881/82 quälte er Neumann mit den Aussichten, *Parsifal* (der später dann nur in Bayreuth aufgeführt werden sollte) in einem geplanten Wagner-Tourneetheater oder einem Berliner Wagner-Theater aufführen zu lassen. Dabei ging es natürlich in erster Linie ums Geld.

35 KLRW III, 229f. Siehe Kap. 9, Anm. 56.

36 CWT II, 700 (24.2.1881). Vgl. Eintragung vom 8.3.1881, wonach Wagner erklärt habe, die Petition zu unterschreiben, wenn Deutschland die Boers unterstütze, die um Schutz gebeten hatten. Daraus wird deutlich, daß ihm die Antisemiten zu sehr auf politische Maßnahmen fixiert und der deutsche Staat zuwenig »deutsch« war in der Wahl seiner Politik, was sich zum Beispiel daran zeigte, daß er seine natürlichen arischen Verbündeten nicht unterstützte. – In einem Brief an Ludwig II. vom 16.3.1881 äußert sich Wagner entnervt über die wachsende Zahl von Leuten, die sich mit besonderen Anliegen an ihn wandten: »Es vergeht kein Tag, an welchem ich nicht eine alberne Zuschrift erhalte: Vegetarianer, Judenverfolger, Religions-Sectirer, – Alles glaubt mich für sich zu haben.« (KLRW III, 203).

37 *Erkenne dich selbst*, in: RWVA X, 271.

38 Zu ausführlicheren Informationen über Bauer und Marr siehe Rose, *RA*, Kap. 15/16.

39 CWT I, 735 (4.10.1873), II, 689 (12.2.1881), II, 969 (26.6.1882).

40 B. Bauer, *Zur Orientierung über die Bismarck'sche Ära*, Chemnitz 1880, S. 183 f.

41 CWT II, 832 ff. (27.–29.11.1881), wo es u.a. um Bauers »Luthers Optimismus und Pessimismus«, in: *Bayreuther Blätter* IV (Oktober/November 1881), S. 285–290, geht.

42 Siehe E. Schläger, »Die Bedeutung des Wagner'schen *Parsifal* in und für unsere Zeit«, und E. Wolfart, »Zur Würdigung Richard Wagners«, beides in: *Internationale Monatsschrift* (die E. Schmeitzner unter Bauers Auspizien herausgab) I (Chemnitz 1882), S. 495–512, 537–561, 601–630. Vgl. E. Barnikol, *Bruno Bauer. Studien und Materialien*, Assen 1972, S. 426 f., 429.

43 *Der Sieg des Judenthums über das Germanenthum*, Bern 1879. Zu Marr siehe Rose, *RA*, Kap. 16; M. Zimmermann, *Wilhelm Marr. The Patriarch of Anti-Semitism*, New York 1986. – Der Begriff »antisemitisch« wurde tatsächlich von dem jüdischen Schriftsteller Moritz Steinschneider während seiner Auseinandersetzung mit Ernest Renan 1860 geprägt. Danach tauchte er 1879 bei Marrs »Antisemiten-Bund« und bald darauf in Bezeichnungen wie »Antisemitische Partei«, »Antisemitische Bewegung«, »Antisemit« auf. Der abstrakte Begriff »Antisemitismus« bürgerte sich wenig später ein. Vgl. A. Bein, *Die Judenfrage*, Stuttgart 1980, Bd. II, S. 165 ff. Vgl. Pulzer, *Rise of Anti-Semitism*, a.a.O., S. 47–50. Zum »Antisemitenbund« siehe dessen Statuten, zitiert bei J. Katz, *From Prejudice to Destruction. Anti-Semitism 1700–1933*, Cambridge 1980, S. 260 f.; Pulzer, *Rise*, a.a.O., S. 49.

44 Brief Wagners an Marr vom 21.7.1870, Manuskript im Staatsarchiv Hamburg, Marr-Nachlaß, Nr. 274 (Nr. 273 ist ein Brief Cosimas von 1871; Nr. 296 sind Briefe des Wagner-Mitarbeiters Hans von Wolzogen aus den Jahren 1879/80). Vgl. CWT I, 251 (28.6.1870).

45 CWT I, 321 (8.12.1870); I, 369 (13.3.1871).

46 C. F. Glasenapp, *Das Leben Richard Wagners*, Leipzig ⁴1907–11, Bd. V, S. 62 f.

47 CWT I, 889 f. (20.1.1875).

48 Marr, *Sieg*, a.a.O., 4. Auflage, S. 26, Anm. 26. Zu *Die deutsche Wacht* vgl. CWT II, 428: »... gestern las uns auch R. eine Anzeige der neuen Zeitung ›Die deutsche Wacht‹, eine Abwehr gegen Israel, R. findet sie gut gemacht« (22.10.1879).

49 CWT II, 309, 311 (27.2., 1.3.1879).

50 CWT II, 382, 385 (14., 21.7.1879).

51 Vgl. Zimmermann, *Marr*, a.a.O., S. 136, 149, 153.

52 CWT II, 823 (10.11.1881).

53 Bei seinem Treffen mit Bismarck lehnte es Wagner ab, ihn um Unterstützung zu bitten, später dann änderte er seine Meinung. Siehe D. C. Large, »The Political Background of the Foundation of the Bayreuth Festival, 1876«, in: *Central European History* XI (1978), S. 162–172.

54 Zu einer Bibliographie des Bayreuther Kreises siehe Kap. 11.

9 Regeneration und Erlösung 1876–83

1 Vgl. z. B. Newman, *LRW*, IV, 654.

2 Katz, *Vorbote*, a.a.O., S. 188f., nimmt Wagners Aufforderung an Levi, zum Christentum überzutreten, zu wörtlich. Wie es scheint, hat Wagner nie geglaubt, daß die Taufe das Rassenproblem lösen könne; er hat mit Levi einfach nur gespielt. Vgl. CWT, 19.1.1881, zitiert oben Kap. 8, Anm. 12.

3 Vgl. D. Gasman, *The Scientific Origins of National Socialism. Social Darwinism in Ernst Haeckel and the German Monist League*, New York 1971; A. Kelly, *The Descent of Darwin. The Popularization of Darwinism in Germany 1860–1914*, Chapel Hill 1981. Letzteres enthält interessante Bemerkungen zum Popularisierungsprozeß, verkennt aber den Antisemitismus Haeckels und des anderen großen Popularisators Wilhelm Bölsche (S. 101, 113, 120f.), der sie, wie Gasman zu Recht behauptet, in eine Tradition stellt, die ins Dritte Reich mündet. Vgl. zu einem scharfen Schlagabtausch über diese Thema *American Historical Review* LXXXVII (1982), S. 199, 1522f.

4 Vgl. CWT I, 541, 551 (19.6., 21.7.1872). Wagners Bayreuther Bibliothek enthielt fünf Bände von Darwin, u.a. *On the Origin of Species* (in deutscher und französischer Übersetzung) sowie *The Descent of Man*.

5 Vgl. CWT I, 638: »Abends beginnen wir Darwin's ›Ursprung der Arten‹; und R. bemerkt, wie es hier gegangen ist, wie zwischen Kant und Laplace, zwischen Schopenhauer und Darwin, die *Idee* hat Schopenhauer gehabt, Darwin führt dieselbe aus, vielleicht ohne Schopenhauer zu kennen ...« (10.2.1873).

6 CWT I, 1074 (30.9.1877).

7   CWT II, 39f. (24.1.1878).

8   CWT II, 187 (1.10.1878). Kelly, *Descent of Darwin*, vernachlässigt die rassistische Komponente des deutschen Darwinismus.

9   E. Haeckel, *Das Welträthsel. Gemeinverständliche Studien über monistische Philosophie*, Bonn 1899.

10 *Publikum und Popularität*, in: RWVA X, 83f. Vgl. auch CWT II, 776:»... R. hebt hervor, wie überlegen die Auffassung des Instinktes seitens Schopenhauer der von Darwin sei.« (7.8.1881) Außerdem ist er empört, daß Darwin anscheinend nichts gegen die Vivisektion hat (CWT II, 731, 25.4.1881). Darwins Tod vermerkt Cosima am 24.4.1882 in ihrem Tagebuch.

11 CWT II, 473, 472 (9.1., 8.1.1880).

12 CWT II, 493 (21.2.1880).

13 CWT II, 497 (29.2.1880).

14 CWT II, 501 (10.3.1880).

15 CWT II, 496 (27.2.1880).

16 Newman, *LRW*, IV, 653–655; Wagner an König Ludwig am 16.3.1881. Vgl. J. Gaulmier, »Gobineau et Wagner«, in: *Nouvelle Ecole* XXXII (1979), S. 79–88.

17 *Zur Einführung der Arbeit des Grafen Gobineau »Ein Urteil über die jetzige Weltlage«*, in: RWVA X, 35. 1882 jedoch plante Gobineau eine zweite Auflage von *Versuch über die Ungleichheit der Menschenrassen*, die 1884 erschien.

18 Zu Ernest Renan, der als erster von einer »semitischen Religion« sprach, sich später dann aber von den daraus abgeleiteten politischen Theorien distanzierte, siehe Rose, *RA*, Kap. 1. Renan betonte stets, daß der rassische Semitismusbegriff mit größter Vorsicht zu betrachten sei, und stellte im Vorwort zur 1. Auflage seiner *Histoire générale et système comparé des langues sémitiques*, Paris 1855, fest, daß mit der Zivilisation zwangsläufig eine Vermischung der Rassen einhergehe und moderne, assimilierte Juden durch und durch moderne Europäer seien. Wagner hatte viele Werke Renans gelesen, fand aber seine Unterscheidung zwischen assimilierten Juden und solchen, die sich ihre jüdische Identität bewahrten, ärgerlich: »Nachmittag liest er mir in dem ›Antéchrist‹ von Renan die sehr geistvollen Seiten über die Juden; er meint nur die jüdisch gebliebenen Juden ›und übersieht dabei bloß das eine‹, sagt R., ›daß die Juden niemals wirklich andere werden können.‹« (CWT II, 98f.; 25.5.1878).

19 Siehe M. D. Biddiss, *Father of Racist Ideology. The Social and Political Thought of Count Gobineau*, London 1970, S. 124f., 250,

254 f. Biddiss räumt der Frage nach Gobineaus Antisemitismus zuwenig Gewicht ein. Zu den deutschen Schülern, angeführt von dem
glühenden Wagnerianer und Gobineau-Übersetzer Ludwig Schemann, der aus dem Franzosen einen Apostel des antisemitischen
Rassismus machte, siehe die unveröffentlichte Doktorarbeit von
Pamela Andre, *Gobineau's Disciple. The Life and Work of Ludwig Schemann 1852–1938* (Ph.diss., James Cook University,
Australien 1984).

20 CWT II, 690 f. (14.2.1881).

21 Westernhagen, *Wagner*, a.a.O., beschreibt dies irreführend als
einen Versuch, »die Unerbittlichkeit des Gobineauschen Rasse-
gedankens durch den Geist des Christentums [zu] überwinden«
(S. 520). Westernhagen war sich des Wagnerschen Antisemitismus
zu diesem Zeitpunkt sehr wohl bewußt, aber er tut unlautererweise
so, als habe er das Christentum dazu benutzt, Gobineaus Antisemitismus zu widerlegen, wohingegen Wagner die Idee vom »arischen« Christentum benutzte, um seinen Antisemitismus noch zu
verschärfen.

22 Wagner ließ Cosima zum Andenken an Gobineau ein herzliches
»Erinnerungsbild aus Wahnfried« für die *Bayreuther Blätter*
schreiben; vgl. Newman, *LRW*, IV, 682.

23 Vgl. CWT I, 654, 696 (15.3., 17.6.1873).

24 C. Frantz, »Offener Brief an Richard Wagner«, in: *Bayreuther Blätter* I (1878), S. 149–170. Vgl. CWT, 23.4., 1.7.1878. Zum Verhältnis
zwischen den beiden siehe C. Frantz, *Briefe*, hrsg. v. U. Sautter u.
H. Onnau, Wiesbaden 1974. Vgl. Westernhagen, *Wagner*, a.a.O.,
S. 541.

25 *Modern*, in: RWVA X, 54–61. Vgl. CWT I, 81 (9.4.1878).

26 *Publikum und Popularität*, in: RWVA X, 86 f. Zu Wagners früheren
Vorstellungen über arisches Christentum siehe Kap. 6, Anm. 19. Die
Stelle über die »Sonntagsglocken« bezieht sich auf den Aphoris-
mus 113 in *Menschliches, Allzumenschliches* (1878), aus dem
klar wird, daß Nietzsche Wagners arisches Christentum falsch verstanden hatte. »Wenn wir eines Sonntagsmorgens die alten Glocken
brummen hören«, heißt es dort, »da fragen wir uns: ist es nur möglich! dies gilt einem vor zwei Jahrtausenden gekreuzigten Juden,
welcher sagte, er sei Gottes Sohn. Der Beweis für eine solche Behauptung fehlt.« (*Werke*, hrsg. K. Schlechta, a.a.O., Bd. I, S. 525)
Wagner hatte Nietzsche zuvor den *Parsifal*-Entwurf geschickt und
damit die skeptische Reaktion in *Menschliches, Allzumenschliches* ausgelöst, die der Komponist mit großem Mißfallen im Früh-

jahr 1878 las. Siehe CWT, 25./26. und 30.4., 23. und 30.5., 9. und 24.–29.6., 1.7.1878. Gemäß R. Hollinrake, *Nietzsche, Wagner*, a.a.O., S. 252 f., begrüßte es der Philosoph, daß in *Publikum und Popularität* ein öffentlicher Disput darüber eröffnet wurde.

27 J. G. Fichte, *Die Grundzüge des gegenwärtigen Zeitalters* (1804–06), hrsg. v. A. Diemer, Hamburg 1956, S. 102 ff., 182. Vgl. L. Poliakov, *The Aryan Myth*, New York 1977, S. 101, 305; ders., *Die Geschichte des Antisemitismus*, a.a.O.; siehe auch Rose, *RA*, Kap. 8; A. Davies, *Infected Christianity*, Kingston/Montreal 1988, Kap. 2.

28 Zu Lagarde siehe F. Stern, *The Politics of Cultural Despair*, Berkeley 1974, S. 42 (Fußnote); K. Löwith, *Von Hegel zu Nietzsche*, Zürich 1944; zu Haeckel siehe Gasman, *Scientific Origins*, a.a.O., S. 157.

29 Siehe J. Klausner, *Jesus von Nazareth*, Übers. London 1925, S. 22 ff., 233.

30 U. Tal, *Christians and Jews in Germany*, Übers. New York 1975, S. 259, 273 (Fußnote), 276–279. Viele antisemitische Schriften der arischen Schule in den siebziger Jahren und später weisen Spuren Wagnerschen Einflusses auf; zum Beispiel die Vorstellung, daß die »ewige Angst vor den Juden« daher stamme, daß die Juden vor den Augen arischer Bewohner Galiläas Kühe schlachteten (ebd., S. 277 f.). Zu Wagners möglichem Einfluß auf Bernhard Förster in dieser Hinsicht vgl. Hollinrake, *Nietzsche, Wagner*, a.a.O., S. 130.

31 CWT II, 242 (27.11.1878). Siehe auch *Publikum und Popularität* III (August 1878), oben zitiert. Vgl. Wagners Brief an Frantz vom 14.7.1879, in dem er den verbreiteten Glauben an die jüdische Version des Christentums beklagt: Frantz, *Briefe*, a.a.O., S. 170.

32 H. Picker, *Hitlers Tischgespräche*, a.a.O., S. 80. Siehe Gasman, *Scientific Origins*, a.a.O., S. 167.

33 *Wollen wir hoffen?*, in: RWVA X, 120. Zu Wagners Angst, etwas über Juden zu sagen: CWT II, 235 (19.11.1878).

34 *Offenes Schreiben an Herrn Ernst von Weber, Verfasser der Schrift: »Die Folterkammern der Wissenschaft«*, in: RWVA X, 203. Zum Ursprung der Wendung »rechnendes Raubtier« siehe CWT II, 406 (9.9.1879): »(Gleich nach dem Abendessen hatte mir R. das Résumé des Buches von Haug vorgelesen; er verläßt die Lektüre trotz des Vergnügens, welches er an manchem der Einfälle findet. Die Juden als ›rechnende Raubtiere‹ z.B. gefällt ihm sehr.) ›Das ist wieder ein Deutscher‹, sagt R., ›mit den originellsten, tiefsten Gedanken, aber verrückt.‹« – Auch in Schopenhauers *Parerga*

und Paralipomena II findet sich eine rassistisch-vegetarianische Beobachtung, wenn er die ursprünglich vegetarische Ernährungsweise der weißen Rassen (im Unterschied vermutlich zu den jüdischen Fleischessern) beschreibt.

35 *Kunst und Religion*, in: RWVA X, 215ff.

36 Wagner las damals A. Rohlings Buch *Der Talmud-Jude*, das auf eine vermeintliche Blutopferpraxis der Juden anspielt. Vgl. CWT II, 460 (12.12.1878): »... den Talmudjuden begonnen! ... R. will alle Juden von sich abfallen lassen ›wie die Warzen‹, gegen welche kein Mittel hilft; nicht mehr unterbinden, nichts mehr mit ihnen tun.« Zur Blutmetaphorik der vierziger Jahre s.o., Kap. 1, Anm. 31; vgl. Rose, *RA*, Kap. 18.

37 Die Argumentation enthält auch etliche Anspielungen auf Gibbon. Cosimas Tagebücher weisen darauf hin, daß er Darwin und Gibbon parallel las.

38 Siehe zum Beispiel die trügerische Ablehnung militärischer Eroberung in CWT II, 442 (13.11.1879): »... der jetzige Zustand, ein Volk erschöpft, immer neue Kontributionen und immer Verstärkung der Armee, das sei barbarisch. Neue Provinzen erobern und gar nicht sich fragen, wie man sie gewinnen könne, nicht daran denken, wie man Holland, die Schweiz u.s.w. sich zu Freunden machte, gar nichts, und nur immer die Armee!« Diese Äußerungen muß man im Zusammenhang der vorausgehenden lesen: »Er habe sehr das Wort der Armee-Organisation gesprochen« (ebd.). Wogegen er sich ausspreche, sei die »jüdische« Korruption durch Bismarck. Selbst die Börse, versichert er, sei »eine freie, gute Institution«, die nun heruntergekommen sei. Mit anderen Worten, Wagner lehnt die »jüdischen« Eroberungsarmeen ab. (Man mag sich ins Gedächtnis rufen, daß viele aus Hitlers militärischem und politischem Apparat ebenfalls »nichtjüdische«, nämlich nichtbolschewistische, Methoden anwenden wollten, um die Bevölkerung von Ländern für sich zu gewinnen, die die ach so freundliche deutsche Armee besetzt hatte.)

39 Daß die Juden die Wurzel des Übels sind, geht indirekt aus dem letzten Teil von Wagners listigen Hinweisen (»Kunst und Staat«) auf ein Streitgespräch zwischen seinen berühmtesten jüdischen Bekannten, Mendelssohn und Auerbach, über den preußischen Staat hervor. Sarkastisch fragt Mendelssohn den sich beklagenden Auerbach, ob er jemals einen Staat zu regieren gehabt habe; der Staat, den Mendelssohn rechtfertigen möchte, ist ein jüdisch geprägter, der auf Krieg und Macht beruht.

40 Zu Hess, *Über das Geldwesen*, siehe Rose, *RA*, Kap. 8.

41 »Lebens-Bericht«, S. 65.

42 *Das Braune Buch*, a.a.O., S. 242.

43 Zu Luther siehe Rose, *RA*, Kap. 1.

44 Siehe F. Stern, *Gold and Iron. Bismarck, Bleichröder and the Building of the German Empire*, London 1977.

45 Aus Katz, *Vorbote,* a.a.O., S. 144f., 149f., 201ff., wird nicht deutlich, ob Wagner für die Ergreifung praktischer Maßnahmen gegen Juden verantwortlich gemacht werden kann; aber insgesamt scheint er die Auffassung zu vertreten, daß Wagner vor den praktischen Konsequenzen seiner Gesinnung zurückschreckte. Zur Lösung dieses Problems muß der Hintergrund deutschen revolutionären Denkens herangezogen werden, insbesondere, was die Bedeutung des Begriffs »Vernichtung« betrifft. Siehe Kap. 11.

46 *Heldentum und Christentum*, in: RWVA X, 276; CWT II, 913 (22.3.1882): »... und immer anknüpfend an die Theorie von Gob. sagt R.: ›Untergehen werden wir, das ist gewiß; nun kommt es darauf an, ob wir mit dem Abendmahl enden oder in der Gosse verrecken. Auf die Vielheit kommt es nicht an, das Große war immer selten.‹«

47 Wagner legt jedoch Wert darauf zu betonen, daß dies keineswegs bedeute, daß es jemals zu einer Gleichheit zwischen von Natur aus ungleichen Rassen kommen werde. Die einzige rassische Gleichheit, die erreicht werden könne, sei die der Degeneration.

48 *Das Braune Buch*, a.a.O., S. 245f. Gemäß CWT begann Wagner mit dem Entwurf am 23.10.1881 und nahm die Arbeit daran am 27.3.1882 wieder auf.

49 *Über das Weibliche im Menschlichen*, in: RWVA XII, 343ff.

50 Siehe *Dokumente zur Entstehung und ersten Aufführung des Bühnenweihfestspiels Parsifal,* hrsg. v. M. Geck u. E. Voss, in: R. Wagner, *Sämtliche Werke*, Bd. 30, Mainz 1970. Zur Verbindung zwischen *Was ist deutsch?* und *Parsifal* vgl. *Dokumente*, S. 20. Der antisemitische Kontext von *Parsifal* seit den fünfziger Jahren fehlt in L. Beckett, »Wagner and his Critics«, in: *The Wagner Companion*, hrsg. v. P. Burbidge u. R. Sutton, London 1979, S. 365–388. Beckett scheint die Auffassung zu vertreten, daß alle antisemitischen Anspielungen in der Oper erst aus den siebziger Jahren stammen.

51 CWT, 6.8.1872; 9.1., 15.3., 19.5., 17.6., 14.7.1873; 4., 11., 22.2.1878.

52 KLRW III, 158ff.; siehe auch *Dokumente*, a.a.O., S. 41.

53 KLRW III, 82ff. (28.9.1880); *Dokumente*, a.a.O., S. 44.

54 König Ludwig an Wagner, 11.10.1881, in: KLRW III, 226. Vgl. auch Newman, *LRW*, 637f. Siehe oben Kap. 8, Anm. 8ff.

55 KLRW III, 223f.; *Dokumente*, a.a.O., S. 51.

56 Wagner an König Ludwig, 22.11.1881, in: KLRW III, 229f. Vgl. Kap. 8, Anm. 35.

57 *Selected Letters*, a.a.O., S. 914f.; CWT, 30.6., 1./2.7.1881.

58 Brief vom Oktober 1881, in: *Dokumente*, a.a.O., S. 52.

59 Ebd., S. 62.

60 Siehe Brief vom 22.11.1881 an König Ludwig, in: KLRW III, 229. Zu Angelo Neumanns Verhandlungen, *Parsifal* außerhalb Bayreuths aufzuführen, vgl. auch den Brief Wagners an Ludwig II. vom 1.4.1882 (KLRW III, 236). Wagners bei aller Vertraulichkeit vorsichtige Formulierungen in diesen Briefen sind darauf zurückzuführen, daß er die Einkünfte aus Neumanns Unternehmung benötigte, zugleich aber Ludwig II. nicht durch eine Aufführung von *Parsifal* außerhalb Bayreuths verärgern wollte, die er dem König, als dieser ihn darum bat, abgeschlagen hatte.

61 *Die Wibelungen*, in: RWVA II, 150.

62 Ebd., 151f.

63 Ebd., 153.

64 Vgl. Wagners Briefe an Liszt und Röckel vom Juni 1855, zitiert in Kap. 6.

65 Siehe CWT, 2.3.1878.

66 *Das Braune Buch*, a.a.O., S. 54.

67 Ebd., S. 62.

68 A. Schopenhauer, *Die Grundlage der Moral*, zitiert oben Kap. 6, Anm. 14.

69 *Richard Wagner an Mathilde Wesendonk. Tagebuchblätter und Briefe 1853–1871*, Berlin 1904, S. 53.

70 CWT, 24.1.1878 (S. 39f.).

71 CWT, 30.9.1877.

72 *Das Braune Buch*, a.a.O., S. 246.

73 Ebd., S. 236.

74 *Publikum und Popularität*, in: RWVA X, 89.

75 Brillante Darstellungen der arisch-rassischen Thematik von *Parsifal* finden sich bei R. W. Gutman, *Richard Wagner. The Man, His Mind, and His Music*, London 1968, Kap. 15/16; Poliakov, *History of Anti-Semitism*, a.a.O., Bd. III, S. 429–457; H. Zelinsky, »Rettung ins Ungenaue. Zu Martin Gregor-Dellins Wagner-Biographie«, in: *Richard Wagner: Parsifal*, hrsg. v. H.-K. Metzger u. R. Riehn, München 1982 (= Musik-Konzepte 25), S. 74–115. Siehe auch das mit

Zelinsky geführte »Spiegel-Gespräch über den Parsifal«, in: K. Umbach (Hrsg.), *Richard Wagner. Ein deutsches Ärgernis*, Reinbek 1982, S. 38–52. Eine zwischen Zelinsky, C. Dahlhaus und J. Kaiser 1982 in der *Süddeutschen Zeitung* ausgetragene Kontroverse ist abgedruckt in *Richard Wagner: Parsifal. Texte, Materialien, Kommentare*, hrsg. v. A. Csampai u. D. Holland, Reinbek 1984, S. 257–269. Dahlhaus weist darin die These, *Parsifal* sei eine Veranschaulichung rassischen Gedankenguts, als »absurd« zurück (S. 269). Gutmans Auffassung wird in abgewandelter Form gestützt von C. Floros, »Studien zur *Parsifal*-Rezeption«, in: *Parsifal*, hrsg. v. Metzger/Riehn, S. 14–57. Hollinrake, *Nietzsche, Wagner*, a.a.O., S. 129f., 133, sieht in dem »entjudaisierten Gral« der Oper ein antisemitisches Thema. Deathridge, *NGW*, 62, und Millington, *W*, 268–271, erkennen in *Parsifal* durchaus antisemitische Tendenzen, halten aber eine exakte Bestimmung derselben für schwierig. B. Millingtons späterer Aufsatz »*Parsifal:* A Wound Reopened«, in: *Wagner* VIII (1987), S. 114–120, sieht in den drei Takten, die Kundrys Taufe folgen, eine musikalische Umsetzung der Schopenhauerschen »Befriedung des Willens« und damit indirekt der Vernichtung des Judentums. Siehe auch B. Millington, »Parsifal. Facing the Contradictions«, in: *Musical Times* CXXIV (1983), S. 97f. – Die Weigerung, das antisemitische Programm in *Parsifal* zur Kenntnis zu nehmen, führt, wie mir scheint, zu in sich widersprüchlichen Analysen. L. J. Rather, *Reading Wagner. A Study in the History of Ideas*, Baton Rouge 1990, S. 284–288, brandmarkt Gutmans und Adornos Versuche, in *Parsifal* eine rassistische Ideologie hineinzulesen, als »Verdrehung« und »beschränkt«. Während er die Ansicht verwirft, die Gralsritter seien eine Präfiguration der SS, stellt Rather die ungeheuerliche Behauptung auf, der Tod der ägyptischen Erstgeborenen beim Auszug der Israeliten sei »ein passenderes Modell« für den Hitlerismus: Die Schuld an diesem »massenhaften Kindermord« (obgleich »erstgeboren« sich nicht zwangsläufig auf Kinder bezieht) trage der »grausame« Gott des Alten Testaments. Ob sich Rather der Tragweite seiner Deutung bewußt war, ist eine interessante Frage. – Gutmans Interpretation wird des öfteren wegen ihrer »Irrtümer« angegriffen, scheint mir aber, trotz gelegentlicher Ausrutscher und Sprünge in der Argumentation, recht präzise zu sein. Beckett, *Richard Wagner: Parsifal*, a.a.O., S. 121ff., zum Beispiel wirft Gutman u.a. vor, den langen Entstehungsprozeß von *Parsifal* nicht berücksichtigt zu haben. Beckett (»Wagner and his Critics«, a.a.O., S. 371) beschränkt jedoch das rassistische Element in *Parsifal* fälschlicherweise auf die Ideen Gobineaus. »Um zu zeigen, daß ein 1881 verfaßter Aufsatz, in dem Wagner Gobineausche Auffassungen wiedergibt, die er sich kurz zuvor angeeignet und nur oberflächlich verstanden hat, für ein hochkomplexes, 1845 ersonnenes, 1857 in einem ersten Entwurf niedergeschriebenes und 1865 ausgearbeitetes Kunstwerk von Bedeutung war, bedarf es überzeugenderer Beweise, als Gutman sie bieten kann.« In Wirklichkeit fügte Wagner Anfang der achtziger Jahre lediglich genau ausgewählte Elemente der Gobineauschen Weltanschauung seinem seit langem bestehenden rassischen Antisemitismus hinzu, dessen Schopenhauersche Fundamente bereits in den fünfziger Jahren, zur Zeit seiner ersten ernsthaften Beschäftigung mit dem Parsifal-Stoff, gelegt worden waren. – H.-J. Syberberg leugnet in seinem Film und eindrucksvollen Drehbuch *Parsifal. Ein Filmessay*, München 1983, entschieden jegliche rassische Allegorie des Werks. Das Jüdische (das er nur in Kundry sieht) versteht Syberberg als eine umfassende Metapher bei Wagner, nicht jedoch als ein spezifisch jüdisches Problem, und begreift perverserweise Klingsor als Symbol der Judenmörder statt der Juden selbst. Solche Einsichten seien, tönt er, nur jemandem möglich, der einen Film über Hitler gedreht habe (vgl. S. 56). – Zur Funktion von »Reinheit« in weltlichen Religionen wie der Wagners siehe M. Douglas, »Purity and Danger Revisited«, in: *Times Literary Supplement*, 19.2.1980.

76 *Das Bühnenweihfestspiel in Bayreuth 1882*, in: RWVA X, 297–308. Der Aufsatz bleibt unverständlich, wenn man mit der Gedankenwelt Wagners nicht vertraut ist.

77 Vgl. die reiche Quellensammlung in H. Zelinsky, *Richard Wagner. Ein deutsches Thema 1876–1976*, Wien/Berlin 1983. Siehe auch W. Schüler, *Der Bayreuther Kreis von seiner Entstehung bis zum Ausgang der wilhelminischen Ära. Wagnerkult und Kulturreform im Geiste völkischer Weltanschauung*, Münster 1971; M. Karbaum, *Studien zur Geschichte der Bayreuther Festspiele (1876–1976)*, Regensburg 1976; H. Mayer, *Richard Wagner in Bayreuth 1876–1976*, Zürich 1976; S. Grossmann-Vendrey, *Bayreuth in der deutschen Presse*, Regensburg 1977, Bd. II, S. 186; B. Wessling, *Bayreuth im Dritten Reich*, Weinheim 1983.

78 Katz, *Vorbote*, a.a.O., S. 200, irrt, wenn er die von ihm gestellte (rhetorische) Frage »Ist es ein Zufall, daß die Befunde der antijüdischen Symbolik in den Werken erst nach der Beschlagnahme Wagners durch die Nazis erfolgt sind?« folgendermaßen beantwortet: »Es handelt sich bei dieser Unterstellung zweifellos um eine

Rückdatierung – ein Hineinlesen der Fortsetzung und Abwandlung
Wagnerscher Ideen durch Chamberlain und Hitler in die Äußerungen Wagners selbst.« Die antijüdische Symbolik wurde bereits
1882/83 von zeitgenössischen Kritikern erkannt. Siehe Floros,
»Studien zur Parsifal-Rezeption«, a.a.O., S. 26–31; und das Streitgespräch zwischen Katz und Deathridge in: *Times Literary
Supplement*, 9.1.1987, S. 37, und 23.1.1987, S. 85.

79   H. v. Wolzogen, »Die Religion des Mitleidens und die Ungleichheit
der menschlichen Racen«, in: *Bayreuther Blätter* 1882, S. 223.

80   Wolzogen, »Zur Kritik des Parsifal« (1881), Nachdruck in: ders.,
*Wagneriana. Gesammelte Aufsätze über Richard Wagners
Werke vom Ring bis zum Gral*, Leipzig 1888, S. 155 f. Siehe auch
Wolzogens zweite Aufsatzsammlung *Aus Richard Wagners Gei-
steswelt. Neue Wagneriana*, Berlin 1908.

81   CWT II, 429 (23.10.1879). Wolzogen scheint hierzu die Reinigung
der deutschen Sprache und Literatur von jüdischen und anderen
fremdartigen Ausdrucksformen und Stilmerkmalen vorgeschlagen
zu haben. Siehe H. v. Wolzogen, »Über Verrottung und Errettung
der deutschen Sprache: II«, in: *Bayreuther Blätter* II (1879),
S. 281–298. Wie stets in Wolzogens verworrenen »idealistischen«
Schriften wird die Judenfrage als solche nicht explizit erwähnt, und
die antisemitische Tendenz ist eher unterschwellig vorhanden.
Seine Grundstruktur wendet sich gegen die Entgegensetzung »Semitismus« und »Germanentum« (z.B. S. 293). Im dritten Abschnitt
des Beitrags (S. 232, 236, d.h. 332, 336) spricht Wolzogen von »Ju-
daismen und Gallizismen« und vom »rein-menschlichen Geist«, der
aus dem wahren deutschen Geist hervorgehe. Es finden sich darin
auch geneigte Hinweise auf Constantin Frantz und Karl Eugen
Dühring. – Auch aus zwei anderen, etwa zur gleichen Zeit geschriebenen Aufsätzen Wolzogens wird deutlich, daß er die Juden
hinter Deutschlands Unglück wittert: In »Zur sozialen Frage«, in:
Bayreuther Blätter VII (1880), S. 181–192, befaßt er sich mit Geld,
Handel und Spekulation und zitiert Constantin Frantz. »Unsere
Lage«, in: *Bayreuther Blätter* I (1878), S. 6–22, beklagt er (S. 19)
die »undeutsche« Opposition gegen Bayreuth. Ein 1880 an die antisemitische »Deutsche Reform« von Dresden gerichteter, anonym
erschienener Brief Wolzogens mit dem Titel »Jüdische und Christliche Kaufleute« ruft Christen zum Boykott jüdischer Händler auf.
Siehe V. Veltzke, *Vom Patron zum Paladin. Wagnervereinigun-
gen im Kaiserreich von der Reichsgründung bis zur Jahrhun-
dertwende*, Bochum 1987, S. 252, der außerdem Wolzogens Kon-

takte zu Marr und anderen führenden Antisemiten ausführlich schildert (S. 241–279). – Wolzogen trat der NSDAP zwar nicht bei, war aber ein glühender Sympathisant ihrer Ideen. Siehe Schüler, *Der Bayreuther Kreis*, a.a.O., S. 86–93; M. A. Cicora, *Parsifal-Reception in the Bayreuther Blätter*, New York 1987. In einem Brief an Ludwig II. vom 9.2.1879 schrieb Wagner über Wolzogen: »Erst neuerdings habe ich mir in Hans von Wolzogen den Einen erworben, der die ideelle Bedeutung meines Wirkens vollkommen ermisst und der Förderung derselben sich als seiner einzigen Lebensaufgabe mit voller Bestimmtheit gewidmet hat. Die ästhetische und soziale Seite meines Kunstwirkens ist durch ihn sehr bestimmt vertreten; ich kann ihn dereinst, wenn es sich um die Reinerhaltung meiner Tendenz handelt, getrost als mein ›alter ego‹ fungiren lassen.« (KLRW III, 146) Wagner konnte unmöglich im unklaren gewesen sein über Wolzogens heimliche Sympathie für die politischen Antisemiten.

82 L. Schemann, »Der Gral und die Parzival-Sage, III: Die Bedeutung des *Parsifal* für unsere Zeit und unser Leben«, in: *Bayreuther Blätter* II (1879), S. 12–28, 47–54, 66–78, 106–116; S. 113. Zu Wagners Freude über den Artikel vgl. CWT II (27.4.1879). Eine Darstellung von Schemanns Aktivitäten als Gründer des rassistischen Gobineau-Vereins in Deutschland und seiner Karriere als antisemitischer Pangermanist, der noch eine Ehrung durch Hitler erleben sollte, siehe Andre, *Gobineau's Disciple*, a.a.O.

83 Nachruck in: Grossmann-Vendrey, *Bayreuth in der Presse*, a.a.O., Bd. II, S. 59 f.

84 B. Förster, *Parsifal-Nachklänge*, Leipzig 1883. Siehe Zelinsky, *Richard Wagner. Ein deutsches Thema*, a.a.O., S. 56 f. In einem Brief vom 17.1.1880 hatte Wagner Wolzogen geschrieben, wie Förster in die Mysterien des arischen Christus eingeführt werden müsse. Wagner nahm Försters Artikel »Richard Wagner als Begründer« 1880 in die *Bayreuther Blätter* auf. Vgl. dazu CWT, 15.4.1880.

85 A. Seidl, »R. Wagner's *Parsifal* und Schopenhauer's *Nirwana*«, in: *Bayreuther Blätter* XI, S. 277–306, bes. 297–302, nachgedruckt in seinem Buch *Neue Wagneriana*, Regensburg 1914, Bd. I, S. 62–163. Siehe außerdem ders., »Jesus der Arier« (1890), in: *Neue Wagneriana II*, S. 329–387, sowie »Zur Entjudung des Christentums« (1895), in Seidls *Wagneriana*, Berlin 1901, Bd. I, S. 496–505. Ein weiterer Aufsatz dieser Art ist E. Schwebsch, »Klingsor und die heilige Lanze«, in: *Bayreuther Blätter* XXXVIII (1915), S. 196–202: Schwebsch zufolge wirft Klingsor im II. Akt den

Speer nach Parsifal, weil er einer anderen Rasse angehöre und nur nach Nützlichkeitserwägungen handle. Cicora, *Parsifal Reception*, a.a.O., S. 63, 93, nimmt zwar diese Aufsätze zur Kenntnis, unterschätzt aber die latent antisemitische Struktur der anderen *Parsifal*-Analysen in den *Bayreuther Blättern*.

86 P. Lindaus Artikel, veröffentlicht in der *Kölnischen Zeitung*, erschienen dann als *Bayreuther Briefe vom reinen Thoren. Parsifal von Richard Wagner*, Breslau 1883, und erlebten mindestens fünf Auflagen, nachgedruckt in: Grossmann-Vendrey, *Bayreuth in der Presse*, a.a.O., Bd. II, S. 28–40; siehe ebd., S. 32. Siehe auch M. Kufferath, *Parsifal de Richard Wagner*, Paris 1890, S. 205 f.: »M. Lindau ist nicht weit davon entfernt, in *Parsifal* ein antisemitisches Pamphlet zu sehen.« Vgl. Deathridges Brief in: *Times Literary Supplement*, 23.1.1987; Beckett, *Parsifal*, a.a.O., S.108.

87 M. Kalbeck, »Das Bühnenweihfestspiel in Bayreuth«, in: *Wiener Allgemeine Zeitung* 1882, nach Grossmann-Vendrey, *Bayreuth in der Presse*, a.a.O., S. 183.

10 Rückblick

1 Zu den neueren Autoren, die indirekt oder expressiv verbis eine antisemitische Lesart von Wagners Opern ablehnen, gehören Katz, *Vorbote*, a.a.O., S. 198; B. Magee, *The Philosophy of Schopenhauer*, Oxford 1983, S. 326–378; C. Dahlhaus, *Richard Wagners Musikdramen*, Velber 1971; L. Beckett, *Richard Wagner. Parsifal*, Cambridge 1981, S. 121 ff.; M. v. Amerongen, *Wagner. A Case History*, London 1983, S. 85 f.; D. Watson, *Richard Wagner. A Biography*, New York 1979, S. 316 f.; L. J. Rather, *The Dream of Self-Destruction. Wagner's Ring and the Modern World*, Baton Rouge 1979; ders., *Reading Wagner. A Study in the History of Ideas*, Baton Rouge 1990, S. 284–289. – D. Borchmeyer, »Richard Wagner und der Antisemitismus«, in: *Richard-Wagner-Handbuch*, hrsg. v. U. Müller u. P. Wapnewski, Stuttgart 1986, S. 137–161, behauptet, daß die Opern keinerlei antisemitische Aussage hätten (S. 159 f.). – Das antisemitische Programm von *Parsifal* wird (mit gewissen Vorbehalten) als erwiesen angesehen von Deathridge, *NGW*, 62, und Millington, *W*, 269 ff. Millingtons Aufsatz »Nuremberg Trial. Is There Anti-Semitism in *Die Meistersinger*?« legt ausführlich die Funktion antisemitischer Elemente sowohl im musikalischen als auch im dramatischen Porträt des Beckmesser dar. Uneinge-

schränktere Deutungen finden sich bei L. Stein, *The Racial Thinking of Richard Wagner*, New York 1950, S. 222f.; T. W. Adorno, *Versuch über Wagner*, Frankfurt a. M. 1952, bes. Kap. 1; und vor allem bei R. W. Gutman, *Richard Wagner. The Man, His Mind, and His Music*, London 1968, Kap. 15/16. Durch geistreiche Analysen zeichnen sich die Schriften Zelinskys aus, darunter »Die ›Feuerkur‹ des Richard Wagner oder die ›neue Religion‹ der ›Erlösung‹ durch ›Vernichtung‹«, in: *Richard Wagner – Wie antisemitisch darf ein Künstler sein?*, hrsg. v. H.-K. Metzger u. R. Riehn, München 1978 (= Musik-Konzepte 5), S. 79–112; »Der Plenipotentarius des Untergangs«, in: *Neohelicon* IX (1982), S. 145–176; »Richard Wagners *Kunstwerk der Zukunft* und seine Idee der Vernichtung«, in: *Geschichtsprophetien im 19. und 20. Jahrhundert*, hrsg. v. J. H. Knoll u. H. J. Schoeps, Stuttgart 1984, S. 84–106; »Rettung ins Ungenaue«, in: *Richard Wagner. Parsifal*, hrsg. v. H.-K. Metzger u. R. Riehn, München 1982 (= Musik-Konzepte 25), S. 74–115.

2   Bei den *Ring*-Interpretationen, die auf den revolutionären Gehalt der Oper abstellen, bleibt in der Regel die antisemitische Dimension ausgespart – außer in der Darstellung von J. J. Nattiez, *Tétralogies. Wagner, Boulez, Chéreau*, Paris 1983, S. 61, 67, 76, 79, 256. Nattiez meint, eine authentische *Ring*-Inszenierung müsse das Jüdische Alberichs und Mimes herausstellen.

3   Vgl. D. I. Goldstein, *Dostoyevski and the Jews*, Austin 1981.

4   P. Viereck, *Metapolitics. The Roots of the Nazi Mind*, New York ²1965, S. 362; Th. Mann, *Wagner in unserer Zeit*, Frankfurt a. M. 1963. A. Arlbaster, »Wagner's Politics and Wagner's Mind«, in: *Wagner* VIII (1987), S. 82–92, erklärt, warum es falsch ist, den Politiker Wagner von dem Musiker Wagner zu trennen.

5   *Das Braune Buch*, a.a.O., 11.9.1865.

6   »The Work and Mission of My Life«, *North American Review*. »The Work and Mission of My Life« erschien in North American Review (August/September 1879). Die Schrift wurde von H. v. Wolzogen verfaßt, und Wagner hielt sie für »unreif« (CWT II, 340, 1.5.1879). Trotzdem unterzeichnete er sie im Mai 1879 und ließ sie im Sommer desselben Jahres in deutscher Sprache veröffentlichen. Später zog er diese Fassung zurück. Wagner ließ sie somit zweimal unter seinem Namen erscheinen, weshalb man annehmen darf, daß sie nichts enthielt, womit er nicht einverstanden gewesen wäre. Man darf sie daher zu Recht Wagners autobiographischen Schriften zurechnen. (Vgl. auch das Vorwort des Herausgebers.)

7   CWT II, 243 (28.11.1878).

11 Ausblick

1 Newman, *LRW*, II, 245, zitiert diese unveröffentlichten Sätze aus der *Mitteilung an meine Freunde* von 1851.

2 Brief an Ernst Benedikt Kietz vom 30.12.1851, in: SBu 257.

3 Auf diese Form wird das Problem bei Katz, *Vorbote*, a.a.O., S. 201, 203 ff., verengt, der »Vernichtung« als bloß metaphorisch deutet, ohne den revolutionären Hintergrund zu berücksichtigen, der dem Begriff seine Ambivalenz verlieh. Er glaubt, daß Wagners Rede von »Vernichtung« erst unter den Nazis eine physische Bedeutung gewann. Auch L. J. Rather, *The Dream of Self-Destruction*, a.a.O., S. 88–102, 167–180, führt die Harmlosigkeit der Wagnerschen Metapher ins Feld, die von den Nazis »pervertiert« worden sei. Ähnlich argumentiert D. Borchmeyer, »Richard Wagner und der Antisemitismus«, in: *Richard-Wagner-Handbuch*, a.a.O., S. 137–161, der den Begriff »Vernichtung« allgemeinmenschlich und spirituell deutet und ihn somit seiner auf das Judentum bezogenen – und durchaus konkreten – Bedeutung beraubt. Weder diese noch andere Interpreten haben sich bisher ernsthaft mit Zelinskys Vorwurf auseinandergesetzt, daß zumindest in den späten Schriften der Begriff »Vernichtung« eine wörtliche Bedeutung trage und es zwischen der Wagnerschen Weltanschauung und der Ideologie der Nazis eine tatsächliche Verbindung gebe. Vgl. dazu die in Kap. 11, Anm. 1, genannten Aufsätze Zelinskys.

4 Zur mythologischen »Vernichtungs«-Metaphorik siehe Rose, *RA*, Kap. 2. Siehe auch B. Lang, *Act and Idea of the Nazi Genocide*, Chicago 1990.

5 CWT II, 624 (21.11.1880): »Von sich sagt R.: Ich bin der Plenipotentarius des Unterganges (diesen sieht er unaufhaltsam) ...« Vgl. Nietzsches »Wir müssen Zerstörer sei«, in: *Der Wille zur Macht*.

6 CWT II, 620 (12.11.1880).

7 CWT II, 687 (10.2.1881). In Cosimas Tagebüchern wimmelt es von Hinweisen auf Levis außergewöhnliche Güte.

8 Brief Wagners an König Ludwig vom 22.11.1881, in: KLRW III, 229 f.

9 CWT II, 424 (11.10.1879).

10 CWT II, 627 (30.11.1880).

11 CWT II, 778, 780 (11., 14.8.1881). Schwer nachzuvollziehen ist Katz' Argumentation in *Vorbote*, a.a.O. Einerseits verweist er auf Äußerungen Wagners, in denen von Vertreibung, Verbrennen usw.

der Juden die Rede ist, doch dann wieder behauptet er, Wagner habe praktische Maßnahmen verworfen. Dazu steht jedoch die folgende Stelle im Widerspruch: »Seitdem wir anhand der Tagebücher seine Freude über die Wirkung der [Antisemiten-]Bewegung und sogar seinen Stolz auf den eigenen Beitrag zu ihrer Entstehung kennen, kann das Urteil nicht anders lauten als das von Hans von Bülow. Der Meister habe zwar das Feuer geschürt, aber andere sich daran die Finger verbrennen lassen.« (S. 182 f.) Und: »Immerhin sind die Einfälle des Augenblicks über mögliche Aktionen gegen die Juden ein deutlicher Hinweis dafür, welche Konsequenzen die leidenschaftliche Verneinung der jüdischen Existenz haben kann. In diesem Sinne sind Wagners Gedankengänge in der Tat eine Vorwegnahme zukünftiger Schrecken.« (S. 190) »Angesichts dieser Tatsache [des Holocaust; a.d.Ü.] versagt das rationale Argument, daß der in ihrer historischen Gegenwart handelnden Person die Verantwortung für die unvorhersehbare Zukunft nicht aufgebürdet werden kann« (S. 205 f.) – Wagner scheint jedoch die Vertreibung durchaus vorhergesehen zu haben! – und: »... gerade seine Zurückhaltung [sic], sein Zurückschrecken vor den praktischen Konsequenzen seiner Gesinnung, zeugt davon, daß er sich der Problematik bewußt war« (S. 211). Hier fragt man sich etwas ratlos, ob nun Wagner tatsächlich die Juden vertreiben wollte oder nicht. – Der Grund, weshalb Katz nicht zugeben will, daß Wagners Vernichtungstheorie durchaus praktische Implikationen gehabt haben könnte, ist in seinem methodologischen Ansatz zu suchen, der es ihm verbietet, in das Werk des Komponisten im nachhinein nazistisches Gedankengut hineinzulesen. Man müßte somit herausfinden, ob sich Wagner bei seinen praktischen Überlegungen, wie man die Juden loswerden könne, unbehaglich gefühlt habe. Doch, wie aus J. Deathridges Besprechung der englischen Übersetzung von Katz' Buch (»Talk of Destruction«, in: *Times Literary Supplement*, 14.11.1986, S. 1270) hervorgeht, besteht kein vernünftiger Grund zu der Annahme, daß Wagner über seinen theoretischen oder praktischen Antisemitismus jemals moralische Skrupel empfunden hatte. Es sei daran erinnert, daß sich in den *Aufklärungen*, die er 1869 seinem Pamphlet *Das Judentum in der Musik* hinzufügte, sein einziger Vorbehalt hinsichtlich einer Vertreibung der Juden auf die Frage bezog, ob sie praktisch und politisch durchführbar sei – die Frage, ob ein solches Vorgehen moralisch vertretbar sei, scheint ihm nie in den Sinn gekommen zu sein. – Schwer zu verstehen ist auch Katz' überraschende Behauptung, Wagners Aufsatz habe

»keinen entscheidenden Einfluß« auf die Entstehung der Antisemitenbewegung der siebziger Jahre gehabt. Daß er nach der Neuauflage des *Judentums in der Musik* geradezu zur Inkarnation des Antisemitismus geworden war, beweisen die vielen großen und kleinen Antisemiten, die, wie Cosima in ihren Tagebüchern vermerkte, alljährlich nach Bayreuth pilgerten.

12 CWT II, 852 (18.12.1881): »Er wirft Lessing diese Fadheit sehr vor, und wie ich ihm erwidere, daß mir schiene ein eigener *deutscher* Zug der Humanität in dem Stück zu liegen, sagt er: ›Aber gar keine Tiefe‹ …« (Sie hatte Lessings *Nathan* sogar ihren Kindern vorgelesen; vgl. CWT I, 31.1.1875.)

13 A. Hitler, *Mein Kampf*, München 1937, S. 772.

14 Gemäß *Encyclopaedia Judaica*, Stichwort »Dühring«, taucht die Wendung *Ertötung und Ausrottung* in der Ausgabe von 1865 von Dührings *Wert des Lebens* auf. Laut E. Silberner, *Sozialisten zur Judenfrage*, Berlin 1962, S. 152, 327, erscheint sie erst in der fünften Auflage von 1894 auf S. 9. Es war mir nicht möglich, beide Ausgaben einzusehen, aber ich neige Silberners Auffassung zu. Die Rede von »hebräischer Existenz« stammt aus Dührung, *Die Judenfrage als Racen-, Sitten- und Culturfrage*, Leipzig ⁶1930 (revidiert 1920), S. 114, 136, 139 f., 142. (Als er das – nicht nur von seinen Ideen, sondern auch von seiner Sprache her abstoßende – Werk las, fühlte sich Theodor Herzl wie mit dem Hammer auf den Kopf geschlagen. Siehe Rose, *RA*, Kap. 2.) – Zu »Rassenmord« siehe G.-K. Kaltenbrunner, »Eugen Dühring«, in: *Zeitschrift für Religions- und Geistesgeschichte* XXII (1970), S. 58–79, auf S. 76 f.; ders., »Vom Konkurrenten des Karl Marx zum Vorläufer Hitlers. Eugen Dühring«, in: ders., *Prophetien des Nationalsozialismus*, München 1969, S. 35–55. Vgl. B. Mogge, *Rhetorik des Hasses. Eugen Dühring und die Genese seines antisemitischen Wortschatzes*, Neuss 1977; G. L. Mosse, *The Crisis of German Ideology*, New York 1964, S. 131 ff.; ders., *Towards the Final Solution. A History of European Racism*, London 1978, S. 164 ff.; L. Poliakov, *The Aryan Myth*, New York 1974, S. 294. – Gewiß im Einklang mit ihrem Mann vermerkte Cosima am 12.1.1881 (CWT II, 664) in ihrem Tagebuch: »Eine Broschüre von Pr. Dühring gegen die Juden ist wahrhaft entsetzlich durch den Stil.« Und kurz darauf (1.2.1881; 680) findet sie »die zwei Seiten über R. [in Dührings Schrift] traurig«. Zu Fries s.o. Kap. 1, Anm. 11.

15 P. de Lagarde, »Juden und Indogermanen« (1886), in: ders., *Ausgewählte Schriften*, hrsg. v. P. Fischer, München ²1934, S. 239. Vgl.

R. W. Lougee, *Paul de Lagarde 1827–1891. A Study in Radical Conservatism in Germany*, Cambridge 1962, S. 210–215; F. Stern, *The Politics of Cultural Despair*, New York 1961, S. 62 f. Wie vor ihm Wagner sah Lagarde 1884 die Lösung der Judenfrage entweder in der Vertreibung der Juden oder ihrer Eindeutschung, doch anders als der Komponist betrachtete er die Judenfrage nie unter streng rassischen Gesichtspunkten und verhielt sich daher recht widersprüchlich zu dem Problem, ob die Juden jemals ihr Judesein ablegen und wahre Deutsche werden könnten. Zudem verschmähte er Wagners Musik.

16 Siehe Zelinsky, »Rettung ins Ungenaue«, a.a.O., S. 106.

17 Die immer wieder geäußerte These, daß sich der Antisemitismus des Kaiserreichs von dem des Dritten Reichs unterschieden habe (z. B. S. Volkov, »Kontinuität und Diskontinuität im Deutschen Antisemitismus 1878–1945«, in: *Vierteljahreshefte für Zeitgeschichte* XXXIII (1985), S. 221–243), läßt in der Regel außer acht, daß zwischen den beiden Phänomenen (besonders, was das Element der »Ausrottung« betrifft) eine grundlegende Kontinuität im Volksbewußtsein und in dessen mythologischen Vorstellungen bestand. Zweifellos waren 1918 die historischen Bedingungen extremer geworden und dabei die politischen und technischen Möglichkeiten zu einer gewaltsamen Lösung weiterentwickelt. Aber dies war nur die logische Folge einer schon vorher bestehenden Auffassung der Judenfrage. Natürlich hätte die Tür für Hitler und seine Lösung nicht offengestanden, hätte Deutschland nicht 1918 den Krieg verloren und die Monarchie gestürzt. Dennoch hatte diese Endlösung, auch wenn sie vor Hitlers Machtergreifung nicht zwangsläufig gewesen war, ihre Wurzeln in einer Mentalität, die im 19. Jahrhundert weithin verbreitet war. Siehe R. Melson, »Revolutionary Genocide. On the Causes of the Armenian Genocide of 1915 and the Holocaust«, in: *Holocaust and Genocide Studies* IV (1989), S. 161–174.

18 R. H. Phelps, »Hitlers grundlegende Rede über den Antisemitismus (1920)«, in: *Vierteljahreshefte für Zeitgeschichte* XVI (1968), S. 390–420; S. 415: »den Juden aus sich selbst zu entfernen«. In dieser Rede bezog sich Hitler unmißverständlich auf Marx als einen der ersten, die das Wesen des revolutionären Antisemitismus begriffen hatten.

19 H. Rauschning, *Gespräche mit Hitler* (1939), Zürich 1940, S. 129 f. Rauschning berichtet auch folgende Prophezeiung Hitlers: »Vor dieser Revolution, die das genaue Gegenstück zu der großen fran-

zösischen Revolution sein wird, wird kein Judengott diese [westlichen] Demokratien schützen« (S. 218).

20 Laut H. Picker, *Hitlers Tischgespräche im Führerhauptquartier*, Stuttgart 1976, behauptete Hitler, die Juden hätten den Sozialismus zum Bolschewismus verfälscht, wie sie das Urchristentum judaisiert hätten.

21 Da Katz die Auffassung vertritt, daß in Wagners künstlerischem Werk nur wenig auf die Einstellung des Komponisten zum Judentum und zu den Juden hinweise, und er diesen Ansatz aus methodischen Gründen für nicht sinnvoll hält, verzichtet er bewußt auf eine Interpretation der Opern (S. 198); L. Beckett, »Wagner and his Critics«, in: *Wagner Companion*, hrsg. v. P. Burbidge u. R. Sutton, London 1979, S. 365–388, der sich mit Max Nordaus 1895 erschienener Schrift *Degeneration* auseinandersetzt, merkt an, daß sein »Versuch, die Opern als bösartig zu erweisen, der übliche Mißerfolg« sei. Wie ich in diesem Buch zu zeigen versuchte, bleibt die Frage, ob es in den Opern Antisemitismus gebe, ein Hauptproblem, das Untersuchungen herausfordert und gelöst werden kann, wenn man neue Wege einschlägt, wie es etwa Nattiez mit seiner musikalischen Analyse getan hat, oder mit Hilfe der hier vorgeschlagenen kontextuellen und mythologischen Methoden.

22 CWT II, 715 (21.3.1881).

23 Rauschning, *Gespräche*, a.a.O., S. 216f. Auch in *Mein Kampf* äußert sich Hitler zustimmend zu Schopenhauers Antisemitismus. Seine Lieblingsopern waren *Tristan* und *Parsifal*, deren Schopenhauerscher Einfluß ihm zweifellos bewußt war.

24 H. Frank, *Im Angesicht des Galgens*, München 1953, S. 213.

25 In den zwanziger Jahren plante Hitler ein großes Werk mit dem Titel *Die germanische Revolution*, dessen Titelblattskizze erhalten ist (wiedergegeben in: W. Maser, *Hitlers Briefe und Notizen*, Düsseldorf/Wien 1973). Weil die Wendung Assoziationen an die demokratische Revolution von 1918 wachrief, ließ Hitler sie fallen, bewahrte aber ihren Sinn, indem er vom Nationalsozialismus als einer »Bewegung« sprach, die über politische Parteien hinausgehe. Man denkt dabei an Wagners Sprachgebrauch in den sechziger Jahren und danach und ebenso an Hitlers Abscheu vor unechtem »jüdischem Revolutionsgeist« wie dem von 1918.

26 Zur Geschichte des Wagner-Kults zwischen 1883 und 1945 siehe die bibliographischen Angaben in: W. Schüler, *Der Bayreuther Kreis von seiner Entstehung bis zum Ausgang der Wilhelminischen Ära*, Münster 1971; M. Karbaum, *Studien zur Geschichte*

der Bayreuther Festspiele, Regensburg 1976; H. Zelinsky, *Richard Wagner. Ein deutsches Thema 1876–1976*, Wien ³1983; K. Umbach (Hrsg.), *Richard Wagner. Ein deutsches Ärgernis*, Reinbek 1982; B. Wessling (Hrsg.), *Bayreuth im Dritten Reich*, Weinheim 1983; D. C. Large, »Wagner's Bayreuth Disciples«, in: *Wagnerism in European Culture and Politics*, hrsg. v. D. C. Large u. W. Weber, Ithaca 1984, S. 72–133; R. Stackelberg, *Idealism Debased. From Völkisch Ideology to National Socialism*, Kent, OH 1981, S. 19–59; W. Altgeld, »Wagner, der Bayreuther Kreis und die Entwicklung des völkischen Denkens«, in: *Richard Wagner 1883–1983. Die Rezeption im 19. und 20. Jahrhundert. Gesammelte Beiträge des Salzburger Symposiums*, Stuttgart 1984, S. 35–64. – H. Mayer, *Richard Wagner in Bayreuth 1876–1976*, Frankfurt a. M. 1976, enthält umfängliches Material über das Entnazifizierungsverfahren gegen Winifred Wagner; vgl. auch das aufschlußreiche Interview, das H.-J. Syberberg mit Winifred Wagner führte und das 1978 unter dem Titel *Winifred Wagner und die Geschichte des Hauses Wahnfried von 1914 bis 1975* in die Kinos kam. Trotz ihrer vorgeblich apolitischen Haltung wurde Wagners Schwiegertochter ein frühes Mitglied der NSDAP und eine persönliche Freundin Hitlers.

27 Wolzogen, zitiert bei Large, »Wagner's Bayreuth Disciples«, a.a.O., S. 88.

28 Karbaum, *Studien*, a.a.O., S. 62.

29 Siehe V. Farías, *Heidegger and Nazism*, Philadelphia 1989. Ich arbeite derzeit an einem Buch mit dem Titel *Heisenberg's Lies. Politics, Science and the German Atomic Bomb Project*. – Typisch für die oft in Selbsttäuschung und Selbstgefälligkeit wurzelnde Gewundenheit deutschen Denkens und deutschen Gemüts ist der Fall des bekannten Verhaltensforschers Konrad Lorenz. 1940 forderte er menschliche Institutionen, die dafür Sorge tragen müßten, daß die Menschheit nicht durch eine auf Domestizierung zurückzuführende Entartung zugrunde gehe. »Der Rassengedanke als die Grundlage des Staates hat in dieser Hinsicht schon viel bewirkt.« Als eines der glücklichsten Ereignisse seines Lebens bezeichnete er es im selben Jahr, daß er durch seine Vorlesungen über Evolution bereits als Student zum Nationalsozialismus gefunden habe. Als nach Jahrzehnten des Verschweigens derartig peinliche Fakten ans Licht kamen, drückte Lorenz scheinheilig sein Bedauern aus, daß das Streben der Nazis nach biologischer Vollkommenheit Massenmord bedeutet habe, obwohl bereits 1940, mitten im Krieg, die

praktischen Konsequenzen solcher theoretischen »moralischen« Positionen hätten klar sein müssen. Siehe S. Roses Besprechung von Lorenz' unfreiwillig ironischen *The Waning* of *Menschlichkeit* [deutsch: *Die Rückseite des Spiegels. Versuch einer Naturgeschichte menschlichen Erkennens*, München 1988], in: *Times Literary Supplement*, 23.2.–1.3.1990, S. 204. – Die brillanteste Bloßlegung deutschen Selbstbetrugs, die ich kenne, ist N. Frank, *In the Shadow of the Reich*, New York 1991.

30 T. Mann, »To the editor of Common Sense« (Januar 1940), in: *Wagner und unsere Zeit*, Frankfurt a. M. 1963. Siehe P. Viereck, *Metapolitics. The Roots of the Nazi Mind*, New York 1965; J. Matter, *Wagner et Hitler*, Lausanne 1977; R. G. Waite, *Hitler. The Psychopathic God*, New York 1977, S. 99–113; M. Brearley, »Hitler and Wagner. The Leader, the Master and the Jews«, in: *Patterns of Prejudice* XXII (1988), S. 3–22; desgleichen meine kurze Darstellung »Hitler's Wagnerian Religion«, in: *Quadrant* (Australien), Juli 1980, S. 40–44; E. Hanisch, »Ein Wagnerianer namens Adolf Hitler«, in: *Salzburger Wagner-Symposium* (1984), a.a.O., S. 65–75. Zu nennen wäre hier auch Syberbergs bemerkenswertes, wenn auch verworrenes Drehbuch mit zugehörigem Film *Hitler. Ein Film aus Deutschland*. Später kam Syberberg zu dem abwegigen Schluß (in *Parsifal. Ein Filmessay*, München 1983, S. 224), daß Hitler Wagner entstellt habe und Wagner in Wirklichkeit »ein Gegengift zu Hitler« gewesen sei. Zu dieser krassen Verzeichnung kommt er, weil er *Parsifal* aus der rassistischen Matrix Bayreuths herauslöst und behauptet, »Vernichtung des Judentums« sei nur eine Allegorie für die menschliche Erlösung überhaupt und nicht einfach ein rassistisches Prinzip (S. 56). – Ein Großteil der Literatur über die Problematik Wagner/Hitler krankt an Fehlurteilen über die revolutionäre Gesinnung Wagners wie auch Hitlers. Dies ist namentlich der Fall bei dem vielzitierten Essay von G. C. Windell, »Hitler, Nationalsozialismus und Richard Wagner«, Nachdruck in: *Penetrating Wagner's Ring. An Anthology*, hrsg. v. J. L. DiGaetani, Rutherford, NJ 1978, S. 219–238.

Personenregister

Werkregister

ISBN 3-85842-339-4
© Paul Lawrence Rose, 1992
Die Originalausgabe erschien unter dem Titel »Wagner: Race and
Revolution« 1992 im Verlag Faber & Faber, London
Alle Rechte der deutschen Ausgabe:
© Pendo Verlag AG, Zürich 1999
Satz: Uwe Steffen, München
Druck und Bindung: Pustet, Regensburg
Printed in Germany

ROBERT JAN VAN PELT / DEBÓRAH DWORK
Auschwitz
Von 1270 bis heute
470 Seiten mit 234 Abb. Gebunden.
DM 78,–/sFr 68,–/öS 569,–

Der Name Auschwitz ist wie kein anderer zum Synonym für
die Ermordung der europäischen Juden geworden. Auschwitz
wurde 1270 als deutsche Stadt gegründet. Die Autoren verfolgen im ersten Teil ihres Buches die Geschichte der Stadt
durch die Zeiten der deutschen Ordensritter, der polnischen
Teilungen, der Germanisierungspläne des 19. Jahrhunderts
bis zur Errichtung des Konzentrations- und Vernichtungs-
lagers.

Im zweiten Teil dokumentieren van Pelt und Dwork mit
großer Genauigkeit Entstehung und Expansion des Lagers,
die Aktivitäten der IG Farben sowie Organisation und
Durchführung der Judenvernichtung. Durch dieses Buch ist
auch der letzte Zweifel an der grauenhaften Realität des Holocaust ein für allemal widerlegt.

»Dieses Werk verdient nur ein Prädikat: Es ist einzigartig.«
(Hans-Martin Lohmann, Die Zeit)

FRITZ J. RADDATZ
Taubenherz und Geierschnabel
Heinrich Heine. Eine Biographie
392 Seiten. DM/sFr 19,90

Er war ein zärtlich Hassender, ein liebender Neider, ein eindrucksvoller Ränkeschmied, ein Lügner von Geblüt – er war ein Dichter: Heinrich Heine. Für seine Poesie – die bedeutendste nach Goethe, nie mehr erreicht danach in deutscher Sprache – filterte er die Welt weg. Die Welt war der Feind – Feind dem ein Leben lang geschmähten Juden, Feind dem Künstler, dessen geradezu bestürzende Modernität darin besteht, daß er sich alleiniger Maßstab war: verantwortlich keiner Ideologie, keinem Glauben, keiner Bindung – allein der Kunst. Selbst sein Liebesleid war Kunstmethode.

»Man sollte den neuen Raddatz lesen. Unter allen in diesem Jahr erschienenen Heine-Büchern ist es das mit Abstand beste.«
(Südwestfunk, »Buchzeit«)

»Keine einzige Seite des Buches ist langweilig.«
(Walter Hinck, Frankfurter Allgemeine Zeitung)